Treasures for Scholars Worldwide

龙向洋 编

哈佛燕京图书馆书目丛刊第19种

美国哈佛大学哈佛燕京图书馆藏中国新方志目录

Catalogue of the New Chinese Local Gazetteers
in the Harvard-Yenching Library,
Harvard University, U.S.A.

［湘粤桂琼渝川］

·4·

广西师范大学出版社
·桂林·

湖南省

008586984
湖南省志
湖南省志编纂委员会编 长沙 湖南人民出版社 1959年

007995588
湖南省志 财政志
财政志编写组编 198u年

010254016
湖南省志 共产党志 1997—2001 送审稿
湖南省志办公室编 湖南 湖南省志办公室 2002年 2册

010198808
湖南省志 海关分志 1898—1990 征求意见稿
中华人民共和国长沙海关编 湖南 199u年 299页

010198858
湖南省志 建筑材料工业志 水泥工业篇 初稿
湖南省建材工业志编写组编 湖南 1986年 101页

011327393
湖南省志 建筑志 送审稿
湖南省志建筑志编纂办公室编 湖南 湖南省志建筑志编纂办公室 1989年 4册

010198877
湖南省志 商业志 百货业 修改稿
湖南省百货公司编 湖南 1986年 34页

011882510
湖南省志 社会组织团体志 火柴工业协会篇
高英明编 湖南省火柴工业协会编 长沙 湖南省火柴工业协会 2007年 126页

009880331
湖南省志 水利志 第3篇 湖区水利 第1

章 湖区堤垸 二稿
湖南省志水利志编纂办公室编 湖南 湖南省志水利志编纂办公室 1984年 87页

010198878
湖南省志 水利志 第1篇 概述 初稿
湖南省水利志编纂办公室编 湖南 1986年 40页

009869238
湖南省志 医药卫生志 第2篇 卫生防疫 初稿
湖南省医药卫生志编纂委员会办公室编 湖南 湖南省医药卫生志编纂委员会办公室 1984年 1册

009869243
湖南省志 医药卫生志 第3篇 医疗事业 第1章 中医 初稿
湖南省医药卫生志编纂委员会办公室编 湖南 湖南省医药卫生志编纂委员会办公室 1984年 1册

009839697
湖南省志 卷首 序 凡例 总目 总述
湖南省地方志编纂委员会编 北京 五洲传播出版社 2005年 644页

008600864
湖南省志 第1卷 大事记
湖南省地方志编纂委员会编 长沙 湖南出版社 1999年 1079页

009880122
湖南省志 第1卷 共产党志 1978—2002
湖南省地方志编纂委员会编 北京 五洲传播出版社 2006年 716页

010198836
湖南省志 第2卷 出版志 1978—2002
湖南省地方志编纂委员会编 长沙 湖南人民出版社 2006年 610页

006101119
湖南省志 第2卷 地理志
湖南省志编纂委员会编 长沙 湖南人民出版社 1981年

009889511
湖南省志 第3卷 林业志 1978—2002
湖南省地方志编纂委员会编 北京 五洲传播出版社 2005年 687页

008377588
湖南省志 第3卷 党派群团志 工会
湖南省地方志编纂委员会编 长沙 湖南出版社 1997年 789页

008377593
湖南省志 第3卷 党派群团志 共产党
湖南省地方志编纂委员会编 长沙 湖南出版社 1998年 1105页

008377534
湖南省志 第3卷 党派群团志 民主党派及工商联 国民党湖南地方组织

湖南省地方志编纂委员会编 长沙 湖南
　　出版社 1997 年 233 页

009312142
湖南省志 第 3 卷 党派群团志 妇女团体
湖南省地方志编纂委员会编 北京 五洲
　　传播出版社 2002 年 577 页

010151138
湖南省志 第 3 卷 党派群团志 共青团
湖南省地方志编纂委员会编 北京 五洲
　　传播出版社 2005 年 548 页

011312405
湖南省志 第 4 卷 审计志 1978—2002
湖南省地方志编纂委员会编 北京 中国
　　文史出版社 2007 年 706 页

007923167
湖南省志 第 4 卷 政务志 人事
湖南省地方志编纂委员会编 长沙 湖南
　　出版社 1995 年 731 页

007923166
湖南省志 第 4 卷 政务志 人民代表大会
湖南省地方志编纂委员会编 长沙 湖南
　　出版社 1992 年 608 页

008377780
湖南省志 第 4 卷 政务志 外事
湖南省地方志编纂委员会编 长沙 湖南
　　出版社 1996 年 492 页

008486609
湖南省志 第 4 卷 政务志 民政
湖南省地方志编纂委员会编 北京 中国
　　文史出版社 1994 年 636 页

008377785
湖南省志 第 4 卷 政务志 政治协商会议
湖南省地方志编纂委员会编 长沙 湖南
　　人民出版社 1998 年 667 页

008688776
湖南省志 第 4 卷 政务志 档案
湖南省地方志编纂委员会编 长沙 湖南
　　人民出版社 1999 年 578 页

009106119
湖南省志 第 4 卷 政务志 侨务
湖南省地方志编纂委员会编 北京 五洲
　　传播出版社 2003 年 207 页

007923168
湖南省志 第 5 卷 军事志
湖南省地方志编纂委员会编 北京 中国
　　文史出版社 1994 年 1220 页

011312406
湖南省志 第 5 卷 物价志 1978—2002
湖南省地方志编纂委员会编 北京 中国
　　文史出版社 2007 年 795 页

011312407
湖南省志 第 6 卷 政府志 1978—2002
湖南省地方志编纂委员会编 北京 中国

文史出版社 2007年 748页

008377540
湖南省志 第6卷 政法志 检察
湖南省地方志编纂委员会编 长沙 湖南出版社 1996年 572页

008377605
湖南省志 第6卷 政法志 司法行政
湖南省地方志编纂委员会编 长沙 湖南出版社 1997年 760页

008377600
湖南省志 第6卷 政法志 公安
湖南省地方志编纂委员会编 长沙 湖南出版社 1997年 787页

009312136
湖南省志 第6卷 政法志 武装警察
湖南省地方志编纂委员会编 北京 五洲传播出版社 2003年 482页

011312398
湖南省志 第7卷 财政志 1978—2002
湖南省地方志编纂委员会编 北京 中国文史出版社 2007年 620页

009879315
湖南省志 第7卷 综合经济志 工商行政管理
湖南省地方志编纂委员会编 长沙 湖南出版社 1991年 616页

006109951
湖南省志 第7卷 综合经济志 物价
湖南省地方志编纂委员会编 长沙 湖南出版社 1996年 724页

009879269
湖南省志 第7卷 综合经济志 国民经济计划
湖南省地方志编纂委员会编 长沙 湖南出版社 1997年 266页

009879290
湖南省志 第7卷 综合经济志 劳动
湖南省地方志编纂委员会编 长沙 湖南出版社 1998年 626页

009312133
湖南省志 第7卷 综合经济志 统计
湖南省地方志编纂委员会编 北京 五洲传播出版社 2002年 875页

009312138
湖南省志 第7卷 综合经济志 商检
湖南省地方志编纂委员会编 北京 五洲传播出版社 2002年 365页

009106116
湖南省志 第7卷 综合经济志 海关
湖南省地方志编纂委员会编 北京 五洲传播出版社 2003年 286页

007175011
湖南省志 第8卷 农林水利志

湖南省地方志编纂委员会编 北京 中国
　　文史出版社 1990 年

011312411

湖南省志 第 8 卷 质量技术监督志
1978—2002
湖南省地方志编纂委员会编 北京 中国
　　文史出版社 2007 年 1136 页

011890870

湖南省志 第 9 卷 工会志 1978—2002
湖南省地方志编纂委员会编 北京 中国
　　文史出版社 2008 年 606 页

006767858

湖南省志 第 9 卷 工业矿产志 轻工业
纺织工业
湖南省地方志编纂委员会编 长沙 湖南
　　人民出版社 1989 年 851 页

009879564

湖南省志 第 9 卷 工业矿产志 化学工业
建材工业
湖南省地方志编纂委员会编 长沙 湖南
　　出版社 1993 年 828 页

009879590

湖南省志 第 9 卷 工业矿产志 机械工业
湖南省地方志编纂委员会编 长沙 湖南
　　出版社 1992 年 909 页

009879614

湖南省志 第 9 卷 工业矿产志 地质矿产
湖南省地方志编纂委员会编 长沙 湖南
　　出版社 1994 年 528 页

009879624

湖南省志 第 9 卷 工业矿产志 冶金工业
湖南省地方志编纂委员会编 长沙 湖南
　　出版社 1991 年 500 页

009879633

湖南省志 第 9 卷 工业矿产志 电子工业
湖南省地方志编纂委员会编 长沙 湖南
　　出版社 1998 年 479 页

009879636

湖南省志 第 9 卷 工业矿产志 烟草业
湖南省地方志编纂委员会编 长沙 湖南
　　出版社 1997 年 990 页

009879641

湖南省志 第 9 卷 工业矿产志 煤炭工业
湖南省地方志编纂委员会编 长沙 湖南
　　出版社 1998 年 975 页

009252790

湖南省志 第 9 卷 工业矿产志 电力工业
湖南省地方志编纂委员会编 长沙 湖南
　　出版社 1993 年 481 页

012003661

湖南省志 第 10 卷 民政志 1978—2002
湖南省地方志编纂委员会编 珠海 珠海
　　出版社 2008 年 514 页

008377761
湖南省志 第 10 卷 交通志 公路
湖南省地方志编纂委员会编 长沙 湖南出版社 1996 年 786 页

008377548
湖南省志 第 10 卷 交通志 铁路
湖南省地方志编纂委员会编 北京 中国铁道出版社 1995 年 730 页

008377754
湖南省志 第 10 卷 交通志 联合运输
湖南省地方志编纂委员会编 长沙 湖南出版社 1998 年 333 页

008688480
湖南省志 第 10 卷 交通志 民用航空
湖南省地方志编纂委员会编 长沙 湖南出版社 1996 年 378 页

009310522
湖南省志 第 10 卷 交通志 水运
湖南省地方志编纂委员会编 长沙 湖南人民出版社 2001 年 995 页

012003686
湖南省志 第 11 卷 气象志 1978—2002
湖南省地方志编纂委员会编 珠海 珠海出版社 2009 年 690 页

007992132
湖南省志 第 11 卷 邮电志
湖南省地方志编纂委员会编 长沙 湖南出版社 1995 年 548 页

010198813
湖南省志 第 12 卷 测绘志 送审稿
湖南省志测绘志编纂委员会编 湖南 1988 年 266 页

012003613
湖南省志 第 12 卷 工业综合志 1978—2002
湖南省地方志编纂委员会编 珠海 珠海出版社 2009 年 690 页

010198843
湖南省志 第 12 卷 建设志 城乡建设 送审稿
湖南省建设委员会城乡建设志办公室编 湖南 1993 年 3 册 1294 页

009879165
湖南省志 第 12 卷 建设志 测绘 建筑业
湖南省地方志编纂委员会编 长沙 湖南出版社 1992 年 672 页

007385779
湖南省志 第 12 卷 建设志 城乡建设
湖南省地方志编纂委员会编 长沙 湖南出版社 1997 年 844 页

009312147
湖南省志 第 12 卷 建设志 环境保护
湖南省地方志编纂委员会编 北京 五洲传播出版社 2001 年 565 页

011312400
湖南省志 第 13 卷 供销合作志 1978—2002
湖南省地方志编纂委员会编 北京 中国文史出版社 2007 年 448 页

006109952
湖南省志 第 13 卷 贸易志
湖南省地方志编纂委员会编 长沙 湖南出版社 1990 年 632 页

012003314
湖南省志 第 14 卷 报业志 1978—2002
湖南省地方志编纂委员会编 珠海 珠海出版社 2009 年 602 页

008688384
湖南省志 第 14 卷 对外经济贸易志 对外贸易 对外经济
湖南省地方志编纂委员会编 长沙 湖南人民出版社 1999 年 641 页

006101118
湖南省志 第 15 卷 财政志
湖南省地方志编纂委员会编 长沙 湖南人民出版社 1987 年 726 页

012003699
湖南省志 第 15 卷 司法行政志 1978—2002
湖南省地方志编纂委员会编 珠海 珠海出版社 2009 年 894 页

012003647
湖南省志 第 16 卷 国土资源志 1978—2002
湖南省地方志编纂委员会编 珠海 珠海出版社 2009 年 911 页

008688484
湖南省志 第 16 卷 金融志
湖南省地方志编纂委员会编 长沙 湖南出版社 1995 年 875 页

011312399
湖南省志 第 17 卷 出入境检验检疫志 1978—2002
湖南省地方志编纂委员会编 北京 中国文史出版社 2007 年 390 页

008486611
湖南省志 第 17 卷 教育志
湖南省地方志编纂委员会编 长沙 湖南教育出版社 1995 年 2 册 1358 页

011312410
湖南省志 第 18 卷 广播影视志 1978—2002
湖南省地方志编纂委员会编 北京 中国文史出版社 2007 年 766 页

006101111
湖南省志 第 18 卷 科学技术志
湖南省地方志编纂委员会编 长沙 湖南科学技术出版社 1992 年 2 册

012680106

湖南省志 第19卷 对外经贸志 1978—2002
湖南省地方志编纂委员会编 北京 中国文史出版社 2010年 482页

008883713

湖南省志 第19卷 文化志 文化事业
湖南省地方志编纂委员会编 长沙 湖南出版社 1991年 608页

009675418

湖南省志 第19卷 文化志 文学艺术
湖南省地方志编纂委员会编 北京 五洲传播出版社 2005年 647页

012680101

湖南省志 第20卷 大事记 1978—2002
湖南省地方志编纂委员会编 北京 中国文史出版社 2010年 579页

006101114

湖南省志 第20卷 新闻出版志
湖南省地方志编纂委员会编 长沙 湖南出版社 1991年 635页

012680113

湖南省志 第21卷 经济和社会发展计划志 1978—2002
湖南省地方志编纂委员会编 北京 中国文史出版社 2010年 1010页

002986210

湖南省志 第21卷 医药卫生志
湖南省地方志编纂委员会编 长沙 湖南人民出版社 1988年 1014页

012680130

湖南省志 第22卷 税务志 1978—2002
湖南省地方志编纂委员会编 北京 中国文史出版社 2010年 761页

008532816

湖南省志 第22卷 体育志
湖南省地方志编纂委员会编 长沙 湖南出版社 1994年 828页

008688717

湖南省志 第23卷 人口志
湖南省地方志编纂委员会编 长沙 湖南人民出版社 1999年 539页

012811499

湖南省志 第23卷 银行志 1978—2002
湖南省地方志编纂委员会编 北京 中国文史出版社 2009年 737页

008377766

湖南省志 第24卷 民族志
湖南省地方志编纂委员会编 长沙 湖南人民出版社 1997年 822页

012003667

湖南省志 第24卷 农业志 1978—2002
湖南省地方志编纂委员会编 珠海 珠海

出版社 2009 年 2 册

009310529
湖南省志 第 25 卷 方言志
湖南省地方志编纂委员会编 长沙 湖南人民出版社 2001 年 2 册 1828 页

012680143
湖南省志 第 25 卷 烟草志 1978—2002
湖南省地方志编纂委员会编 北京 中国文史出版社 2010 年 802 页

009768611
湖南省志 第 26 卷 民俗志
湖南省地方志编纂委员会编 北京 五洲传播出版社 2005 年 794 页

012680137
湖南省志 第 26 卷 外事侨务志 1978—2002
湖南省地方志编纂委员会编 北京 中国文史出版社 2010 年 894 页

012821904
湖南省志 第 27 卷 环境保护志 1978—2002
湖南省地方志编纂委员会编 北京 中国文史出版社 2007 年 399 页

008688786
湖南省志 第 27 卷 宗教志
湖南省地方志编纂委员会编 长沙 湖南人民出版社 1999 年 597 页

012003620
湖南省志 第 28 卷 公安志 1978—2002
湖南省地方志编纂委员会编 珠海 珠海出版社 2008 年 922 页

007923176
湖南省志 第 28 卷 文物志
湖南省地方志编纂委员会编 长沙 湖南人民出版社 1995 年 1005 页

012680126
湖南省志 第 29 卷 水利志 1978—2002
湖南省地方志编纂委员会编 珠海 珠海出版社 2010 年 637 页

009391870
湖南省志 第 29 卷 著述志
湖南省地方志编纂委员会编 长沙 湖南人民出版社 2003 年 2 册

012680108
湖南省志 第 30 卷 检察志 1978—2002
湖南省地方志编纂委员会编 北京 中国文史出版社 2010 年 676 页

007923143
湖南省志 第 30 卷 人物志
湖南省地方志编纂委员会编 长沙 湖南出版社 1992 年 3 册

012680136
湖南省志 第 31 卷 体育志 1978—2002
湖南省地方志编纂委员会编 北京 中国

文史出版社 2010 年 814 页

013415148

湖南省志 第 32 卷 军事志 1978—2002
湖南省地方志编纂委员会编 珠海 珠海出版社 2009 年 585 页

013792254

湖南省志 第 33 卷 电信志 1978—2002
湖南省地方志编纂委员会编 北京 线装书局 2013 年 744 页

013792265

湖南省志 第 34 卷 医药志 1978—2002
湖南省地方志编纂委员会编 北京 线装书局 2013 年 552 页

012680123

湖南省志 第 35 卷 科学技术志 1978—2002
湖南省地方志编纂委员会编 北京 中国文史出版社 2010 年 767 页

013792258

湖南省志 第 36 卷 教育志 1978—2002
湖南省地方志编纂委员会编 海口 南方出版社 2012 年 2 册 1378 页

012003695

湖南省志 第 37 卷 审判志 1978—2002
湖南省地方志编纂委员会编 珠海 珠海出版社 2009 年 632 页

009839702

湖南省志 卷末 纂修实录
湖南省地方志编纂委员会编 北京 五洲传播出版社 2005 年 342 页

008055980

湖南省志优稿选评
湖南省地方志编纂委员会编 长沙 湖南省地方志编纂委员会 1989 年 443 页

009335588

湖南百年志 1900—1999
湖南省地方志编纂委员会编 长沙 湖南省地方志编纂委员会 2000 年 601 页

007689633

湖南乡镇简志
湖南省乡镇简志编辑部编 合肥 黄山书社 1995 年 3 册

013597575

湖南宗教志
湖南省地方志编纂委员会编 长沙 湖南人民出版社 2012 年 568 页〔湖湘文库 乙编 115〕

012898605

湖南佛教寺院志
刘国强纂 香港 天马图书有限公司 2003 年 392 页

009442836

中国共产党八十年湖南图志

中共湖南省委党史研究室编 长沙 湖南人民出版社 2001年 589页

011328566
湖南共青团志
谭平主编 湖南共青团志编委会编 长沙 湖南人民出版社 2004年 451页

011580047
湖南省石化工会志
高章国主编 湖南省石化工会编 湖南 湖南工人报印刷厂 1998年 282页

009312155
湖南改革开放图志
湖南省地方志编委会编 北京 五洲传播出版社 2003年 440页

009797362
湖南省机关事务志
湖南省机关事务管理局编 长沙 湖南人民出版社 2004年 422页

011762183
湖南四水流域图志
湖南省志总编室编 香港 华商国际出版有限公司 2005年 253页

013045636
湖南省内部审计志 1985—2010
湖南省内部审计师协会编 湖南 湖南省内部审计师协会 2010年 737页

012251078
湖南当代知名企业企业家图志
湖南地方文献研究所编 香港 华人论坛杂志社 2010年 197页

010778547
湖南农业志
湖南农业志编纂委员会 李芝发主编 湖南 湖南省农业厅 1985年 4册

013897322
湖南国防科技工业志 1978—2008
湖南省国防科技工业局编 长沙 长沙市飞鹏印刷有限公司 2009年 486页

008298324
湖南省电力工业志
湖南省电力工业志编纂委员会编 北京 当代中国出版社 1995年 535页〔中国电力工业志丛书〕

013693883
湖南省电力工业志 1991—2002
湖南省电力公司编 北京 中国电力出版社 2012年 532页〔湖南省电力工业志丛书〕

010198795
湖南省轻工志 日用陶瓷工业 修改稿
湖南省轻工业厅轻工业志编写室编 湖南 湖南省轻工业厅 1986年 108页

009790371
湖南省石油化学工业志 化学肥料工业篇 初稿
湖南 1984年 83页

013647642
湖南省水利志
湖南省水利志编纂办公室编 湖南 湖南省水利志编纂办公室 1985—1989年 5册

010577291
湖南省烟草志 送审稿
湖南省烟草志编纂委员会编 湖南 湖南省烟草志编纂委员会 1994年 3册

012106232
湖南省烟草志
湖南省烟草志编纂委员会编 北京 方志出版社 2008年 817页

013316281
湖南造漆厂志 1950—1989
湖南造漆厂编纂 湖南 湖南造漆厂 1990年 205页

010199512
湘机创业志
湖南省机械工业厅编 湖南 湖南省机械工业厅 1990年 373页

013902029
中建五局土木工程有限公司司志 1979—2009
喻露平执行主编 湖南 中建五局土木工程有限公司 2009年 175页

012741928
百年湖湘工业图志
廖静仁主编 深圳 中华图书出版社 2008年 3册

009880341
湖南交通志 水运分册 内河轮船运输篇 讨论稿
湖南省交通志编写办公室编 湖南 湖南省交通志编写办公室 1984年 170页

009675400
湖南民航志
湖南民航志编纂委员会编 长沙 湖南大学出版社 2003年 464页

013897332
湖南省旅游志 1950—2011
湖南省旅游局编 北京 中国旅游出版社 2013年 568页

012758965
湖南长途电信线路志
湖南省电信公司长途电信线路局编 长沙 湖南省电信公司长途电信线路局 2004年 262页

009383705
湖南省商业专志 1840—1985

湖南省商业厅编 长沙 湖南省商业厅 1986年 796页

012872486
湖南口岸志
湖南省人民政府口岸办公室 湖南地方文献研究所编 长沙 湖南省人民政府口岸办公室 湖南地方文献研究所 2004年 413页

013129699
湖南税志 国税篇 1994—2004
湖南省国家税务局主编 湖南 湖南省国家税务局 2006年 276页

010198879
湖南税志 第1卷 1949—1994
湖南省国家税务局 湖南省地方税务局主编 长沙 湖南省国家税务局 湖南省地方税务局 2005年 390页

013129698
湖南税志 第3卷 地税篇 1994—2004
湖南省地方税务局编 湖南 湖南省地方税务局 2006年 297页

014032905
建设银行湖南省分行志
建设银行湖南省分行志编委会编 长沙 建设银行湖南省分行 1998年 492页

012718947
湖南省公共图书馆事业志
湖南图书馆编著 长沙 湖南人民出版社 2010年 684页

012541725
湖南省科学技术情报事业志 1959—2009
湖南省科学技术信息研究所编 长沙 湖南科学技术出版社 2009年 272页

009675421
湖南图书馆百年志略
湖南图书馆编著 北京 北京图书馆出版社 2004年 228页

012105149
湖南教育名人名校志
张学军主编 长沙 湖南人民出版社 2007年 3册

009241125
湘中教育志
佘国纲编 长沙 岳麓书社 1995年 601页

002603160
土族语简志
照那斯图编著 北京 民族出版社 1981年 110页〔中国少数民族语言简志丛书〕

001921238
土家语简志
田德生等编著 北京 民族出版社 1986

年 211 页〔中国少数民族语言简志丛书〕

008702786
中国歌谣集成 第 3 卷 湖南卷
中国民间文学集成全国编辑委员会 中国民间文学集成湖南卷编辑委员会编 北京 中国 ISBN 中心 1999 年 993 页〔十部文艺集成志书〕

007367920
中国谚语集成 第 5 卷 湖南卷
中国民间文学集成全国编辑委员会 中国民间文学集成湖南卷编辑委员会编 北京 中国 ISBN 中心 1995 年 1058 页〔十部文艺集成志书〕

006131006
中国民间歌曲集成 第 18 卷 湖南卷
中国民间歌曲集成全国编辑委员会 中国民间歌曲集成湖南卷编辑委员会编 北京 中国 ISBN 中心 1994 年 2 册 1556 页〔十部文艺集成志书〕

006537055
中国戏曲音乐集成 第 1 卷 湖南卷
中国戏曲音乐集成编辑委员会 中国戏曲音乐集成湖南卷编辑委员会编 北京 文化艺术出版社 1992 年 2 册 2231 页〔十部文艺集成志书〕

011762054
中国曲艺音乐集成 第 22 卷 湖南卷
中国曲艺音乐集成全国编辑委员会 中国曲艺音乐集成湖南卷编辑委员会编 北京 中国 ISBN 中心 2001 年 2 册 1305 页

008707183
中国民族民间器乐曲集成 第 8 卷 湖南卷
中国民族民间器乐曲集成全国编辑委员会 中国民族民间器乐曲集成湖南卷编辑委员会编 北京 中国 ISBN 中心 1996 年 2 册〔十部文艺集成志书〕

002701004
中国民族民间舞蹈集成 第 19 卷 湖南卷
中国民族民间舞蹈集成编辑部编 北京 中国舞蹈出版社 1991 年 2 册 2080 页〔十部文艺集成志书〕

012627492
中国民族民间舞蹈集成 湖南卷
湖南省文化厅编 长沙 湖南文艺出版社 2009 年 4 册〔湖湘文库 乙编 220—223〕

007643347
湖南地方剧种志丛书
湖南省戏曲研究所编 长沙 湖南文艺出版社 1988—1990 年

004660964

中国曲艺志 第1卷 湖南卷

中国曲艺志全国编辑委员会 中国曲艺志湖南卷编辑委员会编 北京 新华出版社 1992年 689页〔十部文艺集成志书〕

007474410

中国戏曲志 第5卷 湖南卷

中国戏曲志编辑委员会编 北京 文化艺术出版社 1990年 803页〔十部文艺集成志书〕

009174331

湖南近150年史事日志 1840—1990

田伏隆主编 钟启河 高原 周国兴副主编 中国人民政治协商会议湖南省委员会文史资料研究委员会编 北京 中国文史出版社 1993年 373页

008018603

湖南地方志中的太平天国史料

杨奕青等编 韩长耕校阅 长沙 岳麓书社 1983年 841页

009675399

湖南抗日战争日志

钟启河 刘松茂编著 长沙 国防科技大学出版社 2005年 418页

006087463

湖南近百年大事纪述

湖南省志编纂委员会编 长沙 湖南人民出版社 1980年 988页〔湖南省志 第1卷〕

011954290

湖南夏姓人物志

夏胜千主编 益阳 文云印刷厂 2006年 248页

008391997

湖南名人志

澹泊主编 湖南省地方志编纂委员会编 北京 中国档案出版社 1999年 4册〔湖南省志丛书〕

014056705

华夏黄氏谱志 湘鄂卷

黄德权编纂 北京 中国文史出版社 2008年 564页〔探索者文丛〕

012099795

三湘体育人物志

湖南省体育局编 香港 世界华人出版社 2002年 270页

004567921

湖南妇女英烈志

湖南省妇女联合会编 长沙 湖南人民出版社 1982年 154页

011954272

湖南军事人物志

中国人民解放军湖南省军区编审委员会编 湖南 湖南省军区 2004年

658 页

009992725
湖南省计划生育人物志
易友生 谭鑫铭主编 北京 中国人口出版社 2001 年 382 页

009385020
湖南省工会志 大事记 1840—1989.12
湖南省总工会编 长沙 湖南省总工会 1996 年 503 页

010475327
湖南省工会志 人物志 1919—1989
湖南省总工会编 湖南 湖南省总工会 1996 年 743 页

013129696
湖南省烹饪人物志
谭鑫铭主编 刘飞 杨张猷副主编 湖南省烹饪人物志编委会编 湖南 湖南省烹饪人物志编委会 2000 年 254 页

002284002
土家族风俗志
杨昌鑫编著 北京 中央民族学院出版社 1989 年 213 页〔民俗文库 9〕

001737577
湖南风物志
湖南人民出版社编 长沙 湖南人民出版社 1985 年 348 页〔中国风物志丛书〕

012173995
湖南地名志
湖南省地名公共服务工程领导小组编 长沙 湖南地图出版社 2009 年 2 册 2340 页

009511233
湖南省地震监测志
湖南省地震局编 北京 地震出版社 2004 年 189 页〔中国地震监测志系列〕

010576643
湖南省水文志
湖南省水文水资源勘测局编著 北京 中国水利水电出版社 2006 年 528 页

011954285
湖南省气象志
湖南省气象志编纂委员会编 北京 气象出版社 2008 年 983 页

005929340
中国古生物志 湘西南早侏罗世早期植物化石
周志炎著 北京 科学出版社 1984 年 85 页〔中国古生物志 总号第 165 册 新甲种 第 7 号〕

002921613
中国古生物志 湖南中部晚泥盆世及早石炭世苔藓动物
杨敬之 胡兆珣 夏凤生著 北京 科学出

版社 1988年 197页〔中国古生物志总号第174册 新乙种 第23号〕

002523017
湖南省区域地质志
湖南省地质矿产局编 北京 地质出版社 1988年 718页〔地质专报 1 区域地质 第8号〕

012811501
湖南植物志 猕猴桃科—交让木科
李丙贵 刘林翰卷主编 长沙 湖南科学技术出版社 2010年 1008页

013990676
湖南动物志 鸟纲 雀形目
邓学建 王斌 钟福生编著 长沙 湖南科学技术出版社 2013年 450页

012811492
湖南动物志 人体与动物寄生蠕虫
成源达主编 长沙 湖南科学技术出版社 2011年 799页

012811497
湖南动物志 蜘蛛类
尹长民 彭贤锦 颜亨梅等编著 长沙 湖南科学技术出版社 2012年 2册 1613页

013704255
湖南省人民医院志 1912—2012
龙开超 黄利华主编 长沙 湖南省人民医院志编纂委员会 2012年 427页

006003119
湖南药物志
湖南中医药研究所编 长沙 湖南人民出版社 1970—1972年 2册

009992740
湖南药物志
蔡光先总主编 蒋士生等副总主编 朱克俭总审 潘远根 谢昭明主编 王平南 杨梓懿 张毅敏副主编 马滴滴等编 汤孝钰审定拉丁文 王国新审定汉语拼音 陈慧钧 周志高绘图 长沙 湖南科学技术出版社 2004年 7册 5609页

010778589
土家族药物志
方志先 赵晖 赵敬华主编 北京 中国医药科技出版社 2007年 2册 1345页〔国家中医药管理局民族医药文献整理丛书〕

009839691
湖南农业科研志
欧阳贤主编 湖南省农业科学院主编 湖南 湖南省农业科学院 1985年 590页

013092912
湖南土种志
湖南省农业厅编 湖南 湖南省农业厅

1987 年 2 册

010292661
湖南省农作物品种志
湖南省农业厅 湖南省农科院 湖南省农业大学编著 长沙 湖南科学技术出版社 1995 年 933 页

012952147
湖南水稻研究志
湖南水稻研究所编 长沙 湖南省农业科学院 1984 年 309 页

005743470
湖南省家畜家禽品种志和品种图谱
湖南省家畜家禽品种志和品种图谱编辑委员会编著 长沙 湖南科学技术出版社 1984 年 134 页

011310911
湖南省畜禽疫病志
湖南省畜牧兽医总站 湖南省畜牧局著 长沙 湖南科学技术出版社 1991 年 231 页

009383717
湖南鱼类志
湖南省水产科学研究所编著 长沙 湖南人民出版社 1977 年 231 页

009383701
湖南省建筑志
湖南省建筑志编纂委员会编 湖南 湖南省建筑志编纂委员会 1988 年 563 页

长沙市

010197214
长沙市志 电力专志 送审稿
长沙电业局修志办公室编 长沙 长沙电业局 1988 年 1 册

010577406
长沙市志 公安志稿
长沙市公安局史志办编 长沙 长沙市公安局史志办 1989 年 1 册

010197218
长沙市志 建筑志 初稿

长沙市建筑工程总公司建筑志编纂办公室编 长沙 长沙市建筑工程总公司 1988 年 1 册

010197216
长沙市志 建筑志
长沙市建筑工程总公司建筑志编纂办公室编 长沙 长沙市建筑工程总公司 1990 年 136 页

010197221
长沙市志 劳动编 验收稿

长沙市劳动局编 长沙 长沙市劳动局 1990年 129页

011309431
长沙市志 第1卷
长沙市志编纂委员会编 长沙 湖南人民出版社 2004年 475页〔中华人民共和国地方志丛书〕

009434703
长沙市志 第2卷
长沙市志编纂委员会编 长沙 湖南出版社 1995年 712页〔中华人民共和国地方志丛书〕

009435053
长沙市志 第3卷
长沙市志编纂委员会编 长沙 湖南人民出版社 2003年 748页〔中华人民共和国地方志丛书〕

009437610
长沙市志 第4卷
长沙市志编纂委员会编 长沙 湖南人民出版社 1999年 605页〔中华人民共和国地方志丛书〕

009434722
长沙市志 第5卷
长沙市志编纂委员会编 长沙 湖南人民出版社 1997年 744页〔中华人民共和国地方志丛书〕

009437615
长沙市志 第6卷
长沙市志编纂委员会编 长沙 湖南人民出版社 1998年 874页〔中华人民共和国地方志丛书〕

009435149
长沙市志 第8卷
长沙市志编纂委员会编 长沙 湖南人民出版社 2003年 727页〔中华人民共和国地方志丛书〕

009437622
长沙市志 第10卷
长沙市志编纂委员会编 长沙 湖南人民出版社 1999年 891页〔中华人民共和国地方志丛书〕

009434899
长沙市志 第11卷
长沙市志编纂委员会编 长沙 湖南出版社 1997年 499页〔中华人民共和国地方志丛书〕

009434925
长沙市志 第12卷 教育 科技 卫生 体育
长沙市志编纂委员会编 长沙 湖南出版社 1996年 810页〔中华人民共和国地方志丛书〕

009435008
长沙市志 第13卷 文化事业 文学艺术

文物名胜 新闻报刊 广播电视
长沙市志编纂委员会编 长沙 湖南出版社 1996年 677页〔中华人民共和国地方志丛书〕

009437627
长沙市志 第15卷
长沙市志编纂委员会编 长沙 湖南人民出版社 2000年 454页〔中华人民共和国地方志丛书〕

009435167
长沙市志 第16卷 人物传 人物录
长沙市志编纂委员会编 长沙 湖南人民出版社 2002年 616页〔中华人民共和国地方志丛书〕

011309490
长沙市志 第17卷
长沙市志编纂委员会编 长沙 湖南人民出版社 2004年 638页〔中华人民共和国地方志丛书〕

012003110
中共长沙市委党校五十周年校志
中共长沙市委党校编 长沙 中共长沙市委党校 1999年 198页

013866310
中共长沙市委理论教育讲师团志 1985—2011
中共长沙市委理论教育讲师团编 长沙 湖南人民出版社 2013年 298页

011910322
中共湖南省委直属机关党校校志
中共湖南省委直属机关党校编 湖南 中共湖南省委直属机关党校 2005年 98页

009814622
长沙市工会志
长沙市工会志编纂委员会编 海口 海南出版社 2002年 1154页

010197192
长沙市公安志 送审稿
长沙市公安局史志办编 长沙 长沙市公安局 1990年 202页

010197228
长沙消防志 1904—2004
长沙市公安消防支队编 长沙 长沙市公安消防支队 2004年 332页

010109995
长沙民政志
长沙市民政局民政志编纂办公室编 长沙 长沙市民政局民政志编纂办公室 1995年 425页

010142804
长沙审判志 1840—1990
湖南省长沙市中级人民法院长沙审判志编辑室编 长沙 湖南省长沙市中级人民法院长沙审判志编辑室 1994年 239页

011804563
湖南省坪塘劳动教养管理所所志
1979—2002
湖南省坪塘劳教所所志编纂委员会编 湖南 湖南省坪塘劳教所所志编纂委员会 2005年 257页

013726810
长沙经济技术开发区志 1992—2011
长沙经济技术开发区志编纂委员会编 长沙 长沙经济技术开发区志编纂委员会 2012年 445页

013797248
长沙市工商行政管理志
长沙市工商行政管理局编 长沙 长沙市工商行政管理局 1991年 259页

010197199
长沙市劳动志
长沙市劳动局编 长沙 长沙市劳动局 1990年 276页

011310736
长沙市物资局轻化公司志 1960—1985
长沙市轻化材料公司编印 长沙 长沙市轻化材料公司 1987年 299页

013994272
长沙市质量技术监督志
长沙市质量技术监督志编纂委员会编 长沙 长沙市质量技术监督志编纂委员会 2005年 279页

012132661
东屯渡农场志
长沙市国营东屯渡农场编委会编 长沙 国营东屯渡农场编委会 1990年 122页

010197212
长沙市蔬菜志 1840—1988
长沙市蔬菜局编 长沙 长沙市蔬菜局 1990年 137页

011292063
[长沙冶金机械修造厂]厂志
长沙冶金机械修造厂编 长沙 长沙冶金机械修造厂 1982年 107页

010197238
[长沙冶金机械修造厂]厂志 1955—1980
长沙冶金机械修造厂编 长沙 长沙冶金机械修造厂 1982年 107页

010197130
长沙电机厂志 1956—1985
长沙电机厂修志办编 长沙 长沙电机厂 1987—1988年 13册

010197134
长沙电力志 1897—1987
长沙电业局修志办公室编 长沙 长沙电业局修志办公室 1988年 178页

009797331
长沙纺织厂厂志 1943—1981
长沙纺织厂厂志编写组编 长沙 长沙纺织厂厂志编写组 1982年 1册

011578920
长沙钢厂志
长沙钢厂志编纂办公室编 长沙 长沙钢厂志编纂办公室 1983年

010469350
长沙冷冻加工厂志 1958—1988
长沙冷冻加工厂志编写小组编 长沙 长沙冷冻加工厂 1989年 179页

013926331
长沙市二轻工业志
长沙市二轻工业志编纂办公室编 长沙 长沙市二轻工业局 1990年 296页

009382850
长沙市纺织品行业志
长沙市纺织品行业志编纂领导小组编 长沙 长沙市纺织品行业志编纂领导小组 1987年 108页

013702905
长沙市化学工业志
长沙市化学工业局编 长沙 长沙市化学工业局 1997年 229页

013901237
长沙市麻田磷矿矿志 1974—1985
长沙市麻田磷矿办公室编 1988年 107页

010197230
长沙烟草志
湖南省长沙市烟草专卖局 长沙卷烟厂编 北京 中国文史出版社 1993年 232页

013037920
长沙烟草志
长沙市烟草专卖局 长沙卷烟厂编 长沙 长沙市烟草专卖局 2004年 319页

010197231
长沙有色金属加工厂厂志
长沙有色金属加工厂编 长沙 长沙有色金属加工厂 1981年 131页

013045625
湖南机床厂志
文思安编述 苏宗礼协修 厂志编委会监修 湖南 湖南机床厂厂志编委会社 1984年 310页

013222235
湖南省超高压输变电公司志 1952—2002
湖南省超高压输变电公司志编委会编 湖南 湖南省超高压输变电公司 2002年 128页

013045629

湖南省第四工程公司司志

湖南省第四工程公司编 湖南 中国人民保险公司大连市分公司 2008 年 293 页

009383685

湖南省电力试验研究所志 1956—1990

湖南省电力试验研究所志编纂委员会编 湖南 湖南省电力试验研究所 1995 年 375 页

010198778

湖南省动力机厂志 1953—1993

湖南省动力机厂志编纂委员会编 湖南 湖南省动力机厂 1993 年 281 页

010198781

湖南省钢铁研究所所志 1973—1980

湖南省钢铁研究所编 湖南 湖南省钢铁研究所 1982 年 132 页

010577527

湖南省建筑工程集团总公司志 1952—2002

湖南省建筑工程集团总公司编 湖南 湖南省建筑工程集团总公司 2002 年 515 页

013957639

湖南省建筑工程集团总公司志 1952—2012

湖南省建筑工程集团总公司志编纂办公室编 长沙 湖南省建筑工程集团总公司志编纂委员会 2013 年 756 页

012174014

湖南省送变电建设公司志 1949—1985

湖南省送变电建设公司编 湖南 湖南省送变电建设公司 1986 年 275 页

012832064

湖南省送变电建设公司志 1986—2009

湖南省送变电建设公司公司志编纂委员会编 湖南 湖南省送变电建设公司 2010 年 254 页

012251100

湖南橡胶厂志 1949—1990

湖南橡胶厂志编辑室编 长沙 湖南橡胶厂志编辑室 1992 年 366 页

010198880

湖南冶金研究所志 1958—1980

湖南冶金研究所志编写办公室编 长沙 湖南冶金研究所 1983 年 140 页

013792271

湖南有色金属研究院志 1998—2003

湖南有色金属研究院志编写组编 长沙 湖南票据印务有限公司 2004 年 141 页

012251105

湖南有色冶金劳动保护研究所志 1982—1997

湖南有色冶金劳动保护研究所编 长沙 湖南有色冶金劳动保护研究所 1998年 89页

012888305

铁道部第五工程局第一工程处志 1950—2000

中铁五局集团第一工程有限责任公司史志编纂委员会编纂 贵阳 贵州人民出版社 2003年 425页〔铁道部第五工程局史志丛书 2〕

012662727

冶金部第二十三冶金建设公司矿山井巷公司志 1963—1980

矿山井巷公司志编纂办公室编 湖南 矿山井巷公司志编纂办公室 1983年 175页

013190098

中国建筑第五工程局志 1965—1995

中国建筑第五工程局编 北京 中国建筑工业出版社 2001年 831页〔中国建筑工程总公司企业志系列丛书 6〕

013236407

中国有色金属工业总公司第三建设公司志 1953—1980

第三建设公司志编写办公室编 湖南 第三建设公司志编写办公室 1984年 213页

008531829

长沙市交通志

长沙市交通志编纂办公室编 长沙 湖南出版社 1993年 492页〔湖南交通史志丛书〕

010197196

长沙市交通志 1991—2001

长沙市交通志编纂委员会编 长沙 湖南人民出版社 2006年 600页

010252192

长沙市联运总公司志

向明生主编 长沙 长沙市联运总公司 1996年 280页

009685954

长沙机务段志 1911—2004

长沙机务段志编纂委员会编 北京 中国铁道出版社 2005年 331页

011757383

长沙建筑段志 1961—2006

长沙建筑段志编纂委员会编 长沙 长沙建筑段 2006年 226页

010142808

长沙市铁路志

长沙市铁路志编辑委员会编 长沙 长沙市铁路志编辑委员会 1997年 444页

010577083

机械筑路工程处志

铁道部第五工程局机械筑路工程处史志编辑委员会编 贵阳 贵州人民出版社 2001年 402页〔铁道部第五工程局史志丛书 8〕

009010657
铁道部第五工程局电务工程处志 1950—1990
铁道部第五工程局电务工程处史志编辑委员会编 北京 中国铁道出版社 2001年 529页〔铁道部第五工程局史志丛书 9〕

012871856
长永公司志 1993—1998
湖南省长永高速公路股份有限公司编 湖南 湖南省长永高速公路股份有限公司 1999年 57页

013797243
长沙市第一运输公司志 1951—1986
长沙市第一运输公司编志办编 1989年 173页

010197189
长沙市电信局史志
长沙市电信局编 1996—1997年 2册

013824323
长沙市邮政志
长沙市邮政局编 长沙 长沙市邮政局 1989年 172页

009382856
长沙邮政志
长沙市邮政局编 长沙 长沙市邮政局 1999年 310页

010197224
长沙五金商业志 1840—1989
湖南省长沙五金采购供应站编 长沙 湖南省长沙五金采购供应站 1990年 220页

009992711
长沙海关志
长沙海关志编纂委员会编 北京 五洲传播出版社 2003年 283页

010197198
长沙市金融志 1840—1987
长沙市金融志编纂委员会编 长沙 长沙市金融志编纂委员会 1997年 386页

010577025
长沙市农村信用社志 1978—2002
长沙市农村信用社志编纂委员会编 长沙 长沙市农村信用社志编纂委员会 2004年 671页

013190127
中国农业发展银行湖南省分行志
王振主编 谭永青 李宗剑 张平华副主编 长沙 中国农业发展银行湖南省分行志 2004年 404页

010197178

长沙教育志 1840—1990

长沙市教育志编纂委员会编 长沙 长沙市教育志编纂委员会 1992年 359页

007685926

湖南省长沙市第一中学校志 1912—1987

长沙 长沙市第一中学校志编写室 1987年 361页

010577337

湖南省长沙市第一中学校志 1987—1992

湖南省长沙市第一中学校志编写室编 长沙 湖南省长沙市第一中学 1992年 164页

009744774

湖南师大附中百年校志

常力源 周望城主编 王楚松 刘磊副主编 湖南师大附中百年校志编委会编 长沙 湖南教育出版社 2005年 358页

013728914

继往开来写春秋 湖南省长沙市第十一中学百年校志 1906—2006

长沙市第十一中学百年校庆工作办公室编 长沙 长沙市第十一中学百年校庆工作办公室 2006年 300页

013508819

陪粹校志 1989—2009

长沙市陪粹实验中学校庆办编 2009年 102页

010577087

长沙铁道学院土木建筑学院院志 1953—1999

土木建筑学院院志编辑委员会编 长沙 土木建筑学院院志编辑委员会 2000年 287页

010777061

长沙铁道学院外语系系志 1972—1992

长沙 长沙铁道学院外语系 1992年 288页

013752448

湖南财经高等专科学校志 1933—2006

湖南财专志编写组编 长沙 湖南财专编写组 2007年 360页

010292221

湖南省长沙师范学校校志 1912—1992

王凤野主编 周树森副主编 肖传京等编委 长沙 湖南教育出版社 1993年 249页

012503729

长沙环境保护职业技术学院三十年志 1979—2009

长沙环境保护职业技术学院三十年志编辑部编 长沙 长沙环境保护职业技

术学院 2009年 301页

011578924
国家环境保护局长沙环境保护学校校志 1979—1989
国家环保局长沙环境保护学校校志编写室编 长沙 国家环保局长沙环境保护学校 1989年 236页

012096425
亲爱精诚 长沙市盲聋哑学校建校100周年校志 1908—2008
长沙市盲聋哑学校编 长沙 长沙市盲聋哑学校 2008年 147页

011148003
中国民间故事集成 湖南卷 长沙市分卷
长沙市民间文学集成编委会编 长沙 长沙市民间文学集成编委会 1987年 636页

011890470
中国戏曲志 湖南卷 长沙花鼓戏志（提纲）
1982年 21页

008453300
湖南省长沙市地名录
长沙市人民政府编 长沙 长沙市人民政府 1986年 450页

010197253
湖南烈士公园园志
湖南烈士公园管理处编志办编 长沙 湖南烈士公园管理处编志办 1989年 128页

013222237
湖南省地球物理化学勘查院院志 1958—2008
谭宜和主编 湖南 湖南省地球物理化学勘查院 2008年 169页

013659641
明德中学校园植物志
长沙市明德中学生物组编 长沙 长沙市明德中学生物组 2009年 59页

010198791
湖南省劳动卫生职业病防治研究所志 1961.11—2001.11
湖南省劳动卫生职业病防治研究所编 湖南 湖南省劳动卫生职业病防治研究所 2001年 181页

013824317
长沙市第三医院院志 1951—1985
长沙市第三医院院志编写委员会编 长沙 2013年 147页

013824321
长沙市第三医院院志 1986—2012
长沙市第三医院院志编纂委员会编 长沙 2013年 273页

014053062

长沙市第一医院院志 1920—1985 初稿

长沙市第一医院院志编纂委员会编 1987年 440页

013926328

湖南省马王堆疗养院志 1963—2013

湖南省马王堆疗养院 湖南省马王堆医院 湖南省老人医院编 长沙 湖南省马王堆疗养院 2013年 342页

013647644

辉煌岁月 湖南省肿瘤医院40年院志 1972—2012

湖南省肿瘤医院院志编纂委员会编 长沙 湖南省肿瘤医院院志编纂委员会 2012年 308页

013321152

中南大学湘雅二医院五十年人物志

长沙 中南大学湘雅二医院 2008年 194页

010198760

湖南省第二人民医院湖南省脑科医院志 1950—2004

湖南省脑科医院编 湖南 湖南省脑科医院 2005年 266页

013728926

湖南省农林工业勘察设计研究总院湖南省林业调查规划设计院院志 1957—2009

湖南省林业调查规划设计院院志编纂办公室编 湖南 院志编纂办公室 2010年 354页

012503746

长沙市第二粮食仓库志 1950—1986

郑文藻主编 长沙市第二粮食仓库编 长沙 长沙市第二粮食仓库 1988年 226页

012872368

[国家林业局中南调查规划设计院]院志 1962—2002

国家林业局中南调查规划设计院编 长沙 国家林业局中南调查规划设计院 2002年 270页

013704055

[国家林业局中南林业调查规划设计院]院志 1962—2012

国家林业局中南林业调查规划设计院院志编辑委员会编 长沙 国家林业局中南林业调查规划设计院 2012年 252页

012898612

湖南省水产科学研究所所志 1959—2009

湖南省水产科学研究所所志编撰委员会编 长沙 湖南省水产科学研究所所志编撰委员会 2009年 256页

010599818
长沙矿山研究院志
长沙矿山研究院院志编纂办公室编 长沙 长沙矿山研究院院志编纂办公室 1986年

010250729
冶金工业部长沙矿冶研究院志
长沙矿冶研究院志编写办公室编 长沙 长沙矿冶研究院志编写办公室 1983年

011292111
中南矿冶学院志 1952—1982
院志编写小组编 长沙 中南矿冶学院院志编写小组 1983年 271页

010198788
湖南省钢铁冶金设计院志 1964—1981
湖南省钢铁冶金设计院编 湖南 湖南省钢铁冶金设计院 1982年 215页

010197181
长沙矿冶研究院志
长沙矿冶研究院志编纂委员会编 长沙 长沙矿冶研究院 19uu年

013926333
湖南有色金属研究所志 1986—1990
湖南有色金属研究所编 湖南 湖南有色金属研究所 1997年 144页

013334369
长沙锅炉厂志 1956—1986
长沙锅炉厂志编审委员会编 长沙 长沙锅炉厂志编审委员会 1991年 202页

012505202
湖南省电力试验研究所所志 1991—2000
湖南省电力试验研究所所志编撰小组编 湖南 湖南省电力试验研究所所志（1991—2000）编撰小组 2005年 334页

010010010
中南院志 1949—1994
电力工业部中南勘测设计研究院志编纂委员会编 长沙 电力工业部中南勘测设计研究院志编纂委员会 1996年 354页

013772828
湖南省环境监测中心站站志 1975—2010
湖南省环境监测中心站编 北京 中国环境出版社 2013年 303页

岳麓区

009382848
长沙市东区地方志
湖南省长沙市东区地方志办公室编纂 长沙 湖南省长沙市东区地方志办公室 1990年 338页

009814624

长沙市西区志

长沙市西区志编纂委员会办公室编 长沙 长沙市西区志编纂委员会办公室 1989年 396页

012679095

长沙市岳麓区志 1988—2002

湖南省长沙市岳麓区地方志编纂委员会编 北京 方志出版社 2010年 620页

芙蓉区

011995314

长沙市芙蓉区志 1988—2003

长沙市芙蓉区地方志编纂委员会编 北京 方志出版社 2008年 470页

013894621

芙蓉区军事志 1840—2005

中国人民解放军湖南省长沙市芙蓉区人民武装部军事志编纂委员会编 长沙 中国人民解放军湖南省长沙市芙蓉区人民武装部 2008年 342页

天心区

012263999

长沙市天心区志 1988—2003

长沙市天心区志编纂委员会编 北京 方志出版社 2009年 519页〔中华人民共和国地方志丛书〕

013936421

天心区军事志 1840—2005 内部版

湖南省长沙市天心区军事志编纂委员会编 长沙 湖南省长沙市天心区军事志编纂委员会 2009年 371页

开福区

010293851

长沙市北区志

长沙市北区志编纂委员会编 长沙 长沙市北区志编纂委员会 2005年 274页

009358226

长沙市郊区志

长沙市郊区志编纂委员会办公室编 长沙 长沙市郊区志编纂委员会 1994年 578页

雨花区

013776372

长沙市雨花区简志

长沙市雨花区志编纂委员会编 长沙 湖南人民出版社 2011年 185页

011471285

长沙市雨花区志

长沙市雨花区志编纂委员会编 长沙 长沙市雨花区志编纂委员会 2006年

456 页

012713915
长沙市雨花区志 1988—2002
长沙市雨花区志编纂委员会编 北京 方志出版社 2010 年 457 页

008453271
湖南省长沙市南区志
龙云彰主编 韩耀华副主编 长沙市南区志编纂委员会办公室编 长沙 长沙市南区志编纂委员会办公室 1994 年 732 页〔中国地方志〕

012256529
雨花区军事志 1840—2005
中国人民解放军湖南省长沙市雨花区人民武装部军事志编纂委员会编 长沙 中国人民解放军湖南省长沙市雨花区人民武装部 2008 年 302 页

010142807
长沙市江南纸箱厂厂志
长沙市江南纸箱厂编 长沙 长沙市江南纸箱厂 1986 年 68 页

013510919
雨花教育图志
长沙市雨花区教育局主编 2008 年 90 页

望城区

008538692
望城县志 修改稿
望城县志办公室编 望城 望城县志办公室 1987 年

007425708
望城县志
湖南省望城县志编纂委员会编 北京 生活·读书·新知三联书店 1995 年 900 页

011066425
望城县志 1988—2002
望城县地方志编纂委员会编 北京 方志出版社 2006 年 690 页

010222125
望城县农业志
望城县农业局编 望城 望城县农业局 1991 年 198 页〔望城县地方志丛书〕

012956070
望城县教育志
望城县教育委员会编 望城 望城县教育委员会 1988 年 292 页〔望城县地方志丛书〕

012049499
湖南望城一中风物志
肖万祥主编 长沙 湖南教育出版社

2005年 254页

008453303

湖南省望城县地名录
望城县人民政府编 望城 望城县人民政府 1983年 484页

浏阳市

011584548

浏阳市志 1988—2002
浏阳市地方志编纂委员会编 北京 方志出版社 2007年 843页

007903925

浏阳县志
湖南省浏阳市地方志编委会编纂 北京 中国城市出版社 1994年 1035页〔中华人民共和国地方志丛书〕

009992729

湖南省浏阳市淳口镇志 1949—2002
淳口镇志编纂组编纂 淳口镇 淳口镇志编纂组 2004年 275页〔中华人民共和国地方志丛书〕

010475992

湖南省浏阳市大围山镇志 1922—2002
大围山镇志编纂组编纂 大围山镇 大围山镇志编纂组 2003年 271页〔中华人民共和国地方志丛书〕

013335380

湖南省浏阳市社港镇志 1949—2002
社港镇志编纂组编纂 社港镇 社港镇志编纂组 2004年 235页〔中华人民共和国地方志丛书〕

012174009

湖南省浏阳市文家市镇志 1949—2002
文家市镇志编纂组编纂 文家市镇 文家市镇志编纂组 2004年 344页〔中华人民共和国地方志丛书〕

013820247

湖南省浏阳市永安镇志 1949—2002
永安镇志编委会编纂 浏阳 永安镇志编委会 2004年 332页〔中华人民共和国地方志丛书〕

012638875

溪江乡志
溪江乡志编纂工作组编纂 浏阳 溪江乡志编纂工作组 2007年 241页〔中华人民共和国地方志丛书〕

008835666

浏阳县纪检专志
中共浏阳县纪律检查委员会修志小组编 浏阳 中共浏阳县纪律检查委员会修志小组 1988年 27页

008835645

浏阳县统一战线志 1923—1988
中共浏阳县委统战志编纂小组编 浏阳

中共浏阳县委统战志编纂小组 1988
年 46 页

013821859
浏阳县人大志
浏阳县人民代表大会常务委员会修志
组编 浏阳 浏阳县人民代表大会常务
委员会 1987 年 44 页

011294815
湖南省浏阳市民政志 1875—2002
浏阳市民政志编纂组编纂 浏阳 浏阳市
民政志编纂组 2006 年 226 页〔中华
人民共和国地方志丛书〕

013932475
浏阳市军事志 1840—2005
中国人民解放军湖南省浏阳市人民武
装部军事志编纂委员会编 浏阳 中国
人民解放军湖南省浏阳市人民武装
部军事志编纂委员会 2008 年 495 页

012718952
湖南省浏阳市工业经济志 1988—2002
湖南省浏阳市工业经济局主编 浏阳 湖
南省浏阳市工业经济局 2006 年
306 页

012174005
湖南省浏阳市劳动和社会保障志
1988—2002
劳动和社会保障局编纂 浏阳 劳动和社
会保障局 2004 年 166 页〔中华人民
共和国地方志丛书〕

013704261
浏阳市畜牧水产志 1988—2002
浏阳市畜牧水产局编 浏阳 畜牧水产志
编纂组 2005 年 110 页

008835675
浏阳县林业志
浏阳县林业局编 浏阳 浏阳县林业局
1987 年 27 页

013508664
浏阳县畜牧水产志
浏阳县畜牧水产局编 浏阳 浏阳县畜牧
水产局 1988 年 36 页

013792251
湖南省长沙市浏阳烟草志 1985—2004
浏阳市烟草专卖局主编 浏阳 浏阳市烟
草专卖局 2008 年 321 页〔中华人民
共和国地方志丛书〕

008835651
浏阳电力志
浏阳电力局编写 浏阳 浏阳电力局
1986 年 36 页

008844215
浏阳县轻工业志
浏阳县轻工业志修志小组编 浏阳 浏阳
县轻工业志修志小组 1987 年 153 页

013508662
浏阳县水利水电志
1986年 92页

008835662
浏阳县医药志
浏阳县药材公司编志办公室编 浏阳 浏阳县药材公司编志办公室 1988年 104页

008531880
浏阳市交通志
浏阳市交通局编 长沙 湖南出版社 1993年 237页〔湖南交通史志丛书〕

008835682
浏阳邮电志
浏阳县邮电局编 浏阳 浏阳县邮电局 1984年 38页

010142837
浏阳县供销合作社志
浏阳县供销合作社志编纂领导小组编 浏阳 湖南省浏阳县供销合作社 1987年 124页

008835639
浏阳县志贸易分志
浏阳县志贸易分志编纂小组编 浏阳 浏阳县志贸易分志编纂小组 1989年 93页〔地方志丛书 1〕

012832062
湖南省浏阳市地税志 1994—2004
浏阳市地方税务局主编 浏阳 浏阳市地方税务局 2004年 206页〔中华人民共和国地方志丛书〕

008835587
浏阳县财税志 1874—1985
浏阳县财政局税务局合编 浏阳 1988年 140页

008835690
浏阳县文化艺术志
浏阳县文化局文化艺术志编辑组编 浏阳 浏阳县文化局文化艺术志编辑组 1988年 105页

008453295
湖南省浏阳县地名资料汇编
浏阳县人民政府编 浏阳 浏阳县人民政府 1982年 435页

013990677
湖南省浏阳市气象志 1956—2003
浏阳市气象局主编 浏阳 浏阳市气象局 2007年 114页〔中华人民共和国地方志丛书〕

010198894
浏阳县农业气候志
浏阳县气象站编 浏阳 浏阳县气象站 1977年 132页

013730202
浏阳市妇幼保健院院志 1952—2012
湖南省浏阳市妇幼保健院主编 浏阳 湖南省浏阳市妇幼保健院 2012年 240页

013730205
浏阳市人民医院院志 2001—2012
浏阳 浏阳市人民医院 2012年 130页

013000396
浏阳市卫生志 1949—2004
湖南省浏阳市卫生局主编 浏阳 湖南省浏阳市卫生局 2007年 326页〔中华人民共和国地方志丛书〕

长沙县

008594786
长沙县志 修改稿
长沙县志办公室编 长沙 长沙县志办公室 1993年 3册

007724488
长沙县志
长沙县志编纂委员会编 北京 生活·读书·新知三联书店 1995年 895页〔中国地方志丛书〕

010779078
长沙县志 1988—2002
长沙县地方志编纂委员会编 北京 方志出版社 2007年 877页〔中华人民共和国地方志丛书〕

013901238
长沙县军事志 1840—2005
中国人民解放军长沙县人民武装部军事志编纂委员会编 长沙 长沙县人民武装部 2008年 528页

010293853
长沙县审计志 1984—2004
长沙县审计局编 长沙 长沙县审计局 2005年 102页

013797250
长沙县交通志
长沙县交通局编 长沙 长沙县交通局 1990年 226页

012249733
长沙县邮电志
长沙县邮电志办编 长沙 长新图书贸易有限公司 1997年 224页

010197226
长沙县供销合作社志 1920—1988
长沙县供销合作社志编写小组编 长沙 长沙县供销合作社 1991年 252页〔地方专业志〕

013797252
长沙县商业志
长沙县商业局编 长沙 长沙县商业局 1989年 218页

013702907
长沙县税务志
长沙县税务局编 长沙 长沙县税务局 1989年 228页〔长沙县地方志丛书〕

008453331
湖南省长沙县地名志
长沙县人民政府编 长沙 长沙县人民政府 1982年 528页

宁乡县

007885943
宁乡县志
湖南省宁乡县志编纂委员会编纂 北京 中国大百科全书出版社 1995年 732页

011892357
宁乡县志 1986—2002
宁乡县地方志编纂委员会编 北京 方志出版社 2008年 663页

012721998
宁乡房产志
宁乡县房屋产权管理局编 宁乡 宁乡县房屋产权管理局 2009年 187页

011955239
宁乡县粮食志 1986—2003
宁乡县粮食局编 宁乡 宁乡县粮食局 2005年 307页

008531872
宁乡县交通志
宁乡县交通志编纂委员会编 长沙 湖南出版社 1993年 262页〔湖南交通史志丛书〕

011997477
宁乡县金融志 1991—2002
宁乡县金融志续志编纂办公室编 宁乡 宁乡县金融志续志编纂办公室 2004年 479页

008453302
湖南省宁乡县地名录
宁乡县人民政府编 宁乡 宁乡县人民政府 1983年 513页

012505435
宁乡县人民医院院志 第1卷 1939—1987
王碧丛编 宁乡 宁乡县人民医院 2009年 142页

012505433
宁乡县人民医院院志 第2卷 1988—2008
王碧丛主编 宁乡 宁乡县人民医院 2009年 444页

010291869
宁乡县卫生志
宁乡县卫生局卫生志编纂办公室编 宁乡 宁乡县卫生局 1991年 351页

株洲市

007677699
株洲市志
株洲市地方志编纂委员会编 长沙 湖南出版社 1995 年

008720369
株洲市志 第 10 卷
株洲市地方志编纂委员会编 长沙 湖南出版社 1997 年 826 页

008718909
株洲市志 第 14 卷
株洲市地方志编纂委员会编 长沙 湖南出版社 1997 年 586 页

009385001
株洲市工会志
株洲市总工会编 长沙 湖南出版社 1995 年 458 页

010199796
株洲市化学工业局工会志 1958—1990
株洲市化工局工会志编纂领导小组编 株洲 株洲市化工局工会志编纂领导小组 1992 年 163 页

009385008
株洲市人大志
株洲市人大志编纂委员会编 长沙 湖南出版社 1992 年 274 页〔株洲市地方志丛书 1〕

011794383
株洲公安志 1990—2000
株洲市公安局史志办公室编 株洲 株洲市公安局史志办公室编 2006 年 234 页

011794389
株洲公安志 1949—1990
株洲市公安志编纂委员会编 株洲 株洲市公安志编纂委员会 1994 年 471 页

011480743
株洲消防志
株洲市防火安全委员会编 株洲 株洲市防火安全委员会 2003 年 314 页

008914132
株洲市民政志
习志芳主编 长沙 湖南出版社 1993 年 229 页

013323306
株洲市法院志 1991—2010
湖南省株洲市中级人民法院编 株洲 株洲市中级人民法院 2011 年 561 页

010577307
株洲劳动志
株洲市劳动局编 北京 中国劳动出版社 1993年 599页〔株洲市地方志丛书2〕

010291625
株洲市物资局志 1958—1987
湖南省株洲市物资局编 株洲 湖南省株洲市物资局 1988年 235页

013141204
二十三冶金建设公司第二工程公司志 1991—2003
湖南 二十三冶金建设公司 2004年

012661212
湖南省第五工程公司志 1953—2008
湖南省第五工程公司志编纂委员会编 湖南 湖南省第五工程公司志编纂委员会 2009年 470页

012969429
千金药业志 1966—2003
千金药业志编纂委员会编 株洲 株洲千金要业股份有限公司 2004年 429页

013795588
铁道部株洲电力机车工厂教育志 1936—1985
工厂教育志编纂组编 1986年 246页

011570774
铁道部株洲电力机车研究所志 1959—1995
株洲电力机车研究所志编纂委员会编 株洲 株洲电力机车研究所志编纂委员会 1999年 413页

011998443
铁道部株洲桥梁厂厂志 1958—1987
铁道部株洲桥梁厂厂志办公室编 株洲 铁道部株洲桥梁工厂 1988年

010199492
湘东铁矿志 1970—1980
湘东铁矿志编写办公室编 湖南 湘东铁矿志编写办公室 1986年 380页

013661750
中国南车集团株洲电力机车研究所志 1996—2005
株洲电力机车研究所志编纂委员会编 株洲 株洲电力机车研究所志编纂委员会 2007年 336页

013961391
中国能建湖南省火电建设公司志 1985—2012.6
中国能源建设集团湖南省火电建设公司编 2012年 435页

012816249
中铁株桥志 1988—2008
中铁株洲桥梁有限公司编 株洲 中铁株

洲桥梁有限公司 2008年 210页

011908991
株洲车辆工厂厂志 1954—1986
株洲车辆工厂厂志编辑委员会编 北京 中国经济出版社 1988年 458页

013512147
株洲齿轮公司志 1998—2008
株洲齿轮有限责任公司编 株洲 株洲齿轮有限责任公司 2008年 370页

010243527
株洲电厂志 1957—1997
株洲电厂志编纂委员会编 株洲 株洲电厂 1997年 446页

008989963
株洲电力机车厂志 1936—1999
株洲电力机车厂志编纂委员会 刘宁主编 北京 中国铁道出版社 2001年 709页

012769681
株洲供电志 1922—2000
株洲电业局局志办编纂 株洲 株洲电业局局志办 2003年 276页

011957498
株洲华银火力发电有限公司志 1997.7.1—2007.6.30
株洲华银火力发电有限公司志编纂委员会编 株洲 株洲华银火力发电有限公司社 2007年 616页

011911534
株洲汽车齿轮厂厂志 1987—1997
株洲齿轮股份有限公司编 株洲 株洲汽车齿轮厂 1999年 312页

011447201
株洲市建筑材料工业志
株洲市建筑材料工业局编 株洲 株洲市建筑材料工业局 1992年 243页

011327193
株洲市湘东灯泡厂志
株洲市湘东灯泡厂编 株洲 株洲市湘东灯泡厂 1990年 190页〔攸县专业志丛书 43〕

012003225
株洲市烟草志
湖南省株洲市烟草专卖局 湖南省烟草公司株洲分公司编 株洲 199u年 166页

010143027
株洲冶炼厂志 1953—1980
株洲冶炼厂志编写组编 株洲 株洲冶炼厂 1983年 351页

012003227
株洲硬质合金厂志 1953—1980
株洲硬质合金厂志编纂办公室编 株洲 株洲硬质合金厂志编纂办公室 198u

年 447 页

012003236
株洲硬质合金厂志 续集
株洲硬质合金厂志编纂委员会编 株洲 株洲硬质合金厂志编纂委员会 1994年 456 页

011501619
株洲硬质合金集团有限公司志 1991—2003
施承仕主编 株洲 株洲硬质合金集团有限公司 2004 年

008531826
株洲市交通志
株洲市交通志编委会编 长沙 湖南出版社 1993 年 459 页〔湖南交通史志丛书〕

009839716
株洲市交通志 1978—2001
株洲市交通志编纂委员会编 长沙 湖南人民出版社 2005 年 777 页

011586361
株洲车辆段志 1953—2003
株洲车辆段志编纂委员会编 株洲 株洲车辆段 2003 年 373 页

011294329
株洲市邮电志
株洲市邮电局编 株洲 株洲市邮电局 1999 年 334 页

010142912
株洲烟草志 1991—2000
湖南省株洲市烟草专卖局 湖南省烟草公司株洲市公司编 株洲 湖南省株洲市烟草专卖局 湖南省烟草公司株洲市公司 2003 年 285 页

012507328
株洲市物价志
肖光培主编 株洲市物价志编纂领导小组编 株洲 株洲市物价志编纂领导小组 2003 年 448 页

013661840
株洲国税志 1991—2000
刘前秋主编 株洲市国家税务局编 湖南 湖南梓田印刷有限责任公司 2002 年 198 页

010577289
株洲市财政志 1949.8—1993.12
株洲市财政局编 株洲 株洲市财政局 1995 年 322 页

011586367
株洲市金融志
杜文主编 谭炳生副主编 北京 当代中国出版社 2003 年 360 页〔世纪潮丛书 1〕

012690283
株洲教育改革志 1978—2000
株洲市教育局编著 株洲 株洲市教育局 2005年 711页

008453573
株洲市教育志
株洲市教育委员会编 长沙 湖南出版社 1995年 541页

012690287
株洲市教育志续志
株洲市教育局编 株洲 株洲市教育局 2006年 214页

011432756
湖南省株洲市第二中学校志 第1卷 1955—1995
熊光亚主编 湖南省株洲市第二中学编 湖南 湖南省株洲市第二中学 1995年 296页

012265056
湖南省株洲市第二中学校志 第2卷 1995—2000
熊光亚 郭志鸿主编 湖南省株洲市第二中学编 湖南 湖南省株洲市第二中学 2000年 137页

011580055
湖南省株洲市第四中学校志 1957—2007
湖南省株洲市第四中学编 株洲 湖南省株洲市第四中学校 2007年 204页

013092907
湖南铁道职业技术学院志 1951—2010
株洲 湖南铁道职业技术学院志编写委员会 2011年 178页

010199803
株洲冶金工业学校志 1960—1981
株洲冶金工业学校志编纂小组编 株洲 株洲冶金工业学校志编纂小组 1983年 124页

011148902
中国谚语集成 第5卷 湖南卷 株洲市分卷
株洲市民间文学集成编委会编 湖南 湖南印刷二厂 1990年 282页

010023169
中国歌谣集成 第1卷 湖南卷 株洲市分卷
株洲市民间文学集成编委会编 湖南 湖南印刷二厂 1990年 425页

010060960
中国民间故事歌谣谚语集成 湖南卷 株洲市南区资料本
叶源康主编 株洲市南区民间文学集成办公室编 株洲 1988年 270页

011147554
湖南民间歌曲集 株洲市分册

中国民间歌曲集成湖南卷编辑委员会编 湖南 中国民间歌曲集成湖南卷编辑委员会 1980年 138页

010577308
株洲市卫生志
株洲市卫生局编纂委员会编 长沙 湖南出版社 1993年 426页〔株洲市地方志丛书 4〕

008453359
湖南省株洲市地名录
株洲市人民政府编 株洲 株洲市人民政府 1983年 183页

011586373
株洲市卫生志资料长编
株洲市卫生志编纂委员会办公室编 株洲 株洲市卫生志编钻纂委员会办公室 1991年 7册

011294746
株洲地名志
株洲市地名委员会办公室 株洲市网谊文化公司编纂 株洲 株洲市地名委员会 2004年 357页

天元区

013899632
天元区军事志 1959—2005
湖南省株洲市天元区军事志编纂委员会编 湖南 湖南省军区军事志编纂领导小组 2009年 181页

010577374
株洲文物名胜志
曹敬庄主编 北京 中国文史出版社 1991年 417页

荷塘区

013792224
湖南省工业设备安装公司职工医院院志 1958—1990
湖南省工业设备安装公司职工医院院志编纂委员会编 株洲 湖南省工业设备安装公司职工医院院志编纂委员会 1990年 47页

011320751
株洲市东区志
易新星主编 株洲市东区志编纂委员会编 株洲 株洲市东区志编纂委员会 2002年 661页〔中华人民共和国地方志〕

013798862
株洲市口腔医院院志 1985—1990
株洲 株洲市口腔医院院志编纂委员会 1990年 13页

013897262
荷塘区军事志 1960—2005
湖南省株洲市荷塘区军事志编纂委员

会编 株洲 株洲开发区英达印刷厂 2009年 195页

芦淞区

013902039
株洲市南区志
株洲市南区地方志编纂委员会编 株洲 株洲市南区地方志编纂委员会编 1993年 315页

010199800
株洲市南区志
株洲市芦淞区地方志编纂委员会编 北京 团结出版社 2006年 415页〔湖南市县志鉴 1〕

013932501
芦淞区军事志 1970—2005
株洲市芦淞区军事志编纂委员会编 株洲 株洲市精彩印刷有限公司 2009年 169页

石峰区

013936374
石峰区军事志 1960—2005
湖南省株洲市石峰区军事志编纂委员会编 株洲 湖南省株洲市石峰区军事志编纂委员会 2009年 139页

醴陵市

006384427
板杉区志
醴陵市板杉区志编纂领导小组编 醴陵 醴陵市板杉区志编纂领导小组 1989年 290页〔醴陵市地方志丛书 1〕

007850858
醴陵市志 第1卷
醴陵市志编纂委员会编 长沙 湖南出版社 1995年 1182页

009839705
醴陵市志 第2卷 1991—2002
醴陵市志编纂委员会编 长沙 湖南人民出版社 2005年 824页

006384426
王仙区志
醴陵市王仙区志编纂领导小组编 醴陵 醴陵市王仙区志编纂领导小组 1990年 341页〔醴陵市地方志丛书 13〕

013628040
醴陵市人口志 第四稿
醴陵市计划生育委员会编 醴陵 醴陵市计划生育委员会 1989年 148页

006088099
醴陵政协志
政协湖南省醴陵市委员会编 醴陵 政协湖南省醴陵市委员会 1992年 256页

〔醴陵市地方志丛书 29〕

006088094
醴陵公安志
醴陵市公安局编 醴陵 1991 年 187 页〔醴陵市地方志丛书 22〕

006088104
醴陵民政志
醴陵市民政局编 醴陵 醴陵市民政局 1990 年 168 页〔醴陵市地方志丛书 8〕

006088100
醴陵法院志
醴陵市人民法院编 醴陵 醴陵市人民法院 1991 年 201 页〔醴陵市地方志丛书 12〕

011954556
醴陵检察志
醴陵市人民检察院编 醴陵 醴陵市人民检察院 2007 年 339 页

013932453
醴陵市军事志 1681—2005
湖南省醴陵市军事志编纂委员会编 醴陵 瑞鑫印务包装有限公司 2009 年 370 页

007971259
醴陵工商行政管理志
醴陵市工商行政管理局编 醴陵 醴陵市工商行政管理志编纂领导小组 1994 年 190 页〔醴陵地方志丛书 35〕

007984460
醴陵城乡建设志
醴陵市建设局编 醴陵 醴陵市建设局 1995 年 283 页〔醴陵市地方志丛书 34〕

006088103
醴陵林业志
醴陵市林业局编 醴陵 醴陵市林业局 1990 年 203 页〔醴陵市地方志丛书 7〕

006088088
醴陵农业志
醴陵市农业局编 醴陵 醴陵市农业局 1990 年 358 页〔醴陵市地方志丛书 11〕

010577072
湖南省醴陵建设集团志（东富） 1972—2002
湖南省醴陵建设集团编 湖南 湖南省醴陵建设集团 2002 年 152 页

006088095
醴陵市水利水电志
醴陵市水利水电局编 醴陵 醴陵市水利水电局 1989 年 227 页〔醴陵市地方志丛书 4〕

006088110
醴陵陶瓷志
湖南醴陵瓷业总公司陶瓷志编纂办公室编 醴陵 1989年 312页〔醴陵市地方志丛书 3〕

006088102
醴陵盐业志 1991
湖南省盐业公司醴陵支公司编 醴陵市盐业公司编纂领导小组编 醴陵 醴陵市印刷厂 1991年 190页〔醴陵市地方志丛书 21〕

007986732
醴陵工业志
醴陵市经济委员会 醴陵市工业局合编 醴陵 醴陵市工业局 1994年 215页〔醴陵市地方志丛书 37〕

010577301
醴陵市交通志
醴陵市交通志编纂领导小组编 长沙 湖南出版社 1994年 239页〔湖南省交通史志丛书〕

013897326
湖南省醴浏铁路路志 1959—1989
醴浏铁路管理处编 浏阳 浏阳县美术印刷厂 1991年 218页

007986735
醴陵邮电志
醴陵市邮电局编 醴陵 醴陵市邮电局 1991年 137页〔醴陵市地方志丛书 10〕

006088092
醴陵供销合作社志
醴陵市供销合作社联合社编 醴陵 1991年 373页〔醴陵市地方志丛书 23〕

006088091
醴陵税务志
醴陵市税务局编 醴陵 醴陵市印刷厂 1990年 140页〔醴陵市地方志丛书 27〕

006088089
醴陵工商银行志
中国工商银行醴陵支行编 醴陵 1992年 254页〔醴陵市地方志丛书 25〕

006088090
醴陵农村金融志
中国农业银行醴陵市支行编 醴陵 1992年 226页〔醴陵市地方志丛书 24〕

006071793
醴陵文化志
醴陵市文化局编 醴陵 醴陵市文化局 1992年 272页〔醴陵市地方志丛书 28〕

006088098
醴陵广播电视志
醴陵市广播电视局编 醴陵 1991年

198 页〔醴陵市地方志丛书 15〕

006071784
醴陵市教育志
醴陵市教育局编 醴陵 醴陵市教育局 1989 年 370 页〔醴陵市地方志丛书 2〕

013958736
醴陵体育志
醴陵市体育运动委员会编 醴陵 醴陵市体育运动委员会 1989 年 214 页

007884892
醴陵二轻工业志 资料汇编
醴陵市轻工业局编 醴陵 醴陵市瓷城印刷厂 1991 年 341 页〔醴陵市地方志丛书 20〕

006088101
醴陵二轻工业志
醴陵市轻工业局编 1991 年 343 页〔醴陵市地方志丛书 20〕

007986734
醴陵花炮志
醴陵市地方志编纂委员会办公室编 醴陵 1995 年 210 页〔醴陵市地方志丛书 40〕

006088106
醴陵金融志
醴陵金融志编纂小组编 醴陵 醴陵金融志编纂小组 1991 年 181 页〔醴陵市地方志丛书 26〕

007984246
醴陵农业机械志
醴陵市农业机械管理局编 醴陵 1990 年 90 页〔醴陵市地方志丛书 6〕

006088109
醴陵人大志
醴陵市人民代表大会常务委员会编 醴陵 1991 年 171 页〔醴陵市地方志丛书 17〕

006088105
醴陵人口志
醴陵市计划生育委员会编 醴陵 1990 年 132 页〔醴陵市地方志丛书 9〕

006088093
醴陵商业志
醴陵市商业局编 醴陵 1991 年 338 页〔醴陵市地方志丛书 19〕

012614008
绿水神韵 醴陵风物志
汤鹏天主编 丁水生副主编 深圳 海天出版社 2009 年 263 页

008453356
湖南省醴陵县地名录
醴陵县人民政府编印 醴陵 醴陵县人民政府 1983 年 340 页

007984245
醴陵气象志
醴陵市气象局编 醴陵 1990年 137页〔醴陵市地方志丛书 5〕

006088107
醴陵爱国卫生志
醴陵市爱国卫生运动委员会办公室编 醴陵 1991年 85页〔醴陵市地方志丛书 14〕

006088108
醴陵卫生志
醴陵市卫生局编 醴陵 醴陵市卫生局 1991年 270页〔醴陵市地方志丛书 16〕

007988922
醴陵环境保护志 1993
醴陵市环境保护局编 醴陵 1994年 81页〔醴陵地方志丛书 33〕

株洲县

007588013
株洲县志
湖南省株洲县志编纂委员会编 长沙 湖南出版社 1995年 588页〔中华人民共和国地方志丛书〕

009839718
株洲县志 1991—2000
株洲县志编纂委员会编 长沙 湖南人民出版社 2005年 458页

012879046
株洲县军事志 41—2005
湖南省株洲县军事志编纂委员会编 株洲 湖南省株洲县军事志编纂领导小组 2009年 219页

013134092
株洲县城乡建设志
株洲县建设委员会编 株洲 株洲县建设委员会 1993年 257页

013630843
株洲县交通志
株洲县交通志编纂委员会编 长沙 湖南出版社 1994年 159页〔湖南交通史志丛书〕

013512154
株洲县教育志
株洲县教育局编 株洲 株洲县教育局 1991年 235页

011586375
株洲县第一中学校志 1958—1998
株洲县第一中学编 株洲 株洲县第一中学 1998年 359页

013098069
株洲县黄龙镇中学校志 1957—2002
株洲 株洲县黄龙镇中学 2002年 212页

008453357
湖南省株洲县地名录
株洲县人民政府编 株洲 株洲县人民政府 1984年 331页

攸县

007378020
攸县志
攸县志编纂委员会编 北京 中国文史出版社 1990年 830页

012950355
柏市地方志
攸县柏市地方志编纂委员会编 攸县 攸县柏市地方志编纂委员会 2009年 412页

009686598
攸县城关镇志
攸县城关镇志编纂委员会编 北京 中国文史出版社 1991年 381页

012871828
宝宁寺志 1684—2010
攸县地方志编纂委员会 攸县黄丰桥镇人民政府编 攸县 攸县地方志编纂委员会 2010年 394页

009686833
攸县统计志
湖南省攸县统计局编 攸县 攸县统计局 1989年 158页〔湖南省攸县专业志丛书 36〕

013630697
攸县计划生育志
湖南省攸县计划生育委员会编 攸县 湖南省攸县计划生育委员会 1986年 84页

011809688
攸县共青团志
共青团湖南省攸县委员会编 攸县 攸县共青团 1999年 232页

009686605
攸县公安志
攸县公安志编纂领导小组编 攸县 攸县公安志编纂领导小组 1997年 320页

009686834
攸县信访志
攸县信访志编写组编 攸县 中共攸县委员会攸县人民政府信访办公室 1990年 77页〔湖南省攸县专业志丛书〕

012506611
攸县人民法院志 1949—2000
攸县人民法院志编纂委员会编 攸县 攸县人民法院志编纂委员会 2003年 519页

011474491
湖南省网岭监狱志 1984—2002
湖南省网岭监狱志编纂委员会编 网岭

镇 湖南省网岭监狱 2004 年 401 页

012814524
攸县工商行政管理志
攸县工商行政管理志编纂委员会编 攸县 攸县工商行政管理志编纂委员会 2005 年 568 页

010577059
攸县自来水志
攸县自来水公司编 攸县 攸县自来水公司 2003 年 374 页

010199489
湘东化工机械厂志 1971—1990
湘东化工机械厂志编纂委员会编 湖南 湘东化工机械厂 1991 年 668 页

011585286
攸县盐业志
攸县盐业公司编 湖南 攸县盐业公司 1990 年 80 页〔湖南省攸县专业志丛书〕

012256527
攸县交通志
攸县交通志编纂领导小组编 攸县 攸县交通志编纂领导小组 2000 年 302 页

012052517
攸县财政志
攸县财政志编纂委员会编 攸县 攸县财政志编纂委员会 2007 年 405 页

009686838
攸县信用合作志
湖南省攸县信用合作社联合社编 攸县 湖南省攸县信用合作社联合社 1993 年 505 页〔湖南省攸县专业志丛书〕

011585280
攸县广播电视志
黄平凡 吴紧 陈忠恕编写 湖南 攸县广播电视局 1987 年 115 页〔湖南省攸县专业志丛书〕

009686665
攸县科学技术志
攸县科学技术委员会编 攸县 攸县科学技术委员会 1988 年 188 页〔湖南省攸县专业志丛书 32〕

009686601
攸县方言志
董正谊编著 攸县志编纂委员会办公室审定 湘南方元影印公司 1987 年 128 页

008620231
湖南省攸县地名录
攸县人民政府编 攸县 攸县人民政府 1981 年 268 页

009383900
攸县水利志
攸县水利水电局编 攸县 攸县水利水电局 1996 年 303 页〔攸县地方志丛书

47〕

茶陵县

007668496
茶陵县志
湖南省茶陵县地方志编纂委员会编 北京 中国文史出版社 1994 年 858 页

009685883
茶陵县城关镇志
茶陵县城关镇编纂领导小组编 茶陵 茶陵县城关镇编纂领导小组 1994 年 366 页〔茶陵县地方志丛书 40〕

009685899
茶陵县火田乡志
茶陵县火田乡志编纂领导小组编 火田乡 茶陵县火田乡政府 1991 年 276 页〔茶陵县地方志丛书 19〕

009685932
茶陵县思聪乡志
茶陵县思聪乡人民政府编 茶陵 茶陵县思聪乡人民政府 1994 年 467 页〔茶陵县地方志丛书 38〕

011578881
茶陵县人口志
茶陵县计划生育委员会编 茶陵 茶陵县计划生育委员会 1992 年 197 页〔茶陵县地方志丛书 34〕

010576835
茶陵共青团志
共青团茶陵县委编 茶陵 茶陵共青团 2006 年 263 页〔茶陵县地方志丛书 61〕

009685927
茶陵县人大志
茶陵县人大志编纂领导小组编 茶陵 茶陵县人大志编纂领导小组 1990 年 219 页〔茶陵县地方志丛书 3〕

013037902
茶陵县公安志 重修本
茶陵县公安局编 茶陵 茶陵县公安局 2009 年 299 页

009685915
茶陵县民政志
茶陵县民政局编 茶陵 茶陵县民政局 1990 年 356 页〔茶陵县地方志丛书 15〕

013923903
茶陵县军事志 879—2005
湖南省茶陵县军事志编纂委员会编 茶陵 湖南省茶陵县军事志编纂委员会 2009 年 352 页

009685929
茶陵县人事志
茶陵县人事局编 茶陵 茶陵县人事局 1997 年 182 页〔茶陵县地方志丛书

42〕

011578896
茶陵县乡镇企业志
茶陵县乡镇企业局编 茶陵 茶陵县乡镇企业局 1990年 338页〔茶陵县地方志丛书 23〕

009685911
茶陵县林业志
湖南省茶陵县林业局编 茶陵 湖南省茶陵县林业局 1991年 294页〔茶陵县地方志丛书 27〕

008913949
茶陵县农业志
茶陵县农业志编纂委员会编 茶陵 茶陵县农业局 1990年 436页〔茶陵县地方志丛书 14〕

009685906
茶陵县粮食志
茶陵县粮食志编纂领导小组编 茶陵 茶陵县粮食局 1993年 476页〔茶陵县地方志丛书 47〕

009685879
茶陵县财政志
茶陵县财政局编 茶陵 茶陵县财政局 1990年 262页〔茶陵县地方志丛书 1〕

011578870
茶陵县金融志
茶陵县金融志编纂领导小组编 茶陵 茶陵县金融志编纂领导小组 1990年 338页〔茶陵县地方志丛书 13〕

009685902
茶陵县科学技术志
茶陵县科学技术委员会编 茶陵 茶陵县科学技术委员会 1990年 242页〔茶陵县地方志丛书 30〕

011578862
茶陵县教育志
周时新主编 茶陵县教育志编辑室编写 茶陵 茶陵县教育局 1993年 370页〔茶陵县地方志丛书 39〕

012049497
湖南省茶陵第一中学校志 1905—2005
茶陵一中校志编纂委员会编 茶陵 茶陵一中校志编纂委员会 2005年 393页

008453511
湖南省茶陵县地名录
茶陵县人民政府编 茶陵 茶陵县人民政府 1982年 210页

013726796
茶陵县卫生志
茶陵县卫生局编 茶陵 茶陵县卫生局 2007年 466页

013957637

湖南省茶陵县土壤志

茶陵县土壤普查办公室 茶陵县农业局 林业局编 茶陵 茶陵县土壤普查办公室 1984年 208页

009685916

茶陵县农机志

茶陵县农机志编纂领导小组编 茶陵 茶陵县农业机械管理局 1990年 111页〔茶陵县地方志丛书 7〕

009686291

湖南省茶陵县环境保护志

湖南省茶陵县环境保护编 茶陵 1991年 237页〔茶陵县地方志丛书 28〕

炎陵县

008594779

酃县志 评审稿

酃县地方志编纂委员会办公室编 酃县 酃县地方志编纂委员会办公室 1992—1993年 6册

005591347

酃县志

酃县志编纂委员会编 北京 中国社会出版社 1994年 635页

013939664

炎陵县军事志 1211—2005

湖南省炎陵县军事志编纂委员会编 2009年 185页

006101069

酃县林业志

陈胜嵩主编 北京 中国林业出版社 1994年 378页〔湖南省酃县地方志丛书〕

013343383

炎陵县粮食志

湖南省炎陵县粮食局编 炎陵 湖南省炎陵县粮食局 2001年 407页

010879821

酃县农业志

酃县农业局编 酃县 酃县农业局 1993年 282页〔酃县地方志丛书〕

012767158

炎陵县水利水电志

湖南省炎陵县水利水电局编 炎陵 湖南省炎陵县水利水电局 2002年 337页

008531861

酃县交通志

酃县交通局编 长沙 湖南出版社 1992年 261页〔湖南交通史志丛书〕

008453337

湖南省酃县地名录

酃县人民政府编 酃县 酃县人民政府 1983年 148页

012141601
株洲市麻风病防治志 1954—2003
湖南省炎陵县皮肤病防治所编 炎陵 湖南省炎陵县皮肤病防治所 2004年 139页

湘潭市

008470949
湘潭市志
湘潭市地方志编纂委员会编 北京 中国文史出版社 1993—1997年 11册

010199657
湘潭市志 教育篇 修订稿
湘潭市教育志编纂组编 湘潭 1990年 182页

009889514
湘潭市志 权力机关篇
湖南省湘潭市人大常委会修志办编 湘潭 1991年 72页

010199658
湘潭市志 文化篇 送审稿
谭自然主编 湘潭 1991年 196页

009889516
湘潭市志 中国共产党篇 评审稿
中共湘潭市委办共产党志编纂小组编 湘潭 中共湘潭市委办共产党志编纂小组 1991年 140页

013824969
中国共产党湘潭历史图志 1921—2001
中共湘潭市委党史办公室 湘潭市档案局编著 龙正才 易子恩主编 深圳 海天出版社 2001年 493页

009814643
湘潭市工会志
湘潭市总工会编 合肥 黄山书社 1993年 438页〔湘潭市地方志丛书〕

013072717
湘潭市法院志 1840—1989
湖南省湘潭市中级人民法院编纂 湘潭 湘潭市中级人民法院 1992年 229页

010199654
湘潭市人民防空志 1987—2000
湘潭市人民防空志编纂委员会编 湘潭 湘潭市人民防空志编纂委员会 2005年 111页〔湘潭市地方志丛书〕

013072719
湘潭市军事志 1840—2005
中国人民解放军湖南省湘潭军分区编 长沙 国防科技大学出版社 2009年

678 页

004470267

湘潭市物资志

湘潭市物资志编纂委员会编 北京 中国物资出版社 1991 年 401 页

009391833

湘潭市乡镇企业志

湘潭市乡镇企业志编委会编 北京 中国文史出版社 1992 年 345 页

009797376

[湘潭电机厂]工会志 1936—1993

湘潭电机厂工会史志办公室编辑 湘潭 湘潭电机厂 1995 年 400 页

013183529

湖南农药厂志 1950—1999

湖南南天实业股份有限公司湖南农药厂志编纂委员会编 湖南 湖南南天实业股份有限公司湖南农药厂 2000 年 738 页

010198801

湖南省湘潭地市电力志 1909—1982

湘潭电业局编 湘潭 湘潭电业局 1983 年 217 页

010577528

湖南省湘潭地市电力志 图纸

湘潭电业局编 湘潭 湘潭电业局 198u 年 1 册

009383729

六二七厂志 1958—1985

六二七厂志编纂委员会编 六二七厂 1988 年 502 页〔中国兵器工业史丛书〕

011998595

湘钢志 1991—2000

湘潭钢铁集团有限公司编 湘潭 湘潭钢铁集团有限公司 2004 年 429 页

013321208

湘潭柴油机厂志 1956—2006

湘潭柴油机厂志编纂委员会编 湘潭 湘潭柴油机厂志编纂委员会 2007 年 156 页

011068406

湘潭电厂志 1936—1986

湘潭电厂志编纂委员会编 湘潭 湘潭电厂志编纂委员会 1998 年 557 页

010280358

湘潭电机厂志 1936—1989

湘潭电机厂志编纂办公室编 湘潭 湘潭电机厂 1992 年 796 页

013865281

湘潭电业局志 1986—2005

湘潭电业局志编纂委员会编 2008 年 349 页

010142854

湘潭钢铁厂志 1958—1980

湘潭钢铁厂厂志编纂办公室编 湘潭 湘潭钢铁厂 1983年 2册

010142858

湘潭锰矿志 1913—1980

湘潭锰矿志办公室编 湘潭 湘潭锰矿志办公室 1985年 573页

010275203

湘潭锰矿志 1981—1990

湘潭锰矿志编写办公室编 湘潭 湘潭锰矿志编写办公室 1994年 265页

010199655

湘潭市烟草志

湘潭市烟草编纂办公室编 湘潭 湘潭市烟草编纂办公室 1995年 226页

013865283

湘潭市烟草志 1992—2003

湘潭市烟草志编纂委员会编 湘潭 湘潭市烟草志编纂委员会 2006年 209页

010199539

湘潭市交通志 送审稿

湘潭市交通局编志办主编 湘潭 湘潭市交通局 1988年 343页

008531865

湘潭市交通志

湘潭市交通局编 长沙 湖南出版社 1992年 176页〔湖南交通史志丛书〕

010008751

湘潭市交通志 1980—2002

湘潭市交通志编纂委员会编 长沙 湖南人民出版社 2006年 680页

012723160

湘潭市地方税务志 1994.9—2009.8

龙水根主编 湘潭 湘潭市地方税务局 2009年 411页〔湘潭市地方志丛书〕

008027870

湘潭市税务志 1840—1985

湘潭市税务志编写组编 北京 经济管理出版社 1989年 532页〔湘潭市地方志丛书〕

009441918

中国建设银行湘潭市分行志 1954—1994

中国建设银行湘潭市分行行志办公室编 湘潭 中国建设银行湘潭市分行行志办公室 1996年 367页

010199652

湘潭市教育志

湘潭市教育志编纂委员会编 北京 中国文史出版社 1991年 481页〔湘潭市地方志丛书〕

011294786
湘钢一中校志 1960.8—2005.9
湘钢一中校志编写组编 湘潭 湘钢一中校志编写组 2005年 304页

011147817
中国歌谣集成 湖南卷 湘潭市分卷
湘潭市民间文学集成编委会编 湘潭 湘潭市民间文学集成编委会 1988年 499页

011147549
湖南民间歌曲集 湘潭地区分册
中国民间歌曲集成湖南卷编辑委员会编 湖南 中国民间歌曲集成湖南卷编辑委员会 1981年 343页

011585103
湘潭市电影志 初稿
湘潭市电影发行放映公司编 湘潭 湘潭市电影发行放映公司 1988年 273页

008453298
湖南省湘潭市地名录
湘潭市人民政府编 湘潭 湘潭市人民政府 1982年 210页

013732428
湘潭地名志
王龙林主编 湘潭市人民政府编 北京 中国文史出版社 2009年 436页

011998590
湘潭气象志
湘潭市气象局编 北京 气象出版社 2004年 141页

010199516
湘潭环卫志
湘潭市环境卫生管理处编纂 湘潭 湘潭市印刷厂 1995年 234页〔湘潭市地方志丛书〕

011793116
湘潭市中心医院志 1900—2000
湘潭市中心医院编 湘潭 湘潭市中心医院 2001年 532页

010577524
湖南湘潭专区土壤志
湘潭专署农业局编 湘潭 湘潭专署农业局 1960年 79页

岳塘区

010577352
湘潭市郊区志
湘潭市郊区志编纂委员会编 湘潭 湘潭市霞城印刷厂 1992年 879页〔湘潭市地方志丛书〕

010291855
板塘区简志
板塘区 1991年 235页〔湘潭市地方志丛书〕

013464178
湘潭市郊区财政志
湘潭市郊区财政志编辑委员会编 湘潭 湘潭市郊区财政志编辑委员会 1993年 164页〔湘潭市地方志丛书〕

010239207
湘潭市郊区教育志 1873—1987
湘潭市郊区教育志编辑委员会编 湘潭 湘潭市郊区教育志编辑委员会 1990年 701页

012139244
湖南省湘潭市岳塘区湘钢一校校志 1958—2008
湘钢一校五十周年校庆办公室编 湘潭 湘钢一校五十周年校庆办公室 2008年 90页

雨湖区

011793090
湘江区志
湘潭市湘江区志编纂委员会编 湘潭 编者 1990年 544页〔湘潭市地方志丛书〕

010201783
雨湖区志
湘潭市雨湖区人民政府编 雨湖区 湘潭市雨湖区人民政府编 1991年 324页

湘乡市

008538027
湘乡县志 送审稿
湘乡县志编纂委员会编 湘乡 湘乡县志编纂委员会 1991年 7册

007426121
湘乡县志
湘乡县志编纂委员会编 长沙 湖南出版社 1993年 1131页〔中华人民共和国地方志丛书〕

008538674
湘乡工会志
湘乡市总工会 湘乡市地方志办公室编 湘乡 湘乡市地方志办公室 1990年 286页〔湘乡市地方志丛书 14〕

008538072
湘乡机构编制史
湘乡市编制委员会 湘乡市地方志办公室编 湘乡 湘乡市编制委员会 湘乡市地方志办公室 1989年 351页〔湘乡市地方志丛书 13〕

008538070
湘乡公安志
湘乡市公安局 湘乡市地方志办公室编 湘乡 湘乡市地方志办公室 1990年 227页〔湘乡市地方志丛书 11〕

008538035
湘乡民政志
湘乡市民政局 湘乡市地方志办公室编 湘乡 湘乡市地方志办公室 1990年 266页〔湘乡市地方志丛书 10〕

008538039
湘乡党派群团志
湘乡党派群团志编写组 湘乡市地方志办公室编 湘乡 湘乡市地方志办公室 1994年 232页〔湘乡市地方志丛书 26〕

008538671
湘乡法院志
湘乡市人民法院 湘乡市地方志办公室编 湘乡 湘乡市地方志办公室 1992年 369页〔湘乡市地方志丛书 24〕

008538044
湘乡检察志
湘乡市人民检察院 湘乡市地方志办公室编 湘乡 湘乡市地方志办公室 1991年 130页〔湘乡市地方志丛书 21〕

008538069
湘乡军事志
湘乡市人民武装部 湘乡市地方志办公室编 湘乡 湘乡市地方志办公室 1989年 268页〔湘乡市地方志丛书 2〕

008538067
湘乡工商行政管理志
湘乡市工商行政管理局 湘乡市地方志办公室编 湘乡 湘乡市地方志办公室 1991年 165页〔湘乡市地方志丛书 19〕

008538079
湘乡劳动人事志
湘乡市人事局 湘乡市劳动局 湘乡市地方志办公室编 湘乡 湘乡市地方志办公室 1990年 124页〔湘乡市地方志丛书 12〕

008538665
湘乡物资志
湘乡市地方志办公室编 湘乡 湘乡市物资局 1989年 138页〔湘乡市地方志丛书〕

008538669
湘乡乡镇企业志
湘乡市乡镇企业局 湘乡市地方志办公室编 湘乡 湘乡市地方志办公室 1991年 231页〔湘乡市地方志丛书 8〕

008538074
湘乡城乡建设志
湘乡市城乡建设委员会 湘乡市地方志办公室编 湘乡 湘乡市地方志办公室 1990年 208页〔湘乡市地方志丛书 3〕

008594687
湘乡粮食志
湘乡市粮食局 湘乡市地方志办公室编 湘乡 湘乡市地方志办公室 1991年 405页〔湘乡市地方志丛书 23〕

010142835
湖南铁合金厂志 1958—1980
湖南铁合金厂志编纂办公室编 湖南 湖南铁合金厂志编纂领导小组 1984年 205页

012767057
湘铝志
湖南有色氟化学公司湘铝志编纂委员会编 湖南 湖南有色氟化学公司湘铝志编纂委员会 2008年

008538048
湘乡电业志
湘乡市电力局 湘乡高压管理所 湘乡市地方志办公室编 湘乡 湘乡市地方志办公室 1993年 300页〔湘乡市地方志丛书 25〕

013939470
湘乡铝厂志 1988—1998
湘乡铝厂志编纂委员会编 1998年 228页

008538667
湘乡水利志
湘乡市水利水电局 湘乡市地方志办公室编 湘乡 湘乡市地方志办公室 1990年 324页〔湘乡市地方志丛书 20〕

007530769
湘乡水泥厂志 1958—1993
湘乡水泥厂志编纂委员会编 北京 中国建材工业出版社 1994年 341页

008538107
湘乡盐业志
湖南省盐业公司湘乡支公司 湘乡市地方志办公室编 湘乡 湘乡市地方志办公室 1989年 124页〔湘乡市地方志丛书 6〕

008538668
湘乡工业志
湘乡市经济委员会 湘乡市地方志办公室编 湘乡 湘乡市地方志办公室 1990年 282页〔湘乡市地方志丛书 15〕

008382678
湘乡市交通志
湘乡市交通局编 长沙 湖南出版社 1992年 269页〔湖南交通史志丛书〕

009699680
湘乡县交通志
湘乡市交通局 湘乡市地方志办公室编 湘乡 湘乡市交通局 1988年 246页

〔湘乡市地方志丛书 1〕

008538076
湘乡邮电志
湘乡市邮电局 湘乡市地方志办公室编 湘乡 湘乡市地方志办公室 1991年 82页〔湘乡市地方志丛书 16〕

008538046
湘乡商业志
湘乡市商业局 湘乡市地方志办公室编 湘乡 湘乡市地方志办公室 1989年 362页〔湘乡市地方志丛书 8〕

009814638
湘乡外贸志
湘乡市对外经济贸易公司 湘乡市地方志办公室编 湘乡 湘乡市对外经济贸易公司 湘乡市地方志办公室 1989年 84页〔湘乡市地方志丛书〕

012899967
湘乡国税志 1990—2003
湘乡市国家税务局编 湘乡 湘乡市国家税务局 2004年 261页

008538042
湘乡税务志
湘乡市税务局 湘乡市地方志办公室编 湘乡 湘乡市地方志办公室 1991年 242页〔湘乡市地方志丛书 15〕

008538068
湘乡金融志
湘乡市金融志编纂办公室 湘乡市地方志办公室编 湘乡 湘乡市地方志办公室 1991年 271页〔湘乡市地方志丛书 13〕

013686402
湘乡市教育志
湘乡市教育局 湘乡市地方志办公室编 长沙 湖南省地矿局区调所印刷厂 1995年 502页〔湘乡市地方志丛书 27〕

013939472
湘乡人物志
毛金玉主编 湘乡市史志工作办公室编 香港 天马图书有限公司 2005年 355页

008453228
湖南省湘乡县地名录
湘乡县人民政府编 湘乡 湘乡县人民政府 1981年 292页

韶山市

010155160
韶山市交通志
韶山市交通志编委会编 长沙 湖南出版社 1992年 131页〔湖南交通史志丛书〕

湘潭县

007848968
湘潭县志
湘潭县地方志编纂委员会编 长沙 湖南出版社 1995年 983页

010199666
湘潭县志 第3卷 地理志 征求意见稿
湘潭县地理志编写组编 湘潭 1990年 127页

013604173
湘潭县志 第17卷 金融志
湘潭县志金融志办公室编写 1990年 130页

010199675
湘潭县志 第21卷 政党 总纂初稿
湘潭县志办公室编 湘潭 湘潭县志办公室 1992年 116页

010199673
湘潭县志 第35卷 人物 总纂初稿
湘潭县志办公室编 湘潭 湘潭县志办公室 1991年 258页

009700927
石鼓镇志
湘潭县石鼓镇志编纂委员会编 湘潭 石鼓镇志编纂委员会 2000年 433页

008848335
双湖村志
双湖村志编纂委员会 姜泰华撰稿 双湖村 八里营村村志编纂委员会 2000年 198页

011586221
中国共产党湘潭县历史图志 1919—2005
中共湘潭县委主办 湘潭县史志办编著 张作奇主编 朱修良 刘放明副主编 湘潭 湘潭县史志办 2005年 543页

008382966
湘潭县人大志 1911—1990
湘潭县人大常委会办公室编 湘潭 湘潭县人大常委会办公室 1990年 145页〔湘潭县地方志丛书〕

008383024
湘潭县粮食志 1840—1988
谢宗一主编 谢宗一 杨国兴编写 湘潭 湘潭县粮食局 1990年 240页〔湘潭县地方志丛书〕

008383758
湘潭县农业志 1821—1989
湘潭县农业局编 湘潭 湘潭县农业局 1992年 202页〔湘潭县地方志丛书〕

008382972
湘潭县二轻工业志

湘潭县轻工业局轻工志编写组编 湘潭 湘潭县轻工业局 1991年 200页〔湘潭县地方志丛书〕

008383039
湘潭县交通志
湘潭县交通志编纂组编 长沙 湖南出版社 1992年 237页〔湖南交通史志丛书〕

013757072
湘潭县交通志 1988—2008
湘潭县交通志编纂委员会编 湘潭 湘潭县交通志编纂委员会 2010年 319页〔湘潭县地方志系列丛书〕

008383032
湘潭县邮电志
湘潭县邮电局邮电志编写组编 湘潭县邮电局编 湘潭 湘潭县邮电局 1992年 115页〔湘潭县地方志丛书〕

008383460
湘潭县税务志 1840—1988
湘潭县税务局编 湘潭 湘潭县税务局 1992年 285页〔湘潭县地方志丛书〕

012814420
湘潭县广播电视志 1932—2003
湘潭县广播电视局编 湘潭 湘潭县广播电视局 2004年 254页〔湘潭县地方志系列丛书〕

008383027
湘潭县教育志 1840—1986
湘潭县教育局编 湘潭 湘潭县教育局 1989年 366页〔湘潭县地方志丛书〕

008453229
湖南省湘潭县地名录
湘潭县人民政府编 湘潭 湘潭县人民政府 1981年 497页

012662402
乌石中心医院志
乌石中心医院志编纂委员会编 湘潭 乌石中心医院志编纂委员会 2008年 210页

008383018
湘潭县卫生志 1840—1988
湘潭县卫生志编纂小组 湘潭县卫生局编 湘潭 湘潭县卫生局 1992年 470页〔湘潭县地方志丛书〕

008383035
湘潭县水利志
湘潭县水利水电局编 湘潭 湖南省湘潭市印刷二厂 1993年 301页〔湘潭县地方志丛书〕

衡阳市

008610222
衡阳市志
衡阳市地方志编纂委员会编 长沙 湖南人民出版社 1998年 3册 3255页

013092897
衡阳市志 人口志
衡阳市计划生育委员会编 衡阳 衡阳市计划生育委员会 1993年 484页

011580015
衡阳人口志
湖南省衡阳市人口和计划生育委员会编 衡阳 湖南省衡阳市人口和计划生育委员会 2006年 597页

011910315
中共衡阳党史图志
盛义良主编 中共衡阳市委党史办编 长沙 湖南人民出版社 2001年 649页〔中国共产党八十年湖南图志 衡阳卷〕

011580007
衡阳纪检监察志 1950—2003
中共衡阳市纪律检查委员会 衡阳市监察局编 衡阳 衡阳纪检监察志编纂委员会 2006年 341页

010197249
衡阳市共青团志
共青团衡阳市委员会编 衡阳 共青团 2004年 360页

010197247
衡阳工会志 人物志 1922—1989
衡阳市总工会编 衡阳 衡阳市总工会 1991年 325页

009335617
衡阳市工会志
衡阳市工会志编纂委员会编 北京 五洲传播出版社 2002年 715页

013507928
衡阳市政协志 1949.11—2011.6
中国人民政治协商会议衡阳市委员会编 衡阳 中国人民政治协商会议衡阳市委员会 2011年 804页

008453528
衡阳市民政志
衡阳市民政志编纂委员会编 衡阳 衡阳市民政志编纂委员会 1992年 437页

008453525
衡阳市民政志 续编
衡阳市民政志编纂委员会编 衡阳 衡阳市民政志编纂委员会 1997年 118页

012898574
衡阳法院志
衡阳法院志编纂委员会编 衡阳 衡阳法院志编纂委员会 2007年 322页

013957440
衡阳市检察志 1949—2006
衡阳市检察志编纂委员会编 衡阳 衡阳市人民检察院 2010年 250页

009961641
衡阳市劳动志
湖南省衡阳市劳动局编 衡阳 衡阳市劳动局 1992年 443页

008453524
衡阳市建设志
衡阳市建设志编纂委员会编 长沙 湖南出版社 1995年 499页

012758957
衡钢志 1998—2007
衡钢志第四卷编辑委员会编 衡阳 衡钢志第四卷编辑委员会 2008年 422页

011067183
衡阳电力志 1906—1985
衡阳电业局编志小组编 长沙 衡阳市电业局 1993年 426页

010197245
衡阳钢管厂志 1958—1981
衡阳钢管厂厂志编写组编 衡阳 衡阳钢管厂 1982年 1册

012505177
衡阳市建筑志
衡阳市建筑志编纂委员会编 长沙 湖南人民出版社 2009年 530页

013728894
衡阳市烟草志 1996—2003
衡阳市烟草专卖局 湖南省烟草公司衡阳市公司编 衡阳 湖南省烟草公司衡阳市公司 2006年 356页

010577243
衡阳烟草志
陈览主编 长沙 湖南出版社 1996年 301页

010142811
湖南衡阳轧钢厂志 1958—1980
湖南衡阳轧钢厂志编写办公室编 衡阳 湖南衡阳轧钢厂 1983年 182页

013957636
湖南衡阳轧钢厂志 1981—1988
湖南衡阳轧钢厂志编写办公室编 衡阳 衡阳日报印刷厂 1988年 124页

012251092
湖南省电力安装工程公司公司志 1958—2007
湖南省电力安装工程公司编委会编 湖南 湖南省电力安装工程公司 2008

年 188 页

009383780

湘衡盐矿志 1969—1999

湘衡盐矿志编委会编 湖南 湘衡盐矿志编委会 1999 年 476 页

009383823

冶金工业部衡阳冶金机械厂志

衡阳冶金机械厂志编写办公室编 衡阳 衡阳冶金机械厂志编写办公室 1983 年

010110050

中国有色金属工业总公司衡阳有色冶金机械总厂工会志 1935—1990

衡阳有色冶金机械总厂工会志编写办公室编 衡阳 衡阳有色冶金机械总厂工会志编写办公室 1993 年 167 页

009383660

衡阳市工业志

衡阳市工业志编纂委员会编 长沙 湖南出版社 1994 年 753 页

011995749

衡阳市工业志 1978—2003

衡阳市工业志编纂委员会编 衡阳 衡阳市工业志编纂委员会 200u 年 252 页

008304387

衡阳市交通志

衡阳市交通志编纂组编 长沙 湖南出版社 1993 年 499 页〔湖南交通史志丛书〕

011954252

衡阳市交通志 1980—2005

衡阳市交通志编纂委员会编 长沙 湖南人民出版社 2008 年 740 页

012832051

衡阳车辆段志 1949—2001

长沙铁路总公司衡阳车辆段编 衡阳 长沙铁路总公司衡阳车辆段 2002 年 229 页

008869581

衡阳铁路分局志 1950—1986

衡阳铁路分局志编委会编 北京 中国铁道出版社 2000 年 686 页

013647587

衡阳市电信志 1978—2008

湖南省衡阳市电信志编纂委员会编 衡阳 湖南省衡阳市电信志编纂委员会 2010 年 454 页

008453521

衡阳市邮电志

衡阳市邮电局编 北京 人民邮电出版社 1996 年 253 页

013373964

衡阳市财政志

衡阳市财政局编 长沙 湖南人民出版社

2011年 553页

013626662
衡阳市税务志资料长编
衡阳市税务局编 衡阳 衡阳市税务局 1990年 338页

011580025
衡阳市金融志
李勋主编 北京 中国广播电视出版社 1992年 344页

012173888
衡阳市金融志
黄红星主编 衡阳市金融志编纂委员会编 北京 中国财政经济出版社 2009年 463页

009383673
衡阳市科学技术志
衡阳市科学技术委员会编 北京 中国文史出版社 1993年 794页

008453526
衡阳市体育志 1840—1988
衡阳市体育运动委员会编 衡阳 衡阳市体育运动委员会 1993年 253页

011147534
湖南民间歌曲集 衡阳地区分册
中国民间歌曲集成湖南卷编辑委员会编 湖南 中国民间歌曲集成湖南卷编辑委员会 1980年 413页

011147536
湖南民间歌曲集 衡阳市分册
中国民间歌曲集成湖南卷编辑委员会编 湖南 中国民间歌曲集成湖南卷编辑委员会 1980年 153页

011580017
衡阳市地名志
衡阳市地名志编纂委员会编 衡阳 衡阳市人民政府 1986年 661页

008453343
湖南省衡阳市地名录
衡阳市人民政府编 衡阳 衡阳市人民政府 1982年 207页

008453520
衡阳市卫生志
衡阳市卫生志编纂委员会编 衡阳 衡阳市卫生志编纂委员会 1995年 329页

008923297
衡阳市环卫志
衡阳市环境卫生管理处编 衡阳 衡阳市环境卫生管理处 1999年 392页

蒸湘区

011580021
衡阳市郊区续志
湖南省衡阳市蒸湘区地方志编纂委员会 周泽主编 李精忠副主编 衡阳 湖南省衡阳市蒸湘区地方志编纂委员

会 2003年 366页

008189797
衡阳市郊区志
湖南省衡阳市郊区区志编纂委员会编 周泽主编 尹一 刘亮 李精忠副主编 长沙 湖南出版社 1997年 651页〔中华人民共和国地方志丛书〕

珠晖区

008923324
江东区志
衡阳市江东区地方志编纂委员会编 合肥 黄山书社 1999年 545页〔中华人民共和国地方志丛书〕

石鼓区

008923314
城北区志
衡阳市城北区志编纂委员会编 北京 当代中国出版社 2000年 702页

南岳区

008844167
南岳区志
南岳区地方志编纂委员会编 长沙 岳麓书社 2000年 518页

009383736
南岳财政志
南岳区财政局主编 南岳区 南岳区财政局 2000年 244页

011147827
中国民间歌谣集成 湖南卷 南岳资料本
南岳区民间文学集成编辑委员会 谭合林主编 康佩仁副主编 文犁荒等编 长沙 南岳区民间文学编委会 1987年 290页

010060955
中国民间谚语集成 湖南卷 南岳资料本
南岳区民间文学集成编辑委员会 谭合林主编 康佩仁副主编 文犁荒等编 衡阳 1987年 151页

耒阳市

007903961
耒阳市志
耒阳市志编纂委员会编 北京 中国社会出版社 1993年 1116页

013861904
耒阳市志 1986—2005
耒阳市志编纂委员会编 北京 方志出版社 2011年 912页

013317861
耒阳政协志 1980—2010
政协耒阳市委员会编 耒阳 政协耒阳市

委员会 2010 年 413 页

009685419
耒阳市交通志
耒阳市交通局交通志编纂办公室编纂 耒阳 耒阳市交通局交通志编纂办公室 1991 年 362 页〔耒阳市志丛书 1〕

010022698
中国歌谣集成 湖南卷 耒阳市资料本
刘云柱等名誉主编 谢高南主编 韦俊 刘田笙副主编 耒阳 湖南省耒阳市印刷厂 1988 年 177 页

008453363
湖南省耒阳县地名资料汇编
耒阳县人民政府编 耒阳 耒阳县人民政府 1984 年 414 页

012873041
耒阳水利志
耒阳水利志编纂委员会编 耒阳 耒阳水利志编纂委员会 2010 年 534 页

常宁市

006562076
常宁县志
常宁县志编纂委员会编 北京 社会科学文献出版社 1993 年 607 页

011578910
常宁人大志 1950—1996
常宁县人民代表大会常务委员会编 常宁 常宁县人大 1996 年 270 页

009686209
常宁县政府志
常宁县人民政府办公室编 常宁 常宁县人民政府办公室 1993 年 286 页

012809912
常宁政协志 1992.1—2008.12
中国人民政治协商会议常宁市委员会编 常宁 中国人民政治协商会议常宁市委员会 2009 年 299 页

009685986
常宁县工商行政管理志
常宁县工商行政管理局编 常宁 常宁县工商行政管理局 1991 年 120 页〔常宁县志丛书 21〕

009686001
常宁县审计志
常宁县审计志编纂领导小组编 常宁 常宁县审计志编纂领导小组 1990 年 58 页〔常宁县志丛书 5〕

009992716
常宁县城乡建设志
常宁县城乡建设委员会编纂 常宁 常宁县城乡建设委员会 1996 年 216 页〔常宁县志丛书 29〕

009685993
常宁县农业机械志
常宁县农业机械局编 常宁 常宁县农业机械局 1992年 168页〔常宁县志丛书 9〕

009685980
常宁县工矿志
常宁县工矿志编写组编 常宁 1990年 201页〔常宁县志丛书 15〕

011477207
水口山科学技术志
徐旭阳 陶吉友等编 长沙 中南工业大学出版社 1992年 308页

013603035
水口山矿务局志 水口山铅锌志续卷 1981—1995
水口山矿务局志编纂委员会编 水口山 水口山矿务局志编纂委员会 1996年 1039页

011955473
水口山志 水口山铅锌志续卷 1996—2005
湖南水口山有色金属集团有限公司编 常宁 湖南水口山有色金属集团有限公司 2006年 605页

009383636
常宁县供销合作志
常宁县供销合作社联合社编 常宁 常宁县供销合作社联合社 1990年 270页〔常宁县志丛书 6〕

013090922
常宁县商业志
常宁县商业志编写组编 常宁县商业局编 常宁 常宁县商业局 1990年 265页

010061002
中国民间故事集成 湖南卷 常宁县资料本
常宁县民间文学集成办公室编 常宁 常宁县印刷厂印 1989年 499页

010061376
中国谚语集成 湖南卷 常宁县资料本
常宁县民间文学集成办公室编 常宁 常宁县民间文学集成办公室 1987年 140页

008426557
常宁县金融志
吴照林 李长君 胡观礼等编 北京 中国广播电视出版社 1993年 432页〔常宁县志丛书 22〕

009685996
常宁县人物志
常宁县志编纂委员会办公室编 北京 中国文史出版社 1991—1994年 2册〔长宁县志丛书 18〕

008453345

湖南省常宁县地名录

常宁县人民政府编 常宁 常宁县人民政府 1982年 304页

010146971

水口山铅锌志 1896—1980

水口山矿务局铅锌志编纂委员会编 松柏镇 水口山矿务局 1986年 528页

衡阳县

008538749

衡阳县志 送审稿

衡阳县志编纂委员会办公室编 衡阳 衡阳县志编纂委员会办公室 1990年 6册

008486589

衡阳县志

衡阳县志编纂委员会编 合肥 黄山书社 1994年 639页

012139200

衡阳县志 1978—2003

衡阳县志编纂委员会编 衡阳 衡阳县志编纂委员会 2007年 691页

012811447

衡阳县政协志 1982—2009

中国人民政治协商会议衡阳县委员会编 衡阳 中国人民政治协商会议衡阳县委员会 2010年 238页

014032669

衡阳县城乡建设志 1840—1988

衡阳县城乡建设志编纂委员会编 衡阳 衡阳县城乡建设志编纂委员会 1992年 223页

013143916

衡阳县金融志

衡阳县金融志编纂领导小组编 衡阳 衡阳县金融志编纂领导小组 1991年 230页

013143921

衡阳县人物志

衡阳县志编纂委员会办公室编 衡阳 衡阳县志编纂委员会办公室 2008年 253页

008453341

湖南省衡阳县地名录

衡阳县人民政府编 衡阳 衡阳县人民政府 1983年 406页

衡南县

008538758

衡南县志 送审稿

衡南县志编纂委员会编 衡南 衡南县志编纂委员会 1990年 5册

004018882

衡南县志

衡南县志编纂委员会编 北京 中国社会

出版社 1992年 795页

014032668
衡南县人大志 1949.10—2012.3
衡南县第十五届人大常委会编 衡阳 衡阳顺地印务有限公司 2012年 652页

013093221
衡南县税务志
衡南 衡南县税务局 1987年 130页

013143887
衡南县金融志
衡南县金融志领导小组编 衡南 衡南县金融志领导小组 1988年 164页〔衡南县志丛书〕

008453307
湖南省衡南县地名录
衡南县人民政府编 衡南 衡南县人民政府 1982年 320页

013728890
衡南县农机志
衡南县农业机械志编纂小组编 衡南 衡南县农业机械司 1988年 216页

衡山县

008520777
衡山县简志
衡山县简志编委会编 长沙 湖南出版社 1996年 276页〔湖南省情系列丛书〕

008143647
衡山县志
湖南省衡山县志编纂委员会编 长沙 岳麓书社 1994年 797页

011580006
衡山县志
衡山县地方志编纂委员会编 香港 天马图书有限公司 2002年 418页

013647586
衡山县志 1978—2005
衡山县志编纂委员会编 北京 新华出版社 2012年 902页

012718935
衡山文化志
衡山县文化局编 衡山 衡山文化志编辑部 2003年 358页

012251096
湖南省衡山县教育志
衡山县教育委员会编 衡山 衡山县教育委员会 1989年 292页

011147824
中国民间故事集成 湖南卷 衡山县资料本
衡山县民间文学编委会编 衡山 湖南省衡山县印刷厂 1987年 374页

012952099

衡山人物志

中共衡山县委衡山人物志编委会编 深圳 香港天马图书有限公司出版 2004年 356页

008453308

湖南省衡山县地名录

衡山县人民政府编 衡山 衡山县人民政府 1982年 211页

013092895

衡山县卫生志

衡山县卫生局编 衡山 衡山县卫生局 1990年 223页〔衡山县地方志丛书〕

衡东县

007587871

衡东县志

衡东县志编纂委员会编 北京 中国社会出版社 1992年 628页

009961639

衡东县志 凡例 总述 大事记 送审稿

衡东 198u年 75页

010061385

中国谚语集成 湖南卷 衡东资料本

衡东县民间文学集成办公室编 衡东 衡东县民间文学集成办公室 1987年 112页

008453309

湖南省衡东县地名录

衡东县人民政府编 衡东 衡东县人民政府 1982年 292页

祁东县

008453531

祁东县志

祁东县志编纂委员会编纂 北京 中国文史出版社 1992年 550页

012836118

祁东县志 1986—2005

祁东县志编纂委员会编 北京 方志出版社 2010年 671页

011955280

祁东县政协志 1982.1—2006.12

中国人民政治协商会议祁东县委员会编 祁东 中国人民政治协商会议祁东县委员会 2007年 472页

008453311

湖南省祁东县地名录

祁东县人民政府编 祁东 祁东县人民政府 1982年 353页

邵阳市

007896741
邵阳市志
邵阳市地方志编纂委员会编 长沙 湖南人民出版社 1997年 6册

008385180
邵阳市物资志
邵阳市物资志编纂委员会编 邵阳 邵阳市物资志编纂委员会 1993年 179页〔邵阳市地方志丛书〕

008950497
湖南省邵阳市电力志 1924—1985
湖南省邵阳市电力局编 邵阳 湖南省邵阳市电力局 1987年 263页

011762174
湖南省邵阳液压件厂厂志 1966—1990
萧增奎主编 邵阳 湖南省邵阳液压件厂 1992年 192页

012899413
邵阳市烟草志
邵阳市烟草志编纂委员会编 邵阳 邵阳市烟草志编纂委员会 2003年 432页〔邵阳市地方志资料丛书〕

008384914
邵阳市交通志
邵阳市交通局编 郑州 中州古籍出版社 1991年 354页〔湖南交通史志丛书〕

013822682
邵阳市交通志 1981—2002
邵阳市交通志编纂委员会编 邵阳 邵阳市交通志编纂委员会 2003年 549页

012684696
邵阳国税志 1949—2005 第二稿
邵阳市国税志编纂委员会编 邵阳 邵阳市国税志编纂委员会 2007年 430页

008385175
邵阳市科学技术志
贾伯定主编 孙金声 周后俊副主编 邵阳市科学技术委员会编 北京 中国书籍出版社 1992年 322页

008384909
邵阳市教育志
邵阳市教育志编纂委员会编 长沙 湖南出版社 1994年 606页〔邵阳市地方志资料丛书〕

011147547
湖南民间歌曲集 邵阳地区分册
中国民间歌曲集成湖南卷编辑委员会编 湖南 中国民间歌曲集成湖南卷编辑委员会 1981年 420页

011147553
湖南民间歌曲集 邵阳市分册
中国民间歌曲集成湖南卷编辑委员会编 湖南 中国民间歌曲集成湖南卷编辑委员会 1981 年 104 页

008453235
湖南省邵阳市地名录
邵阳市人民政府编 邵阳 邵阳市人民政府 1982 年 150 页

009383744
湖南省邵阳市中心医院志 1946—1995
邵阳市中心医院编 邵阳 邵阳市中心医院 1997 年 281 页

008384906
邵阳市卫生志
邵阳市卫生志编纂委员会编 邵阳 邵阳市卫生志编纂委员会 1998 年 376 页〔邵阳市志资料丛书〕

大祥区

008385644
邵阳市郊区志
邵阳市郊区志编纂委员会编 北京 中国文史出版社 1996 年 430 页

013894488
大祥区军事志 1977—2005 内部版
中国人民解放军湖南省大祥区人民武装部军事志编纂委员会编 邵阳 湖南省邵阳军分区军事志编纂委员会 2009 年 267 页

双清区

008385422
邵阳市东区简志
邵阳市东区地方志编纂办公室编 长沙 湖南人民出版社 1997 年 357 页

013936385
双清区军事志 1840—2005 内部版
中国人民解放军邵阳市双清区人民武装部军事志编纂委员会编 邵阳 中国人民解放军邵阳市双清区人民武装部军事志编纂委员会 2009 年 276 页

北塔区

008385178
邵阳市西区简志
西区简志编纂委员会编 邵阳 西区简志编纂委员会 1995 年 314 页

013883883
北塔区军事志 1840—2005 内部版
中国人民解放军湖南省北塔区人民武装部军事志编纂委员会编 北塔区 中国人民解放军湖南省北塔区人民武装部 2009 年 152 页

武冈市

012684918
武冈市志 1994—2003
武冈市志编纂委员会编 北京 方志出版社 2010年 505页

008538736
武冈县志 送评稿
武冈县志编纂委员会编 武冈 武冈县志编纂委员会 1993年 6册

007932065
武冈县志
武冈县志编纂委员会编 北京 中华书局 1997年 828页

013899690
武冈市军事志 1840—2005 内部版
中国人民解放军湖南省武冈市人民武装部军事志编纂委员会编 邵阳 湖南省邵阳军分区军事志领导小组 2008年 216页

008531892
武岗县交通志
湖南省武岗县交通志编委会编 郑州 中州古籍出版社 1991年 208页〔湖南交通史志丛书〕

011998547
武冈市教育志 1978—2002
武冈市教育局编 湖南 武冈市教育局 2008年 434页

008453262
湖南省武冈县地名录
武冈县人民政府编 武冈 武冈县人民政府 1983年 261页

邵东县

012837563
羊家冲村志
中共邵东县羊家冲村支委员会 邵东县羊家冲村村民委员会编 北京 中国文史出版社 2007年 410页

013936352
邵东县军事志 1840—2005 内部版
中国人民解放军湖南省邵东县人民武装部编 邵东 中国人民解放军湖南省邵东县人民武装部 2009年 502页

008848268
邵东县工商行政管理志
邵东县工商行政管理志编写小组编 北京 工商出版社 1990年 172页

010142829
湖南省邵东焦化厂志 1967—1981
湖南省邵东焦化厂志编写办公室编 邵东 湖南省邵东焦化厂志编写办公室 1982年 48页

008453193

湖南省邵东县地名录

邵东县人民政府编 邵东 邵东县人民政府 1983年 428页

010199456

邵东县农业气候志

湖南省邵东县科技办 农业局 气象站合编 邵东 1977年 189页

新邵县

008538681

新邵县志 送评稿

新邵县志编纂委员会编 新邵 新邵县志编纂委员会 1991年 5册

006555944

新邵县志

新邵县志编纂委员会编 北京 人民出版社 1994年 787页

013599608

新邵县志 1978—2005

新邵县志编纂委员会编 北京 方志出版社 2012年 718页

013939595

新邵县军事志 1840—2005

中国人民解放军湖南省新邵县人民武装部军事志编纂委员会编 2008年 282页

008385184

新邵林业志

湖南省新邵县林业局编 新邵 湖南省新邵县林业局 1997年 525页

008385212

新邵县财政志

新邵县财政志编写小组 新邵县财政局编纂 新邵 新邵县财政局 1989年 211页〔湖南省新邵县专业志丛书〕

008453192

湖南省新邵县地名录

新邵县人民政府编 新邵 新邵县人民政府 1982年 302页

邵阳县

011955413

邵阳县志 1978—2002

邵阳县志编纂委员会编 长沙 湖南人民出版社 2008年 768页

011140387

中共邵阳县委工作纪事

县委党史研究室（县志办） 县委党史联络组合编 邵阳 中共邵阳县委 2003年

013936354

邵阳县军事志 1840—2005 内部版

中国人民解放军湖南省邵阳县人民武装部军事志编纂委员会编 邵阳 中国

人民解放军湖南省邵阳县人民武装部军事志编纂委员会 2009年 442页

013602033
邵阳县粮食志
邵阳县粮食局编 邵阳 邵阳县粮食局 1991年 263页

008453238
湖南省邵阳县地名录
邵阳县人民政府编 邵阳 邵阳县人民政府 1984年 394页

隆回县

007672351
隆回县志
隆回县志编纂委员会编 北京 中国城市出版社 1994年 682页

010199436
隆回县志 1978—2002
隆回县志编纂委员会编 北京 团结出版社 2006年 559页

013990914
隆回县交通志
隆回县交通志编纂领导小组编 隆回 隆回县交通志编纂领导小组 1997年 199页

012899129
隆回县教育志 1978—2002

隆回县教育局编 隆回 隆回县教育局 2003年 343页

013990915
隆回一中校志 1942—2012
隆回一中校志编纂委员会编 隆回 隆回一中校志编纂委员会 2012年 265页

008453378
湖南省隆回县地名录
隆回县人民政府编 隆回 隆回县人民政府 1983年 538页

011892133
隆回县卫生志
湖南省隆回县卫生局编 隆回 湖南省隆回县卫生局 1990年 338页

洞口县

007057470
洞口县志
洞口县地方志编纂委员会编 北京 中国文史出版社 1992年 828页

013528841
洞口县志 1978—2005
洞口县志编纂委员会编 北京 方志出版社 2012年 632页

008385169
菏溪瑶族乡志
洞口县菏溪瑶族乡志编纂委员会编 洞

口 洞口县菔溪瑶族乡志编纂委员会 1990 年 404 页

013894553
洞口县军事志 1840—2005 内部版
中国人民解放军湖南省洞口县人民武装部军事志编纂委员会编 邵阳 湖南省邵阳军分区军事志编纂委员会 2008 年 407 页

008453226
湖南省洞口县地名志
洞口县人民政府编 洞口 洞口县人民政府 1983 年 351 页

绥宁县

008538005
绥宁县志 送评稿
绥宁县志编纂委员会编 绥宁 绥宁县志编纂委员会 1993 年 4 册

007992179
绥宁县志
绥宁县志编纂委员会编 北京 方志出版社 1997 年 869 页

009379678
党坪苗族乡志
党坪苗族乡志编纂委员会编 绥宁 党坪苗族乡志编纂委员会 1997 年 705 页

013819390
关峡苗族乡志
黄忠义 成有道主编 绥宁县关峡苗族乡志编纂委员会编 绥宁 绥宁中南印刷厂 2012 年 465 页

013899611
绥宁县军事志 1840—2005
中国人民解放军湖南省绥宁县人民武装部军事志编纂委员会编 绥宁 中国人民解放军湖南省绥宁县人民武装部军事志编纂委员会 2008 年 362 页

010142845
绥宁县供销合作社志 1952—1989
绥宁县供销合作社联合社编 绥宁 绥宁县供销合作社 1992 年 303 页

013775710
绥宁民族志
刘宗平 蒋运强 袁公湘主编 北京 中央民族大学出版社 2010 年 546 页

009116503
湖南省绥宁县地名录
绥宁县人民政府编 绥宁 绥宁县人民政府 1982 年 264 页

新宁县

011955741
新宁县志 1978—2004
新宁县志编纂委员会编 北京 方志出版

社 2009年 675页

013939528

新宁县军事志 1840—2005 内部版

中国人民解放军湖南省新宁县人民武装部军事志编纂委员会编 新宁 中国人民解放军湖南省新宁县人民武装部军事志编纂委员会 2009年 246页

008531591

新宁县粮食志

新宁县粮食志编纂办公室编 新宁 新宁县粮食志编纂办公室 1989年 225页

008531737

新宁县财政志 1840—1986

新宁县财政志编写小组编 新宁 1990年 251页

008531581

新宁县教育志 1840—1985

新宁县教育委员会编 新宁 新宁县教育志编纂组 1987年 256页

008453512

湖南省新宁县地名录

新宁县人民政府编 新宁 新宁人民政府 1983年 280页

008531844

湖南新宁县卫生志 1738—1988

新宁县卫生局编 新宁 新宁县卫生局 1995年 335页

城步苗族自治县

007850878

城步苗族自治县志

城步苗族自治县志编纂委员会编 长沙 湖南出版社 1996年 657页

012503757

城步苗族自治县志 1978—2002

城步苗族自治县地方志编纂委员会编 北京 方志出版社 2009年 498页

013316271

长安营乡志

长安营乡人民政府编 长安营乡 长安营乡人民政府 2009年 225页

013894418

城步苗族自治县军事志 1840—2005

中国人民解放军湖南省城步苗族自治县人民武装部军事志编纂委员会编 湖南 湖南省军区军事志领导小组 2008年 300页

008453217

湖南省城步苗族自治县地名志

城步苗族自治县人民政府编 城步 城步苗族自治县人民政府 1986年 456页

岳阳市

010202391
岳阳市志
岳阳市地方志编纂委员会编 北京 中央文献出版社 2005 年 13 册

009384988
岳阳市志 公安卷 送审稿
岳阳市公安局编 岳阳 岳阳市公安局 1992 年 227 页

008032707
岳阳市情要览
岳阳市地方志办公室编 长沙 湖南人民出版社 1988 年 286 页

009385019
岳阳市人口志
岳阳市计划生育委员会编 甘检培主编 北京 中国人口出版社 1994 年 442 页〔岳阳市地方丛书〕

008964772
岳阳市纪检志
中共岳阳市纪律检查委员会编 岳阳 中共岳阳市纪律检查委员会 1991 年 293 页〔岳阳市地方丛书〕

009383904
岳阳市工会志
岳阳市总工会编 长沙 湖南出版社 1996 年 376 页〔岳阳市地方志丛书〕

011809732
岳阳市公安志 1369—2002
岳阳市公安局编 湖南 岳阳市公安局 2002 年 869 页

013097959
岳阳市军事志
岳阳军分区军事志编纂委员会编 岳阳 岳阳军分区军事志编纂委员会 2000 年 581 页〔岳阳市地方志丛书〕

009686841
岳阳市工商行政管理志
岳阳市工商行政管理局编纂 合肥 黄山书社 1994 年 291 页〔岳阳市地方志丛书〕

008594745
岳阳市劳动志
岳阳市劳动志编纂委员会编写 合肥 黄山书社 1993 年 466 页〔岳阳市地方志丛书〕

009383889
岳阳市城乡建设志
岳阳市城乡建设志编纂委员会编纂 北京 中国城市出版社 1991 年 629 页

〔岳阳市地方志丛书 1〕

009383910
岳阳市国土管理志
岳阳市国土管理局编纂 合肥 黄山书社 1997年 419页〔岳阳市地方志丛书〕

009383721
建新农场志
建新农场志编纂委员会编 合肥 黄山书社 1992年 591页

009383739
钱粮湖农场志
刘冬生主编 湖南 钱粮湖农场 1989年 471页

009383743
屈原农场志
屈原农场志编纂委员会编 北京 中国文史出版社 1990年 551页

009383915
岳阳市建筑志
岳阳市建筑志编纂委员会编 岳阳 岳阳市建筑志编纂委员会 1989年 231页

013686276
铁山供水工程志
岳阳市铁山供水工程管理局编 岳阳 岳阳市铁山供水工程管理局 2003年 339页〔岳阳市地方志丛书〕

008948487
岳阳市烟草志
岳阳市烟草专卖局编 合肥 黄山书社 1991年 285页〔岳阳市地方丛书〕

013824295
岳阳市烟草志续志 1991—2000
岳阳市烟草专卖局 湖南省烟草公司岳阳市公司编 岳阳 岳阳市烟草专卖局 2003年 172页〔岳阳市地方丛书〕

013797212
岳阳水泥厂志 1958—1988
岳阳水泥厂志编纂委员会编 岳阳 岳阳水泥厂志编纂委员会 1988年 231页

009686843
岳阳市交通志
李培本主编 岳阳市交通委员会编 北京 人民交通出版社 1992年 468页〔岳阳市地方志丛书〕

012662868
岳阳市交通志 1980—2001
岳阳市交通志编纂委员会编 岳阳 岳阳市交通志编纂委员会 2008年 650页

009384985
岳阳市邮电志
岳阳市邮电局编 合肥 黄山书社 1996年 383页〔岳阳市地方志丛书〕

013939760
岳阳市粮油志
岳阳市粮食局编 合肥 黄山书社 1994年 317页〔岳阳市地方志丛书〕

009384047
岳阳市日用工业品贸易志
岳阳市一商业局编 周峥峻主编 合肥 黄山书社 1993年 334页〔岳阳市地方志丛书〕

009384055
岳阳市食品饮食服务业志
岳阳市二商业局编 合肥 黄山书社 1994年 336页〔岳阳市地方志丛书〕

009384071
岳阳市税务志
湖南省岳阳市税务局编纂 合肥 黄山书社 1993年 549页〔岳阳市地方志丛书〕

014053017
岳阳农村金融志
中国农业银行岳阳市分行编 岳阳 中国农业银行岳阳市分行 1993年 239页

009384030
岳阳市金融志
岳阳市金融志编纂委员会编 合肥 黄山书社 1994年 237页〔岳阳市地方志丛书〕

009384983
岳阳市文化志
岳阳市文化局主编 岳阳 岳阳市文化局 1994年 313页

012317127
岳阳市报刊志
曾日升主编 岳阳晚报社编 香港 天马图书有限公司 2001年 161页〔岳阳市地方志丛书〕

009441914
湖南省岳阳市第一中学志
岳阳市一中校志编纂委员会编 北京 中国文史出版社 2003年 363页

011148764
中国歌谣集成 湖南卷 岳阳市分卷
岳阳市民间文学集成编委会编 岳阳 岳阳市民间文学集成编委会 1990年 487页

011147990
中国民间故事集成 湖南卷 岳阳市北区资料本
岳阳市北区民间文学三集成办公室编 岳阳 岳阳市北区民间文学三集成办公室 1988年 346页

011148904
中国民间故事集成 湖南卷 岳阳市分卷
周志民主编 岳阳市民间文学集成编委会编 岳阳 岳阳市民间文学集成编委

会 1990年 3册

011147552
湖南民间歌曲集 岳阳地区分册
中国民间歌曲集成湖南卷编辑委员会编 湖南 中国民间歌曲集成湖南卷编辑委员会 1980年 486页

012545690
岳阳解放六十年100件大事图志
岳阳解放六十年100件大事图志编纂委员会编 北京 中央文献出版社 2009年 213页

011793422
岳阳地区文物志
岳阳地区文化局编 岳阳 岳阳地区文化局 1984年 255页

012900216
岳阳市文物志
岳阳市文化局编 岳阳 岳阳市文化局 1983年 173页

008453264
湖南省岳阳市地名录
岳阳市人民政府编 岳阳 岳阳市人民政府 1982年 311页

008380646
岳阳楼志
湖南省地方志编纂委员会编 长沙 湖南人民出版社 1997年 408页〔湖南省志丛刊〕

009384036
岳阳市科学技术志
岳阳市科学技术志编纂委员会编 北京 电子工业出版社 1994年 736页〔岳阳市地方志丛书〕

013661582
岳阳市二人民医院院志 1902—2005
岳阳市二人民医院院志编纂委员会编 岳阳 岳阳市二人民医院院志编纂委员会 2005年 170页

011585309
岳阳市二人（红十字会）医院院志 1902—1992
岳阳市二人（红十字会）医院编 岳阳 岳阳市二人（红十字会）医院 1992年 159页

012265049
湖南省寄生虫病防治研究所志 1950.6.1—2000.6.1
湖南省寄生虫病防治研究所编 岳阳 湖南省寄生虫病防治研究所 2000年 216页

011585316
岳阳市水利志
岳阳市水利水电局编纂领导小组编 岳阳 岳阳市水利水电局编纂领导小组 2001年 2册〔岳阳市地方志丛书〕

009407942

'98 岳阳抗洪志

'98 岳阳抗洪志编纂委员会主编 长沙 湖南人民出版社 1999 年 550 页

岳阳楼区

009384041

岳阳市南区志

北京 中国文史出版社 1993 年 647 页 〔岳阳市地方志丛书 1〕

013097950

岳阳楼区军事志 1644—2005

中国人民解放军湖南省岳阳楼区人民武装部军事志编纂委员会编 岳阳楼区 中国人民解放军湖南省岳阳楼区人民武装部军事志编纂委员会 2008 年 212 页

013661580

岳阳楼区教育志

岳阳楼区教育局 岳阳楼区政协文史委编 岳阳 岳阳楼区教育局 2004 年 229 页

云溪区

012956797

岳阳市北区教育志

任建溪编写 梁金山审定 岳阳 湖南省岳阳市北区文教局 1992 年 482 页

011188208

中国谚语集成 第 5 卷 湖南卷 岳阳市北区资料本

岳阳市北区民间文学三集成办公室编 岳阳 岳阳市北区民间文学三集成办公室 1990 年 98 页

君山区

012612989

岳阳市君山区志

君山区地方志编纂委员会编 北京 中央文献出版社 2009 年 800 页 〔中华人民共和国地方志丛书〕

013897232

合兴村志

广兴洲镇合兴村志编委会编 岳阳 广兴洲镇合兴村志编委会 2011 年 253 页 〔岳阳市君山区地方志丛书〕

013776336

岳阳市君山区政协志 1997—2012

政协岳阳市君山区委员会编 2012 年 296 页 〔岳阳市君山区地方志丛书〕

009383725

君山农场志

君山农场志编纂委员会编 北京 中国文史出版社 1990 年 430 页

009384019

岳阳市郊区供销合作社简志

岳阳市郊区供销合作联社编 岳阳 岳阳市郊区供销合作联社 1991年 237页〔郊区地方志丛书 1〕

汨罗市

009117073
汨罗市志
汨罗市志编纂委员会编 北京 方志出版社 1995年 704页〔中华人民共和国地方志丛书〕

009335674
渔街志
黄华山编著 香港 天马出版社 2001年 309页〔汨罗市地方志丛书 66〕

013933211
汨罗市军事志 1854—2005
中国人民解放军湖南省汨罗市人民武装部军事志编纂委员会编 汨罗 中国人民解放军湖南省汨罗市人民武装部军事志编纂委员会 2008年 398页

010577345
汨罗市文物志
唐洪禧 刘石林 任申望主编 汨罗市文物管理所编 汨罗 汨罗市文物管理所 1992年 165页〔汨罗市地方志丛书 59〕

008453354
湖南省汨罗县地名录
汨罗县人民政府编 汨罗 汨罗县人民政府 1983年 203页

临湘市

008206906
临湘市志
临湘市志编纂委员会编 长沙 湖南出版社 1996年 773页〔中华人民共和国地方志丛书〕

013601790
临湘市人民代表大会志
临湘市人大志编纂委员会编 临湘 临湘市人大志编纂委员会 2004年 578页〔湖南省临湘市地方志丛书〕

013932470
临湘市军事志 935—2005
中国人民解放军湖南省临湘市人民武装部军事志编纂委员会编 临湘 中国人民解放军湖南省临湘市人民武装部军事志编纂委员会 2009年 337页

009797364
湖南省桃林铅锌矿志
桃林铅锌矿志编写办公室编 临湘 桃林铅锌矿志编写办公室 1983年

013940777
詹桥中学校志
詹桥中学校志编纂委员会编 2010年 318页

008453367

湖南省临湘县地名志

临湘县人民政府编 临湘 临湘县人民政府 1983年 353页

009383727

临湘市卫生志

临湘市卫生志编纂委员会编 临湘 临湘市卫生志编纂委员会 2000年 379页〔湖南省临湘市地方志丛书〕

岳阳县

008453268

岳阳县志

岳阳县地方志编纂委员会编 长沙 湖南人民出版社 1997年 692页〔中华人民共和国地方志丛书〕

013787962

板桥村志

岳阳县公田镇板桥村村志编纂委员会编 岳阳 岳阳县教育印刷厂 1999年 269页

009699694

岳阳县人口志

岳阳县人民政府计划生育委员会编 岳阳 岳阳县人民政府计划生育委员会 1992年 274页〔岳阳县地方志丛书 48〕

012545693

岳阳县公安志

湖南省岳阳县公安局编 岳阳 湖南省岳阳县公安局 1990年 413页〔岳阳县地方志丛书 7〕

012003054

岳阳县法院志

岳阳县人民法院编 岳阳 岳阳县人民法院 1992年 296页〔岳阳县地方志丛书 9〕

013940754

岳阳县军事志 280—2005

中国人民解放军湖南省岳阳县人民武装部军事志编纂委员会编 岳阳 岳阳县人民武装部 2008年 256页

011320265

岳阳县工商行政管理志

湖南省岳阳县工商行政管理局编 岳阳 湖南省岳阳县工商行政管理局 1990年 231页〔岳阳县地方志丛书 25〕

013661590

岳阳县畜牧水产志

岳阳县畜牧水产局编 岳阳 岳阳县畜牧水产局 1990年 204页〔岳阳县地方志丛书 19〕

013661586

岳阳县税务志

湖南省岳阳县税务局编 岳阳 湖南省岳

阳县税务局 1990年 443页〔岳阳县地方志丛书 28〕

009699690
岳阳县工商银行志
岳阳县工商银行 岳阳县保险公司编 岳阳 岳阳县第二印刷厂 1991年 241页〔岳阳县地方志丛书 30—32〕

011320418
岳阳县方言志
岳阳县地方志编纂委员会办公室编 岳阳 岳阳县地方志编纂委员会办公室 1994年 305页〔岳阳县地方志丛书 50〕

009992746
岳阳县血防志
中共岳阳县委血防领导小组办公室编 岳阳 中共岳阳县委血防领导小组办公室 1989年 194页〔岳阳县地方志丛书 47〕

华容县

007903919
华容县志
华容县志编纂委员会编 北京 中国文史出版社 1992年 971页〔中华人民共和国地方志丛书〕

013507968
华容县志
华容县地方志编纂委员会编 北京 中央文献出版社 2011年 950页〔中华人民共和国地方志丛书〕

007672824
华容县终南乡志
北京 中国文史出版社 1993年 317页

007657694
华容县公安志
华容县志编纂委员会编 北京 中国文史出版社 1993年 352页

007672830
华容县法院志
华容县人民法院编 昆明 云南大学出版社 1990年 185页

007654350
华容县工商行政管理志
华容县工商行政管理志编纂组编 北京 工商出版社 1989年 220页

007672825
华容县农村经营管理志
华容县农村经营管理志编纂组编 北京 中国文史出版社 1989年 175页

007672822
华容县农业机械志
华容县农业机械志编纂组编 北京 中国文史出版社 1990年 228页

007672814
华容县林业志
华容县林业志编纂小组编 北京 中国文史出版社 1991年 266页

007672819
华容县畜牧志
华容县畜牧志编纂小组编 北京 中国文史出版社 1990年 141页

007672811
华容县农业志
华容县农业志编写组编 北京 中国文史出版社 1991年 348页

008416693
华容县水利志
华容县水利志编写组编 北京 中国文史出版社 1990年 366页

007657675
华容县交通志
华容县交通志编写组编 北京 中国文史出版社 1991年 201页

007672821
华容县邮电志
华容县邮电志编写组编 北京 中国文史出版社 1990年 196页

013792297
华容县供销合作社志
华容县志编纂委员会编审 华容县供销合作社社志办公室编纂 北京 中国文史出版社 1994年 440页

010198886
华容供销合作社志 送审稿
华容县供销合作联社社志办公室编 华容 华容县供销合作联社 1990年 2册

010198889
华容供销社志 大事记 1930—1988 初稿
华容县供销合作联社社志办公室编 华容 华容县供销合作联社 1988年 54页

010198888
华容供销社志 概述篇 初稿
华容县供销合作联社社志办公室编 华容 华容县供销合作联社 1989年 63页

007826724
华容县粮油志
华容县粮油志编纂组编纂 昆明 云南大学出版社 1990年 240页

007657668
华容县物价志
华容县志编纂委员会编 北京 中国文史出版社 1991年 328页

007657671
华容县财政志
华容县志编纂委员会编 北京 中国文史出版社 1991年 238页

007672813
华容县税务志
华容县税务志编纂组编 北京 中国文史出版社 1990年 377页

007672804
华容县金融志
华容县金融志编纂组编 北京 中国文史出版社 1991年 320页

007657673
华容县文化体育志
华容县文化体育志编纂小组编 北京 中国文史出版社 1992年 462页

007672799
华容县科技志
华容县志科学技术委员会编 北京 中国文史出版社 1991年 238页

007672816
华容县教育志 1990—2009
湖南省华容县教育局编 长沙 湖南人民出版社 2012年 247页

008419067
华容方言志
吴泽顺 张作贤著 华容县志编纂委员会编审 长沙 湖南人民出版社 1989年 339页

007657693
华容县姓氏志
华容县志编纂委员会编 北京 中国文史出版社 1992年 329页

008453282
湖南省华容县地名录
华容县人民政府编 华容 华容县人民政府 1983年 253页

008380225
华容县血防志
华容县血防志编纂组编 上海 华东师范大学出版社 1990年 178页

007672829
华容县卫生志
华容县卫生志编纂领导小组编 昆明 云南大学出版社 1989年 295页

湘阴县

008488202
湘阴县志
湖南省湘阴县志编纂委员会编 北京 生活·读书·新知三联书店 1995年 1018页

013940785
长康镇志

长康镇志编纂委员会编 长沙 湖南新创印务有限公司 2010 年 315 页

013604175
新泉地方志
新泉地方志编纂委员会编 新泉镇 新泉地方志编纂委员会 2008 年 507 页

009383799
湘阴县邮电志
湘阴县邮电局编志办公室编 湘阴 湘阴县邮电局编志办公室 1997 年 319 页

013415151
湖南湘阴第一中学校志
湖南省湘阴县第一中学校志编纂组编 湘阴 湘阴县一中印刷厂 1993 年 225 页

012586974
岭北地方志
岭北地方志编纂委员会编 岭北地方志编纂委员会 2009 年 372 页

008453233
湖南省湘阴县地名录
湘阴县人民政府编 湘阴 湘阴县人民政府 1982 年 354 页

平江县

008531732
平江县志 送审稿
平江县志编纂委员会办公室编 平江 平江县志编纂委员会办公室 1990 年 2 册

011955251
平江县志 1978—2003
湖南省平江县地方志编纂委员会编 北京 科学出版社 2007 年 758 页

013775107
平江县房地产志
湖南省平江县房地产管理局编 平江 湖南省平江县房地产管理局 2011 年 614 页〔湖南省平江县地方志丛书 5〕

009814629
平江县工业志
平江县经济委员会编 平江 平江县经济委员会 1989 年 345 页〔湖南省平江县地方志丛书 9〕

013753744
平江县财政志 1986—2003
湖南省平江县财政局编 平江 湖南省平江县财政局 2006 年 263 页〔湖南省平江县地方志丛书〕

012266010
平江县文化志
平江县文化局编 平江 平江县文化局 1999 年 406 页

008453284
湖南省平江县地名录
平江县人民政府编 平江 平江县人民政府 1982年 376页

013775111
平江县建设志 1985—2003
湖南省平江县建设局编 平江 湖南省平江县建设局 2006年 367页

常德市

009382863
常德地区志 地理志
李大年主编 北京 中国文史出版社 1993年 372页

009382872
常德地区志 化学工业志
郑昌达主编 北京 中国科学技术出版社 1993年 498页

012871862
常德地区志 农机志
常德地区志农机志编写组编 北京 中国科学技术出版社 1992年 157页

009797345
常德地区志 人口志
常德市计划生育委员会编 常德 常德市计划生育委员会 2000年 257页

009383606
常德地区志 审计志
刘光华编著 北京 中国审计出版社 1990年 201页

009383608
常德地区志 一轻工业志
龚伦荣 曹凌云主编 合肥 黄山书社 1994年 176页

008590413
常德地区志 第1卷 建设志
常德地区志建设志编纂委员会编 北京 中国建筑工业出版社 1991年 329页

008590878
常德地区志 第2卷 政务志
常德市地方志编纂委员会编 北京 中国社会科学出版社 1991年 329页

008590914
常德地区志 第3卷 经济综合志
常德市计划委员会编 常德 常德市计划委员会 1995年 388页

008453537
常德地区志 第4卷 大事记
魏胜权主编 北京 中国科学技术出版社 1993年 178页

008453546
常德地区志 第 5 卷 供销合作志
杨志刚主编 北京 中国科学技术出版社 1992 年 2 册 642 页

008598126
常德地区志 第 6 卷 民族志 宗教志
常德市民族宗教事务处编 常德 常德市民族宗教事务处 1995 年 170 页

008453568
常德地区志 第 7 卷 人物志
伍顺生主编 北京 中国文史出版社 1993 年 374 页

008453553
常德地区志 第 8 卷 二轻工业志
常德市地方志编纂委员会编 北京 中国物价出版社 1991 年 216 页

008453545
常德地区志 第 9 卷 检察志
陈焕年主编 常德 常德市地方志编纂委员会 1995 年 184 页

008453564
常德地区志 第 10 卷 体育志
常德市体育运动委员会编 北京 中国文史出版社 1993 年 373 页

008453560
常德地区志 第 11 卷 民政志
常德市（地区）志编纂委员会编 长沙 湖南出版社 1996 年 585 页

008453541
常德地区志 第 12 卷 党派群团志 建材工业志
常德市地方志编纂委员会编 北京 中国文史出版社 1993 年 241 页

008453569
常德地区志 第 13 卷 民俗志 方言志
满大启 罗祚韩编写 北京 中国文史出版社 1994 年 397 页

008453539
常德地区志 第 14 卷 广播电视志
常德市广播电视局编 北京 中国科学技术出版社 1992 年 175 页

008453552
常德地区志 第 15 卷 物价志
宁文彬 高旭主编 北京 中国物价出版社 1993 年 305 页

008453544
常德地区志 第 16 卷 报刊志
常德地区志报刊志编辑组编 北京 中国文史出版社 1993 年 131 页

008453551
常德地区志 第 17 卷 农业志
李承家主编 常德 常德市农业局 1997 年 449 页

008453558

常德地区志 第18卷 文物志

孙常喜主编 北京 中国文史出版社 1995年 241页

008453561

常德地区志 第19卷 公安志

胡辉主编 常德 常德市地方志编纂委员会 1995年 198页

008453555

常德地区志 第20卷 商业志

文明清主编 北京 中国文史出版社 1993年 414页

008531938

常德地区志 第21卷 纺织工业志

常德地区志纺织工业志编辑部编 合肥 黄山书社 1993年 431页

008453557

常德地区志 第22卷 文化志

常德市文化局编 北京 中国科学技术出版社 1993年 324页

008453556

常德地区志 第23卷 烟草志

李辅臣主编 北京 中国文史出版社 1993年 178页

008453572

常德地区志 第24卷 共产党志

常德地区志共产党志编辑组编 合肥 黄山书社 1993年 482页

008453542

常德地区志 第25卷 文学志

常德市文联编 常德 常德市地方志编纂委员会 1999年 275页

008453563

常德地区志 第26卷 法院志

常德地区中级人民法院编纂 常德 常德市文化局新闻出版科 1990年 285页

008453549

常德地区志 第27卷 粮油贸易志

杨承运主编 北京 中国科学技术出版社 1992年 372页

008385204

常德地区志 第28卷 邮电志

瞿新辉主编 北京 中国物价出版社 1993年 347页

008378590

常德地区志 第29卷 环境保护志

粟爱国主编 北京 中国科学技术出版社 1993年 165页

008378597

常德地区志 第30卷 金融志

申金生主编 北京 中国社会科学出版社 1992年 451页

008378602

常德地区志 第 31 卷 林业志

梁桂萼主编 合肥 黄山书社 1994 年 234 页

008893209

常德地区志 第 32 卷 水利志

黄明佑主编 北京 中国社会科学出版社 1991 年 444 页

008893249

常德地区志 第 33 卷 税务志

常德地区志税务志编纂领导小组编 常德 常德地区志税务志编纂领导小组 1990 年 279 页

009320537

常德地区志 第 34 卷 国营农场志

常德地区志国营农场志编写组 高铁珊主编 北京 中国物价出版社 1993 年 276 页

009675385

常德地区志 第 35 卷 建设银行志

卓志喜主编 合肥 黄山书社 1993 年 345 页

009675386

常德地区志 第 36 卷 教育志

彭展 彭世华主编 北京 中国社会科学出版社 1990 年 536 页

009675380

常德地区志 第 37 卷 财政志

常德市地方志编纂委员会编 北京 中国科学技术出版社 1991 年 388 页

009675387

常德地区志 第 38 卷 军事志

刘光前主编 北京 解放军出版社 1991 年 389 页

009797339

常德地区志 第 39 卷 机电工业志

常德市地方志编纂委员会编 北京 中国物价出版社 1991 年 329 页

010576545

常德地区志 第 40 卷 科学技术志

湖南省常德地区科学技术志编辑部编 北京 中国文史出版社 1991 年 438 页

007731476

常德市志

常德市志编纂委员会编 北京 中国科学技术出版社 1993 年 907 页

008835541

常德市志 送审稿

常德市人民政府地方志办公室编修 常德 人民政府地方志办公室 2001 年 2 册 1495 页

009020505

常德市志

应国斌总纂 李大年等副总纂 常德市地方志编纂委员会编 长沙 湖南人民出版社 2002年 2册〔中华人民共和国地方志丛书〕

010197235

常德县志 商业志 初稿

1988年 88页

013362664

古县常德百年图志

古县常德百年图志编纂委员会 吴生元主编 长沙 湖南人民出版社 2004年 2册

009383618

常德工会志 人物志

常德市总工会编 常德 常德市总工会 1994年 262页

013955637

常德市政协志

皮立华主编 常德市政协志编纂委员会编 常德 中国人民政治协商会议常德市委员会 2013年 652页

013819171

常德市法院志 1988—2010

常德市地方志编纂委员会 常德市中级人民法院编 北京 方志出版社 2013年 552页

013771543

常德经济技术开发区志 1992—2011

常德经济技术开发区志编纂委员会编 北京 方志出版社 2012年 611页

010197232

常德城市建设志 前277—1999

常德市建设委员会编 常德 常德市建设委员会 2000年 1460页

008377790

湖南省贺家山原种场志

贺家山原种场编 合肥 黄山书社 1993年 462页

008453535

西洞庭农场志

西洞庭农场志编纂委员会编 合肥 黄山书社 1995年 410页

009383625

常德市农业志 1949—1988.6

湖南省常德市农业委员会编纂 常德 湖南省常德市农业委员会 1990年 374页

009383611

常德地区棉麻蚕茧公司志 1840—1988

常德地区棉麻蚕茧公司志编纂室编 常德 常德地区棉麻蚕茧公司 1990年 269页

009797354

常德卷烟厂志 1951—2000

常德卷烟厂编 常德 常德卷烟厂 2002年 469页

009383619

常德七一机械厂志 1951—1991

常德七一机械厂志编纂委员会编 常德 常德七一机械厂 1995年 574页

009020885

常德烟草工业机械厂志 1969—1999

常德烟草工业机械厂志编纂委员会编 北京 方志出版社 2001年 464页

009797359

常德烟草志

常德烟草志编纂委员会编 常德 常德烟草志编纂委员会 2003年 496页

008594732

常德地区交通志

常德地区交通局编 长沙 湖南出版社 1992年 352页〔湖南交通史志丛书〕

012871864

常德市交通志

常德市交通志编写小组编 常德市志编纂委员会编审 常德 常德市交通志编写小组 1989年 313页

012871866

常德市交通志 1980—2001

常德市交通局编 常德 常德市交通局 2005年 524页

010577382

常德县供销合作社志 评审稿

常德县供销合作社联合社编 常德 常德县供销合作社联合社 1990年 258页

010577226

常德县粮食志 1862—1995

樊晓初主编 常德县（区）粮食局编 常德 常德县（区）粮食局 1997年 551页

009383629

常德市税务志 1840—1987

常德市税务局税务志编写组编 常德 常德市税务局税务志编写组 1989年 314页

007944354

常德方言志

李永明著 长沙 岳麓书社 1989年 305页

011147707

中国歌谣集成 湖南卷 常德地区分卷

黄军怀主编 常德地区民间文学集成编委会编 湖南 常德地区民间文学集成编委会 1988年 423页

011147821
中国歌谣集成 湖南卷 常德市资料本
常德市民间文学三集成办公室编 常德 常德市交通印刷厂 1987年 466页

011147992
中国民间故事集成 湖南卷 常德地区分卷
黄军怀主编 常德地区民间文学集成编委会编 常德 常德市交通印刷厂 1988年 570页

011147539
湖南民间歌曲集 常德地区分册
中国民间歌曲集成湖南卷编辑委员会编 湖南 中国民间歌曲集成湖南卷编辑委员会 1981年 571页

008453191
湖南省常德市地名录
常德市人民政府编 常德 常德市人民政府 1982年 146页

008453190
湖南省常德县地名录
常德县人民政府编 常德 常德县人民政府 1981年 277页

013402898
常德市老年病医院志 1951—2004
常德市老年病医院编 常德 常德市老年病医院 2004年 101页

009383621
常德市第一人民医院志 1898—1998
常德市第一人民医院编 常德 常德市第一人民医院 1999年 509页

012951891
常德市第一人民医院志 1999—2008
常德市第一人民医院编 常德 常德市第一人民医院 2008年 482页

012831181
常德市环卫志
常德市环境卫生管理处编 常德 常德市环境卫生管理处 2000年 286页

009797355
常德县卫生志
赵玉鹏主编 常德县卫生志编纂办公室编 北京 中国文史出版社 1994年 372页

012249740
常德市农业科学研究所科技志 1931—1999
所志编纂委员会编辑 常德 常德市农业科学研究所 1999年 336页

武陵区

011995332
常德市武陵区市志 1988—2005
常德市武陵区地方志编纂委员会编 长沙 湖南人民出版社 2008年 691页

010197233

常德市武陵区人民代表大会志 1949—2001

常德市武陵区第十三届人民代表大会常务委员会编 常德 常德市武陵区第十三届人民代表大会常务委员会 2002 年 752 页

013923910

常德市武陵区军事志 前 277—2005

中国人民解放军湖南省常德市武陵区人民武装部编 常德 中国人民解放军湖南省常德市武陵区人民武装部 2009 年 474 页

013894208

常德市武陵区交通志 1988—1998

常德市武陵区交通志编写小组编 常德 常德市武陵区交通志编写小组 1999 年 213 页

012265044

武陵区教育志

常德市武陵区教育局编 常德 常德市武陵区教育局 2006 年 368 页〔常德市武陵区地方志丛书〕

鼎城区

009853828

鼎城区志 1988—2003

鼎城区志编纂委员会编 长沙 湖南人民出版社 2005 年 595 页〔鼎城区地方志丛书〕

012249832

鼎城区工会志

鼎城区工会志编纂委员会编 长沙 湖南人民出版社 2005 年 482 页〔鼎城区地方志丛书〕

012249836

鼎城人大志

鼎城人大志编纂委员会编 常德 鼎城人大志编纂委员会 1999 年 291 页

009405912

常德县水利志

常德市鼎城区水利水电局编辑 常德 常德市鼎城区水利水电局 1992 年 272 页

013601975

如歌岁月 鼎城区志 文艺志

中共常德市鼎城区委宣传部等主编 香港 天马图书有限公司 2003 年 308 页

津市市

012049629

津市市志 1978—2001

津市市地方志编纂委员会编 长沙 湖南人民出版社 2005 年 591 页

008645999
津市志
津市志编纂委员会编 北京 教育科学出版社 1993年 727页

012954935
津市市工会志
津市市总工会编 香港 天马图书有限公司 2007年 396页

013926403
津市市军事志 1854—2007
中国人民解放军湖南省津市市人民武装部编 津市 中国人民解放军湖南省津市市人民武装部 2009年 303页

009382754
涔澹农场志 1955—1992
涔澹农场志编纂委员会编 湖南 涔澹农场志编纂委员会 1993年 462页

013820505
津市市对外经济贸易志
津市市对外贸易局编 1987年 167页

008453212
湖南省津市市地名录
津市市人民政府编 津市 津市市人民政府 1984年 115页

安乡县

007509401
安乡县志
安乡县志编纂委员会编 北京 新华出版社 1994年 718页〔中华人民共和国地方志丛书〕

009797322
安乡县地方国家权力机关志
安乡县人大常委会编 安乡 安乡县人大常委会 1995年 284页

013922761
安乡县军事志
中国人民解放军湖南省安乡县人民武装部编 安乡 中国人民解放军湖南省安乡县人民武装部 2008年 402页

012678342
安乡县国土资源志
安乡县国土资源志编纂委员会编 长沙 湖南地图出版社 2010年 469页〔安乡县地方志丛书〕

012831063
安乡县交通志 1949—2008
安乡县交通局编 安乡 安乡县交通局 2010年 338页

009382727
安乡县物价志
湖南省安乡县物价局编 安乡 湖南省安

乡县物价局 1991年 356页〔安乡县志丛书〕

008453210
湖南省安乡县地名录
安乡县人民政府编 安乡 安乡县人民政府 1983年 161页

汉寿县

012097402
汉寿县志 1990—2004
汉寿县地方志编纂委员会编 北京 方志出版社 2008年 747页

013792195
汉寿县人口志
湖南省汉寿县计划生育委员会编 汉寿 湖南省汉寿县计划生育委员会 1992年 326页

013897216
汉寿县军事志 1130—2005
中国人民解放军湖南省汉寿县人民武装部编 2009年 445页

013186026
西湖农场志
西湖农场志编纂委员会编 北京 中国科学技术出版 1992年 407页

008453222
湖南省汉寿县地名志
汉寿县人民政府编 汉寿 汉寿县人民政府 1983年 275页

澧县

004516502
澧县志
澧县地方志编纂办公室编 北京 社会科学文献出版社 1993年 817页

012661431
澧县志 1978—2002
澧县地方志编纂委员会编 北京 方志出版社 2010年 776页

010253022
澧县检察志
澧县检察志编纂办公室编 澧县 1993年 183页

010777034
湖南省澧县氮肥厂志
澧县氮肥厂编志办编 澧县 澧县氮肥厂编志办 1990年 277页

010577410
湖南省澧县酒厂志
澧县酒厂修志领导小组编 澧县 澧县酒厂 1989年 318页

008452470
澧县交通志
澧县交通志编纂委员会编 北京 人民交

通出版社 1992年 165页

010731575
澧南垸志
龚道育主编 长沙 中南大学出版社 2006年 541页〔知我澧州丛书 3〕

008528668
湖南省澧县地名录
澧县人民政府编 澧县 澧县人民政府 1983年 300页

009686528
澧县标准计量志
湖南省澧县标准计量志管理局编 澧县 湖南省澧县标准计量志管理局 1991年 96页

临澧县

007903918
临澧县志
临澧县史志编纂委员会编 北京 中国社会出版社 1992年 874页

013820637
临澧县志 1986—2003
湖南省临澧县地方志编纂委员会编 北京 方志出版社 2012年 728页

013898027
临澧县军事志 1949—2006
中国人民解放军湖南省临澧县人民武装部编 临澧 中国人民解放军湖南省临澧县人民武装部 2009年 437页

008528662
湖南省临澧县地名录
临澧县人民政府编 临澧 临澧县人民政府 1983年 163页

012174146
临澧县灾害志 送审稿
临澧县灾害志编纂委员会编 2007年 499页

012051653
临澧县灾害志 1729—2008
临澧县灾害志编纂委员会编 北京 中国社会出版社 2009年 590页

桃源县

007819148
桃源县志
桃源县地方志编纂委员会编 长沙 湖南出版社 1995年 634页

012684757
桃源县志 1978—2002
湖南省桃源县地方志编纂委员会编 北京 方志出版社 2009年 635页

010577018
桃源县志 林业志
桃源县林业局编 桃源 桃源县林业局

2005年 369页

007378163
桃源县志 第2卷 农业志
冯泽修 刘学进 刘宝田编 北京 中国文史出版社 1991年 539页

008453536
桃源县志 第3卷 水利志
桃源县地方志编纂委员会编 北京 水利电力出版社 1994年 235页

012877251
桃源县志 第7卷 工业志
桃源县经济委员会编 桃源 桃源县经济委员会 1992年 219页

008452472
桃源县志 第9卷 交通志
桃源县地方志编纂委员会编 北京 人民交通出版社 1991年 201页

012877245
桃源县志 第12卷 金融志 1991—2000
廖华明主编 桃源县地方志编纂委员会编 桃源 桃源县地方志编纂委员会 2003年 539页

011908955
桃源县志 第13卷 财政志
桃源县地方志编纂委员会编 北京 中国财政经济出版社 1993年 326页

009686553
桃源县志 第14卷 药业志
桃源县地方志编纂委员会 文福顺主编 欧杨汉雄副主编 北京 中国医药科技出版社 1990年 101页

009797371
桃源县志 第15卷 商业志
桃源县地方志编纂委员会编 北京 中国商业出版社 1990年 244页

012542988
桃源县志 第16卷 供销合作志
北京 中国商业出版社 1990年 248页

009797373
桃源县志 第17卷 粮食贸易志
高长发主编 北京 中国商业出版社 1990年 329页

012877246
桃源县志 第18卷 烟草志
桃源县地方志编纂委员会编 北京 轻工业出版社 1990年 203页

009383764
桃源县志 第19卷 金融志
桃源县地方志编纂委员会编 北京 中国金融出版社 1992年 344页

009686561
桃源县志 第20卷 物价志
北京 中国物价出版社 1991年 555页

009686562

桃源县志 第21卷 工商行政管理志

桃源县地方志编纂委员会编 北京 工商出版社 1989年 165页

009348806

桃源县志 第22卷 审计志

北京 中国审计出版社 1990年 180页

012877249

桃源县志 第28卷 环境保护志

北京 中国文史出版社 1991年 137页

012542994

桃源县志 第41卷 政治协商志

马志亮主编 北京 中国文史出版社 1990年 221页

012542992

桃源县志 第46卷 卫生志

北京 中国科学技术出版社 1991年 258页

013342604

桃源县人大志 1949—2005

桃源县第十四届人大常委会编 桃源 桃源县长城彩印有限公司 2007年 249页

013462614

桃源政协志 1980—2010

政协桃源县第十一届委员会编 桃源 政协桃源县第十一届委员会编 2010年 412页

013899627

桃源县军事志 1978—2005

中国人民解放军湖南省桃源县人民武装部编 桃源 中国人民解放军湖南省桃源县人民武装部 2009年 421页

012174932

桃源县护城垸建设志

桃源县护城垸工程建设指挥部编 北京 中国水利水电出版社 2000年 163页

012832068

桃源县教育志

桃源县教育委员会编 桃源 桃源县教育委员会 1986年 674页

008453206

湖南省桃源县地名录

桃源县人民政府编 桃源 桃源县人民政府 1982年 442页

石门县

011955433

石门县志 1978—2002

石门县地方志编纂委员会编 北京 方志出版社 2007年 668页

012051932

石门县罗坪乡寨垭村志

石门县罗坪乡寨垭村志编纂委员会编

石门 石门县罗坪乡寨垭村志编纂委员会 2006 年 400 页

009685809
[石门县]军事志
石门县人民武装部编 石门 石门县人民武装部 1993 年 242 页〔石门县地方志〕

013936376
石门县军事志 1985—2005
中国人民解放军石门县人民武装部编 石门 中国人民解放军石门县人民武装部 2009 年 208 页〔石门县地方志丛书〕

013965122
石门县国土资源志
石门县国土资源志编纂委员会编 北京 方志出版社 2013 年 696 页

009829176
[石门县]水利志
石门县水利水电局编 北京 中国文史出版社 1992 年 191 页〔石门县地方志丛书〕

013379018
石门盐业志
湖南省盐业公司石门县公司编 石门 湖南省盐业公司石门县公司 1992 年 216 页〔石门县地方志丛书〕

009675374
[石门县]粮食志
石门县粮食局编 石门县地方志编纂委员会编 合肥 黄山书社 1992 年 268 页〔石门县地方志丛书〕

011570319
石门县粮食志 1978—2003
石门县粮食局编 石门 石门县粮食局 2005 年 244 页

012952144
石门县财政志 1840—2006
石门县财政志编纂委员会编 石门 石门县财政志编纂委员会 2009 年 695 页

011570313
石门县广播电视志 1978—2005
石门县广播电视志编纂委员会编 石门 石门县广播电视志编纂委员会 2007 年 302 页〔石门县地方志丛书〕

010199461
石门县地方志 供销合作社志
石门县供销合作社联合社编 石门 石门县地方志编纂委员会 1993 年 336 页〔石门县地方志丛书〕

008453208
湖南省石门县地名录
石门县人民政府编 石门 石门县人民政府 1983 年 209 页

011954268
湖南壶瓶山植物志
张国珍 张代贵主编 长沙 湖南科学技术出版社 2009年 2册

009383752
石门县卫生志
石门县卫生局编 合肥 黄山书社 1993年 386页〔石门县地方志丛书〕

张家界市

007585921
大庸县志
张振莘主编 刘本银等副主编 湖南省大庸县地方志编纂委员会编 北京 生活·读书·新知三联书店 1995年 854页

009992748
张家界市志
张家界市地方志编纂委员会编 湖南 湖南省越来越好印务有限公司 2006年 824页

013097971
张家界市人口志 1988—2007
张家界市人口和计划生育委员会编 张家界 张家界市人口和计划生育委员会 2008年 427页

011910276
张家界市警卫志
张家界市地方志编纂委员会编 张家界 张家界市地方志编纂委员会 2002年 145页

009699704
张家界市交通志
张家界市交通志编纂委员会编 长沙 湖南人民出版社 2004年 479页

008453194
湖南省大庸县地名录
大庸县人民政府编 大庸 大庸县人民政府 1982年 236页

013901217
张家界市食品药品监管志
张家界市食品药品监管志编纂委员会编 2012年 233页

011312059
张家界国家森林公园志
张家界国家森林公园管理处编 张家界 张家界国家森林公园管理处 2006年 336页

永定区

010199785

永定区志 1988—2002

张家界市永定区地方志编纂委员会编 北京 团结出版社 2006年 536页〔湖南市县志鉴 2〕

011328746

[大庸市永定区]环境保护志

大庸市永定区环境保护局编 永定区 大庸市永定区环境保护局 1990年 186页

武陵源区

010576825

武陵源区志

覃大钰主编 张家界市武陵源区地方志编纂委员会编 长沙 湖南人民出版社 2006年 430页〔中华人民共和国地方志丛书〕

010142849

武陵源区志 1989—2000 送审稿

张家界市武陵源区地方志编纂委员会编 张家界 张家界市武陵源区地方志编纂委员会 2004年 483页

009383773

武陵源风景志

湖南省地方志编纂委员会编 长沙 湖南人民出版社 1998年 538页〔湖南省志丛刊〕

慈利县

006555910

慈利县志

慈利县志编纂委员会编 北京 农业出版社 1990年 729页

011943209

慈利县志 1978—2002

慈利县地方志编纂委员会编 海口 海南出版社 2008年 663页〔中华人民共和国地方志丛书〕

008383038

[慈利县公安局观音桥派出所]所志

慈利县公安局观音桥派出所编 慈利 慈利县公安局观音桥派出所 1997年 157页

012898275

慈利县法院志

慈利县法院志编纂委员会编 慈利 慈利县法院志编纂委员会 2010年 682页

009383638

慈利县烟草志

熊五四主编 湖南省慈利县烟草专卖局编 合肥 黄山书社 1998年 252页

010577013
慈利县教育志
吴建攀主编 慈利县教育志编纂委员会编 长沙 湖南人民出版社 2005年 709页

011472910
慈利县地名志
海口 海南出版社 2007年 696页

008453195
湖南省慈利县地名录
慈利县人民政府编 慈利 慈利县人民政府 1982年 332页

009686567
五雷山志
高中晓主编 责任主编孙哲生 高中晓等编著 长沙 湖南人民出版社 1994年 428页

009686300
湖南省慈利县血防志
慈利县血防办公室 慈利县卫生防疫站合编 慈利 慈利县卫生防疫站 1995年 71页

010523842
湖南省慈利县卫生志 1912—1987
慈利县卫生志编纂领导小组编 慈利 慈利县卫生局 1989年 398页

桑植县

008835569
桑植县志
桑植县地方志编纂委员会编 深圳 海天出版社 2000年 777页〔中国地方志丛书〕

009699670
桑植县志 1989—2000
桑植县地方志编纂委员会编 何其雄主编 北京 昆仑出版社 2005年 680页〔中华人民共和国地方志丛书〕

013933344
桑植县军事志 1840—2005
湖南省桑植县军事志编纂委员会编 桑植 湖南省桑植县军事志编纂委员会 2009年 460页

009383650
分水岭煤矿志
熊廷仕主编 北京 煤炭工业出版社 1993年 280页

009790360
桑植一中校志
桑植一中校志编写委员会编 桑植 桑植县第一中学 2001年 141页

008453258
湖南省桑植县地名录
桑植县人民政府编 桑植 桑植县人民政府 1983年 304页

益阳市

007910024
益阳市志
益阳市志编纂委员会编 益阳 益阳市志编纂委员会 1990 年 611 页

010199689
益阳地区工会志 1914—1988
湖南省总工会益阳地区工作委员会编 合肥 黄山书社 1993 年 582 页〔湖南省益阳地区地方志丛书 3〕

010199759
益阳市政协志
中国人民政治协商会议湖南省益阳市委员会编 益阳 益阳政协 1989 年 142 页〔益阳市志丛书 2〕

012662750
益阳市公安志
益阳市公安局编 益阳 益阳市公安局 1991 年 231 页〔益阳市志丛书 5〕

013661561
益阳市检察志
益阳市人民检察院编 益阳 益阳市人民检察院 1989 年 150 页〔益阳市志丛书 6〕

008382674
益阳地区劳动志
益阳地区劳动局编 益阳 益阳地区劳动局 1991 年 216 页〔湖南省益阳地区地方志丛书 22〕

011292468
益阳市劳动志 1949—1987
益阳市劳动局编 益阳 益阳市劳动局 1989 年 157 页〔益阳市志丛书 34〕

013630677
益阳地区金属材料公司志 1962—1987
益阳地区金属材料公司编 益阳地区金属材料公司编志办公室 1987 年 133 页〔湖南省益阳地区地方志丛书 17〕

012662754
益阳市乡镇企业志 1956—1986
益阳市乡镇企业局编 益阳 益阳市乡镇企业局 1988 年 82 页

009382737
北洲子农场志
北洲子农场志编纂委员会编 湖南 1997 年 326 页〔湖南省益阳地区地方志丛书 33〕

010199756
益阳市蔬菜志 1949—1986
益阳市蔬菜工作办公室编 益阳 益阳市

蔬菜工作办公室 1989年 112页〔益阳市志丛书 16〕

009383710
湖南省益阳地区电力志 1917—1983
湖南省益阳电业局编 益阳 湖南省益阳电业局 1984年 260页

010577440
湖南省益阳市冶金机械工业志 初稿
益阳市冶金机械工业公司编志组编 益阳 益阳市冶金机械工业公司编志组 1988年 220页

012139529
民主垸水利志
益阳县民主垸水利修防会编 益阳 益阳县民主垸水利修防会 1990年 403页〔益阳县地方志丛书〕

009383654
益阳地区水利志 初稿
益阳 1983年 193页

010199754
益阳市二轻工业志
益阳市二轻工业局编志办编 湖南 湖南省益阳地区湘中印刷厂 1989年 177页〔益阳市志丛书 12〕

010199762
益阳市化学工业志
益阳市化学工业局编 益阳 益阳市化学工业局 1991年 143页〔益阳市志丛书 14〕

010199766
益阳市水利志
益阳市水利水电局编 益阳 益阳市水利水电局 1991年 116页〔益阳市志丛书 20〕

011294637
益阳市烟草志
湖南省益阳市烟草专卖局 湖南省烟草公司益阳市公司编 益阳 湖南省烟草公司益阳市公司 2002年 301页〔益阳市志丛书 1〕

010199758
益阳市冶金机械工业志
益阳市冶金机械工业局编 益阳 益阳市冶金机械工业局 1989年 193页〔益阳市志丛书 13〕

009383839
益阳地区交通志
益阳地区交通局编 长沙 湖南出版社 1992年 359页〔湖南交通史志丛书〕

010199767
益阳市交通志
益阳市交通局编 益阳 益阳市交通局 1990年 271页〔益阳市志丛书 15〕

010280119

益阳市交通志 1980—2001

益阳市交通志编纂委员会编 长沙 湖南人民出版社 2006年 760页

009383829

益阳地区道路交通管理志

李志澄主编 益阳地区公安处交警支队编 益阳 益阳地区公安处交警支队 1993年 268页〔湖南省益阳地区地方志丛书 20〕

009383836

益阳地区公路志

益阳地区公路总段主编 益阳 湖南省益阳师范印刷厂 1991年 460页

010199690

益阳地区粮食志 1840—1989

湖南省益阳地区粮食志编纂委员会编 益阳 湖南省益阳地区粮食志编纂委员会 1991年 461页〔湖南省益阳地区地方志丛书 8〕

011793357

益阳地区对外经济贸易志 1840—1987

益阳地区对外经济贸易志编纂委员会编 益阳 益阳地区对外经济贸易志编纂委员会 1989年 251页〔湖南省益阳地方志丛书 4〕

009383842

益阳地区税务志 1840—1989

益阳地区税务局编 益阳 益阳地区税务局 1991年 289页〔湖南省益阳地区地方志丛书 10〕

010577306

益阳地区金融志

李儒珍主编 长沙 湖南地图 1993年 348页〔湖南省益阳地区地方志丛书 11〕

011292484

益阳市工商银行志

中国工商银行益阳市支行编 益阳 益阳市工商银行 1989年 137页〔益阳市志丛书 27〕

011294636

益阳市金融志 1990—2000

益阳市金融系统编志办公室编 益阳 益阳市金融系统编志办公室 2002年 148页

010199703

益阳市档案志 1950—1987

益阳市档案局(馆)编 益阳 益阳市档案局 1989年 100页〔益阳市志丛书 8〕

007362097

益阳地区教育志 1840—1985

湖南省益阳地区教育编纂委员会编 北京 中国文史出版社 1991年 479页

010199769
益阳市教育志
益阳市教育志编纂领导小组编 北京 中国文史出版社 1990年 395页〔益阳市地方志丛书〕

013630679
益阳市教育志 1986—2000
益阳市教育局编 北京 社会科学文献出版社 2009年 352页

009744784
湖南城专志 1978—2002
湖南城专志编辑部编 香港 天马图书有限公司 2003年 456页

010577451
益阳地区技工学校校志 1977.11—1986.12
益阳地区技校校史编写领导小组编 益阳 益阳地区技工学校 1987年 85页

011188314
中国曲艺音乐集成 益阳县分册
益阳县曲艺音乐集成编辑委员会编 益阳 益阳县曲艺音乐集成编辑委员会 1987年 154页

011794301
中国曲艺志 湖南卷 益阳分卷 初稿
中国曲艺志北京卷编辑部编 北京 中国曲艺志北京卷编辑部 1988年 144页

008453244
湖南省益阳市地名录
益阳市人民政府编 益阳 益阳市人民政府 1983年 142页

008453243
湖南省益阳县地名录
益阳县人民政府编 益阳 益阳县人民政府 1984年 336页

013184584
千年益阳胜迹图志 历史渊源卷 山水仰止卷 地标景行卷 风物揽胜卷
廖静仁总主编 深圳 中华图书出版社 2011年 236页

011294253
益阳市农科所志
益阳市农业科学研究所编 益阳 益阳市农业科学研究所 1996年 70页

011292517
益阳市城市建设志
益阳市建设委员会编 益阳 益阳市建设委员会 1990年 264页〔益阳市地方志丛书 9〕

010577038
益阳市建委志 1994—2001
姚国文编写 益阳 2004年 466页

009383846
益阳港航监督志

湖南省益阳港航监督所编 益阳 湖南省益阳港航监督所 1993年 238页〔湖南省益阳地区地方志丛书 19〕

011292486
益阳市环境保护志
益阳市环境保护局编 益阳 益阳市环境保护局 1989年 122页〔益阳市丛书 32〕

沅江市

012662844
沅江市志 1986—2004
沅江市地方志编纂委员会编 北京 中国文史出版社 2010年 780页

005696891
沅江县志
沅江县志编纂办公室编 北京 中国文史出版社 1991年 681页〔中华人民共和国地方志丛书〕

013072821
沅江市泗湖山镇志 552—2004
沅江市泗湖山镇编 北京 中国文史出版社 2007年 495页〔沅江市地方志丛书 20〕

012689916
沅江县琼湖镇志 598—1988
沅江市市志办编 北京 中国文史出版社 2006年 308页

010110046
沅江政协志 1983—2004
政协沅江市第六届委员会主编 红旗印刷厂 2005年 482页

012141517
沅江市法院志 1983—2004
沅江市人民法院编 北京 中国文史出版社 2007年 320页〔沅江市地方志丛书 13〕

011474486
湖南省赤山监狱志
湖南省赤山监狱志编纂委员会编 湖南 湖南省赤山监狱 2005年 500页

010577468
沅江县湖洲水产志
沅江县湖水产志编纂小组编 沅江 沅江县湖水产志编纂小组 1986年 161页

012809887
白沙洲村文化志
陈定国主编 沅江市档案局编 北京 作家出版社 2006年 277页

012662860
沅江市文化志 1989—2004
沅江市文化局编 北京 中国文史出版社 2006年 244页〔沅江市地方志丛书 1〕

012662854
沅江县文化志 1840—1988
沅江市文化局编 北京 中国文史出版社 2006年 280页〔沅江市地方志丛书21〕

008453396
湖南省沅江县地名录
沅江县人民政府编 沅江 沅江县人民政府 1981年 449页

012141526
沅江市卫生志 1986—2004
沅江市卫生局编 北京 中国文史出版社 2006年 451页〔沅江市地方志丛书6〕

011793410
湖南省沅江县水利志
沅江县水利志编纂领导小组编 沅江 沅江县水利志编纂领导小组 1986年 245页

南县

005696656
南县志
南县志编委会编 长沙 湖南人民出版社 1988年 509页

013508757
南县志 1986—2004
南县地方志编纂委员会编 长沙 湖南人民出版社 2011年 591页

010577460
南县民政志
湖南省南县民政局编 南县 湖南省南县民政局 1987年 310页

009383645
大通湖农场志
大通湖农场志编纂委员会编 长沙 岳麓书社 1994年 436页

011294339
大通湖渔场志
大通湖渔场志编纂委员会编 湖南 大通湖渔场志编纂委员会 1999年 216页

008453265
南县地名志
湖南省南县人民政府编 南县 湖南省南县人民政府 1983年 388页

桃江县

011327014
桃江县志 送审稿
桃江县志编纂办公室编 桃江 桃江县志编纂办公室 1987年

005559176
桃江县志
桃江县志编纂委员会编 北京 中国社会出版社 1993年 693页

012722550
桃江县志 1986—2000
桃江县地方志编纂委员会编 北京 方志出版社 2011年 928页

014052272
桃江县地方税务志 1994.9—2006.9
桃江县地方税务局编 2006年 262页〔桃江县地方志系列丛书〕

008453257
湖南省桃江县地名录
桃江县人民政府编 刘钧 戴桂龙主编 桃江 桃江县人民政府 1981年 509页

010577518
桃江县土壤志
桃江县土壤普查办公室编 桃江 桃江县土壤普查办公室 1984年 599页

安化县

008538695
安化县志 审查稿
安化县志编纂委员会办公室编 安化 安化县志编纂委员会办公室 1991年 7册

007903910
安化县志
安化县地方志编纂委员会编 北京 中国社会科学文献出版社 1993年 713页

009768595
安化县志 1980—2000
湖南省安化县地方志编纂委员会编 北京 方志出版社 2005年 585页

014032682
安化县公安志 1901—1990
湖南省安化县公安志编纂办公室编 安化 安化县公安志编纂办公室 1993年 215页

013308880
安化县农业志
安化县农业局主编 安化 安化县农业局 1991年 335页

012950318
安化县国有工业志 1897—2000
安化县经济委员会编 安化 安化县经济委员会 2002年 460页

012831047
安化县信用合作社志 1952—2001
安化县信用合作社联合社编 安化 安化县信用合作社联合社 2003年 314页

008453234
湖南省安化县地名录
安化县人民政府编 安化 安化县人民政府 1983年 387页

郴州市

008594675
郴县志 送评稿
郴县志编纂委员会编 郴县 郴县志编纂委员会 1993年 6册

007585916
郴县志
郴县志编纂委员会编 北京 中国社会出版社 1995年 946页〔中华人民共和国地方志丛书〕

009227304
郴州地区志
郴州地区地方志编纂委员会编 北京 中国社会出版社 1996年 3册 2119页

008532797
郴州市志
郴州市志编纂委员会编 合肥 黄山书社 1994年 746页

012679122
郴州统计志 1840—2005
郴州统计志编纂委员会编 郴州 郴州统计志编纂委员会 2009年 323页

012898249
郴州经济开发区志 1988—2008
郴州经济开发区志编纂委员会编 北京 方志出版社 2011年 252页

011943184
郴州市国土资源志 1840—2007
郴州市国土资源志编纂委员会编 长沙 湖南人民出版社 2008年 370页

011578938
郴州地区工商行政管理志
郴州地区工商行政管理局编 长沙 湖南出版社 1995年 367页

011578945
郴州地区林业志
郴州地区林业局林业志办公室编纂 郴州 郴州地区林业局林业志办公室编纂 1990年 197页

012713929
郴州市林业科学研究所所志 1963—2001
郴州市林业科学研究所编 郴州 郴州市林业科学研究所 2001年 345页

012951911
郴州市林业志 1989—2005
郴州市林业局林业志编纂委员会编 郴州 郴州市林业局林业志编纂委员会 2009年 365页

010294066
郴县桥口铅锌矿矿志 1957—1983

郴县　1984年　105页

011578956
郴州地区水利志
郴州地区水利水电局　杨名康主编　郴州　郴州地区美术印刷厂　1988年　291页

009889507
郴州市烟草志
郴州市烟草志编纂委员会编　长沙　湖南人民出版社　2005年　696页

009686242
郴州烟草志
罗宏松主编　湖南省郴州地区烟草专卖局　湖南省烟草公司郴州地区公司编　北京　中国文史出版社　1993年　220页

012713936
郴州烟叶复烤志
郴州烟叶复烤志编纂委员会编　北京　方志出版社　2010年　334页〔中国烟草〕

010197241
东波有色金属矿志 1950—1980
矿志编纂办公室编　湖南　东波有色金属矿志编纂办公室　1983年　158页

010198757
湖南省郴州碳素厂志 1958—1980
湖南省郴州碳素厂志办公室编　湖南　湖南省郴州碳素厂　1982年　177页

012969625
柿竹园公司志 1986—2010
柿竹园公司志编纂委员会编　郴州　柿竹园公司　2011年　701页

008453577
郴州地区交通志
郴州地区交通志编纂领导小组办公室　刘安伦主编　长沙　湖南出版社　1993年　373页〔湖南交通史志丛书〕

008453576
郴州市交通志
郴州市交通志编委会编　长沙　湖南出版社　1993年　231页〔湖南交通史志丛书〕

009880105
郴州市交通志 1980—2002
郴州市交通志编纂领导小组编　郴州　郴州市交通局　2006年　550页

011579003
郴州地区铁路志 1933—1988
长沙铁路分局　郴州铁路地区办事处编　郴州　长沙铁路分局　郴州铁路地区办事处　1992年　481页

012173702
郴州商业志 1840—2006
郴州市商业物资行业管理办公室编　北

京 方志出版社 2009年 306页

008453579
湖南省郴州地区对外经济贸易志 1840—1988
廖星华主笔 王继华副主笔 1992年 271页

012048780
郴州国税志 1989.1—2004.6
何正祥主编 郴州 郴州市国家税务局 2004年 208页

013092903
湖南省郴州地区税务志
郴州地区税务局 郴州地区税务学会编 郴州 郴州地区税务局 1990年 423页

012264018
郴州市信用合作志
郴州市信用合作志编纂委员会编 北京 光明日报出版社 2004年 404页

011579022
郴州市九完小校志 1941—2001
北湖区史志办公室编 郴州 郴州市九完小校 2001年 244页

011579032
郴州市实验小学校志 1948—1998
郴州市实验小学 北湖区史志办公室合编 郴州 郴州市实验小学 1998年 215页

011565044
湖南省郴州市一中校志 1906—1996
郴州市一中九十周年校志编审组编 郴州 郴州市一中 1996年 195页

012132565
郴州文学志
曾广高编著 北京 中国文联出版社 2007年 221页

009399291
郴州地名志 2003首版
郴州市民政局主办 郴州地名志编辑委员会编辑 郴州 郴州市民政局 2003年 518页

008453296
湖南省郴县地名录
郴县人民政府编 郴县 郴县人民政府 1983年 159页

008453324
湖南省郴州市地名录
郴州市人民政府编 郴州 郴州市人民政府 1982年 175页

北湖区

013037942
郴州市北湖区志 1990—2004
湖南省郴州市北湖区志编纂委员会编

北京 方志出版社 2011 年 922 页

012048737
郴州市北湖区政协志 1990—2004
北湖区政协志编纂委员会编 郴州 北湖区政协志编纂委员会 2005 年 322 页

013923837
北湖区军事志 1840—2005
中国人民解放军湖南省郴州市北湖区人民武装部编 郴州 中国人民解放军湖南省郴州市北湖区人民武装部 2009 年 423 页

011578800
北湖区国土资源志
刘虹主编 北湖区 2007 年 207 页

苏仙区

011477231
苏仙区志 1989—2002
湖南省郴州市苏仙区志编纂委员会编 长沙 湖南人民出版社 2007 年 482 页

资兴市

008538727
资兴市志 送评稿
资兴市志编委会办公室编 资兴 资兴市志编委会办公室 1992 年 5 册

008842932
资兴市志
资兴市地方志编纂委员会编 长沙 湖南人民出版社 1999 年 2 册 1005 页

010577550
资兴市志数据集
陈尧隆主编 资兴市地方志办公室编 资兴 资兴市地方志办公室 1992 年 178 页

013940905
资兴市军事志 1840—2005
中国人民解放军湖南省资兴市人民武装部编 资兴 中国人民解放军湖南省资兴市人民武装部 2009 年 292 页

011586387
资兴市林业志
资兴市林业局编 资兴 资兴市林业局 1990 年 240 页

008453321
湖南省资兴县地名录
资兴县人民政府编 资兴 资兴县人民政府 1986 年 357 页

桂阳县

008528042
桂阳县志 送评稿
桂阳县志编纂委员会编 桂阳 桂阳县志编纂委员会 1992 年 7 册

009618618
桂阳县志 1989—2000 评议稿
桂阳县志编纂委员会编 桂阳 桂阳县志编纂委员会 2002年 4册

009618593
桂阳县志 1989—2000 送审稿
湖南省桂阳县志编纂委员会编 桂阳 湖南省桂阳县志编纂委员会 2003年 2册〔中华人民共和国地方志丛书〕

009348814
桂阳县志 1989—2000
湖南省桂阳县志编纂委员会编 北京 五洲传播出版社 2004年 794页

008835118
太和镇志
太和镇人民政府编 太和镇 太和镇人民政府 1999年 548页

009686280
桂阳县人大志
桂阳县人大常务委员会编 桂阳 人大 1994年 315页

008847983
桂阳县民政志
桂阳县民政局编 桂阳 桂阳县民政局 1994年 314页〔桂阳县地方志丛书〕

013897186
桂阳县军事志 1840—2005
中国人民解放军湖南省桂阳县人民武装部编 桂阳 中国人民解放军湖南省桂阳县人民武装部 2009年 224页

009686277
湖南省桂阳县工商行政管理志
桂阳县工商行政管理局编 桂阳 桂阳县工商行政管理局 1993年 167页

008844149
湖南省桂阳县城乡建设志
湖南省桂阳县建设志编纂领导小组编 桂阳 湖南省桂阳县建设志编纂领导小组 1991年 178页

008844230
桂阳县农业机械志
桂阳县农业机械局编 桂阳 桂阳县农业机械局 1992年 38页

008847974
桂阳县水利电力志
桂阳县水利水电局编 桂阳 桂阳县水利水电局 1993年 272页

008847971
桂阳烟草志
湖南省桂阳县烟草专卖局 湖南省桂阳县烟草公司编 桂阳 湖南省桂阳县烟草专卖局 湖南省桂阳县烟草公司 1995年 170页

012952159
黄沙坪铅锌矿志 1958—1980
黄沙坪矿志编写办公室编 桂阳 黄沙坪矿志编写办公室 1983 年 391 页

009399293
桂阳县工业志
桂阳县经济委员会编 桂阳 桂阳县经济委员会 1993 年 254 页

008989966
桂阳县交通志
桂阳县交通志编纂办公室编 桂阳 桂阳县交通志编纂办公室 1994 年 256 页

008844224
桂阳县粮食志 1940—1988
龚禹顺编写 桂阳 湖南省桂阳县粮食局 1992 年 194 页

008847957
[桂阳县]供销合作志
桂阳县供销合作社编 桂阳 1993 年 272 页〔桂阳县地方志丛书〕

008847967
桂阳金融志
桂阳金融志编纂办公室编 桂阳 桂阳金融志编纂办公室 1995 年 281 页

008844174
桂阳县科技志
湖南省桂阳县科技志编纂领导小组编 桂阳 湖南省桂阳县科技志编纂领导小组 1989 年 129 页

008453288
湖南省桂阳县地名录
桂阳县人民政府编 桂阳 桂阳县人民政府 1985 年 418 页

008847979
桂阳县卫生志 1840—1988
桂阳县卫生志编纂办公室编 桂阳 桂阳县卫生志编纂办公室 1994 年 280 页

宜章县

008538763
宜章县志 送评稿
宜章县志编纂委员会编 宜章 宜章县志编纂委员会 1992 年 6 册

013337618
宜章县志
宜章县志编纂委员会编 合肥 黄山书社 1995 年 953 页〔中华人民共和国地方志丛书〕

009768620
宜章县志 1989—2000
宜章县志编纂委员会编 长沙 湖南人民出版社 2005 年 687 页

013189999
宜章县人大志

宜章县人大志编纂委员会编 北京 方志
　出版社 2011 年 671 页〔宜章县地方
　志丛书 13〕

012545593
宜章县政协志 1983—2007
湖南省宜章县政协志编纂委员会编 宜
　章 宜章县政协 2008 年 282 页〔宜
　章县地方志丛书〕

013901059
宜章县军事志 1840—2005 内部资料
中国人民解放军湖南省宜章县人民武
　装部军事志编纂委员会编纂 宜章 中
　国人民解放军湖南省宜章县人民武
　装部 2009 年 420 页〔宜章县地方志
　丛书 12〕

012956600
湖南省瑶岗仙钨矿志
1982 年

009686574
宜章县煤炭志
宜章县煤炭志编纂办公室编 宜章 宜章
　县煤炭志编纂办公室 1995 年 314 页
　〔宜章县地方志丛书 7〕

008453318
湖南省宜章县地名录
宜章县人民政府编 宜章 宜章县人民政
　府 1983 年 404 页

012721854
莽山志 1958—2003
莽山志编撰委员会编 宜章 莽山志编撰
　委员会 2004 年 400 页〔宜章县地方
　志丛书 10〕

009686576
宜章县土壤志
文慕武编写 宜章县土壤普查办公室 宜
　章县农业局编 宜章 宜章县农业局
　1983 年 140 页

永兴县

008820674
永兴县志
永兴县志编纂委员会编 北京 中国城市
　出版社 1994 年 793 页

012052516
永兴县志 1989—2002
永兴县志编纂委员会编 北京 方志出版
　社 2009 年 740 页

010199775
**永兴县志 序 凡例 概述 大事记 地理
　人口 经济综述 送评稿**
永兴县志编纂委员会编 永兴 永兴县志
　编纂委员会 1991 年

013939711
永兴县军事志 1840—2005
中国人民解放军湖南省永兴县人民武

装部军事志编纂领导小组编 永兴 中国人民解放军湖南省永兴县人民武装部军事志编纂领导小组 2009 年 278 页

009560836
永兴煤炭志
永兴煤炭志编纂委员会编 北京 方志出版社 2004 年 254 页

008453319
湖南省永兴县地名录
永兴县人民政府编 永兴 永兴县人民政府 1988 年 300 页

嘉禾县

008538676
嘉禾县志 送评稿
嘉禾县志编纂委员会编 嘉禾 嘉禾县志编纂委员会 1991 年 4 册

007969243
嘉禾县志
嘉禾县志编纂委员会编 合肥 黄山书社 1994 年 634 页

011328759
嘉禾县志 1989—2002
湖南省嘉禾县志编纂委员会编 长沙 湖南人民出版社 2007 年 610 页

008383453
嘉禾县交通志
嘉禾县交通志编纂办公室编 嘉禾 嘉禾县交通志编纂办公室 1997 年 292 页

008532112
湖南省嘉禾县地名录
嘉禾县人民政府编 嘉禾 嘉禾县人民政府 1986 年 143 页

013092904
湖南省嘉禾县土壤志
李贤芳编写 嘉禾县土壤普查办公室编 嘉禾 嘉禾县土壤普查办公室 1984 年 140 页

临武县

013336292
临武县志 1988—2005
临武县志编纂委员会编 长沙 湖南人民出版社 2011 年 722 页

013319703
临武县人大志
临武县第十五届人民代表大会常务委员会编 临武 临武县第十五届人民代表大会常务委员会 2011 年 582 页

012955048
临武县政协志 1983—2007
临武县政协志编纂委员会编 临武 临武县政协志编纂委员会 2007 年 253 页

010201778
香花岭锡矿志 1912—1980
香花岭锡矿志编写办公室编 湖南 香花岭锡矿区 1986年 504页

008453327
临武县地名录
临武县人民政府编 临武 临武县人民政府 1983年 117页

汝城县

012099779
汝城县志 1989—2002
汝城县志编纂委员会编 北京 方志出版社 2008年 720页

013933336
汝城县军事志 1840—2007
中国人民解放军湖南省汝城县人民武装部编 汝城 中国人民解放军湖南省汝城县人民武装部 2009年 285页

009686538
汝城县林业志
汝城县林业局编 汝城 汝城县林业局 1990年 255页

013320929
汝城县物价志
汝城县物价局编 汝城 汝城县物价局 1998年 388页

008453325
湖南省汝城县地名录
汝城县人民政府编 汝城 汝城县人民政府 1983年 194页

桂东县

008835749
桂东县志 送审稿
桂东县志编纂委员会编 桂东 桂东县志编纂委员会 1995年 5册

012609896
桂东县志 1991—2002
桂东县志编纂委员会编 北京 方志出版社 2009年 678页〔中华人民共和国地方志丛书〕

008453290
湖南省桂东县地名录
桂东县人民政府编 桂东 桂东县人民政府 1983年 166页

安仁县

007809644
安仁县志
安仁县志编纂委员会编 北京 中国社会出版社 1996年 755页〔中华人民共和国地方志丛书〕

007843503

安仁县工业志

刘长美主编 安仁县工业志编纂委员会编 合肥 黄山书社 1994 年 328 页

008453316

湖南省安仁县地名录

安仁县人民政府编 安仁 安仁县人民政府 1985 年 109 页

永州市

008538744

零陵地区志 评审稿

零陵地区地方志编纂委员会办公室编 零陵 零陵地区地方志编纂委员会办公室 1991 年 3 册

008197459

零陵地区志

零陵地区煤炭工业局编 长沙 湖南出版社 1993 年

008989954

零陵地区志

零陵地区地方志编纂委员会编 长沙 湖南人民出版社 2001 年 2 册〔中华人民共和国地方志丛书〕

013990912

零陵地区志 福田茶厂志

零陵地区福田茶厂志编纂委员会编 1993 年 156 页

012899112

零陵地区志 供销合作社志

湖南省零陵地区供销合作社编 零陵 湖南省零陵地区供销合作社联合社 1994 年 232 页

013821758

零陵地区志 民族志

零陵地区民族事务委员会编 永州 湖南省永州市凤凰园长虹彩印厂 2001 年 384 页

011762889

零陵地区志 人大志

零陵地区人大志编纂委员会编 2001 年 310 页

013821839

零陵地区志 税务志

零陵地区志税务志编写组编 北京 北京出版社 1994 年 262 页

009442699

零陵地区志 第 3 卷 计划志

零陵地区计划志编纂办公室编 1994 年 217 页

009044822
零陵地区志 第5卷 金融志
零陵地区金融志编纂办公室编 长沙 湖南出版社 1995年 399页

009044263
零陵地区志 第6卷 科学技术志
何大光主编 萧定才 王莉红副主编 湖南省零陵地区科学技术委员会编 长沙 湖南出版社 1995年 514页

009044826
零陵地区志 第7卷 妇女志
湖南省妇联零陵地区办事处编 永州 湖南省妇联零陵地区办事处 1995年 308页

008453589
零陵地区志 第8卷 农业志
零陵地区农业局编 零陵 零陵地区农业局 1995年 431页

009044842
零陵地区志 第9卷 卫生志
零陵地区卫生局编 零陵 卫生局 1995年 381页

009044290
零陵地区志 第10卷 公安志
零陵地区公安处编 1995年 306页〔中华人民共和国地方志丛书〕

009044846
零陵地区志 第11卷 法院志
零陵地区中级人民法院编 零陵 零陵地区文化局新闻出版科 1995年 248页

009044850
零陵地区志 第12卷 环保志
湖南省零陵地区环境保护局编 长沙 湖南出版社 1996年 274页〔中华人民共和国地方志丛书〕

009045152
零陵地区志 第13卷 检察志
湖南省检察院零陵分院编 1995年 245页〔中华人民共和国地方志丛书〕

009045113
零陵地区志 第14卷 农机志
湖南省零陵地区农机局编 长沙 湖南出版社 1995年 135页

009045092
零陵地区志 第15卷 人事志
零陵地区人事局编 1995年 272页

009045390
零陵地区志 第16卷 粮油志
零陵地区粮油志编委会编 1996年 277页

009045075
零陵地区志 第17卷 乡镇企业志
零陵地区乡镇企业经济委员会编 1994

年 250 页

009045066
零陵地区志 第 18 卷 军事志
零陵地区志军事志编纂委员会编 零陵 零陵地区文化局新闻出版科 1995 年 274 页

009045054
零陵地区志 第 19 卷 邮电志
湖南省零陵地区邮电局修志办公室编 北京 人民邮电出版社 1995 年 184 页

009045399
零陵地区志 第 20 卷 水利水电志
零陵地区水利水电局编 1995 年 361 页

008453581
零陵地区志 第 21 卷 医药志
零陵地区医药管理局编 长沙 湖南出版社 1995 年 365 页

008594740
零陵地区志 第 22 卷 商业志
管文主编 广州 广东省地图出版社 1994 年 390 页

008453587
零陵地区志 第 23 卷 畜牧水产志
零陵地区畜牧水产总站编 零陵 零陵地区畜牧水产总站 1996 年 202 页

013901075
永州市志 宗教志
永州市民族宗教事务委员会编 北京 人民出版社 2012 年 386 页

008384121
零陵地区工会志
湖南省总工会零陵地区工作委员会编 零陵 湖南省总工会零陵地区工作委员会 1996 年 379 页

013824275
永州市扶贫开发志
李振云 雷运福主编 永州 永州市扶贫开发志编纂领导小组 2006 年 307 页

008531812
湖南九嶷水泥股份有限公司志
湖南九嶷水泥股份有限公司志编纂委员会编 永州 湖南九嶷水泥股份有限公司志编纂委员会 1998 年

008453582
湖南省零陵地区电力志 1923—1989
湖南省零陵电力局编 零陵 湖南省零陵电力局 1990 年 168 页

010245082
零陵地区纺织厂厂志 1966—1993
零陵地区纺织厂厂志编纂委员会编 零陵 零陵地区纺织厂 1994 年 266 页

011294787
永州烟草志
永州烟草志编纂委员会编 永州 永州烟草志编纂委员会 2005年 273页〔中华人民共和国地方志丛书〕

010245063
零陵地区交通志
零陵地区交通志编纂办公室编 长沙 湖南出版社 1993年 386页〔湖南交通史志丛书〕

014053003
永州市粮油志 1993—2010
永州市粮油志编委会编 2012年 353页

013659593
零陵县金融志
零陵县金融志编纂领导小组编 零陵 零陵县金融志编纂领导小组 1990年 228页

013901069
永州市金融志
永州市金融志编纂领导小组编 永州 永州市金融志编纂领导小组 2003年 235页

011954278
湖南民族民间舞蹈集成 零陵地区资料卷
中国民族民间舞蹈集成湖南省卷编辑部零陵地区编写组编 零陵 中国民族民间舞蹈集成湖南省卷编辑部零陵地区编写组 1984年 376页

008453592
〔湖南省石油总公司零陵地区公司〕石油志
湖南省石油总公司零陵地区公司编 永州 永州市新闻出版局 1997年 301页〔零陵地区地方志丛书〕

008453328
湖南省永州市地名录
永州市人民政府编 永州 永州市人民政府 1982年 144页

013646830
百年永医 永州市中心医院志 1905—2011
永州市中心医院志编纂委员会编纂 永州 永州市中心医院志编纂委员会 2012年 424页

冷水滩区

011809685
永州市冷水滩区志 1984—2003
永州市冷水滩区志编纂委员会编 北京 方志出版社 2008年 783页

013932247
冷水滩区军事志 1840—2005
中国人民解放军湖南省冷水滩区人民武装部军事志编纂委员会编 永州 中国人民解放军湖南省冷水滩区人民

武装部军事志编纂委员会 2008 年 297 页

010198893

冷水滩耐火材料厂志 1952—1980

冷水滩耐火材料厂编 湖南 冷水滩耐火材料厂 1985 年 245 页

零陵区

007509345

零陵县志

湖南省永州冷水滩市地方志联合编纂委员会编 北京 中国社会出版社 1992 年 777 页

012506608

永州市零陵区志 1982—2003

永州市零陵区志编纂委员会编 长沙 湖南人民出版社 2009 年 805 页

010244546

零陵县权力机关志

湖南省零陵县人大常委会编纂领导小组编 零陵 零陵县人大常委会 1992 年 188 页

010244288

零陵县民政志 1840—1984

湖南省永州冷水滩市民政局合编 湖南 湖南省永州冷水滩市民政局 1991 年 291 页

010244265

零陵县二轻工业志 1840—1984

冷水滩市轻纺工业局 永州市轻纺二轻工业局合编 永州 1990 年 122 页

008531824

零陵县交通志

冷水滩市交通局 永州市交通局联合编纂办公室编 永州 永州市交通局 1990 年 169 页

010244292

湖南省零陵县科学技术志

冷水滩市科学技术委员会 永州市科学技术委员会编 萧定才 袁明月主编 北京 中国文史出版社 1991 年 291 页

008453279

湖南省零陵县地名录

零陵县人民政府编 零陵 零陵县人民政府 1982 年 369 页

012832485

零陵县医药卫生志

零陵县医药卫生志编委会编 零陵 零陵县医药卫生志编委会 1992 年 274 页

祁阳县

007819130

祁阳县志

祁阳县志编纂委员会编 北京 社会科学

文献出版社 1993 年 750 页

010110014
祁阳县志 1978—2004 验收稿
祁阳县志编纂委员会编 祁阳 2005 年 2 册 670 页

010253950
祁阳县志 1978—2004
湖南省祁阳县志编纂委员会编 长沙 湖南人民出版社 2006 年 664 页

010199447
祁阳县志 1978—2005 评议稿
祁阳县志编纂委员会编 祁阳 2005 年 4 册

013629341
祁阳县人民代表大会志 1949—2010
祁阳县人大常委会编 祁阳 祁阳县人大常委会 2011 年 634 页

011892376
祁阳县法院志
祁阳县人民法院编 长沙 湖南人民出版社 2007 年 354 页

011892382
祁阳县林业志
湖南省祁阳县林业局编 祁阳 湖南省祁阳县林业局 2007 年 647 页

011477146
祁阳县农业志
政协湖南省祁阳县委员会 学习文史宣教卫体委员会 中共祁阳县委农村工作领导小组办公室编 祁阳 2005 年 3 册〔祁阳文史 第 18 辑〕

010200486
祁阳县水利水电志
政协湖南省祁阳县委员会 学习文史宣教卫体委员会 祁阳县水利局编 祁阳县水利局 2002 年 671 页〔祁阳文史 第 13 辑〕

011892389
祁阳县直工业志
祁阳县经济贸易委员会编 祁阳 祁阳县经济贸易委员会 2006 年 538 页

010199442
祁阳县交通志
祁阳县交通志编纂办公室编 长沙 湖南出版社 1994 年 229 页〔湖南交通史志丛书〕

013684571
祁阳县交通志
政协湖南省祁阳县委员会编 2007 年 652 页〔祁阳文史 第 20 辑〕

013794821
祁阳县财政志
政协祁阳县委员会 学习文史宣教卫体

委员会 祁阳县财政局编 祁阳 政协祁阳县委员会 2011 年 613 页〔祁阳文史 第 25 辑〕

013066924
祁阳县文化志
欧阳友徽主编 政协湖南省祁阳县委员会 学习文史宣教卫体委员会 祁阳县文化局编 祁阳 祁阳县文化局 2004 年 1118 页〔祁阳文史 第 15 辑〕

011477142
祁阳县教育志
政协湖南省祁阳县委员会 学习文史宣教卫体委员会 祁阳县教育局编 祁阳 祁阳县教育局 2006 年 4 册〔祁阳文史 第 19 辑〕

010265762
祁剧志 初稿
祁剧志编写组编 长沙 湖南省戏曲研究所 1983 年 1 册〔湖南地方戏曲剧种志丛书〕

013066913
祁阳文物志
祁阳县文化局编 祁阳 祁阳县文化局 1985 年 100 页

008453276
湖南省祁阳县地名录
祁阳县人民政府编 祁阳 祁阳县人民政府 1983 年 369 页

011892387
祁阳县卫生防疫志
祁阳县卫生防疫站编 祁阳 祁阳县卫生防疫站 2006 年 565 页

013601952
祁阳县卫生志
湖南省祁阳县卫生局编 祁阳 湖南省祁阳县卫生局 1990 年 248 页

012769673
红壤丰碑之半个世纪的春秋 中国农业科学院祁阳红壤试验站站志 1960—2010
祁阳站志编纂委员会编 长沙 湖南人民出版社 2010 年 252 页

011477137
祁阳县城建志
政协湖南省祁阳县委员会 学习文史宣教卫体委员会 祁阳县规划建设局 祁阳县城市管理局编 祁阳 2004 年 990 页〔祁阳文史 第 17 辑〕

东安县

010238568
东安县志 送评稿
东安 1988 年 1 册

007885961
东安县志
东安县志编纂委员会编 长沙 湖南出版社 1995 年 886 页

012048876

东安县志 1989—2004

东安县志编纂委员会编 北京 方志出版社 2009 年 806 页

010244258

东安县物资志

东安县物资管理局编 东安 1989 年 152 页

009889487

东安铁合金厂志 1984—1987

东安铁合金厂志编纂小组编 东安 东安铁合金厂 1988 年 121 页

010244285

东安县粮食志 1568—1987

东安县粮食局编 东安 东安县粮食局 1991 年 278 页

013369762

东安县财政志 1840—2005

东安县财政志编纂委员会编 湖南 湖南永州奔腾彩印有限公司 2010 年 541 页

008453286

湖南省东安县地名录

东安县人民政府编 东安 东安县人民政府 1983 年 363 页

双牌县

011805920

双牌县志

双牌县地方志编纂委员会编 北京 方志出版社 2008 年 953 页

013661607

中共双牌县委组织部志 1989—2010

中共双牌县委组织部志编委会编 双牌 中共双牌县委组织部志编委会 2012 年 235 页

008453280

湖南省双牌县地名录

双牌县人民政府编 双牌 双牌县人民政府 1986 年 179 页

009348088

双牌灌区志

湖南省双牌水库管理局编 永州 湖南省双牌水库管理局 2002 年 300 页

道县

008538730

道县志 送评稿

道县地方志编纂委员会编 道县 道县地方志编纂委员会 1992 年 5 册

013221089

道县志 1978—2003

道县地方志编纂委员会编 北京 方志出版社 2011年 666页

009686249
道县交通志
湖南省道县交通局编 道县 湖南省道县交通局 1993年 128页

008453272
湖南省道县地名录
道县人民政府编 道县 道县人民政府 1982年 333页

江永县

008614523
江永县志 送评稿
江永县地方志编纂委员会编 江永 江永县地方志编纂委员会 1993年 5册

007425702
江永县志
湖南省江永县志编纂委员会编 北京 方志出版社 1995年 846页〔中华人民共和国地方志丛书〕

008453532
江永县志
吴多禄主编 湖南省江永县志编纂委员会编 北京 方志出版社 1995年 811页〔中华人民共和国地方志丛书〕

012049603
江永县志 1991—2004
湖南省江永县志编纂委员会编 北京 方志出版社 2008年 706页

008378535
江永县财政志
湖南省江永县财政志编纂委员会编 周王健主编 李化年 蒋化明副主编 江永 湖南省江永县财政志编纂委员会 1997年 206页

014032925
江永县农村金融志
江永县农业银行农村金融志编纂小组编 1993年 143页

008453260
湖南省江永县地名录
江永县人民政府编 城关镇 江永县人民政府 1983年 160页

宁远县

008531727
宁远县志
湖南省宁远县地方志编纂委员会编 北京 社会科学文献出版社 1993年 642页

011295968
宁远县志 1978—2003
宁远县志编纂委员会编 北京 方志出版

社 2007年 746页

008453278
湖南省宁远县地名录
宁远县人民政府编 宁远 宁远县人民政府 1983年 404页

009961650
九疑山志
湖南省宁远县九疑山志编纂委员会编 北京 方志出版社 2005年 418页

013820249
湖南省宁远县土壤志
湖南省宁远县土壤普查办公室 湖南省宁远县农业局土肥站编 宁远 湖南省宁远县农业局土肥站 1983年 244页

蓝山县

008538685
蓝山县志 送评稿
蓝山县志编纂委员会编 蓝山 蓝山县志编纂委员会 1992年 7册

007807097
蓝山县志
蓝山县志编纂委员会编 北京 中国社会出版社 1995年 764页〔中华人民共和国地方志丛书〕

012719193
蓝山县志 1990—2003
蓝山县志编纂委员会编 北京 方志出版社 2011年 602页

009472561
蓝山县志 林业志
蓝山县志林业志编纂领导小组编 1996年 350页

013933204
毛俊村志
毛俊村志编纂委员会编 毛俊村志编纂委员会 2008年 227页

008453593
蓝山县人民代表大会志
蓝山县人大志编纂委员会编 蓝山 蓝山县人大志编纂委员会 1998年 384页

009686479
蓝山县法院志
蓝山县人民法院编 蓝山 蓝山县人民法院 1994年 178页

009686497
蓝山县检察志
蓝山县人民检察院编 蓝山 蓝山县人民检察院 1992年 121页

009686491
蓝山县供销合作志
蓝山县供销合作社联合社编 蓝山 蓝山县供销合作社联合社 1991年 322页

013820561

蓝山县志 教育志

蓝山县教育委员会编 蓝山 1996年 479页

009472557

蓝山县瑶族志

蓝山县瑶族志编纂委员会编 蓝山 蓝山县瑶族志编纂委员会 1997年 362页

008453274

湖南省蓝山县地名录

蓝山县人民政府编 蓝山 蓝山县人民政府 1981年 245页

新田县

008596125

新田县志

新田县志编纂委员会编 北京 新华出版社 1995年 592页

010199680

新田县志 1978—2003 评议稿

新田县志编纂委员会编 新田 新田县志编纂委员会 2005年 683页

011998676

新田县志 1978—2003

新田县志编纂委员会编 长沙 湖南人民出版社 2008年 711页

008453275

湖南省新田县地名录

新田县人民政府编 新田 新田县人民政府 1983年 203页

江华瑶族自治县

008486657

江华瑶族自治县志

湖南省江华瑶族自治县县志编纂委员会编 北京 中国城市出版社 1994年 650页〔中华人民共和国地方志丛书〕

009853961

江华瑶族自治县志 1990—2003

湖南省江华瑶族自治县县志编纂委员会编 北京 民族出版社 2005年 699页

013926356

江华瑶族自治县军事志 1840—2005 内部资料

中国人民解放军湖南省江华瑶族自治县人民武装部军事志编纂委员会编 湖南 湖南永州军分区军事志编纂领导小组 2008年 355页

009686362

江华瑶族自治县林业志

江华瑶族自治县林业志编纂委员会编 江华 江华瑶族自治县林业志编纂委员会 1995年 338页

013792474
江华瑶族自治县畜牧水产志
江华瑶族自治县畜牧水产局编 江华 江华瑶族自治县畜牧水产局 1995年 188页

013072748
瑶都宝藏 江华文化遗产志
周德新编 北京 大众文艺出版社 2009年 266页〔江华瑶族自治县民族民间文学丛书〕

008453293
湖南省江华瑶族自治县地名录
江华瑶族自治县人民政府编 江华 江华瑶族自治县人民政府 1982年 315页

怀化市

008832927
怀化地区志
湖南省怀化地区地方志编纂委员会编 北京 生活·读书·新知三联书店 1999年 3册 2629页

007969202
怀化市志
湖南省怀化市志编纂委员会编 北京 生活·读书·新知三联书店 1994年 951页

012265064
怀化市水库移民志
湖南省怀化市水库移民志编纂委员会编 怀化 湖南省怀化市水库移民志编纂委员会 2006年 333页

013926338
怀化市军事志 1840—2005
中国人民解放军湖南省怀化军分区编 湖南 湖南省军区军事志编纂领导小组 2007年 580页

013627785
怀化地区林业志
怀化地区林业局编 怀化 怀化地区林业局 1998年 490页〔湖南省怀化地区地方志丛书〕

013222254
怀化市林业志 1978—2005
怀化市林业局编 怀化 怀化市林业局 2010年 339页〔湖南省怀化市地方志丛书〕

013647650
怀化市蔬菜志
朱良鱼主编 北京 科学技术文献出版社 2010年 369页〔湖南省怀化市地方志丛书〕

012139265

怀化农村改革试验区志

怀化市农村改革试验区办公室编 怀化 怀化市农村改革试验区办公室 2008年 192页

011580064

怀化电业志

贺朝生主编 北京 改革出版社 1995年 297页

008380678

怀化市水利电力志

怀化市水利电力志编纂委员会编 怀化 怀化市水利电力志编纂委员会 1993年 274页〔湖南省怀化市地方志丛书〕

012638888

怀化市水利水电志

怀化市水利水电志编纂委员会编 怀化 怀化市水利水电志编纂委员会 2003年 542页

011294632

怀化烟草志

湖南省怀化市烟草专卖局 湖南省烟草公司怀化市公司编 怀化 湖南省怀化市烟草专卖局 湖南省烟草公司怀化市公司 2003年 267页

008188539

怀化地区交通志

怀化地区交通局编 郑州 中州古籍出版社 1991年 374页〔湖南交通史志丛书〕

013507972

怀化市交通志 1980—2001

怀化市交通志编纂委员会编 怀化 怀化市交通志编纂委员会 2003年 473页

011432765

怀化铁路总公司志 1970—2005

怀化铁路总公司志编纂委员会编 北京 中国铁道出版社 2007年 589页

013097849

新线铁路运输处志 1950—1999

铁道部第五工程局新线铁路运输处史志编纂委员会编纂 贵州 贵州人民出版社 2002年 406页〔铁道部第五工程局史志丛书 7〕

008380776

怀化市财政志

怀化市财政志编纂委员会编 怀化 怀化市财政志编纂委员会 1992年 234页〔湖南省怀化市地方志丛书〕

008916254

怀化地区金融志

怀化地区金融志编纂委员会编 北京 北京出版社 1993年 322页〔湖南省怀化地区地方志丛书〕

008964795
怀化地区档案志
怀化地区档案局编 合肥 黄山书社 1992年 325页

012173999
湖南省怀化市第三中学志 1958—2008
怀化三中五十周年校庆筹委会 怀化三中校志编纂委员会编 怀化 怀化市第三中学 2008年 127页

013607245
湖南民族民间舞蹈集成 怀化地区资料卷
中国民族民间舞蹈集成湖南省卷编辑部怀化地区编写组编 怀化 中国民族民间舞蹈集成湖南省卷编辑部怀化地区编写组 1984年 737页

008453507
湖南省怀化县地名录
怀化县人民政府编 怀化 怀化县人民政府 1984年 341页

011762271
怀化地名志
怀化市地名委员会办公室 怀化市地名志编辑委员会编辑 怀化 怀化市地名委员会办公室 怀化市地名志编辑委员会 2001年 522页

008453508
怀化市地名录
怀化市人民政府编 怀化 怀化市人民政府 1985年 93页

009686315
怀化地区地质矿产志
湖南省怀化地区地方志编纂委员会编 北京 中国文史出版社 1993年 478页〔湖南省怀化地区地方志丛书〕

011580060
怀化地区土壤志
湖南省怀化地区土壤普查资料汇总办公室 土地管理站编 怀化 湖南省怀化地区土壤普查资料办公室 1986年 292页

鹤城区

013926300
鹤城区军事志 前202—2005
中国人民解放军湖南省怀化市鹤城区人民武装部军事志编委会编 湖南 湖南省怀化军分区军事志领导小组 2008年 255页

洪江市

007817996
洪江市志
洪江市志编纂委员会编 北京 生活·读书·新知三联书店 1994年 724页〔中国地方志丛书〕

003324927

黔阳县志

黔阳县地方志编纂委员会编 北京 中国文史出版社 1991年 823页

013958930

黔阳县民政志

黔阳县民政志编纂委员会编 黔阳 黔阳彩色印刷厂 1995年 335页〔黔阳县地方志丛书〕

013897305

洪江市军事志 前218—2006

中国人民解放军湖南省洪江市人民武装部军事志编委会编 怀化 怀化市恒发彩色印刷有限公司 2009年 352页

008378520

黔阳县交通志

黔阳县交通局编 黔阳 黔阳彩色印刷厂 1988年 528页

012173899

洪江市财政志

洪江市财政志编纂委员会编 洪江 洪江市财政志编纂委员会 2008年 683页〔洪江市地方志丛书 1〕

010572282

黔阳县文化志

黔阳县文化志编纂组编 黔阳 黔阳县彩色印刷厂 1991年 204页

008615883

湖南省洪江市地名录

洪江市人民政府编 洪江 洪江市人民政府 1982年 144页

008453387

湖南省黔阳县地名志

黔阳县人民政府编 黔阳 黔阳县人民政府 1985年 333页

中方县

012175558

中方县军事志 前205—2007

中国人民解放军湖南省中方县人民武装部军事志编委员会编 中方县 2008年 308页

沅陵县

012251452

麻伊洑区志

沅陵县麻伊洑区志编纂领导小组编 沅陵 沅陵县麻伊洑区志编纂领导小组 1989年 318页〔沅陵县地方志丛书6〕

008181525

沅陵县北溶区志

沅陵县北溶区公所编 沅陵 沅陵县北溶区公所 1996年 354页〔沅陵县地方志丛书 23〕

008380289
沅陵县军大坪区志
沅陵县军大坪区志编纂委员会编 沅陵 沅陵县军大坪区志编纂委员会 1991年 250页〔沅陵县地方志丛书 11〕

008380656
沅陵县凉水井区志
中共凉水井区委会 凉水井区公所编 凉水井区 中共凉水井区委会 1995年 542页〔沅陵县地方志丛书 19〕

008914114
沅陵县乌宿区志
沅陵县乌宿区公所编 北京 中国文史出版社 1992年 450页〔沅陵县地方志丛书 15〕

008835628
沅陵县志 1988—1997
沅陵县志续编版编纂委员会编 长沙 湖南人民出版社 2001年 538页〔中华人民共和国地方志〕

007903917
沅陵县志
沅陵县地方志编纂委员会编 北京 中国社会出版社 1993年 842页〔沅陵县地方志丛书 1〕

013776048
沅陵县宗教志
沅陵县宗教志编纂领导小组 天马图书出版有限公司编 香港 天马图书出版有限公司 2009年 315页〔沅陵县地方志丛书 41〕

008380636
中国共产党沅陵县纪检志
中国共产党湖南省沅陵县纪律检查委员会编 郑州 中州古籍出版社 1995年 282页〔沅陵县地方志丛书 26〕

008195189
沅陵县工会志
湖南省沅陵县总工会编 郑州 中州古籍出版社 1995年 414页〔沅陵县地方志丛书 27〕

008380310
沅陵县公安志
李枝铭主编 湖南省沅陵县公安局编纂 沅陵 湖南省沅陵县公安局 1997年 299页〔沅陵县地方志丛书 32〕

008195186
沅陵县林业志
沅陵县林业局编 北京 中国文史出版社 1990年 443页〔沅陵县地方志丛书 10〕

008383002
沅陵县烟草志
湖南省沅陵县烟草专卖局编 沅陵 湖南省沅陵县烟草专卖局 1989年 230页〔沅陵县地方志丛书 4〕

008195185
沅陵县交通志
沅陵县交通局编 北京 中国文史出版社 1991年 266页〔沅陵县地方志丛书 14〕

008195190
沅陵县邮电志
沅陵县邮电志编纂领导小组编 沅陵 湖南省沅陵县邮电局 1995年 159页〔沅陵县地方志丛书 30〕

008380660
沅陵县工商联志
沅陵县工商业联合会编 沅陵 沅陵县工商业联合会 1992年 230页〔沅陵县地方志丛书 18〕

008195181
沅陵县供销合作社志
沅陵县供销合作社编 北京 中国文史出版社 1989年 370页〔沅陵县地方志丛书 7〕

008380300
沅陵县对外经济贸易志
沅陵县对外贸易局编 沅陵 沅陵县对外贸易局 1994年 169页〔沅陵县地方志丛书 9〕

008380295
沅陵县财政志
沅陵县财政局编 北京 中国文史出版社 1991年 207页〔沅陵县地方志丛书 13〕

008380315
沅陵县金融志
沅陵县金融志编写组编 北京 中国文史出版社 1992年 354页〔沅陵县地方志丛书 17〕

008380306
沅陵县保险志
中国人民保险公司沅陵县支公司编 沅陵 中国人民保险公司沅陵县支公司 1993年 186页〔沅陵县地方志丛书 16〕

008195184
沅陵县文化志
沅陵县文化局沅陵县文化志编写组编 沅陵 沅陵县文化局 1988年 235页〔沅陵县地方志丛书 3〕

008189802
沅陵县广播电视志
沅陵县广播电视局编 沅陵 湘江印刷厂 1990年 261页〔沅陵县地方志丛书 12〕

008195180
沅陵县体育志
湖南省沅陵县体育运动委员会编 沅陵 沅陵县体育运动委员会 1993年 288页〔沅陵县地方志丛书 20〕

008195183
沅陵县当代人物志
沅陵县地方志编纂委员会编 张先一主编 郑州 中州古籍出版社 1994年 357页〔沅陵县地方志丛书 22〕

008453510
湖南省沅陵县地名录
沅陵县人民政府编 沅陵 沅陵县人民政府 1983年 392页

008195182
沅陵县气象志
沅陵县气象局编写组 黄天成主编 沅陵 沅陵县气象局 1996年 141页〔沅陵县地方志丛书 25〕

008195187
沅陵县卫生志
沅陵县卫生局编 沅陵 沅陵县卫生局 1989年 377页〔沅陵县地方志丛书 5〕

辰溪县

007590149
辰溪县志
辰溪县志编纂委员会编 北京 生活·读书·新知三联书店 1994年 910页〔中国地方志丛书〕

009266333
八六一厂志 1890—1985
国营八六一厂编纂领导小组编 辰溪 国营八六一厂 1988年 533页〔中国兵器工业史丛书〕

013728917
湖南省辰溪煤矿志
湖南省辰溪煤矿志编纂委员会编 辰溪 湖南省辰溪煤矿志编纂委员会 2004年 654页

009686296
[辰溪县]财政志
辰溪县财政志编写组编 合肥 黄山书社 1992年 312页〔湖南省辰溪县地方志丛书〕

013313475
辰溪财政志 1998—2002
辰溪县财政志编写组编 辰溪 辰溪县财政局 2004年 488页

013647639
[辰溪县]金融志
辰溪县金融志编写组编 北京 新华出版社 1994年 326页〔湖南省辰溪县专业志丛书〕

008532109
湖南省辰溪县地名录
辰溪县人民政府编 辰溪 辰溪县人民政府 1982年 388页

溆浦县

007775311
溆浦县志
溆浦县县志编纂委员会编 北京 社会科学文献出版社 1993年 779页

009686571
溆浦县志 交通志
溆浦县交通局编 溆浦 溆浦县交通局 1988年 108页〔湖南省溆浦县地方志丛书〕

009818833
湖南省溆浦县公安志
溆浦县公安志编写组编 溆浦 溆浦县公安志编写组 1995年 370页

008453352
湖南省溆浦县地名录
溆浦县人民政府编 溆浦 溆浦县人民政府 1983年 452页

会同县

007724464
会同县志
湖南省会同县志编纂委员会编 北京 生活·读书·新知三联书店 1994年 1090页〔中国地方志丛书〕

008453400
湖南省会同县地名录
会同县人民政府编 会同 会同县人民政府 1983年 208页

麻阳苗族自治县

007806564
麻阳县志
麻阳苗族自治县志编纂委员会编 北京 生活·读书·新知三联书店 1994年 902页〔中国地方志丛书〕

011997402
麻阳县志 1978—2005
湖南省麻阳苗族自治县地方志编纂委员会编 郑州 中州古籍出版社 2008年 781页

010142840
麻阳铜矿矿志 1966—1980
矿志编写组编 麻阳 1982年 157页

009125578
麻阳民族志
麻阳民族志编写组编 北京 民族出版社 1998年 305页

008453348
湖南省麻阳县地名录
麻阳县人民政府编 麻阳 麻阳县人民政府 1982年 194页

新晃侗族自治县

008086728
新晃侗族自治县志
湖南省新晃侗族自治县志编纂委员会编 北京 生活·读书·新知三联书店 1993年 927页

013939498
新晃县军事志 前276—2006
中国人民解放军湖南省新晃县人民武装部军事志编委会编 新晃 中国人民解放军湖南省新晃县人民武装部军事志编委会 2008年 356页

010142831
湖南省新晃汞矿志
矿志编纂办公室编辑 新晃 新晃汞矿 1983年 261页

009442045
新晃侗族自治县财政志
新晃侗族自治县财政局编 北京 红旗出版社 1993年 323页

008196336
新晃侗族自治县民族志
新晃侗族自治县民族事务委员会编 贵阳 贵州民族出版社 1995年 338页〔新晃侗族自治县地方丛书〕

008453360
湖南省新晃侗族自治县地名录
新晃侗族自治县人民政府编 新晃 新晃侗族自治县人民政府 1982年 226页

010686945
新晃侗族自治县人民医院志
新晃侗族自治县人民医院编 新晃 新晃侗族自治县人民医院 1990年 239页〔新晃侗族自治县地方志丛书〕

芷江侗族自治县

007969192
芷江县志
芷江侗族自治县县志编纂委员会编 北京 生活·读书·新知三联书店 1993年 839页〔中国地方志丛书〕

013323157
芷江县志 1978—2005
湖南省芷江侗族自治县县志编纂委员会编 北京 方志出版社 2012年 903页

013824335
芷江侗族自治县人民代表大会志 1994—2012
芷江侗族自治县人民代表大会志编纂委员会编 芷江 芷江侗族自治县人民代表大会志编纂委员会 2012年 282页

011910312
芷江电信志

湖南省电信有限公司芷江县分公司编
　湖南　湖南省电信有限公司芷江县分公司　2007年　315页

008594752
芷江侗族自治县供销合作社志
芷江供销合作社志编纂领导小组编　合肥　黄山书社　1992年　340页

009889520
芷江民族志
芷江侗族自治县民族事务委员会编　北京　新华出版社　1997年　534页

008453346
湖南省芷江县地名录
芷江县人民政府编　芷江　芷江县人民政府　1982年　314页

013820254
湖南省芷江县土壤志　湖南省芷江县土壤普查统计表格
芷江县土壤普查领导小组办公室　芷江县农业局土壤肥料工作站编　芷江　芷江县农业局　1982年　193页

靖州苗族侗族自治县

007793037
靖州县志
靖州苗族侗族自治县县志编纂委员会编　北京　生活·读书·新知三联书店　1994年　945页

012680305
靖州县志 1978—2005
靖州苗族侗族自治县县志编纂委员会编　北京　方志出版社　2010年　700页

008538786
靖州县人口志
靖州苗族侗族自治县计划生育委员会编　靖州　靖州苗族侗族自治县计划生育委员会　1995年　117页〔靖州县地方志丛书 17〕

008531853
湖南省靖州苗族侗族自治县企事业系统组织史资料 1949.10—1996.12
靖州县史志办公室编　北京　中国人事出版社　1997年　707页

008538791
靖州县民政志
靖州苗族侗族自治县民政局编　靖州　靖州第二中学印刷厂　1991年　163页〔靖州县地方志丛书 10〕

013932180
靖州县军事志 225—2005
中国人民解放军靖州县人民武装部军事志编委会编　靖州　靖州县人民武装部　2008年　301页

008538773
靖州苗族侗族自治县城乡建设志
靖州苗族侗族自治县建设委员会编　靖

州 靖州第二中学印刷厂 1989 年 177 页〔靖州县地方志丛书 1〕

008531602
靖州县农业机械志
靖州苗族侗族自治县农业机械管理局编 靖州 靖州第二中学印刷厂 1993 年 159 页〔靖州县地方志丛书 21〕

008531837
靖州林业志
湖南省靖州苗族侗族自治县林业局编 靖州 湖南省靖州苗族侗族自治县林业局 1993 年 288 页

008538784
靖州县畜牧水产志
靖州苗族侗族自治县畜牧水产局编 靖州 靖州第二中学印刷厂 1993 年 113 页〔靖州县地方志丛书 18〕

008538789
靖州县商业志
靖州苗族侗族自治县民族贸易局编 靖州 靖州第二中学印刷厂 1991 年 113 页〔靖州县地方志丛书 9〕

008531623
靖州县财贸志
靖州苗族侗族自治县财贸委员会编 靖州 靖州县印刷厂 1998 年 261 页〔靖州县地方志丛书 19〕

008531617
靖州县财政志
靖州苗族侗族自治县财政局编 靖州 靖州县印刷厂 1993 年 335 页〔靖州县地方志丛书 14〕

008385593
靖州县税务志
靖州苗族侗族自治县税务局编 靖州 靖州苗族侗族自治县税务局 1991 年 320 页〔靖州县地方志丛书 13〕

008531834
靖州苗族侗族自治县民族志
靖州苗族侗族自治县民族事务委员会编 长沙 湖南人民出版社 1997 年 277 页〔靖州县地方志丛书 19〕

008453390
湖南省靖县地名录
靖县人民政府编 靖县 靖县人民政府 1985 年 211 页

通道侗族自治县

008391866
通道县志
通道侗族自治县县志编纂委员会编 北京 民族出版社 1999 年 974 页〔中华人民共和国地方志丛书〕

013775725
通道城乡建设志

通道侗族自治县城乡建设志编纂委员会编 通道 通道侗族自治县城乡建设志编纂委员会 2006年 393页

008075911
中国民间故事集成 湖南卷 通道县资料本
通道县民间文学集成办公室编 通道 1990年 364页

009576583
通道侗族自治县民族志
通道侗族自治县民族宗教事务局编 北京 民族出版社 2004年 429页〔通道侗族自治县地方志丛书〕

010008740
[通道侗族自治县]县庆五十周年志
吴文志 林良斌主编 通道侗族自治县县志编纂委员会编 泉州 华夏文化艺术出版社 2005年 216页〔通道侗族自治县地方志丛书〕

008453515
湖南省通道侗族自治县地名录
通道侗族自治县人民政府编 通道 通道侗族自治县人民政府 1984年 171页

娄底市

008538756
娄底地区志 送评稿
娄底地区地方志编纂委员会编 娄底 娄底地区地方志编纂委员会 1994年 10册

007969309
娄底市志
湖南省娄底市志编纂委员会编 北京 中国社会出版社 1997年 886页

013730208
娄底地区农业志
李德洪主编 娄底地区农业志编写组编 长沙 湖南出版社 1994年 460页

010290699
娄底地区冶金工业志 1805—1984
娄底地区冶金机械工业局编 娄底 娄底地区冶金机械工业局 1985年 182页

012955140
娄底煤炭志 1990—2005
娄底市煤炭局编 娄底 娄底市煤炭局 2009年 332页

008190761
湖南省娄底地区工业志
张先初主编 周坤林 李光华副主编 北京 中国广播电视出版社 1993年 542页

008378576

娄底地区交通志

娄底地区交通志编委会 张先初主编 长沙 湖南出版社 1993年 335页〔湖南交通史志丛书〕

009446009

娄底地区财贸志

娄底地区财贸志编纂委员会编 娄底 娄底地区财贸志编纂委员会 1991年 424页〔娄底地区方志丛书〕

009511236

娄底国税志

娄底国税志编辑委员会编 北京 中国税务出版社 2003年 322页

012191982

湖南省娄底市春元中学校志 1907—2007

春元中学百年校庆办公室编 娄底 春元中学 2007年 427页

013602030

邵阳籍娄底人物志

邵阳籍娄底人物志编委会编 娄底 邵阳籍娄底人物志编委会 2011年 506页

008453196

湖南省娄底市地名录

娄底市人民政府编 娄底 娄底市人民政府 1982年 71页

娄星区

013932498

娄星区军事志 1961—2005 内部版

娄星区军事志编纂委员会编 娄底 娄星区军事志编纂委员会 2010年 353页

冷水江市

008538699

冷水江市志 评审稿

冷水江市志编纂委员会编 冷水江 冷水江市志编纂委员会 1992年 5册

007585864

冷水江市志

湖南省冷水江市地方志编纂委员会编 北京 中国城市出版社 1994年 713页〔中华人民共和国地方志丛书〕

013932243

冷水江市军事志 1960—2005

中国人民解放军湖南省冷水江市人武部军事志编纂委员会编 冷水江 中国人民解放军湖南省冷水江市人武部军事志编纂委员会 2009年 217页

009385013

资江煤矿志 1465—1987

资江煤矿志编纂领导小组编 冷水江 资江煤矿志编纂领导小组 1991年 271页

008453215
湖南省冷水江市地名录
冷水江市人民政府编 颜剑虹 李传昭主编 冷水江 冷水江市人民政府 1982年 276页

009962618
锡矿山锑矿志 1897—1981
锡矿山锑矿志编纂委员会编 湖南 锡矿山锑矿志编纂委员会 1983年 523页

涟源市

008835554
涟源市志
涟源市志编纂委员会编 长沙 湖南人民出版社 1998年 881页〔中华人民共和国地方志丛书〕

010278321
杨市乡志
杨市乡 杨市镇人民政府 1991年 359页

013932461
涟源市军事志 1952—2005
中国人民解放军湖南省涟源市军事志编纂委员会编 涟源 中国人民解放军湖南省涟源市军事志编纂委员会 2009年 350页

009383726
涟源市物资局志
陈茂男主编 涟源市物资局志编纂委员会编 涟源 1993年 348页

010142815
湖南省涟源钢铁厂田湖铁矿志 1958—1980
涟钢田湖铁矿志编写小组编 湖南 涟钢田湖铁矿志编写小组 198u年 133页

010142820
湖南省涟源钢铁厂志 1956—1980
湖南省涟源钢铁厂志编写办公室编 湖南 涟源钢铁厂 1982年 350页

009799901
涟钢志 1981—2001
涟钢志编辑委员会编 涟源 涟源钢铁集团有限公司 2003年 2册

012639804
涟邵矿务局志
涟邵矿务局志编纂委员会编 涟源 涟邵矿务局志编纂委员会 2000年 555页

012191977
湖南省涟源市第一中学校志 1946—1996
涟源 湖南省涟源市第一中学 1996年 263页

010061334
湖南民间歌曲集 涟源地区分册
中国民间歌曲集成湖南卷编辑委员会

编 涟源 涟源县印刷厂 1981年 416页

011320741
涟源人物志
涟源市地方志编纂委员会编 涟源 涟源市地方志编纂委员会 2002年 929页

008453342
湖南省涟源县地名录
涟源县人民政府编 涟源 涟源县人民政府 1982年 422页

双峰县

009335620
双峰县志
湖南省双峰县志编纂委员会编 北京 中国文史出版社 1993年 712页

013899457
双峰县军事志 1840—2005 内部版
中国人民解放军湖南省双峰县人武部军事志编纂委员会编 娄底 湖南省娄底军分区军事志编纂领导小组 2009年 498页

011311904
湖南省双峰县第一中学校志 1905—2005
双峰一中百年校庆办公室编 双峰 双峰一中百年校庆办公室 2005年 337页

011148875
中国谚语集成 湖南卷 双峰县资料本
双峰县民间文学集成编辑委员会编 湖南 1987年 128页

012266323
双峰人物志
双峰人物志编纂委员会编 双峰 双峰人物志编纂委员会 2008年 859页

008453281
湖南省双峰县地名录
双峰县人民政府编 双峰 双峰县人民政府 1982年 414页

新化县

008192044
新化县志
新化县志编纂委员会编 长沙 湖南出版社 1996年 1323页 〔中华人民共和国地方志丛书〕

012723983
柘溪库区新化移民志
柘溪库区新化移民志编纂委员会编 娄底 柘溪库区新化移民志编纂委员会 2002年 488页

013939488
新化县军事志 1840—2005
中国人民解放军湖南省新化县人武部军事志编纂委员会编 新化 中国人民

解放军湖南省新化县人武部军事志编纂委员会 2009年 541页

008379104
新化县地方电力志
新化县地方电力志编委会编 长沙 湖南人民出版社 1998年 370页

008453392
湖南省新化县地名录
新化县人民政府编 新化 新化县人民政府 1983年 596页

湘西土家族苗族自治州

008857456
湘西土家族苗族自治州志丛书
湘西土家族苗族自治州地方志编纂委员会编 贵阳 贵州民族出版社 1993年

008842879
湘西州志
湘西土家族苗族自治州地方志编纂委员会编 长沙 湖南人民出版社 1999年 2册 1345页〔中国地方志丛书〕

012256634
中共湘西土家族苗族自治州委党校志 1952—2002 增订本
中共湘西土家族苗族自治州委党校编 湘西 中共湘西州党校 2002年 312页

008848059
〔湘西土家族苗族自治州〕妇女团体志
妇女团体志编写组编写 长沙 湖南出版社 1995年 196页〔湘西土家族苗族自治州志丛书〕

008835197
〔湘西土家族苗族自治州〕人民代表大会志
湘西土家族苗族自治州地方志编纂委员会编 长沙 湖南出版社 1996年 476页〔湘西土家族苗族自治州志丛书〕

008842812
〔湘西土家族苗族自治州〕政务志
湘西土家族苗族自治州政府办公室 湘西土家族苗族自治州地方志办公室主编 香港 天马图书有限公司 2000年 536页〔湖南湘西土家族苗族自治州志丛书〕

009082291
湖南省湘西土家族苗族自治州政协志
田荆贵主编 自治州政协志编纂委员会编 北京 中国文史出版社 1990年

304 页

012316926

湘西州监察志 1989—2007

湘西州监察志编委会编 北京 中共党史出版社 2009 年 368 页

008848007

[湘西土家族苗族自治州]民政志

民政志编写组编写 长沙 湖南人民出版社 1997 年 216 页〔湘西土家族苗族自治州志丛书〕

012506335

湘西苗民革屯史志

刘善述编著 北京 中国文联出版社 2008 年 394 页

008199891

[湘西土家族苗族自治州]检察志

检察志编写组编写 贵阳 贵州民族出版社 1993 年 268 页〔湘西土家族苗族自治州志丛书〕

008848151

[湘西土家族苗族自治州]司法行政志

湘西自治州司法行政志编纂组编 香港 天马图书有限公司 2000 年 378 页〔湘西土家族苗族自治州志丛书〕

009413481

湘西州军事志

中国人民解放军湖南省吉首军分区编 长沙 湖南人民出版社 2002 年 395 页〔湘西土家族苗族自治州志丛书〕

008848018

[湘西土家族苗族自治州]城乡建设志

城乡建设志编写组编写 长沙 湖南出版社 1996 年 244 页〔湘西土家族苗族自治州志丛书〕

008835166

[湘西土家族苗族自治州]林业志

林业志编写组编写 长沙 湖南人民出版社 1994 年 368 页〔湘西土家族苗族自治州志丛书〕

008835171

[湘西土家族苗族自治州]畜牧水产志

畜牧水产志编写组编写 长沙 湖南出版社 1996 年 271 页〔湘西土家族苗族自治州志丛书〕

012252797

[湘西土家族苗族自治州]农业志

湘西土家族苗族自治州地方志编纂委员会编 合肥 黄山书社 1993 年 503 页

008835758

[湘西土家族苗族自治州]石油贸易志

湘西土家族苗族自治州石油公司编 长沙 湖南出版社 1994 年 473 页〔湘西土家族苗族自治州志丛书〕

008835179

[湘西土家族苗族自治州]水利电力志

水利电力志编写组编写 湘西土家族苗族自治州地方志编纂委员会编 贵阳 贵州民族出版社 1993年 289页〔湘西土家族苗族自治州志丛书〕

008383034

[湘西土家族苗族自治州]烟草志

烟草志编写组编写 北京 中国文史出版社 1993年 322页〔湘西土家族苗族自治州志丛书〕

011998605

湘西土家族苗族自治州烟草志 1991—2000

湘西土家族苗族自治州烟草志编纂委员会编 湘西 湘西土家族苗族自治州烟草志编纂委员会 2007年 322页

010142865

冶金工业部湘西金矿志 1875—1980

湘西金矿志办公室编 常德 湘西金矿志办公室 1983年 502页

009560846

湘西土家族苗族自治州交通志

湘西土家族苗族自治州交通志编委会编 长沙 湖南出版社 1993年 443页〔湖南交通史志丛书 1〕

011955720

湘西土家族苗族自治州交通志 1981—2005

湘西土家族苗族自治州交通志编纂委员会编 长沙 湖南人民出版社 2008年 449页

008835163

[湘西土家族苗族自治州]财政志

财政志编写组编写 北京 中国文史出版社 1993年 404页〔湘西土家族苗族自治州志丛书〕

008848000

[湘西土家族苗族自治州]税务志

税务志编写办公室编写 长沙 湖南出版社 1994年 333页〔湘西土家族苗族自治州志丛书〕

008835743

[湘西土家族苗族自治州]金融志

金融志编写组编 长沙 湖南出版社 1993年 516页〔湘西土家族苗族自治州志丛书〕

008835193

[湘西土家族苗族自治州]文化志

湘西土家族苗族自治州文化局 文联 新华书店编 长沙 湖南出版社 1996年 400页〔湘西土家族苗族自治州志丛书〕

009383791

湖南省湘西土家族苗族自治州民族中学志 1936—1989

熊中根主编 杨金保 彭厚生副主编 张文孝 李建平审定 合肥 黄山书社 1996年 608页

008847994

[湘西土家族苗族自治州]体育志

体育志编写组编 长沙 湖南出版社 1995年 204页〔湘西土家族苗族自治州志丛书〕

008835186

[湘西土家族苗族自治州]汉语方言志

刘自齐著 香港 天马图书有限公司 2000年 278页〔湘西土家族苗族自治州志丛书〕

011148001

中国民间故事集成 湖南卷 湘西土家族苗族自治州分卷

刘黎光主编 湘西土家族苗族自治州民间文学集成编委会编 湖南 湘西土家族苗族自治州民间文学集成编委会 1989年 507页

008835184

[湘西土家族苗族自治州]民族志

湘西土家族苗族自治州民族事务委员会民族志编纂小组编 长沙 湖南人民出版社 1999年 487页〔湘西土家族苗族自治州志丛书〕

011909141

湘西苗疆志

龙庆和撰 香港 天马出版有限公司 2007年 365页

008848069

[湘西土家族苗族自治州]人口志

湘西州人口志编写组著 湘西自治州人口志编纂领导小组主办 香港 天马图书有限公司 2001年 266页〔湘西土家族苗族自治州志丛书〕

013316275

湖南省湘西自治州人民医院志 1952—2002

湘西土家族苗族自治州人民医院编 湘西 湘西土家族苗族自治州人民医院 2003年 370页

008835161

[湘西土家族苗族自治州]卫生志

卫生志编写组编写 合肥 黄山书社 1993年 364页〔湘西土家族苗族自治州志丛书〕

008835167

[湘西土家族苗族自治州]农业机具志

农业机具志编写组编 长沙 湖南出版社 1997年 244页〔湘西土家族苗族自治州志丛书〕

008848011

[湘西土家族苗族自治州]建筑志

湘西土家族苗族自治州地方志编纂委员会编 长沙 湖南出版社 1996年 279页〔湘西土家族苗族自治州志丛书〕

吉首市

008538000

吉首市志 评审稿

吉首市志编委会编 吉首 吉首市志编委会 1992年 4册

008486642

吉首市志

吉首市志编纂委员会编 长沙 湖南出版社 1996年 990页

013820334

吉首市志 1989—2005

湖南省吉首市市志编纂委员会编 北京 方志出版社 2012年 769页〔中华人民共和国地方志丛书〕

010577300

吉首大学志

吉首大学志编纂委员会编 合肥 黄山书社 1994年 500页

008383051

湖南省吉首民族师范学校志

湖南省吉首民族师范学校志编纂委员会编 长沙 岳麓书社 1993年 475页

008453410

湖南省吉首市地名录

吉首市人民政府编 吉首 吉首市人民政府 1983年 186页

010293973

吉首大学校园植物志

邓涛编 吉首 吉首大学 2005年 181页

泸溪县

008488443

泸溪县志

湖南省泸溪县志编纂委员会编 北京 社会科学文献出版社 1993年 616页

010201611

泸溪县志 1986—2001 **送审稿**

湖南省泸溪县续修县志领导小组办公室编 泸溪 湖南省泸溪县续修县志领导小组办公室 2003年 5册

011997381

泸溪县志 1986—2001

湖南省泸溪县志编纂委员会编 北京 中国图书出版社 2005年 829页

012542647

泸溪县移民志

泸溪县移民局 泸溪县史志办编 北京 社会科学文献出版社 2003年 308页

013958762

泸溪县民族志

泸溪县史志办 泸溪县民族事务局编 北京 湖南省泸溪县振兴教育印刷厂 2013年 362页〔史志春秋文丛〕

012542645

泸溪民族志 送审稿

泸溪县民族事务委员会编 泸溪 泸溪县民族事务委员会 2000年

008453402

湖南省泸溪县地名录

泸溪县人民政府编 泸溪 泸溪县人民政府 1983年 211页

凤凰县

007378018

凤凰县志

凤凰县志编纂委员会编 长沙 湖南人民出版社 1988年 435页

009125566

凤凰县建设志

凤凰县建设志编纂委员会编 北京 中国建筑工业出版社 1993年 366页

010577240

凤凰县林业志

凤凰县林业志编写组编 长沙 湖南出版社 1996年 317页

009686263

凤凰县农业志

凤凰县农业志编纂委员会编 长沙 湖南人民出版社 1999年 526页

010730013

凤凰雪茄烟厂志

凤凰雪茄烟厂志编纂办公室编 北京 中国文史出版社 1994年 288页

010474451

凤凰县职业中专学校十年志 1984—1994

吉首 湘西自治州教委 1994年 224页〔民族教育研究 第24期〕

010197243

凤凰县民族志

凤凰县民族志编写组编 北京 中国城市出版社 1997年 388页

008453408

湖南省凤凰县地名录

凤凰县人民政府编 凤凰 凤凰县人民政府 1983年 267页

花垣县

004516513

花垣县志

湖南省花垣县地方志编纂委员会编 北京 生活·读书·新知三联书店 1993年 678页〔中国地方志丛书〕

008453418
湖南省花垣县地名录
花垣县人民政府编 花垣 花垣县人民政府 1983年 272页

保靖县

007378010
保靖县志
保靖县征史修志领导小组编 北京 中国文史出版社 1990年 445页

012871832
保靖县志 1986—2005
保靖县征史修志办公室编 北京 华艺出版社 2010年 715页

008453197
湖南省保靖县地名录
保靖县人民政府编 保靖 保靖县人民政府 1983年 358页

古丈县

003807916
古丈县志
古丈县志编纂委员会编 成都 巴蜀书社 1989年 399页

009686265
古丈县民政志
湖南省古丈县民政局编 古丈 古丈县民政局 1987年 166页

008383640
湖南省古丈县烟草志
湖南省古丈县烟草专卖局（公司）编 古丈 湖南省古丈县烟草专卖局 1995年 243页

012636983
古丈县民族志
古丈县民族事务委员会编 古丈 古丈县民族事务委员会 1991年 289页

008453425
湖南省古丈县地名录
古丈县人民政府编 古丈 古丈县人民政府 1982年 112页

013507790
古丈县土壤志
古丈县土壤普查办公室 农业局土肥站编 古丈 古丈县土壤普查办公室 1987年 175页

永顺县

013510912
永顺县财政志
王本跃主编 永顺县财政志编委会编 永顺 永顺县财政志编委会 2007年 531页

013335381
湖南省永顺民族师范学校志 1938—1989
李希治主编 永顺 湖南省永顺民族师范学校志编纂领导小组 1997年 819页〔湘西土家族苗族自治州志丛书〕

012317082
永顺县民族志
罗士松总纂 永顺县民族事务局组织编写 成都 四川民族出版社 2009年 283页

008453198
湖南省永顺县地名录
永顺县人民政府编 永顺 永顺县人民政府 1982年 236页

龙山县

013821898
龙山县志
湖南省龙山县志编纂委员会编 北京 方志出版社 2012年 2册〔中华人民共和国地方志丛书〕

011805557
龙山工商联志 1911—2006
龙山县工商业联合会(总商会)编 龙山 龙山县工商业联合会 2007年 163页〔龙山县地方志丛书〕

013793243
龙山卷烟厂志
龙山卷烟厂志编纂办公室编 北京 中国文史出版社 1993年 216页

012968298
龙山县电力志 1950—2000
龙山县电力志编纂委员会编 北京 中国藏学出版社 2003年 575页〔龙山县地方志丛书〕

009383733
洛塔煤矿志
陈若愚主编 北京 煤炭工业出版社 1993年 291页

009790386
龙山一中校志
龙山一中主编 龙山 龙山县民族彩印厂 1992年 91页

012639750
龙山县人文志
杨晨主编 北京 学苑出版社 2010年 2册

008453421
湖南省龙山县地名录
龙山县人民政府编 龙山 龙山县人民政府 1983年 303页

广东省

008586532
广东省志
广东省地方史志编纂委员会编 广州 广东人民出版社 1993年〔广东省地方志丛书〕

010229397
广东省志 少数民族志 送审稿
广东省地方志编纂委员会办公室编 广东 1999年 2册 366页

007060953
广东省志 第1卷 农垦志
广东省地方史志编纂委员会编 广州 广东人民出版社 1994年 435页〔广东省地方志丛书〕

007060952
广东省志 第2卷 地质矿产志
广东省地方史志编纂委员会编 广州 广东人民出版社 1994年 315页〔广东省地方志丛书〕

007362192
广东省志 第3卷 教育志
广东省地方史志编纂委员会编 广州 广东人民出版社 1995年 341页〔广东省地方志丛书〕

007482032
广东省志 第4卷 二轻(手)工业志
广东省地方史志编纂委员会编 广州 广东人民出版社 1995年 754页〔广东省地方志丛书〕

007482038
广东省志 第5卷 民政志
广东省地方史志编纂委员会编 广州 广东人民出版社 1993年 280页〔广东省地方志丛书〕

007505463
广东省志 第6卷 医药志
广东省地方史志编纂委员会编 广州 广东人民出版社 1995年 258页〔广东

省地方志丛书〕

007590129

广东省志 第7卷 气象志

广东省地方史志编纂委员会编 广州 广东人民出版社 1996年 391页〔广东省地方志丛书〕

007728259

广东省志 第8卷 机械工业志

广东省地方史志编纂委员会编 广州 广东人民出版社 1995年 415页〔广东省地方志丛书〕

007728292

广东省志 第9卷 军事工业志

广东省地方史志编纂委员会编 广州 广东人民出版社 1995年 192页〔广东省地方志丛书〕

007728293

广东省志 第10卷 华侨志

广东省地方史志编纂委员会编 广州 广东人民出版社 1996年 416页〔广东省地方志丛书〕

007728276

广东省志 第11卷 人口志

广东省地方史志编纂委员会编 广州 广东人民出版社 1995年 360页〔广东省地方志丛书〕

007728294

广东省志 第12卷 公路交通志

广东省地方史志编纂委员会编 广州 广东人民出版社 1996年 343页〔广东省地方志丛书〕

007728296

广东省志 第13卷 测绘志

广东省地方史志编纂委员会编 广州 广东人民出版社 1996年 322页〔广东省地方志丛书〕

007728295

广东省志 第14卷 铁路志

广东省地方史志编纂委员会编 广州 广东人民出版社 1996年 463页〔广东省地方志丛书〕

007728258

广东省志 第15卷 冶金工业志

广东省地方史志编纂委员会编 广州 广东人民出版社 1996年 351页〔广东省地方志丛书〕

008054957

广东省志 第16卷 水利志

广东省地方史志编纂委员会编 广州 广东人民出版社 1995年 669页〔广东省地方志丛书〕

009008691

广东省志 第16卷 水利续志

广东省地方史志编纂委员会编 广州 广

东人民出版社 2003 年 886 页〔广东省地方志丛书〕

008054994

广东省志 第 17 卷 税务志

广东省地方史志编纂委员会编 广州 广东人民出版社 1995 年 383 页〔广东省地方志丛书〕

008453604

广东省志 第 18 卷 物资志

广东省地方史志编纂委员会编 广州 广东人民出版社 1999 年 302 页〔广东省地方志丛书〕

008453605

广东省志 第 19 卷 邮电志

广东省地方史志编纂委员会编 广州 广东人民出版社 1999 年 349 页

008453595

广东省志 第 20 卷 财政志

广东省地方史志编纂委员会编 广州 广东人民出版社 1999 年 492 页〔广东省地方志丛书〕

008453598

广东省志 第 21 卷 林业志

广东省地方史志编纂委员会编 广州 广东人民出版社 1998 年 814 页〔广东省地方志丛书〕

008453599

广东省志 第 22 卷 军事志

广东省地方史志编纂委员会编 广州 广东人民出版社 1999 年 1044 页〔广东省地方志丛书〕

008453594

广东省志 第 23 卷 旅游志

广东省地方史志编纂委员会编 广州 广东人民出版社 1999 年 186 页〔广东省地方志丛书〕

008453601

广东省志 第 24 卷 审判志

广东省地方史志编纂委员会编 广州 广东人民出版社 1999 年 154 页〔广东省地方志丛书〕

008453600

广东省志 第 25 卷 供销合作社志

广东省地方史志编纂委员会编 广州 广东人民出版社 1997 年 465 页〔广东省地方志丛书〕

008453606

广东省志 第 26 卷 经济特区志

广东省地方史志编纂委员会编 广州 广东人民出版社 1996 年 281 页〔广东省地方志丛书〕

008593224

广东省志 第 27 卷 新闻志

广东省地方史志编纂委员会编 广州 广

东人民出版社 2000年 466页

008593219
广东省志 第28卷 海洋与海岛志
广东省地方史志编纂委员会编 广州 广东人民出版社 2000年 350页

008593222
广东省志 第29卷 物价志
广东省地方史志编纂委员会编 广州 广东人民出版社 1998年 304页〔广东省地方志丛书〕

008593212
广东省志 第30卷 船舶工业志
广东省地方史志编纂委员会编 广州 广东人民出版社 2000年 258页〔广东省地方志丛书〕

008664993
广东省志 第31卷 对外经济贸易志
广东省地方史志编纂委员会编 广州 广东人民出版社 1996年 368页〔广东省地方志丛书〕

008263862
广东省志 第32卷 金融志
广东省地方史志编纂委员会编 广州 广东人民出版社 1999年 613页〔广东省地方志丛书〕

008466773
广东省志 第33卷 烟草志
广东省地方史志编纂委员会编 广州 广东人民出版社 2000年 247页

008466503
广东省志 第34卷 广播电视志
广东省地方史志编纂委员会编 广州 广东人民出版社 1999年 352页〔广东省地方志丛书〕

008493171
广东省志 第35卷 出版志
广东省地方史志编纂委员会编 广州 广东人民出版社 1997年 402页〔广东省地方志丛书〕

008328204
广东省志 第36卷 少数民族志
广东省地方史志编纂委员会编 广州 广东人民出版社 2000年 374页〔广东省地方志丛书〕

008333586
广东省志 第37卷 地名志
广东省地方史志编纂委员会编 广州 广东人民出版社 1999年 648页〔广东省地方志丛书〕

008471322
广东省志 第38卷 工商行政管理志
广东省地方史志编纂委员会编 广州 广东人民出版社 1997年 300页〔广东省地方志丛书〕

008601070
广东省志 第 39 卷 电力工业志
广东省地方史志编纂委员会编 广州 广东人民出版社 1998 年 634 页〔广东省地方志丛书〕

008834589
广东省志 第 40 卷 文化艺术志
广东省地方史志编纂委员会编 广州 广东人民出版社 2001 年 835 页〔广东省地方志丛书〕

008466774
广东省志 第 41 卷 地理志
广东省地方史志编纂委员会编 广州 广东人民出版社 1999 年 564 页〔广东省地方志丛书〕

008681095
广东省志 第 42 卷 海关志
广东省地方史志编纂委员会编 广州 广东人民出版社 2002 年 443 页〔广东省地方志丛书〕

009158010
广东省志 第 43 卷 生物志
广东省地方史志编纂委员会编 广州 广东人民出版社 2001 年 575 页〔广东省地方志丛书〕

009158028
广东省志 第 44 卷 商业志
广东省地方史志编纂委员会编 广州 广东人民出版社 2002 年 942 页〔广东省地方志丛书〕

009158033
广东省志 第 45 卷 宗教志
广东省地方史志编纂委员会编 广州 广东人民出版社 2002 年 525 页〔广东省地方志丛书〕

009043199
广东省志 第 46 卷 风俗志
广东省地方史志编纂委员会编 广州 广东人民出版社 2002 年 338 页〔广东省地方志丛书〕

009158013
广东省志 第 47 卷 环境保护志
广东省地方史志编纂委员会编 广州 广东人民出版社 2001 年 483 页〔广东省地方志丛书〕

009000475
广东省志 第 48 卷 公安志
广东省地方史志编纂委员会编 广州 广东人民出版社 2002 年 634 页

009000479
广东省志 第 49 卷 煤炭工业志
广东省地方史志编纂委员会编 广州 广东人民出版社 2002 年 561 页

008834583
广东省志 第 50 卷 石油化工志

广东省地方史志编纂委员会编 广州 广东人民出版社 2001年 575页〔广东省地方志丛书〕

009158032

广东省志 第51卷 人物志

广东省地方史志编纂委员会编 广州 广东人民出版社 2002年 2册

009158006

广东省志 第52卷 卫生志

广东省地方史志编纂委员会编 广州 广东人民出版社 2003年 962页

009158026

广东省志 第53卷 商检志

广东省地方史志编纂委员会编 广州 广东人民出版社 2001年 418页〔广东省地方志丛书〕

009158017

广东省志 第54卷 审计志

广东省地方史志编纂委员会编 广州 广东人民出版社 2002年 418页〔广东省地方志丛书〕

009016143

广东省志 第55卷 自然灾害志

广东省地方史志编纂委员会编 广州 广东人民出版社 2001年 891页〔广东省地方志丛书〕

009310888

广东省志 第56卷 农业志

广东省地方史志编纂委员会编 广州 广东人民出版社 2002年 862页

009008701

广东省志 第57卷 政权志

广东省地方史志编纂委员会编 广州 广东人民出版社 2003年 687页〔广东省地方志丛书〕

009158000

广东省志 第58卷 总述

广东省地方史志编纂委员会编 广州 广东人民出版社 2004年 411页〔广东省地方志丛书〕

009043195

广东省志 第59卷 地震志

广东省地方史志编纂委员会编 广州 广东人民出版社 2003年 260页〔广东省地方志丛书〕

009158030

广东省志 第60卷 纺织工业志

广东省地方史志编纂委员会编 广州 广东人民出版社 2002年 311页〔广东省地方志丛书〕

009000486

广东省志 第61卷 司法行政志

广东省地方史志编纂委员会编 广州 广东人民出版社 2003年 242页〔广东

省地方志丛书〕

009441647

广东省志 第62卷 粤港澳关系志

广东省地方史志编纂委员会编 广州 广东人民出版社 2004年 421页〔广东省地方志丛书〕

009391012

广东省志 第63卷 建材工业志

广东省地方史志编纂委员会编 广州 广东人民出版社 2004年 398页〔广东省地方志丛书〕

009399379

广东省志 第64卷 方言志

广东省地方史志编纂委员会编 广州 广东人民出版社 2004年 523页〔广东省地方志丛书〕

009189051

广东省志 第65卷 民航志

广东省地方史志编纂委员会编 广州 广东人民出版社 2004年 303页〔广东省地方志丛书〕

009412613

广东省志 第66卷 劳动志

广东省地方史志编纂委员会编 广州 广东人民出版社 2003年 361页〔广东省地方志丛书〕

009413320

广东省志 第67卷 丝绸志

广东省地方史志编纂委员会编 广州 广东人民出版社 2004年 2册 1460页〔广东省地方志丛书〕

009413330

广东省志 第68卷 政治纪要

广东省地方史志编纂委员会编 广州 广东人民出版社 2004年 397页〔广东省地方志丛书〕

009413314

广东省志 第69卷 国土志

广东省地方史志编纂委员会编 广州 广东人民出版社 2004年 424页〔广东省地方志丛书〕

009332439

广东省志 第70卷 体育志

广东省地方史志编纂委员会编 广州 广东人民出版社 2001年 1134页〔广东省地方志丛书〕

009413317

广东省志 第71卷 民主党派志

广东省地方史志编纂委员会编 广州 广东人民出版社 2003年 588页〔广东省地方志丛书〕

009157995

广东省志 第72卷 经济综述

广东省地方史志编纂委员会编 广州 广

东人民出版社 2004 年 519 页〔广东省地方志丛书〕

009391016
广东省志 第 73 卷 社会科学志
广东省地方史志编纂委员会编 广州 广东人民出版社 2004 年 706 页〔广东省地方志丛书〕

009043198
广东省志 第 74 卷 档案志
广东省地方史志编纂委员会编 广州 广东人民出版社 2004 年 391 页〔广东省地方志丛书〕

010195256
广东省志 第 75 卷 一轻工业志
广东省地方史志编纂委员会编 广州 广东人民出版社 2006 年 862 页

009389829
广东省志 第 76 卷 检察志
广东省地方史志编纂委员会编 广州 广东人民出版社 2006 年 626 页〔广东省地方志丛书〕

009391022
广东省志 第 77 卷 孙中山志
广东省地方史志编纂委员会编 广州 广东人民出版社 2004 年 779 页〔广东省地方志丛书〕

009553689
广东省志 第 78 卷 统计志
广东省地方史志编纂委员会编 广州 广东人民出版社 2004 年 286 页〔广东省地方志丛书〕

009335606
广东省志 第 79 卷 中共组织志
广东省地方史志编纂委员会编 广州 广东人民出版社 2001 年 624 页〔广东省地方志丛书〕

009391019
广东省志 第 80 卷 水产志
广东省地方史志编纂委员会编 广州 广东人民出版社 2004 年 501 页〔广东省地方志丛书〕

009391025
广东省志 第 81 卷 乡镇企业志
广东省地方史志编纂委员会编 广州 广东人民出版社 2006 年 344 页〔广东省地方志丛书〕

010195258
广东省志 第 82 卷 水运志
广东省地方史志编纂委员会编 广州 广东人民出版社 2006 年 667 页

010730458
广东省志 第 83 卷 盐业志
广东省地方史志办公室编 广州 广东人民出版社 2006 年 268 页〔广东省地

方志丛书〕

011295523
广东省志 第 84 卷 文物志
广东省地方史志编纂委员会编 广州 广东人民出版社 2007 年 638 页

010730455
广东省志 第 85 卷 城乡建设志
广东省地方史志编纂委员会编 广州 广东人民出版社 2006 年 333 页

011312202
广东省志 第 86 卷 妇女工作志
广东省地方史志编纂委员会编 广州 广东人民出版社 2007 年 408 页〔广东省地方志丛书〕

010778996
广东省志 第 87 卷 工会志
广东省地方史志编纂委员会编 广州 广东人民出版社 2007 年 368 页

011312478
广东省志 第 88 卷 青年工作志
广东省地方史志编纂委员会编 广州 广东人民出版社 2007 年 298 页

009378479
广东纪检监察志 1950—1995
中共广东省纪律检查委员会 广东省检察厅编 广州 广东人民出版社 1999 年 1064 页

012173811
广东扶贫志 1984—2005
广东省扶贫开发领导小组办公室编 广东 广东省扶贫开发领导小组办公室 2007 年 168 页

002924984
中国经济特区简志
林雨如主编 广州 广东人民出版社 1990 年 693 页

011890741
广东省电力工业志 1991—2002
广东省电力工业史志编辑委员会编著 北京 中国电力出版社 2008 年 1012 页〔中国电力工业志丛书〕

009863766
广东省二轻工业志 征求意见稿
广东省二轻(手)工业志编纂委员会编 广州 广东省二轻(手)工业志编纂委员会 1990 年

009145483
广东医药工业志 1949—1985
广东省制药工业公司 广东医药工业志编辑委员会编 广州 广东医药工业志编辑委员会 1986 年 322 页

013335268
广东有色金属工业志 至 2005
广东省有色金属行业协会 广东省有色金属学会编 广州 华南印刷厂 2008

年 376 页

009864172

粤西有色稀有金属工业志 1950—1985

粤西有色金属公司编著 1986 年 130 页

008486416

广东省公路志

广东省公路管理局编 广州 中山大学出版社 1993 年 323 页

012264284

广东移动通信志 1987—2005

广东移动通信志编纂委员会编 深圳 中国移动通信集团广东有限公司 2007 年 664 页

009335643

广东省化工商业志

广东省化工原料公司编 广东 广东省化工原料公司 1995 年 475 页

009250653

广东食品外贸志

胡彰福主编 广东 广东省食品进出口集团公司 1992 年 250 页

009000482

广东商业志

广东省商业厅广东商业志编纂委员会编 广东 广东省商业印刷厂 1992 年 2 册

009335636

广东五金交电商业志

广东省五金交电公司编 广东 广东省五金交电公司 1991 年 486 页

012718848

广东海关志 1979—2008

广东海关志编纂委员会编 广州 广东人民出版社 2010 年 306 页

010253029

广东省农村金融志

广东省农村金融志编纂委员会编 广州 广东省农村金融志编纂委员会 2004 年 846 页

013704040

广东省立中山图书馆志

广东省立中山图书馆编 广州 广东教育出版社 2012 年 318 页〔广东省立中山图书馆百年馆庆书系〕

011431511

广东学府志 高等中专教育卷

郑德涛主编 高桂彪副主编 张耀荣 黄循洛执行编辑 广州 广东高等教育出版社 2001 年 283 页

008665204

广东学府志 基础教育卷

郑德涛主编 广州 广东教育出版社 2000 年 484 页

008453608

广东集邮志 1834—1994

广东省邮电管理局 广东省集邮协会编 广州 广东高等教育出版社 1997年 216页

013314478

广东集邮志 1995—2009

广东省邮政公司 广东省集邮协会编 广州 广东人民出版社 2011年 378页

012584232

中国歌谣集成 第24卷 广东卷

中国民间文学集成全国编辑委员会 中国歌谣集成广东卷编辑委员会编 北京 中国ISBN中心 2007年 858页

007927711

中国谚语集成 第1卷 广东卷

中国民间文学集成全国编辑委员会 中国民间文学集成广东卷编辑委员会编 北京 中国ISBN中心 1997年 730页〔十部文艺集成志书〕

011890749

广东摄影艺术志 1843—2006

公元编撰 广东省地方志办公室 广东省摄影家协会 摄影之友杂志社编 广州 岭南美术出版社 2008年 956页

011762218

中国民间歌曲集成 第27卷 广东卷

中国民间歌曲集成全国编辑委员会 中国民间歌曲集成广东卷编辑委员会编 北京 中国ISBN中心 2005年 1061页

008707901

中国戏曲音乐集成 第11卷 广东卷

中国戏曲音乐集成编辑委员会 中国戏曲音乐集成广东卷编辑委员会编 北京 中国ISBN中心 1996年 2册 2379页〔十部文艺集成志书〕

012584274

中国曲艺音乐集成 第25卷 广东卷

中国曲艺音乐集成全国编辑委员会 中国曲艺音乐集成广东卷编辑委员会编 北京 中国ISBN中心 2007年 854页

012584337

中国民族民间器乐曲集成 第23卷 广东卷

中国民族民间器乐曲集成全国编辑委员会主编 北京 中国ISBN中心 2006年 2册 2411页

011586348

中华舞蹈志 第10卷 广东卷

中华舞蹈志编辑委员会编 马建梁特约编辑 上海 学林出版社 2006年 373页

013996051

中华舞蹈志 第10卷 广东卷

中华舞蹈志编辑委员会编 上海 学林出版社 2014年 369页

008708521
中国民族民间舞蹈集成 第25卷 广东卷
中国民族民间舞蹈集成编辑部编 北京 中国ISBN中心 1996年 656页〔十部文艺集成志书〕

014155507
中国曲艺志 第22卷 广东卷
中国曲艺志全国编辑委员会 中国曲艺志广东卷编辑委员会编 北京 中国ISBN中心 2008年 483页

008703918
中国戏曲志 第13卷 广东卷
中国戏曲志编辑委员会 中国戏曲志广东卷编辑委员会编 北京 中国ISBN中心 1993年 637页〔十部文艺集成志书〕

008067596
广东满族志
汪宗猷主编 广州 广东人民出版社 1994年 248页

008990630
广东军事人物志
中国人民解放军广东省军区军事志办公室编 广州 广东人民出版社 2001年 756页

009335854
岭南体坛人物志
广东省体育运动委员会文史办编 广州 广东人民出版社 1993年 264页

001738149
广东风物志
花城出版社编辑 曾定夷责任编辑 广州 花城出版社 1985年 586页〔中国风物志丛书〕

005650682
广东地志
陈正祥著 香港 天地图书有限公司 1978年 345页

013662462
中国海岛志 广东卷
中国海岛志编纂委员会编 北京 海洋出版社 2013年

009673623
广东省地震监测志
广东省地震局编 北京 地震出版社 2005年 385页〔中国地震监测志系列〕

013369911
广东省水文志
广东省水文局编 北京 中国水利水电出版社 2012年 362页

001891485
中国古生物志 华南晚二叠世头足类
赵金科 梁希洛 郑灼官著 北京 科学出版社 1978年 229页〔中国古生物志 总号第154册 新乙种 第12号〕

002643998
广东省区域地质志 区域地质
广东省地质矿产局编 北京 地质出版社 1988年 951页〔地质专报 1 区域地质 第9号〕

009158072
广东植物志
中国科学院华南植物研究所编 广州 广东科技出版社 1987年

009378474
广东大型真菌志
毕志树 郑国扬 李太辉著 广州 广东科技出版社 1994年 879页

013955841
广东苔藓志
吴德邻 张力主编 中国科学院华南植物园 深圳市中国科学院仙湖植物园编 广州 广东科技出版社 2013年 555页

009863895
华南杜鹃花志
谭沛祥 黄少容 吴栋成 登晶发绘图 香港 三联书店香港分店 1983年 152页

009250866
粤北山区大型真菌志
毕志树等著 广州 广东科技出版社 1990年 457页

009335659
广东防痨史志
钟球 唐大让主编 杨应周副主编 广州 广东人民出版社 2001年 390页

009145471
广东土种志
广东省土壤普查办公室编 北京 科学出版社 1996年 440页

011294220
广东省栽培药用植物真菌病害志
戚佩坤主著 广州 广东科技出版社 1994年 291页

001725661
中国黄麻红麻品种志
中国农业科学院麻类研究所主编 广东省农业科学院经济作物研究所等编 王英姣等编写 王英姣等审阅 北京 农业出版社 1985年 201页

009335630
广东荔枝志
广东省农业科学院主编 广州 广东省科学技术出版社 1978年 156页

009335628

广东省家畜家禽品种志

广东省家畜家禽品种志编辑委员会 广东省畜牧局编著 广州 广东科技出版社 1987年 139页

008453609

广东淡水鱼类志

中国水产科学研究院珠江水产研究所等编著 广州 广东科技出版社 1991年 606页

013074875

中国油气田开发志 南方（中国石化）油气区油气田卷

中国油气田开发志总编纂委员会编 北京 石油工业出版社 2011年 103页

013667045

中国油气田开发志 第14卷 南方（中国石油）油气区卷

中国油气田开发志总编纂委员会编 北京 石油工业出版社 2011年 152页

013667137

中国油气田开发志 第22卷 南方（中国石化）油气区卷

中国油气田开发志总编纂委员会编 北京 石油工业出版社 2011年 207页

013667161

中国油气田开发志 第22卷 南方（中国石化）油气区油气田卷

中国油气田开发志总编纂委员会编 北京 石油工业出版社 2011年 405页

013190343

中国油气田开发志 第27卷 南海东部油气区卷

中国油气田开发志总编纂委员会编 北京 石油工业出版社 2011年 274页

013683449

中国油气田开发志 第27卷 南海东部油气区油气田卷

中国油气田开发志总编纂委员会编 北京 石油工业出版社 2011年 756页

013190344

中国油气田开发志 第28卷 南海西部油气区卷

中国油气田开发志总编纂委员会编 北京 石油工业出版社 2011年 325页

013630208

中国油气田开发志 第28卷 南海西部油气区油气田卷

中国油气田开发志总编纂委员会编 北京 石油工业出版社 2011年 378页

008545276

岭南建筑志

陈泽泓著 广州 广东人民出版社 1999年 615页〔岭南文化通志 岭南文丛〕

008384879
广东省水利志工程志概述选编
曾少卓主编 广东省水利电力厅 广东省水利志编纂委员会编 广东 广东省水利志编纂委员会 1994 年 335 页

广州市

001644923
广州市志
广州市地方志办公室 广州市地方志研究所编 广州 广州市志编辑室 1987 年

007511835
广州市志
广州市地方志编纂委员会编 广州 广州出版社 1995 年 23 册

008815578
广州市志 共产党志 1921—1990
中共广州市委党志编纂领导小组办公室编 广州 中共广州市委党志编纂领导小组办公室 1997 年 756 页

011564635
广州市志 蔬菜志
广州市蔬菜领导小组办公室修志办公室编 广州 广州市蔬菜领导小组办公室修志办公室 uuuu 年 119 页

013143806
广州市志 第 1 卷 1991—2000
广州市地方志编纂委员会编 广州 广州出版社 2010 年 649 页

008636519
广州市志 第 1 卷
广州市地方志编纂委员会编 广州 广州出版社 2000 年 433 页

008453616
广州市志 第 1 卷 大事记
广州市地方志编纂委员会编 广州 广州出版社 1999 年 673 页

008466554
广州市志 第 2 卷
广州市地方志编纂委员会编 广州 广州出版社 1998 年 811 页

012541569
广州市志 第 2 卷 1991—2000
广州市地方志编纂委员会编 广州 广州出版社 2009 年 1014 页

008466558
广州市志 第 3 卷
广州市地方志编纂委员会编 广州 广州出版社 1995 年 709 页

012638812

广州市志 第 3 卷 1991—2000
广州市地方志编纂委员会编 广州 广州
　出版社 2010 年 858 页

008716112

广州市志 第 4 卷
广州市地方志编纂委员会编 广州 广州
　出版社 2000 年 898 页

012811335

广州市志 第 4 卷 1991—2000
广州市地方志编纂委员会编 广州 广州
　出版社 2010 年 240 页

012609888

广州市志 第 5 卷 1991—2000
广州市地方志编纂委员会编 广州 广州
　出版社 2009 年 788 页

008714420

广州市志 第 5 卷
广州市地方志编纂委员会编 广州 广州
　出版社 1998 年 860 页

008714446

广州市志 第 5 卷
广州市地方志编纂委员会编 广州 广州
　出版社 2000 年 779 页

008466569

广州市志 第 6 卷
广州市地方志编纂委员会编 广州 广州
　出版社 1996 年 819 页

012638803

广州市志 第 6 卷 1991—2000
广州市地方志编纂委员会编 广州 广州
　出版社 2010 年 803 页

008636521

广州市志 第 7 卷
广州市地方志编纂委员会编 广州 广州
　出版社 2000 年 561 页

013143812

广州市志 第 7 卷 1991—2000
广州市地方志编纂委员会编 广州 广州
　出版社 2010 年 965 页

008466571

广州市志 第 8 卷
广州市地方志编纂委员会编 广州 广州
　出版社 1996 年 649 页

012264318

广州市志 第 8 卷 1991—2000
广州市地方志编纂委员会编 广州 广州
　出版社 2009 年 977 页

013143791

广州市志 第 9 卷 1991—2000
广州市地方志编纂委员会编 广州 广州
　出版社 2010 年 1097 页

008714510
广州市志 第 9 卷
广州市地方志编纂委员会编 广州 广州
　　出版社 1999 年 797 页

008714527
广州市志 第 9 卷
广州市地方志编纂委员会编 广州 广州
　　出版社 1999 年 705 页

008636532
广州市志 第 10 卷
广州市地方志编纂委员会编 广州 广州
　　出版社 2000 年 1314 页

013688682
广州市志 第 10 卷 索引 1991—2000
广州市地方志编纂委员会编 广州 广州
　　出版社 2012 年 527 页

008636531
广州市志 第 11 卷
广州市地方志编纂委员会编 广州 广州
　　出版社 2000 年 916 页

008466582
广州市志 第 12 卷
广州市地方志编纂委员会编 广州 广州
　　出版社 1998 年 368 页

008466587
广州市志 第 13 卷
广州市地方志编纂委员会编 广州 广州
　　出版社 1995 年 390 页

008466591
广州市志 第 14 卷
广州市地方志编纂委员会编 广州 广州
　　出版社 1999 年 972 页

008466595
广州市志 第 15 卷
广州市地方志编纂委员会编 广州 广州
　　出版社 1997 年 554 页

008466601
广州市志 第 17 卷
广州市地方志编纂委员会编 广州 广州
　　出版社 1998 年 634 页

008466605
广州市志 第 18 卷
广州市地方志编纂委员会编 广州 广州
　　出版社 1996 年 423 页

008466607
广州市志 第 19 卷
广州市地方志编纂委员会编 广州 广州
　　出版社 1996 年 654 页

008636535
广州市志 第 20 卷
广州市地方志编纂委员会编 广州 广州
　　出版社 2000 年 478 页

007743761
广州市沿革史略
广州市地方志办公室 广州市地方志研究所编 广东 广州市地方志办公室 1989年 156页

012967588
广州宗教志
李伟云主编 龙加林 叶钦副主编 广州市宗教志编纂委员会编撰 广州 广东人民出版社 1996年 432页

009863793
广州六榕寺志
余庆绵主编 广州 广州市六榕寺 1999年 531页

009863854
广州市文史研究馆志 1953.9—2003.6
广州市文史研究馆编 广州 广州市文史研究馆 2003年 329页

007989869
广州人口志
广州市统计局等编 广东 1995年 178页

009145709
中共广东省委党校志 1950—1990
梁钊主编 广州 中共广东省委党校 1990年 302页

012173817
广州市工会志
广州工人运动史研究委员会办公室编 广州 广州工人运动史研究委员会办公室 2005年 738页

009145557
广州铁路局工会志 1949—1992
广州铁路局工会志编辑委员会编 北京 中国铁道出版社 1998年 225页

009863850
广州市人民代表大会志
黄伟宁顾问 谢士华 邵源坤 冼庆彬 冼庆彬主编 姜长金 李以辉 朱主印副主编 广州 广州市人大常委会 1996年 361页

009863853
广州市人民政府参事室志 1991—2000.6
郭岳主编 汤仕津 钟玉昆副主编 杨锦泉 刘小妙 王名樟执笔 广州 广州市人民政府参事室 2000年 324页

013129066
广州市人民政府打击走私综合治理办公室志
广州市人民政府打击走私综合治理办公室编 广州 广州市人民政府打击走私综合治理办公室 2006年 237页

007654335

广州检察志

广州市检察院编 广州 广东人民出版社 1995年 260页

013507821

广州司法行政志

广州市司法局编 佛山 佛山市创立印刷有限公司 2000年 204页

013689508

广州市军事志 1840—2005

广州市军事志编纂委员会编 广州 广州市军事志编纂委员会 2009年 2册 1125页

009433690

中南五省(区)军事志修志诗词选

广州军区军事志指导小组办公室编 广州 广州军区军事志指导小组办公室 2000年 155页

006915569

广州经济技术开发区志

广州经济技术开发区志编纂委员会办公室编 广州 广东人民出版社 1993年 390页

009863847

广州经济技术开发区志 1991—2000

广州经济技术开发区志编纂委员会编 广州 广东人民出版社 2004年 382页

008997476

广州保税区志

广州保税区地方志编纂委员会编 广州 广东人民出版社 2002年 274页

010138276

广州市经济技术开发区志 送审稿

广州市经济技术开发区地方志办公室编 广州 2004年 2册

008466722

广州近代经济史

丘传英主编 吴智文 蔡亲海副主编 广州市经济研究所 广州市地方志编纂委员会办公室编 广州 广东人民出版社 1998年 380页 [广州史志丛书]

009413885

广州现代经济史

吴智文 丘传英主编 广州市经济研究所 广州市地方志编纂委员会办公室编 广州 广东人民出版社 2001年 448页 [广州史志丛书]

007633032

广州房地产志

广州市房地产管理局修志办公室编 广州 广东科技出版社 1990年 174页

010778026

中国水产科学研究院南海水产研究所所志 1953—2003

南海水产研究所编 广东 南海水产研究

所 2003 年 1050 页

009149876
［中国海洋石油南海东部公司］公司志 1983—1998
中国海洋石油南海东部公司编 中国海洋石油南海东部公司 199u 年 401 页

009863763
广船志
广船志编辑工作小组编 广州 广船志编辑工作小组 1994 年 2 册 474 页

011066736
广东火电工程总公司志 1956—2000
广东火电工程总公司志编纂委员会编 广东 广东火电工程总公司志编纂委员会 2004 年 509 页〔广东省电力工业志丛书〕

011564619
广东省电力第一工程局志
广东省电力工业局第一工程局志编纂委员会编 广东 广东省电力第一工程局 1999 年 542 页〔广东省电力工业志丛书〕

010777978
广东省输变电公司志 1958—2000
广东省输变电公司志编纂委员会编 广州 广东省输变电公司志编纂委员会 2001 年 391 页〔广东电力工业志丛书〕

009145485
广钢志
广钢志编辑办公室编 广州 广钢志编辑办公室 1988 年

009145579
广纸厂志
广州造纸厂编 广州 广州造纸厂 1988—1996 年 2 册

009332446
广州电力工业志 1888—2000
广州电力工业志编纂委员会编 广州 广州电力工业志编纂委员会 2001 年 1000 页〔广东省电力工业志丛书 粤供电 1〕

009378499
广州供电志
广州供电志编纂委员会编 广州 广州供电志编纂委员会 1986 年 578 页

012998971
广州昊天化学（集团）有限公司生产技术志 1956—1999
广州昊天化学（集团）有限公司生产技术志编委会编 广州 广州昊天化学（集团）有限公司 2000 年 239 页

009145491
广州合金钢厂厂志 1966—1990
广州合金钢厂厂志编纂委员会 广州合金钢厂厂志编辑办公室编 广州 广州

合金钢厂厂志编纂委员会 1991 年 292 页

010279679
广州石化志 第 3 卷
吴小敏 马东佑主编 香港 香港荣誉出版有限公司 2003 年 463 页

012609872
广州石化志 第 4 卷
王连轩 王亚伟主编 北京 中国石化出版社 2010 年 390 页

008665202
广州石油化工总厂志 1974—1987
厂志编纂委员会编 广州 广州石油化工总厂 1989 年 452 页

009250823
广州市建筑材料工业志
广州市建筑材料工业总公司编 广州 广州市建筑材料工业总公司 1995 年 368 页

007507930
广州市建筑总公司志
广州市建筑总公司志编委会编 广州 广东人民出版社 1993 年 177 页

008990627
广州市水利志
广州市水利志编纂委员会编 广州 广东科技出版社 1991 年 228 页

010278464
广州市冶金工业志
广州市冶金工业总公司编 广州 广州市冶金工业总公司 1993 年 355 页

013626460
广州铁路局印刷厂志 1946—1988
广州铁路局印刷厂志编纂小组编 广州 广州铁路局印刷厂志编纂小组 1989 年 134 页

009378584
广州医药志
广州医药志编委会编 广州 广州医药志编委会 1995 年 152 页

013183465
国光志 1951—2011
国光志编纂委员会编 广州 国光电器股份有限责任公司 2012 年 270 页

011311856
国家海洋局南海分局船舶志 1965—2002
国家海洋局南海分局船舶志编委会编 国家海洋局南海分局船舶志编委会 2004 年 159 页

010293569
中国建筑第四工程局志 1962—1995
中国建筑第四工程局编 贵阳 贵州人民出版社 2002 年 577 页〔中国建筑工程总公司企业志系列丛书 5〕

014056673

中国南方电网志 2002—2012

中国南方电网有限责任公司编 北京 中国电力出版社 2014年 820页

009145720

中国石化广州石油化工总厂图志

林辉主编 广州 花城出版社 1998年 315页

008378692

中国石化广州石油化工总厂志

中国石化广州石油化工总厂志编纂委员会编 广州 广州出版社 1989年

009379663

珠江冶炼厂志 1966—1985

珠江冶炼厂志编纂办公室编 广州 珠江冶炼厂 1989年 152页

007057345

广州交通邮电志

广州交通邮电志编纂委员会编 广州 广东人民出版社 1993年 963页

009024972

广铁集团志 1896—2000

广州铁路(集团)公司史志编委会编 北京 中国铁道出版社 2002年 796页

009145539

广州铁路局局志 战备人防武装篇

广州铁路(集团)公司战备武装处编 广州 广州铁路(集团)公司战备武装处 1998年 194页

010253026

广东省电信有限公司科学技术研究院研究院志 1958—2003

广东省电信有限公司科学技术研究院 中国电信集团广州研究与开发中心编 广州 中国电信集团广州研究与开发中心 2003年 305页

007664315

广州邮政志 1834—1990

广州市邮政局编 广东 广东人民出版社 1994年 230页

009335667

广州邮政志 1991—1995

广州市邮政局编 广东 广东经济出版社 1998年 269页

013011225

中国电信股份有限公司广州研究院志 2003—2008

中国电信股份有限公司广州研究院编 广州 中国电信股份有限公司广州研究院 2009年 233页

009863783

广东迎宾馆志

广州 广东迎宾馆 2001年 51页

009378515
广州花园酒店志
赖竹岩主编 广州花园酒店志编纂委员会编 广州 广东旅游出版社 2002年 397页

008453624
广州海关志
广州海关编志办公室编 广州 广东人民出版社 1997年 389页

009145714
中国建设银行广州市分行专业志 1954—1993
中国建设银行广州市分行编 广州 中国建设银行广州市分行 1996年 274页

013957133
广州岭南教育集团志 1993—2011
贺惠山编委会主任 刘丹青 马东佑主编 广州 广东人民出版社 2013年 500页

010279884
广东外语外贸大学校志 1995—2004
广东外语外贸大学校志编纂组编 广州 广东外语外贸大学校志编纂组 2005年 332页

009378595
[广州有色金属工业学校]校志
广州有色金属工业学校编 广州 广州有色金属工业学校 1988年

009378489
广东省电力学校志 1958—2000
广东省电力学校志编纂委员会编 广州 广东省电力学校志编纂委员会 2001年 338页 〔广东电力工业志丛书〕

010730401
广州业余大学志 1962—2005
广州业余大学编 广州 广州业余大学 2005年 106页

009145550
广州体育志
广州市体育运动委员会编 广州 广州市体育运动委员会 1995年 292页

011497734
广州市工艺美术志
广州市工艺美术志编导组编 广州 广州市工艺美术志编导组 1987年 1册

013314482
广州粤剧团团志
广州粤艺发展中心编 广州 广州粤艺发展中心 2002年

009234469
广州电影志
广州市电影公司编 广州 广州市电影公司 1993年 120页

013072638
笔底风云 辛亥革命在广东报章实录

广东省立中山图书馆 广州市国家档案馆编 广州 广东科技出版社 2011年 2册 821页 [广州史志丛书]

010476471

百年暨南人物志

张玉春主编 范立舟等副主编 广州 暨南大学出版社 2006年 530页

002357789

广州市文物志

麦英豪主编 广州市文物志编委会编著 广州 岭南美术出版社 1990年 449页

008800841

广州文物志

广州市文化局 广州市地方志办公室 广州市文物考古研究所编 广州 广州出版社 2000年 501页

008283642

广东历史名人传略

陈泽泓编著 广州 广东人民出版社 1998年 673页 [广州史志丛书]

009310235

广州近现代大事典

陈泽泓 胡巧利主编 广州市地方志办公室编 广州 广州出版社 2003年 872页 [广州史志丛书]

007587864

广州历史地理

曾昭璇著 广州 广东人民出版社 1991年 446页 [广州史志丛书]

008664961

广州侨务与侨界人物

广州市人民政府侨务办公室编 广州 广州出版社 2000年 651页 [广州史志丛书]

005499059

广州之最

甄人主编 广州市地方志编纂委员会办公室编 广州 广东人民出版社 1993年 562页 [广州史志丛书]

005736102

广州著名老字号

甄人 谭绍鹏主编 广州 广州文化出版社 1989年 173页 [广州史志丛书]

007722000

广州著名老字号

甄人 谭绍鹏主编 广州市地方志编纂委员会办公室编 广州 广东人民出版社 1990年 195页 [广州史志丛书]

008101497

民国广东将领志

陈予欢编著 广州 广州出版社 1994年 487页 [广州史志丛书]

002616169
广州市地名志
广州市地名委员会 广州市地名志编纂委员会编 广州 广东科技出版社 1989年 1039页

009510544
镇海楼史文图志
李穗梅主编 广州博物馆编 广州 花城出版社 2004年 400页

011311444
广州市精神病医院院志 1898—1998
广州市精神病医院编 广州 广州市精神病医院 1998年 152页

009863864
广州医学院第一附属医院院志 1903—2003
蔡威武主编 广州医学院第一附属医院院志编纂委员会编 广州 广州医学院第一附属医院 2003年 243页

011794309
中国人民解放军广州军区武汉总医院志 1946—1994
中国人民解放军广州军区武汉总医院编 广州 广州军区武汉总医院 1995年 369页

009379660
中山医科大学附属第三医院院志 1971—2001
中山医科大学附属第三医院院志编委会编 广州 中山医科大学附属第三医院院志编委会 2002年 190页

010777964
中山医科大学孙逸仙纪念医院院志 1835—2000
中山医科大学孙逸仙纪念医院院志编委会编 广州 中山医科大学孙逸仙纪念医院 2000年 179页

010279886
广州军区机关门诊部志（原广州军区直属第二门诊部） 1955.12—2004.10
广州军区机关门诊部编 广州 广州军区机关门诊部 2005年 305页

009378520
广州市爱国卫生运动志
广州市爱国卫生运动志编辑组编 广州 广州市爱国卫生运动志编辑组 1990年 95页

009145506
广州市第二人民医院院志 1899—1999
广州市第二人民医院编 广州 广州市第二人民医院 1999年 247页

009145511
广州市第一人民医院院志 1899—1999
广州市第一人民医院编 广州 广州市第一人民医院 1999年 349页

013507820

广州市红十字会医院(暨南大学医学院第四附属医院)院志 1904—2004

广州市红十字会医院编 广州 广州市红十字会医院 2004年 304页

011431578

广州新海医院院志 1981—2006

广州新海医院编 广州 广州新海医院 2006年 192页

012967578

广州中医药大学第一附属医院院志 1964—2004

广州中医药大学第一附属医院编 广州 广州中医药大学第一附属医院 2006年 323页

009378624

暨南大学医学院第一附属医院广州华侨医院院志 1981—2001

揭德炳主编 陈玉兵副主编 广州 暨南大学医学院第一附属医院广州华侨医院院志编纂委员会 2001年 212页

013824980

中国人民解放军广州军区广州总医院院志 1949.10—2012.2

广州军区广州总医院编 广东 2012年 2册 1005页

013776419

中山大学肿瘤防治中心志 1964—2008

中山大学肿瘤防治中心志编委会编 2009年 564页

009378570

广州蔬菜品种志 1993

关佩聪主编 广州 广东科技出版社 1994年 280页

013860619

广东省林业调查规划院院志 1952.10—2012.10

广东省林业调查规划院院志编委会编 北京 中国林业出版社 2012年

013961394

中国水产科学研究院南海水产研究所志 2008—2012

南海水产研究所编 广州 南海水产研究所 2013年 702页

009863873

广州有色金属研究院志 1971—1990

广州有色金属研究院志编委会编 广州 广州有色金属研究院志编委会 1991年 269页

011311348

广东省电力工业局试验研究所志

夏筠主编 广州 广东省电力工业局试验研究所 1998年 287页

008835792

珠江志

水利部珠江水利委员会 珠江志编纂委员会编 广州 广东科技出版社 1991—1994年 5册

012546785
珠江续志 1986—2000
水利部珠江水利委员会 珠江续志编纂委员会编 北京 中国水利水电出版社 2009年 5册

012998977
广州市交通防火安全委员会交通防火安全志 1949[1972]—2001
广州市交通防火安全志编纂委员会编 广州 广州市交通防火安全委员会 2004年 252页

010201724
华南沿海港口海湾要志
广州军区交通战备领导小组办公室 广州军区后勤部军事交通运输部编 广州 广州军区交通战备领导小组办公室 1995年 655页

越秀区

008162886
广州市东山区志
广州市东山区地方志编纂委员会编 广州 广东人民出版社 1999年 835页

011579869
广州市东山区志 1991—2005
东山区地方志编纂委员会编 广州 广东人民出版社 2007年 760页〔广东省地方志丛书〕

008453625
广州市越秀区志
广州市越秀区地方志编纂委员会编 广州 广东人民出版社 2000年 841页

012541560
广州市越秀区志 1991—2005
越秀区地方志编纂委员会编 广州 广东人民出版社 2009年 750页〔广东省地方志丛书〕

009768224
农林街志 1840—2000
农林街办事处编印 广州 2002年 179页

011957288
白云街志 1996—2006
白云街道办事处编 广州 广州市白云街道办事处 2007年 180页〔越秀史志丛书〕

009335833
大塘街志 1840—2000
陆志强主编 张英明等副主编 周元峥主笔 广州 2002年 302页〔广州市东山区史志丛书〕

013751610
大塘街志 1884—2005

广州市越秀区大塘街道办事处编 广州
　广州市越秀区大塘街道办事处 2006
　年 227 页

010474449
东湖街志 1840—1990
广州市东山区东湖街道办事处编 广州
　广州市东山区东湖街道办事处 1994
　年 246 页

009767835
东华西街志 1840—1995
广州市东山区东华西街道办事处编 广
　州 广州市东山区东华西街道办事处
　1995 年 90 页

009378373
芳草街志 1840—1990
广州市东山区芳草街办事处编 芳草街
　广州市东山区芳草街办事处 1995 年
　159 页

013792157
广州市东山区大东街志 1840—1991
何铭主编 广州市东山区大东街办事处
　编 广州 广州市东山区大东街办事处
　1992 年 175 页

009767960
广州市东山区梅花村街志
梅花村街道办事处编 广州 广州市东山
　区梅花村街道办事处 2003 年 135 页
　〔广州市东山区史志丛书〕

010292620
广州市越秀区大南街志
大南街志编纂领导小组编 广州 大南街
　志编纂领导小组 1994 年 120 页

007480641
广州市越秀区诗书街志
广州市越秀区史志丛书编辑委员会编
　广州 广东人民出版社 1993 年
　238 页

009768242
珠光街志
珠光街道办事处编 广州 珠光街道办事
　处 2003 年 166 页

009378538
广州市东山区共青团志 1916—1999
共青团广州市东山区委员会编 钟广静
　主编 广州 共青团广州市东山区委员
　会 2000 年 107 页

009767853
广州市东山区工会志 1840—2000
广州市东山区总工会编 广州 广州市东
　山区总工会 2001 年 180 页

009335682
广州市东山区妇女志 1840—2000
广州市东山区妇女联合会编 广州 广州
　市东山区妇女联合会 2000 年 137 页

009335694
广州市越秀区人民代表大会志 1949—1993
广州市越秀区人大常委会编 广州 广州市越秀区人大常委会 1995年 612页

009145488
广州市东山区政协志 1950—1992
政协广州市东山区委员会编纂 广州 政协广州市东山区委员会 1993年 223页

007682674
越秀区政协志 1956—1990
中国人民政治协商会议广州市越秀区委员会编 广州 中国人民政治协商会议广州市越秀区委员会 1993年 202页

010252908
广州市公安局东山公安志 1991—2000
广州市公安局东山区分局公安志编纂办公室编 广州 广州市公安局东山区分局公安志编纂办公室 2002年 370页

009796915
广州市东山区民政志
广州市东山区民政局编 广州 广州市东山区民政局 2004年 174页

009335686
广州市东山区侨务志
广州市东山区人民政府侨务办公室编 东山区 广州市东山区人民政府侨务办公室 1999年 234页〔广州市东山区地方志丛书〕

009378349
东山区检察志 1955—1990
广州市东山区检察院编 东山区 广州市东山区检察院 1995年 184页〔广州市东山区史志丛书〕

013129062
广州市东山区检察志 1991—2003
广州市东山区人民检察院编 广州 广州市东山区人民检察院 2005年 284页

009767860
广州市东山区人防志
广州市东山区人防办编 东山区 广州市东山区人防办 2002年 83页

013689514
广州市越秀区军事志 1840—2005
广州市越秀区军事志编纂委员会编 广州 广州市越秀区军事志编纂委员会 2009年 350页

010108385
广州市东山区工商行政管理志 1840—1990
广州市工商行政管理局东山区分局编 广州 广州市工商行政管理局东山区分局 1995年 76页

010108389

广州市东山区劳动和社会保障志

广州市东山区劳动和社会保障局编 广州 广州市东山区劳动和社会保障局 2005 年 145 页

010777092

越秀区劳动志

广州市越秀区劳动局编辑 广州 广州市越秀区劳动局 1993 年 132 页

009863859

越秀区饮食行业志

黄辉主编 尤玉婵副主编 广州 广州越秀区饮食公司 1992 年 255 页

009332447

广州市东山区工商联志 1952.10—1992.10

广州市东山区工商业联合编 广州 广州市东山区工商业联 1993 年 1 册

010108392

广州市东山区文化志 1840—2000

广州市东山区文化局编 广州 广州市东山区文化局 2003 年 170 页〔广州市东山区史志丛书〕

009145518

广州市东山区教育志

东山区教育局编 广州 东山区教育局 1994 年 363 页

013334621

东山区教育志 征求意见稿

东山区教育局编志室编 1993 年 251 页

009145522

东山区体育志

东山区体育局编 广州 东山区体育局 1997 年 118 页

009864177

越秀区体育志

河文汉主编 广州市越秀区地方志办公室 广州市越秀区体委修志办公室编 广州 广州市越秀区体委修志办公室 1992 年 83 页

011188992

中国民间故事集成 广东卷 广州市越秀区资料本

越秀区民间文学三套集成工作领导小组编 广州 198u 年 138 页

009379626

越秀区满族志

广州市越秀区满族志编写组编 广州 广州市越秀区满族志编写组 1993 年 186 页〔广州市越秀区史志丛书〕

009378526

广州市东山区地名录

广州市东山区地名委员会编 广州 广州市东山区地名委员会 1990 年 215 页

009378564
广州市越秀区地名录
广州市越秀区地名委员会办公室编 广州 广州市越秀区地名委员会办公室 1990年 216页

009863610
东山环卫志 1909—1990
广州市东山区市容环境卫生管理局编 广州 广州市东山区市容环境卫生管理局 1994年 171页〔广州市东山区史志丛书〕

荔湾区

008042307
广州市荔湾区志
广州市荔湾区地方志编纂委员会编 广州 广东人民出版社 1998年 806页

013335274
广州市荔湾区志 1991—2005
荔湾区地方志编纂委员会编 广州 广东人民出版社 2011年 596页〔广东省地方志丛书〕

012762476
荔湾检察志
广州市荔湾区人民检察院编 广州 荔湾区人民检察院 2003年 270页

013689511
广州市荔湾区军事志 1840—2005
广州市荔湾区军事志编纂委员会编 广州 广州市荔湾区军事志编纂委员会 2009年 347页

011497738
广州市荔湾区教育志 1840—1990
荔湾区教育局编志组编 广州 荔湾区教育局编志组 1993年 507页

010777150
荔湾卫生志
钟赞荣主编 广州 荔湾区卫生志编纂办公室 1995年 280页

海珠区

008664985
广州市海珠区志
广州市海珠区地方志编纂委员会编 广州 广东人民出版社 2000年 773页

013626448
广州市海珠区志 1991—2000
海珠区地方志编纂委员会编 广州 广东人民出版社 2012年 647页〔广东省地方志丛书〕

009553685
小洲村史
沙文钟著 广州 广州出版社 2004年 177页〔广东地志 村史〕

012679407

广州市海珠区军事志 1840—2005

广州市海珠区人民武装部军事志办公室编 广州 广州市海珠区人民武装部军事志办公室 2007年 600页

009378545

广州市海珠区教育志 1840—1990

海珠区教育局编志办公室编 广州 海珠区教育局编志办公室 1995年 294页

011147922

中国民间故事集成 广东卷 广州市海珠区资料选本

广州市海珠区民间文学三套集成编委会编 广州 1987年 128页

009863887

海珠区卫生志

广州市海珠区卫生局编 广州 广州市海珠区卫生局 1988年 111页

天河区

008042315

广州市天河区志

广州市天河区地方志编纂委员会编 广州 广东人民出版社 1998年 843页

012051971

广州市天河区志 1991—2000

天河区地方志编纂委员会编 北京 中华书局 2008年 1035页〔广东省地方志丛书〕

009672496

长湴村志

广州市天河区长湴村民委员会编 广州市天河区地方志编委会办公室审定 北京 中华书局 2004年 249页〔广州市天河区村志系列丛书 6〕

009399368

车陂村志

广州市天河区车陂村民委员会编 北京 中华书局 2003年 252页〔广州市天河区村志系列丛书 3〕

009413303

吉山村志

广州市天河区吉山村民委员会编 北京 中华书局 2004年 238页〔广州市天河区村志系列丛书 5〕

010008239

猎德村志

广州市天河区猎德村民委员会编 广州市天河区地方志编委会办公室审定 广州 广州市天河区猎德村民委员会 2005年 410页〔广州市天河区村志系列丛书 10〕

009742418

龙眼洞村志

广州市天河区龙洞村民委员会编 广州市天河区地方志编委会办公室审定

北京 中华书局 2005 年 371 页〔广州市天河区村志系列丛书 8〕

009319316
沙东村志
广州市天河区沙东村民委员会编 广州市天河区地方志编委会办公室审定 北京 中华书局 2003 年 273 页〔广州市天河区村志系列丛书 4〕

009335859
石牌村志
广州市天河区石牌村民委员会编 广州 广东人民出版社 2003 年 249 页〔广州市天河区村志系列丛书 1〕

012099965
棠东村志
广州市天河区棠东村委会编 棠东村 广州市天河区棠东村委会 2006 年 392 页〔广州市天河区村志系列丛书 12〕

009379605
棠下村志
广州市天河区棠下村民委员会编 广州市天河区地方志编委会办公室审定 北京 中华书局 2003 年 328 页〔广州市天河区村志系列丛书 2〕

012252783
冼村村志
广州市冼村实业有限公司（冼村村委会）编 广州市天河区地方志办公室审定 广州 广州市冼村实业有限公司（冼村村委会） 2008 年 518 页〔广州市天河区村志系列丛书 17〕

010008245
渔沙坦村志
广州市天河区渔沙坦村民委员会编 广州市天河区地方志编委会办公室审定 广州 广州市天河区渔沙坦村民委员会 2005 年 288 页〔广州市天河区村志系列丛书 9〕

009673746
玉树村志
广州市天河区玉树村民委员会编 北京 中华书局 2004 年 194 页〔广州市天河区村志系列丛书 7〕

011809714
元岗村志
广州市元岗经济发展有限公司(元岗村民委员会)编 广州 广州市天河区地方志编委会 2007 年 386 页〔广州市天河区村志系列丛书 14〕

011794428
珠村村志
广州市珠村实业有限公司(珠村村民委员会)编 广州 广州市珠村实业有限公司(珠村村民委员会) 2007 年 488 页〔广州市天河区村志系列丛书 13〕

008381161

广州市天河区石牌街志

周炳坤 徐国有主编 天河区石牌街道办事处编 广州 广东人民出版社 1994年 114页

009887105

广州市天河区检察志 1985—2005

广州市天河区人民检察院编 北京 中华书局 2008年 320页

012758850

广州市天河区军事志 1840—2005

广州市天河区军事志编纂委员会编 广州 广州市天河区军事志编纂委员会 2009年 311页

008117011

天河区工商行政管理志

广州市天河区工商行政管理局编志组编 广东 天河区工商行政管理局 1994年 133页

008453667

天河人物志

广州市天河地区地方志编纂委员会办公室编 广州 广东省地图出版社 1999年 215页〔广州市天河区史志丛书〕

007692404

广州市天河区文物志

广州市天河区文化局编 广州 广东人民出版社 1994年 114页〔广州市天河区史志丛书〕

白云区

008906058

广州市白云区志

广州市白云区地方志编纂委员会编 广州 广东人民出版社 2001年 1168页

013143778

广州市白云区龙归镇志

广州市白云区地方志办公室审定 广州 广州市白云区地方志办公室 2002年 179页

009959558

广州市白云区萝岗镇志

广州市白云区萝岗镇人民政府修编 广州市白云区地方志办公室审定 广州 广州市白云区萝岗镇人民政府 2001年 222页

009863798

广州市白云区人和镇志

广州市白云区人和镇政府编 广州市白云区地方志办公室审定 人和镇 广州市白云区人和镇政府 1997年 346页

009863845

广州市白云区竹料镇志

广州市白云区竹料镇地方志编写小组编 广州 广州市白云区竹料镇地方志

编写小组 1994年 351页

009863840
新市镇志
黎迪昌主编 广州市白云区新市镇人民政府修编 广州 广州市白云区新市镇人民政府 2002年 304页

009959571
广州市白云区统计志
广州市白云区统计局地方志编纂组编 广州市白云区地方志编纂委员会办公室审定 广州 广州市白云区统计局地方志编纂组 1996年 202页〔广州市白云区地方志丛书〕

009863799
广州市白云区人民代表大会志
广州市白云区人民代表大会志编纂小组编 广州市白云区地方志编纂委员会办公室审定 广州 广州市白云区人民代表大会常务委员会 1996年 190页

009959574
广州市白云区政协志
广州市白云区政协志编纂小组编 广州市白云区地方志编纂委员会办公室审定 广州 广州市白云区政协志编纂小组 1998年 268页

012679390
广州市公安局白云区公安志 1949—2000
广州市公安局白云区分局编志办编 广州 广州市公安局白云区分局编志办 2008年 244页

010777313
白云区华侨港澳志
广州市白云区侨务办公室 广州市白云区归国华侨联合会编辑出版 广州 白云区华侨联合会 2000年 223页

009863439
白云区检察志
白云区检察志编写组编 广州 广州市白云区检察院 1996年 268页

009959564
广州市白云区司法行政志
谢京 余瑞禧主笔 白云区司法行政志编纂领导小组 广州市白云区司法局编志组编写 广州 新华印刷厂 1994年 179页

013689499
广州市白云区军事志 1840—2005
广州市白云区军事志编纂委员会编 广州 广州市白云区军事志编纂委员会 2009年 318页

009959550
广州市白云区粮食志
广州市白云区粮食局粮食志编纂组编 广州市白云区地方志办公室审定 苏

国衍主编 广州 广州新闻出版社 1995年 124页

007506834
广州市白云区文化志
广州市白云区文化志编纂委员会编 广州 广州市白云区文化局 1993年 312页

011188592
广州市白云区民间故事集成
广州市白云区三套集成工作领导小组编 广州 广州市白云区三套集成工作领导小组 1987年 229页

009959547
广州市白云区蚌湖志
蚌湖志编纂委员会编纂 白云区地方志办公室审定 杨本强主编 杨桂荣副主编 广州 广州市白云区蚌湖镇地方编写组 1995年 374页

012967575
广州市白云区水利志
广州市白云区水利局编 广州 广州市白云区水利局 1998年 290页

012872359
广州市白云区水利志 1991—2000
广州市白云区水利局编修 广州市白云区地方志编纂委员会办公室审定 广州 广州市白云区水利局 2006年 235页

黄埔区

008453629
广州市黄埔区志
广州市黄埔区地方志编纂委员会编 广州 广东人民出版社 1999年 745页

009767829
大沙镇志
广州市黄埔区大沙镇地方志编纂委员会编 北京 中华书局 2008年 580页

008815632
广州市黄埔区长洲镇志
广州市黄埔区长洲镇地方志办公室编 广州 广东省地图出版社 1998年 209页

014047743
茅岗村志 广州市黄埔区鱼珠街茅岗村志
茅岗村志编纂委员会编 2008年 126页

010476181
南岗镇志
广州市黄埔区南岗镇地方志编纂委员会编 北京 中华书局 2006年 445页

013129720
黄埔侨志
广州市黄埔区归国华侨联合会编 广州 广州出版社 2011年 234页

012719029
黄埔区检察志 1979—2000
广州市黄埔区人民检察院编 广州 黄埔区人民检察院 2004 年 328 页

013689507
广州市黄埔区军事志 1840—2005
广州市黄埔区军事志编纂委员会编 广州 广州市黄埔区军事志编纂委员会 2009 年 316 页

012649851
黄埔军校图志
广东革命历史博物馆编著 广州 广东人民出版社 2010 年 419 页

010195271
黄埔发电厂志 1973—2000
黄埔发电厂志编纂委员会编 黄埔区 黄埔发电厂志编纂委员会 2004 年 413 页〔广东省电力工业志丛书〕

011432787
黄埔海关志
黄埔海关志编纂委员会编 广州 黄埔海关志编纂委员会 1996 年 314 页

009378556
广州市黄埔区教育志
广州市黄埔区教育局编 广东 广东教育出版社 1998 年 319 页

番禺区

012636911
番禺市志 1992—2000
广州市番禺区地方志编委会编 北京 方志出版社 2010 年 975 页〔广东省地方志丛书〕

007969436
番禺县志
番禺市地方志编纂委员会编 广州 广东人民出版社 1995 年 1134 页〔广东省地方志丛书〕

008523639
番禺百年大事记 1900—1999
番禺市地方志编纂委员会办公室编 广州 广东人民出版社 2000 年 202 页

008005970
番禺县镇村志
番禺市地方志编纂委员会办公室编 广州 广东人民出版社 1996 年 592 页

011431377
番禺人大志
番禺区人大志编纂办公室编 广州 番禺区人大志编纂办公室 2002 年 316 页

011431388
番禺政协志
政协广州市番禺区委员会编 广州 番禺区政协办公室 2006 年 292 页

013703323

番禺检察志

广州市番禺区人民检察院编 北京 方志出版社 2012 年 431 页

013689501

广州市番禺区军事志 1840—2005

广州市番禺区军事志编纂委员会编 广州 广州市番禺区军事志编纂委员会 2009 年 434 页

007682681

番禺县乡镇企业志

番禺县乡镇企业管理局编 广东 番禺市乡镇企业管理局 1994 年 167 页

010239111

番禺县糖业志

广东省番禺县糖业志编写组编 市桥镇 广东省番禺县糖业志编写组 1990 年 178 页〔专志丛书〕

009251862

番禺县交通志

简泽绵主编 吴政正副主编 黎辉等编 番禺县县志编纂委员会 番禺县交通局编 番禺 番禺县交通局 1990 年 102 页〔专志丛书〕

009405825

番禺县粮食志

番禺县粮食局编 番禺 番禺县粮食局 1992 年 277 页

006176181

番禺县物价志

广东省番禺县物价局编 番禺 广东省番禺县物价局 1989 年 164 页

006176133

番禺县商业志

广东省番禺县商业局编 市桥镇 番禺县商业志编纂办公室 1988 年 214 页〔专志丛书〕

009251993

番禺县商业志 续篇

广东省番禺县商业局编 番禺 番禺市商业局 1992 年 113 页〔专志丛书〕

009863723

番禺海关志

番禺海关编 广州 番禺海关 2000 年 125 页

008665231

番禺县税务志

番禺县税务局 番禺县税务学会编 番禺 番禺县税务局 1992 年 102 页〔专志丛书〕

007662834

番禺金融志

番禺金融志编委会编 番禺 番禺金融志编委会 1994 年 175 页

009863727

番禺县文化志

番禺县文化志编辑委员会编 番禺 番禺县文化志编辑委员会 1996年 158页〔专志丛书〕

007682627

番禺县科技志

番禺县科学技术委员会编 番禺 番禺县科学技术委员会 1992年 162页

006176140

番禺县人物志

司徒彤主编 番禺县县志编纂委员会办公室编 番禺 番禺县县志编纂委员会 1991年 213页〔专志丛书〕

006176125

番禺县文物志

司徒彤主编 蔡德铨副主编 梁以坚等编委 番禺 番禺县县志编纂委员会 1988年 187页〔专志丛书〕

009310225

番禺县地名志

番禺县地名办公室编 广州 广东省地图出版社 1989年 185页

010779074

番禺百年卫生志

番禺百年卫生志编纂委员会编 北京 方志出版社 2007年 253页

013956861

番禺市环境保护志 1973—2000

番禺市环境保护局编 番禺 番禺市环境保护局 2001年 219页

006176127

番禺县书目志

何品端编纂 广东番禺 中国人民政治协商会议番禺县委员会文史资料研究委员会 1989年 128页

花都区

012139252

广州市花都市志 1993—2000

花都区地方志编纂委员会编 广州 广东人民出版社 2010年 753页〔广东省地方志丛书〕

008038804

花县志

花县地方志编纂委员会编 广州 广东人民出版社 1995年 1046页〔广东省地方志丛书〕

010138281

广州市花都区新华镇横潭村志

横潭村 2003年 128页

014032757

花都政协志 1981—2005

中国人民政治协商会议广州市花都区委员会编 广州 广州市花都区政协

2006年 218页

009116151
花县华侨志
花县华侨志编辑组编 花都 花都市地方志办公室 1995年 448页〔花县地方志丛书〕

008213709
花县法院志
花县法院志编纂组编 花都 花都市地方志办公室 1995年 122页〔花县地方志丛书〕

007908322
花县检察志
广东省花县检察志编纂组编 花都区 1990年 105页〔花县地方志丛书〕

013689504
广州市花都区军事志 1283—2005
广州市花都区军事志编纂委员会编 广州 广州市花都区军事志编纂委员会 2009年 617页

007908324
花县经委工业志
花县经济委员会经委工业志编纂组编 花县 1990年 225页〔花县地方志丛书〕

007908325
花县商业志
广东省花县商业局编纂组编 花县 1991年 307页〔花县地方志丛书〕

007908385
花县对外经济贸易志
广东省花县对外经济贸易委员会编 广东 广东省花县对外经济贸易委员会 1992年 99页〔花县地方志丛书〕

007908326
花县金融志
广东省花县金融志编纂组编 花县 1990年 205页〔花县地方志丛书〕

008078206
中国歌谣集成 广东卷 花县资料本
花县民间文学三套集成工作领导小组编 广东 1988年 172页

011147926
中国民间故事集成 广东卷 花县资料本
花县民间文学三套集成工作领导小组编 1987年 282页

008441385
中国谚语集成 广东卷 花县资料本
花县民间文学三套集成工作领导小组编 1987年 102页

008665169
花都市地名志
花都市地名志编纂委员会编 广州 广东省地图出版社 1996年 315页

007908348

花县水利志

花县水电局编 广州 广东人民出版社 1991年 141页〔花县地方志丛书〕

萝岗区

007882134

广州市芳村区志

广州市芳村区地方志编纂委员会编 广州 广东人民出版社 1997年 557页

012609715

广州市芳村区志 1991—2005

荔湾区地方志编纂委员会编 广州 广东人民出版社 2010年 516页〔广东省地方志丛书〕

012898432

广州市芳村区东漖镇志

东漖镇地方志办公室编 广州 广东人民出版社 1994年 157页

008360553

广州市芳村区地名录

广州市芳村区地名委员会 广州市芳村区国土房管局编 广州 广东省地图出版社 1996年 216页

增城市

007426164

增城县志

增城市地方志编纂委员会编 广州 广东人民出版社 1995年 1064页〔广东省地方志丛书〕

008237290

荔城镇志

增城市荔城镇志编纂领导小组编 广州 广东人民出版社 1999年 597页

007514046

新塘镇志

增城县新塘镇人民政府编 广州 广东人民出版社 1993年 406页

013689618

增城市军事志 1840—2005

增城市军事志编纂委员会编 增城 增城市军事志编纂委员会 2009年 418页

013606516

增城县水利志

广东省广州市增城县水电局编 增城 广东省广州市增城县水电局 1990年 233页

013464335

增城市供销合作社志

钟伯金主编 增城 1996年 352页

007274899

增城方言志

何伟棠著 广州 广东人民出版社 1993 年

007347866

增城县地名志

赖邓家主编 叶正平 吴锦芳主审 增城 增城县地名委员会 1989 年 238 页

从化市

007488678

从化县志

从化县地方志编纂委员会编 广州 广东人民出版社 1994 年 1148 页〔广东省地方志丛书〕

012609496

广州市从化市志 1979—2004

从化市地方志编纂委员会编 广州 广东人民出版社 2010 年 1190 页〔广东省地方志丛书〕

008453669

从化县概况

余光叔主编 从化县地方志编纂委员会编 广州 广东科技出版社 1989 年 69 页

007464571

从化县委党校志

邝伟权执行编辑 1990 年 50 页

007914648

从化县工会志

李锦华 李达南主编 从化县总工会编 从化 从化县印刷厂 1993 年 135 页

007443249

从化县人大志

邹赐林主编 从化县人民代表大会常务委员会办公室编 从化县地方志编纂委员会办公室审定 从化 从化县人民代表大会常务委员会办公室 1991 年 235 页

007443181

从化县政协志

中国人民政治协商会议广东省从化县委员会 从化县地方志编纂委员会办公室审定 从化 1990 年 130 页

007677625

从化县公安志

从化 从化县公安局 1994 年 93 页

007443144

从化县民政志

李国雄主编 从化县民政局编 从化县地方志编纂委员会办公室审定 从化 1990 年 124 页

007443129

从化县信访简志

黄次津主编 从化县信访办公室 从化县地方志编纂委员会办公室审编 从化

1989年 32页

013686648

从化市军事志 1840—2005

从化市军事志编纂委员会编 从化 从化市军事志编纂委员会 2010年 251页

007655874

从化县工商志

广东 1994年 150页

006536807

从化县林业志

陈吉昌主编 从化县林业局编 从化县地方志编纂委员会办公室审编 广东 1989年 85页

012952046

广州市流溪河林场志

欧东林主编 广州市流溪河林场编 从化县地方志编纂委员会办公室审定 广州市流溪河林场志编纂领导小组编 广东 1992年 117页

007274748

广州市民乐茶场简志

谢仁聪主编 广州市民乐茶场编 从化 从化县地方志编纂委员会办公室 1990年 53页

009335619

广东省流溪河水电厂志

广东省流溪河水电厂志编纂委员会编 广东 广东省流溪河水电厂志编纂委员会 2001年 425页〔广东省电力工业志丛书〕

007443177

从化县工业志

从化县工业志编纂小组编 广州 广东科技出版社 1991年 152页

007443248

从化县交通志

何佩珩主编 从化县交通局 从化县地方志编纂委员会办公室审定 1991年 102页

013045484

从化市邮电志

从化市邮电局编 从化 从化市邮电局 1998年 306页

008381165

从化县邮电志

从化县邮电局编 李伯森主编 从化县地方志编纂委员会办公室审定 广州 广东人民出版社 1993年 155页

007443178

从化县税务志

黄锦田主编 从化县税务局编 广州 广东科技出版社 1991年 156页

013751599

从化县文化志

从化县文化局编 从化县地方志编纂委员会办公室审定 1994 年 181 页

012898280
从化县广播电视志
杨积全 戴桂昌主编 从化县广播电视局编 从化县地方志编纂委员会办公室审定 从化 从化县广播电视局 1992 年 90 页

008435069
从化温泉风景区志
从化县温泉镇人民政府编 广州 广东人民出版社 1990 年 134 页

009016150
从化文物志
陈中主编 广州 岭南美术出版社 2002 年 95 页

008063813
从化市地名志
从化市地方志编纂委员会办公室 从化市地名办公室编 广州 广东人民出版社 1998 年 324 页

007837740
从化县水利志
从化县水利电力局编 从化 从化县水利电力局 1994 年 166 页

007829293
从化县标准计量志
刘志强主编 广东 从化县印刷厂 1990 年 46 页

韶关市

008834554
韶关市志
韶关市地方志编纂委员会编 北京 中华书局 2001 年 3 册

013131219
韶关市志 1988—2000
韶关市地方志编委会编 北京 方志出版社 2011 年 2 册〔广东省地方志丛书〕

013143928
红联村志
2008 年 196 页

009046324
韶关市纪检志 1950—1987
中共韶关市纪律检查委员会编纂领导小组编 韶关 中共韶关市纪律检查委员会 1996 年 168 页〔韶关方志丛书 14〕

008990694
韶关市人大志
韶关市人大常委会编 韶关 韶关市人大常委会 1999年 464页

012684690
韶关市中级人民法院志 1950.3—2000.3
广东省韶关市中级人民法院编 韶关 韶关市中级人民法院 2000年 262页〔韶关市地方志丛书〕

008990713
韶关市林业志
韶关市林业志编纂领导小组编 韶关 韶关市林业志编纂领导小组 1993年 401页〔韶关方志丛书 11〕

009378322
大岭冶炼厂志 1970—1985
广东省大岭冶炼厂史料编写委员会编 广东 广东省大岭冶炼厂 1986年 115页

009378356
凡口铅锌矿志
凡口铅锌矿志编写组编 广东 198u年

008846485
广东韶关卷烟厂志
韶关卷烟厂志编纂领导小组编 韶关 韶关卷烟厂志编纂领导小组 1996年 240页

010778382
广东省韶关发电厂志 1958—2000
韶关发电厂志编纂委员会编 韶关 韶关发电厂志编纂委员会 2005年 379页〔广东电力工业志丛书〕

010253976
韶钢志
广东省韶关钢铁集团有限公司编 韶关 广东省韶关钢铁集团有限公司 19uu年

013775237
韶关电力工业志
韶关电力工业志编纂委员会编 韶关 韶关电力工业志编纂委员会 2002年 523页〔广东省电力工业志丛书 粤供电〕

009864106
韶关精选厂厂志 1958—1985
广东韶关精选厂编 韶关 广东韶关精选厂 1987年 221页

010278310
韶关市医药志
韶关市医药志编纂委员会编 韶关 韶关市医药志编纂委员会 1991年 393页〔韶关方志丛书 3〕

007532463
韶关烟草志
石忠主编 韶关烟草志编纂领导小组编

著 广州 广东人民出版社 1993年 337页〔韶关方志丛书 9〕

009145671
韶关工务段志
广州铁路集团公司 羊城铁路总公司编 广东 广州铁路集团公司 2003年 357页

013863637
韶关市邮电志
韶关市邮电志编纂委员会编 韶关 韶关市邮电志编纂委员会 1989年 328页〔韶关市地方志丛书〕

008990715
韶关市供销合作社志
韶关市供销合作社编 韶关 韶关市供销合作社 1991年 195页〔韶关方志丛书 2〕

012877173
韶关市文化志
韶关市文化志编纂委员会编 韶关 韶关市文化志编纂委员会 2002年 494页

013863634
韶关市广播电视志
韶关市广播电视志编纂领导小组编 韶关 韶关市广播电视志编纂领导小组 1999年 242页〔韶关方志丛书 17〕

008834566
韶关市教育志
杨发麟 萧昌铁主编 韶关市教育志编写组编 广州 广东人民出版社 1993年 482页

011148783
中国谚语集成 广东卷 韶关分卷 韶关谚语集成
韶关市民间文学三套集成编辑委员会编 韶关 韶关市民间文学三套集成编辑委员会 1988年 131页

009379599
韶关工商志
韶关工商志编纂出版委员会编 韶关 韶关工商志编纂出版委员会 1996年 260页〔韶关方志丛书 15〕

008665178
韶关市地名志
韶关市地名委员会 韶关市国土局编 广州 广东省地图出版社 1993年 681页

浈江区

013795387
韶关市浈江区志
韶关市浈江区地方志编纂委员会编 广州 广东人民出版社 2012年 1091页〔广东省地方志丛书〕

009264339

曲仁煤矿志

广东省曲仁矿务局曲仁煤矿志编纂委员会编 曲仁 广东省曲仁矿务局曲仁煤矿志编纂委员会 1991年 450页

武江区

012252493

韶关市武江区志

韶关市武江区地方志编纂委员会编 北京 方志出版社 2009年 876页〔广东省地方志丛书〕

曲江区

008474925

曲江县志

曲江县地方志编纂委员会编 北京 中华书局 1999年 1257页〔中华人民共和国地方志丛书〕

012684615

曲江县志 1979—2000

韶关市曲江区地方志编纂委员会编 北京 方志出版社 2011年 1046页

006783675

曹溪禅人物志

易行广编著 广州 广东人民出版社 1994年 410页

013753910

曲江县电力志

曲江县供电局编 曲江 曲江县供电局 2003年 316页

008453688

曲江县邮电志

梁步均主编 谭寿养副主编 曲江县邮电志编纂领导小组编 曲江 曲江县邮电志编纂领导小组 1989年 161页〔曲江县地方志丛书〕

008453690

曲江县物价志 1950—1989

曲江县物价局编 曲江 曲江县物价局 1990年 191页〔曲江县地方志丛书〕

005784221

曲江县文物志

曲江县文物志编纂委员会编 广州 广东人民出版社 1988年 130页

乐昌市

012639810

乐昌市志 1988—2000

乐昌市地方志编纂委员会编 广州 广东人民出版社 2010年 995页〔广东省地方志丛书〕

007850802

乐昌县志

乐昌县地方志编纂委员会编 广东 广东人民出版社 1994 年 639 页〔广东省地方志丛书〕

009250893
乐昌电力志
乐昌电力志编纂委员会编 广州 广州出版社 1999 年 127 页

008664978
乐昌县水利志
广东省乐昌县水电局水利志编辑组编 乐昌 广东省乐昌县水电局水利志编辑组 1992 年 145 页

008593244
乐昌财政志
乐昌市财政局编 乐昌 乐昌市财政局 2000 年 153 页

008593246
乐昌金融志
乐昌金融志编写小组编 广州 广州出版社 1997 年 166 页

007908316
乐昌文物志
乐昌文物志编纂办公室编 广州 广东人民出版社 1989 年 153 页

013184296
乐昌植物志
叶华谷 陈邦余主编 中国科学院华南植物园 乐昌市林业局编 广州 广东世界图书出版公司 2005 年 2 册

南雄市

007366539
南雄县志
南雄县地方志编纂委员会编 广州 广东人民出版社 1991 年 961 页〔广东省地方志丛书〕

011892281
南雄公安志
广东省南雄公安志编纂领导小组编 广东 南雄公安志编纂领导小组编 1997 年 174 页〔新编南雄县志丛书〕

009335873
南雄乡镇企业志
广东南雄乡镇企业志编纂领导小组编 南雄 广东南雄乡镇企业志编纂领导小组 2003 年 179 页〔新编南雄市志丛书〕

009852517
南雄农业志
南雄农业志编纂委员会编 南雄 南雄农业志编纂委员会 1999 年 332 页〔新编南雄市志丛书〕

009145459
广东省南雄卷烟厂志
广东省南雄卷烟厂志编纂领导小组编

南雄 广东省南雄卷烟厂 1993 年 175 页〔新编南雄县志丛书〕

009379577
棉土窝钨矿志 1959—1985
棉土窝钨矿编志小组编 南雄 棉土窝钨矿编志小组 1987 年 153 页

007048096
南雄黄烟志
罗凯燊主编 南雄黄烟志编纂领导小组编 1988 年 77 页〔新编南雄县志丛书〕

009335868
南雄粮食志
南雄市粮食管理储备局编 南雄 南雄市粮食管理储备局 2002 年 203 页

009864057
南雄文物志
戴群芳主编 南雄文物志编委会 南雄市博物馆编 南雄 南雄市博物馆 1998 年 242 页

001947440
中国古生物志 广东南雄古新世贫齿目化石
丁素因著 北京 科学出版社 1987 年 120 页〔中国古生物志 总号第 173 册 新丙种 第 24 号〕

005783977
中国古生物志 广东南雄古新世哺乳动物群
周明镇著 北京 科学出版社 1977 年 129 页〔中国古生物志 总号第 153 册 新丙种 第 20 号〕

008036690
南雄水利志
广东省南雄县水电局水利志编纂领导小组编 南雄 南雄县水电局 1990 年 218 页〔新编南雄县志丛书〕

始兴县

007986598
始兴县志
始兴县地方志编纂委员会编 广东 广东人民出版社 1997 年 1105 页〔广东省地方志丛书〕

013096387
始兴县志 1990—2000
始兴县地方志编纂委员会编 北京 方志出版社 2011 年 893 页〔广东省地方志丛书〕

仁化县

007908323
仁化县志
仁化县地方志编纂委员会编 仁化 仁化

县印刷厂 1992 年 791 页

012542814

仁化县志 1979—2000

仁化县地方志编纂委员会编 广州 广东人民出版社 2009 年 1082 页〔广东省地方志丛书〕

009411411

长江镇志

刘森华主编 聂馥甜 刘继峰副主编 仁化 中共仁化县长江镇委员会 1995 年 530 页

010252911

仁化县共青团志

共青团仁化县委员会编 韶关 韶关市先达发展有限公司 2002 年 284 页

013731154

仁化县政协志

仁化县政协志编纂委员会编 仁化 仁化县政协志编纂委员会 2011 年 480 页

翁源县

007850896

翁源县志

翁源县地方志编纂委员会编 广州 广东人民出版社 1997 年 1098 页〔广东省地方志丛书〕

013597691

翁源县志 1988—2000

翁源县地方志编纂委员会编 广州 广东人民出版社 2012 年 752 页〔广东省地方志丛书〕

009673733

翁源县统计志 1988—2002

广东省翁源县统计局编 翁源 广东省翁源县统计局 2004 年 130 页

009673695

翁源县林业志

广东省翁源县林业志编纂小组编 翁源 广东省翁源县林业森工局 1993 年 226 页

009673647

翁源县电力志

广东省翁源县电力志编纂组编 翁源 广东省翁源县电力志编纂组 1993 年 97 页

009673698

翁源县水利志

广东省翁源县水电局水利志编纂组编 翁源 广东省翁源县水电局水利志编纂组 1990 年 135 页

009673735

翁源县邮电志

翁源县邮电志编写组编 翁源 翁源县邮电志编写组 1995 年 158 页

009673649
翁源县金融志
广东省翁源县金融志编纂组编 翁源 翁源县金融志编纂组 1994年 246页

013531129
抗日革命老区梅村村志
翁源县坝仔镇梅村村委会编 梅村村 翁源县坝仔镇梅村村委会 2010年 127页

009673734
翁源县卫生志
翁源县卫生局编 翁源 翁源县卫生局 1996年 85页

新丰县

008815665
新丰县志
新丰县地方志编纂委员会编 广州 广东人民出版社 1998年 766页〔广东省地方志丛书〕

013706960
新丰县志 1979—2005
新丰县地方志编纂委员会编 广州 岭南美术出版社 2011年 762页〔广东省地方志丛书〕

013097836
新丰政协志 1980—2006
中国人民政治协商会议广东省新丰县委员会新丰政协志编纂委员会编 新丰 中国人民政治协商会议广东省新丰县委员会新丰政协志编纂委员会 2006年 203页

013097832
新丰公安志
广东省新丰县公安局新丰公安志编纂委员会编 新丰 新丰县公安局 2006年 292页

008421417
新丰方言志
周日健著 广东新丰县志编纂办公室组编 广东 广东高等教育出版社 1990年 430页

乳源瑶族自治县

007978429
乳源瑶族自治县志
乳源瑶族自治县地方志编纂委员会编 广州 广东人民出版社 1997年 897页〔广东省地方志丛书〕

013144709
乳源瑶族自治县志 1990—2003
乳源瑶族自治县地方志编纂委员会编 北京 中华书局 2011年 809页〔广东省地方志丛书〕

008990773
乳源瑶族志

乳源瑶族志编纂小组编 广州 广东人民出版社 2000年 207页

012899362
乳源文物志
乳源文物志编辑出版工作办公室编 广州 广东人民出版社 2007年 195页

深圳市

013067173
深圳市志
深圳市地方志编纂委员会编 北京 方志出版社 2004年

010279036
深圳市志 公安志 复审稿
深圳市公安局编 深圳 深圳市公安局 2000年 157页

010254023
深圳市志 信息志 1984—2000
深圳市志信息志编纂委员会编 深圳 深圳市志信息志编纂委员会 2001年 499页

009839192
南岭村志
胡秉熙编纂 深圳 海天出版社 2005年 617页〔深圳市专志系列丛书〕

011296025
上梅林村志
黄瑞芳主编 上梅林村志编纂委员会编 海口 南方出版社 2007年 291页

〔深圳市专志系列丛书〕

012613988
深圳市西乡街道志
西乡街道志编辑部编 北京 中国文史出版社 2009年 700页〔深圳市专志系列丛书〕

011066969
深圳市十九镇简志
深圳市史志办公室编纂 深圳 海天出版社 1996年 269页

012662266
深圳创新图文志 1978—2009
深圳市史志办公室编 深圳 海天出版社 2010年 632页

012638867
深圳市公安志 1979—2005
深圳市公安志编纂委员会编 深圳 海天出版社 2009年 515页

013462046
深圳侨务史志

深圳市人民政府侨务办公室编著 深圳 海天出版社 2012年 429页

009020896
深圳市工商物价管理志
深圳市工商物价管理志编纂委员会编 北京 方志出版社 2001年 405页〔深圳市专志系列丛书〕

011477200
深圳市审计志
深圳市审计志编纂委员会编 北京 中国时代经济出版社 2007年 490页〔深圳市专志系列丛书〕

009804680
深圳市劳动和社会保障志
深圳市劳动和社会保障志编纂委员会编 深圳 海天出版社 2005年 518页〔深圳市专志系列丛书〕

013883842
宝安地产志
中国宝安集团股份有限公司编 2006年 108页

009864111
深圳市城市建设志
深圳市城市建设志编纂委员会编 深圳 深圳市城市建设志编纂委员会 1989年 243页

011320727
深圳市自来水(集团)有限公司志 1961—2000
深圳 海天出版社 2000年 346页

008453652
东江—深圳供水工程志
广东省东江—深圳供水工程管理局编 广州 广东人民出版社 1992年 148页

012051909
深圳电力工业志 1935—2000
深圳电力工业志编纂委员会编 深圳 深圳电力工业志编纂委员会 2003年 550页〔广东省电力工业志丛书 粤供电 10〕

012208193
深圳光华印制公司志 1983—2000
深圳光华印制公司志编纂委员会编 北京 中国金融出版社 2003年 117页〔中国印钞造币志丛书〕

010229424
深圳海外装饰工程公司志 1981—1995
深圳海外装饰工程公司编 北京 中国建材工业出版社 1999年 170页〔中国建筑工程总公司企业志系列丛书 14〕

009310896
深圳卷烟厂志

深圳卷烟厂志编委会编 深圳 海天出版社 2003 年 202 页〔深圳市专志系列丛书〕

009673643
深圳市水务志
深圳市水务志编纂委员会 王若兵主编 深圳 海天出版社 2001 年 343 页〔深圳市专业志系列丛书〕

010294078
深圳烟草志
深圳烟草志编纂委员会编 深圳 深圳烟草志编纂委员会 2006 年 326 页〔深圳市专志系列丛书〕

009020894
深圳市交通运输志
深圳市交通运输志编纂委员会编 北京 方志出版社 2001 年 470 页〔深圳市专志系列丛书〕

012639692
南航深圳公司志 1991—2000
中国南方航空股份有限公司深圳分公司编 深圳 中国南方航空股份有限公司深圳分公司 2004 年 221 页

009553694
深圳市邮电志
深圳市邮电志编纂委员会编 深圳 海天出版社 2001 年 353 页〔深圳市专志系列丛书〕

007508994
九龙海关志 1887—1990
九龙海关编志办公室编 广州 广东人民出版社 1993 年 425 页

011996823
九龙海关志 1991.1—1997.6
九龙海关编志办公室编 广州 广东人民出版社 1997 年 237 页

009796928
深圳保税区管理志
深圳保税区管理志编纂委员会编 北京 方志出版社 2005 年 420 页〔深圳市专志系列丛书〕

011328640
深圳商检志
深圳商检志编纂委员会编 200u 年 439 页

013630718
招商银行史志
招商银行企业文化中心编 深圳 招商银行企业文化中心 2011 年 224 页

009399399
深圳市社会保险志
深圳市社会保险志编纂委员会编 北京 方志出版社 2001 年 445 页〔深圳市专志系列丛书〕

009818490
万丰文化志
朱来常编著　深圳　海天出版社　2005年　273页

013379113
西乡文化志
西乡文化志编辑部编　深圳　深圳报业集团出版社　2011年　321页

012266422
特区人物志 深圳卷
洪远主编　广州　广东人民出版社　2009年

009704619
深圳文物志
董小明主编　深圳市文物管理委员会编　北京　文物出版社　2005年　363页

008665160
深圳市地名志
深圳市地名志编纂委员会　蔡培茂主编　广州　科学普及出版社广州分社　1987年　290页

012174889
深圳市气象志
深圳市气象志编纂委员会编　北京　气象出版社　2009年　238页〔深圳市专志系列丛书〕

012725627
深圳植物志
深圳市城市管理局等编　北京　中国林业出版社　2010年　5册

011570261
深圳卫生检疫志
深圳卫生检疫志编纂委员会编　深圳　深圳卫生检疫志编纂委员会　2006年　268页

012900211
广州中医药大学深圳附属医院 深圳市中医院院志
深圳市中医院院志编辑委员会编　深圳　深圳市中医院院志编辑委员会　2006年　310页

010577516
深圳市水利志
王若兵主编　深圳市水利志编辑室编　广州　广东科技出版社　1990年　185页

福田区

013936358
深圳市福田区志 1979—2003
深圳市福田区志地方志编纂委员会编　北京　方志出版社　2012年　2册〔广东省地方志丛书　深圳市地方志丛书〕

罗湖区

013936362
深圳市罗湖区志
深圳市罗湖区地方志编纂委员会编 北京 方志出版社 2013年 2册

011188638
罗湖区民间文学三套集成资料本
深圳市罗湖区民间文学三套集成办公室编 深圳 深圳市罗湖区民间文学三套集成办公室 1987年

013898419
罗湖区卫生志 1979—1998
深圳市罗湖区卫生局编 深圳 深圳市罗湖区卫生局 1999年 230页

南山区

013795389
深圳市南山区志
深圳市南山区区志编纂委员会编 北京 方志出版社 2012年 2册 1425页〔广东省地方志丛书 深圳市地方志丛书〕

013706288
深圳市南山区蛇口街道志 补充核实稿
蛇口街道志编纂委员会办公室编 深圳 蛇口街道志编纂委员会办公室 2011年 650页

013461689
南山教育志
深圳市南山区教育局编 深圳 深圳市南山区教育局 2008年 742页〔广东省地方志丛书〕

宝安区

007818004
宝安县志
宝安县地方志编纂委员会编 广东 广东人民出版社 1997年 937页〔广东省地方志丛书〕

010108369
福永镇志
郭培源主编 合肥 合肥工业大学出版社 2006年 650页〔广东省地方志〕

013772811
和平村志
赖为杰主编 北京 中国文史出版社 2007年 536页〔福永历史文化丛书〕

013775140
桥头村志
赖为杰主编 北京 中国文史出版社 2007年 533页〔福永历史文化丛书〕

013415281
怀德村志

赖为杰主编 北京 中国文史出版社 2007年 621页〔福永历史文化丛书〕

009153986
沙井镇志
沙井镇志编纂委员会编 长春 吉林摄影出版社 2002年 947页

008974579
万丰村志
欧阳发主编 深圳 海天出版社 2002年 537页

012549950
福永志
赖为杰主编 济南 黄河出版社 2010年 571页〔广东省地方志丛书〕

013751439
宝安计划生育志 1963—2011
宝安计划生育志编纂委员会撰 深圳 宝安计划生育志编纂委员会 2011年 400页

013901274
中共深圳市宝安区委党校 深圳宝安广播电视大学 深圳市宝安区行政学校志 1958—2004
中共深圳市宝安区委党校志编辑委员会编 深圳 中共深圳市宝安区委党校办公室 2005年 308页

012540838
宝安青年运动志 1922—2002
共青团深圳市宝安区委员会 宝安青年运动志编纂委员会编 深圳 共青团深圳市宝安区委员会 宝安青年运动志编纂委员会 2003年 202页

013787971
宝安青年志 1926—2010
共青团深圳市宝安区委员会编 2010年 194页

012839292
中国宝安集团志
陈政立主编 张育新 陈昌华副主编 徐辉等主撰 深圳 中国宝安集团有限公司 1995年 434页

013818135
宝安公路志
宝安公路志编辑委员会 张晓洲主编 深圳 深圳市宝安区公路局 2004年 443页

011145037
宝安民间文学集成
深圳市宝安区文化局组编 香港 大道出版社 2004年 190页

012635564
宝安雕塑地理志
深圳市宝安区图书馆编 广州 花城出版社 2010年 161页

012096327
宝安文献志
周英雄 黄峒胜编著 北京 中国文史出版社 2007年

012609524
大浪文物图志
深圳市宝安区大浪街道办事处 深圳市文物考古鉴定所编 北京 中国大百科全书出版社 2009年 199页

011763453
深圳宝安文物图志
吴少平主编 深圳市宝安区文化局编 郑州 中州古籍出版社 2007年 173页

龙岗区

013731347
深圳市龙岗区志 1993—2003
龙岗区地方志编纂委员会编 北京 方志出版社 2012年 2册 1257页〔深圳市地方志丛书〕

013822690
深圳市龙岗区布吉镇志
龙岗区布吉街道布吉镇志编纂委员会编 广东 2009年 491页

009389884
东江纵队志
东江纵队志编辑委员会 何小林主编 北京 解放军出版社 2003年 784页

盐田区

013096366
深圳市盐田区志 1998—2005
深圳市盐田区地方志编纂委员会编 北京 方志出版社 2011年 854页〔广东省地方志丛书 深圳市地方志丛书〕

012846111
中英街志
深圳市盐田区档案局(馆) 深圳市盐田区地方志办公室编 北京 方志出版社 2011年 172页

珠海市

008839831
珠海市志
广东省珠海市地方志编纂委员会编 珠海 珠海出版社 2001年 1096页〔中华人民共和国地方志丛书〕

012546768
珠海侨务志

张英龙编 珠海 珠海出版社 2009年 338页

013689622
珠海市军事志 757—2005
珠海市军事志编纂委员会编 珠海 珠海市军事志编纂委员会 2009年 649页

008051777
珠海市国土志
珠海市国土局 珠海市地方志办公室编 广州 广东人民出版社 1997年 527页

009557574
珠海市邮电志
珠海市邮电志编写办公室编 广州 广东人民出版社 1997年 270页〔珠海市地方志丛书〕

008380772
拱北海关志
中华人民共和国拱北海关编 北京 海洋出版社 1993年 194页

007508989
珠海市对外经济贸易志
珠海市对外经济贸易委员会编纂小组 珠海市对外贸易总公司编著 广州 广东人民出版社 1995年 253页

007508983
珠海市财政志
珠海市财政局编 广州 广东人民出版社 1991年 185页〔珠海市地方志丛书〕

008051209
珠海市科学技术志
珠海市科学技术委员会编 北京 海洋出版社 1993年 364页

007665040
珠海市人物志
珠海市地方志办公室编 广州 广东人民出版社 1993年 455页

007662453
珠海市文物志
珠海市文物管理委员会编 广州 广东人民出版社 1994年 196页

010779230
珠海市文物志 修订本
珠海 珠海出版社 2007年 445页

002616256
广东省珠海市地名志
广东省珠海市地名志编纂委员会编 广州 广东科技出版社 1989年 336页

011311813
珠海防痨史志
刘芳君主编 刘军卫副主编 杨林 李厚明编委 陆云 宋通权 陈章喜顾问 刘军卫责任编辑 珠海 珠海市结核病防

治所 2001年 105页

012507353

珠海市环境保护志

珠海市环境保护局编 广州 广东人民出版社 1998年 373页〔珠海市地方志丛书〕

香洲区

013798859

珠海市香洲区志

珠海市香洲区地方志编纂委员会编 北京 方志出版社 2012年 2册 1568页〔广东省地方志丛书〕

010293998

唐家湾镇志

香洲区唐家湾镇人民政府 珠海市地方志办公室合编 何志毅主编 广州 岭南美术出版社 2006年 448页

013689624

珠海市香洲区军事志 757—2005

珠海市香洲区军事志编纂委员会编 珠海 珠海市香洲区军事志编纂委员会 2008年 360页

斗门区

009000415

斗门县志

广东省斗门县地方志编纂委员会编 北京 中华书局 2001年 956页〔中华人民共和国地方志丛书〕

013647344

斗门县志 1991—2000

珠海市斗门区地方志编纂委员会编 广州 广东人民出版社 2012年 766页〔广东省地方志丛书〕

008949810

乾务镇志

斗门县乾务镇志编写组编 广州 1993年 392页

013689620

珠海市斗门区军事志 1279—2005

珠海市斗门区军事志编纂委员会编 珠海 珠海市斗门区军事志编纂委员会 2010年 283页

008990634

斗门县水利志

斗门县水利电力局编 斗门 斗门县水利电力局 1995年 171页

金湾区

012505253

金湾区侨务志

珠海市金湾区侨务局编 北京 中国戏剧出版社 2005年 140页

汕头市

007664419
汕头经济特区志
汕头经济特区志编写办公室编 广州 广东人民出版社 1989年 141页

008275403
汕头市志
王琳乾 邓特主编 广东省汕头市地方志编纂委员会编 北京 新华出版社 1999年 4册

009379591
汕头党校志 1952—1991
彭昆钦主编 汕头 中共广东汕头市委党校 1991年 192页

009864099
汕头市党校志
郑俊钦主编 汕头市党校志编纂委员会编 汕头 汕头大学出版社 2002年 599页 〔汕头市专志系列丛书〕

012140272
汕头工会志
汕头市总工会编 汕头 汕头市总工会 1992年 141页

012663844
中国改革志 汕头卷
中国改革志汕头卷编辑委员会编 北京 中国三峡出版社 2001年 180页

010252200
汕头民政志
汕头市民政局编 汕头 汕头市民政局 1996年 334页

012099830
汕头民政志 1988—2000
汕头市民政局编 汕头 汕头市民政局 2001年 155页

010473869
汕头市人事志
汕头 1990年 173页

013602020
汕头市畜牧志
庄守岳等主审 吕渭纶编写 汕头市畜牧局编 汕头 汕头市畜牧局 1988年 125页

007532563
汕头市水利志
广东省汕头市水利电力局编 广州 广东科技出版社 1994年 426页

010294042
汕头市交通志
汕头市交通委员会编 汕头 汕头市交通

委员会 1998年 227页

013602010
汕头公路志(省养公路)
汕头公路局编史办编 张章细主编 李德泉 王俊光 薛辉龙编撰 汕头 汕头公路局编史办 1988年 209页

013185711
汕头港口志 1860—2010
汕头市港口管理局编 北京 人民交通出版社 2010年 311页〔汕头开港150周年纪念丛书〕

013461998
汕头市旅游志 初稿
汕头市旅游局编 汕头 汕头市旅游局 1992年 153页

007915130
汕头邮电志
广东省汕头市邮电局编 汕头 汕头市邮电局 1989年 172页

013602024
汕头物价志
广东省汕头市物价局编 汕头 广东省汕头市物价局 1991年 274页

007479139
汕头海关志
汕头海关编志办公室编 1994年 394页

012955979
汕头市税务志
汕头市税务局编 汕头 汕头市税务局 1992年 278页

013795382
汕头市文化艺术志
汕头市文化局编 汕头 汕头市文化局 1999年 358页

011500585
汕头教育志
汕头教育志编审委员会编 汕头 汕头市教育局 1989年 353页

011148753
中国民间歌谣集成 广东卷 汕头市资料本
汕头市民间文学三套集成编委会编 汕头 汕头市民间文学三套集成编委会 19uu年 240页

007415072
潮剧志
潮剧志编辑委员会编 汕头 汕头大学出版社 1995年 418页〔广东地方剧种志丛书1〕

004899618
汕头史志
汕头 汕头史志编辑室 1992年

008982589
北京潮人人物志 续1
余国耀主编 北京 华文出版社 1999 年 462 页

013506618
潮汕孙氏志略
孙淑彦编著 北京 中国文联出版社 2000 年 293 页

008036514
潮汕文物志
陈历明主编 汕头 汕头市文物管理委员会办公室 1985 年 2 册 663 页

008665159
汕头市地名志
汕头市地名委员会 汕头市国土房产局编 北京 新华出版社 1996 年 408 页

008437282
汕头建置沿革 资料本
黄万德撰稿 王琳乾校审 汕头市地方志编纂委员会办公室编 汕头 1990 年 215 页

006943878
潮汕自然地理
王琳乾 陈大石 萧有馥编著 广州 广东人民出版社 1992 年 129 页〔汕头方志丛书〕

012264011
潮汕生物资源志略
吴修仁编著 广州 中山大学出版社 1997 年 662 页

010730390
汕头市结核病防治所所志 1959—2004
汕头市结核病防治所编 汕头 汕头市结核病防治所 2004 年 146 页

013602023
汕头卫生志
宇光主编 汕头市卫生局编 汕头 汕头市卫生局 1990 年 651 页〔汕头市地方志丛书〕

龙湖区

012505342
龙湖区纪检监察志 1983—2007
中共汕头市龙湖区纪委 汕头市龙湖区监察局编纂 广州 羊城晚报出版社 2009 年 425 页

012832495
龙湖区法院院志 1949—2005
汕头市龙湖区人民法院编 汕头 汕头市龙湖区人民法院 2005 年 328 页

濠江区

009864082

汕头市达濠区地名志

汕头市达濠区地名志编纂委员会编 汕头 汕头市达濠区地名志编纂委员会 1988年 158页

潮阳区

013597514

潮阳市志 1979—2003

潮阳市志编纂委员会编 广州 广东人民出版社 2012年 2册 1146页〔广东省地方志丛书〕

008015389

潮阳县志

潮阳市地方志编纂委员会编 广州 广东人民出版社 1997年 1346页〔广东省地方志丛书〕

013528798

潮阳民政志

广东省潮阳县民政局编 潮阳 潮阳县民政局 1987年 101页

012132556

潮阳市华侨港澳台同胞志

汕头市潮阳区地方志办公室编 深圳 海天出版社 2009年 450页

012871872

潮阳电力志

朝阳市电力公业局编 香港 金雕文化出版社有限公司 2009年 321页

013528922

广东省潮阳市地名志

广东省潮阳市地名志编纂委员会编 广州 广东科技出版社 1996年 326页

潮南区

013923916

潮阳县贵屿镇志

潮阳县贵屿镇志编纂组编 潮阳 潮阳县贵屿镇志编纂组 1992年 196页

010576826

峡山街道志

峡山街道志编纂委员会编 深圳 海天出版社 2006年 355页

013528800

潮阳县教育志

潮阳县教育局编 潮阳 潮阳县教育局 1988年 253页

012831214

潮阳潮南人物志

汕头市潮阳区地方志办公室 汕头市潮南区地方志办公室 汕头市潮阳区外事侨务局 汕头市潮南区外事侨务局编 香港 天马出版有限公司 2010年

519 页

007464921
潮阳县文物志
广东 1985 年 194 页

澄海区

013375754
澄海市志 1979—2003
汕头市澄海区地方志编纂委员会编 北京 方志出版社 2012 年 1001 页〔广东省地方志丛书〕

007908337
澄海县志
澄海县地方志编纂委员会编 广州 广东人民出版社 1992 年 958 页〔广东省地方志丛书〕

012249764
澄海市公安志
澄海市公安志编纂委员会编 广州 广东人民出版社 2007 年 303 页〔澄海区地方志丛书〕

012096468
澄海市审判志
澄海市审判志编纂领导小组编 澄海 澄海市审判志编纂领导小组 2008 年 219 页〔汕头市澄海区地方志丛书〕

007682699
澄海市交通志
澄海市交通局编 广州 广东人民出版社 1995 年 156 页

013314269
澄海财政志 1987—2000
澄海财政局编 澄海 澄海财政局 2003 年 322 页〔澄海地方志丛书〕

011804162
澄海县金融志
澄海县金融志编写组编 澄海 澄海县金融志编写组 1988 年 327 页〔澄海县地方志丛书〕

012951932
澄海县教育志 1964—1985
澄海县教育志编辑组编 澄海 澄海县教育志编辑组 1988 年 185 页

009378319
澄海县税务志 1814—1986
广东省澄海县税务局编 澄海 广东省澄海县税务局 1988 年 218 页〔澄海县地方志丛书〕

011544098
澄海县文物志
蔡英豪主辑 黄伟雄等编 澄海 澄海县博物馆 1987 年 263 页

南澳县

008839817
南澳县志
南澳县地方志编纂委员会编 北京 中华书局 2000年 820页〔中华人民共和国地方志丛书〕

013319784
南澳县志 1979—2000
南澳县地方志编纂委员会编 广州 广东人民出版社 2011年 937页〔广东省地方志丛书〕

011892265
南澳县文物志
吴占才主辑 南澳县文物普查办公室编 汕头 南澳县文物普查办公室 1985年 245页

佛山市

006902178
佛山市志
佛山市地方志编纂委员会编 广州 广东人民出版社 1994年 2册 2289页〔广东省地方志丛书〕

013702953
叠滘乡志
叠滘乡志编纂领导组编修 南海 叠滘乡志编纂领导组 2006年 587页

003034765
佛山市宗教志
佛山市宗教事务局编 佛山 佛山市宗教事务局 1990年 90页

003055732
佛山市人口志
佛山市地方志办公室 佛山市计划生育办公室合编 广州 广东科技出版社 1990年 91页

007886134
中国共产党佛山市组织志
中共佛山市委组织部编 佛山 1991年 116页

009673294
佛山市工会志 1921—1985
佛山市总工会编 佛山 佛山市总工会 1989年 81页

006160963
佛山市妇联志
佛山市妇女联合会编 佛山 佛山市妇女联合会 1991年 82页

003034766
佛山市人民代表大会志
佛山市人民代表大会常务委员会办公室编志组编 佛山 佛山市人民代表大会常务委员会办公室编志组 1990年 131页

003033415
佛山市政府志
佛山市人民政府编志组编 佛山 佛山市人民政府 1988年 171页

007982866
佛山市人事志
佛山市人事局编 佛山市人事志编写组编 佛山 佛山市人事局 1992年 142页

007884709
佛山市公安志
佛山市公安局编 佛山 1989年 116页

003034764
佛山市华侨志
佛山市人民政府侨务办公室 张沃淇主笔 广州 广东科技出版社 1990年 182页

009346499
佛山市民主党派志
佛山市各民主党派市委会合编 佛山 佛山市各民主党派市委会 1991年 132页

003035352
佛山市法院志
佛山市中级人民法院编 1989年 106页

009673575
佛山市检察志 1954—1986
佛山市人民检察院 佛山市城区人民检察院 佛山市石湾区人民检察院合编 佛山 粤中印刷公司 1989年 107页

012872281
佛山市城市管理行政执法志
佛山市城市管理行政执法局编 佛山 佛山市城市管理行政执法局 2007年 242页〔佛山市地方志丛书〕

009673579
佛山市军事志
佛山军分区军事志编写组编 佛山 广东南海系列印刷公司 1992年 314页

008063609
佛山市标准计量志
佛山市标准计量局编 佛山 佛山市标准计量局 1989年 143页

007982769
佛山市工商联志
佛山市工商业联合会编 佛山 佛山市工商业联合会 1991年 180页

003055730
佛山市工商行政管理志

佛山市工商行政管理局编 佛山 佛山市工商行政管理局 1989年 93页

009673589
佛山市劳动志
佛山市劳动局编 佛山 佛山市劳动局 1990年 65页

011586383
珠江三角洲农业志 初稿
佛山地区革命委员会珠江三角洲农业志编写组编 1976年 6册

005587236
珠江三角洲农业志 初稿
佛山地区革命委员会编写组编写 1976年 6册

013506665
佛山电力工业志
佛山电力工业志编委会编 佛山 佛山电力工业志编委会 2002年 406页〔广东省电力工业志丛书〕

009673570
佛山供电志
佛山供电局编 佛山 佛山供电局 1988年 93页

009119542
佛山轻工业志
佛山市轻工业公司编 佛山 佛山市轻工业公司 1990年 232页

007982871
佛山市化纤工业志
佛山化纤联合总公司编 广州 广东科技出版社 1992年 225页

009673577
佛山市建筑业志
马德山主编 佛山市建设委员会编 佛山 佛山市建设委员会 1998年 239页

007884852
佛山市水利志
广东省佛山市石湾区农机水电局编 佛山 1990年 119页

007885130
佛山市塑料皮革工业志
佛山市塑料皮革工贸集团股份公司编 佛山 佛山市塑料皮革工贸集团股份公司 1991年 129页

007712599
佛山市陶瓷工业志
佛山市陶瓷工贸集团公司编 广州 广东科技出版社 1991年 214页

007884870
佛山市药业志
佛山市医药总公司编 广东 佛山市医药总公司 1992年 336页

007908441
佛山市交通志

佛山市交通局编 佛山 佛山市交通局 1991年 186页

007987707
佛山市公路志
佛山市公路局编 广州 广东科技出版社 1993年 178页

007884869
佛山市物价志
佛山市物价局编 广州 广东省公安司法干部管理学院 1991年 197页

003034600
佛山市商业志
佛山市商业局编 广州 广东科技出版社 1990年 418页

003034102
佛山市对外贸易志
佛山市对外贸易局编 广州 广东科技出版社 1988年 223页

007885129
佛山市财政志
佛山市财政局编 广东 中山大学出版社 1989年 189页

003034599
佛山市税务志
吴士英主笔 佛山市税务局编 广东 佛山市税务局 1990年 159页

009250660
佛山农村金融志
佛山农村金融志编纂委员会编 广州 广东科技出版社 1997年 226页

003034601
佛山市金融志
张世铭主编 佛山市金融志编纂委员会编 佛山 佛山市金融志编纂委员会 1990年 182页

007850852
佛山市文化志
佛山市文化局编 广州 广东科技出版社 1991年 304页

007984362
佛山市档案志
佛山市档案局编 佛山 佛山市档案局 1995年 141页

007884725
佛山市教育志
佛山市教育志编纂委员会编 广东 广东教育出版社 1994年 237页

007908387
佛山市方言志
佛山市地方志编纂委员会办公室编 广东 广东南海系列印刷公司 1993年 93页

009673566

佛山工艺美术品志

林明体主编 佛山 佛山市工艺美术工业公司 1989年 146页

003034602

佛山市革命斗争志

中共佛山市委党史办公室佛山市革命斗争志编写组编 佛山 中共佛山市委党史办公室佛山市革命斗争志编写组 1990年 101页

013220440

佛山人物志

佛山市地方志编纂委员会编 北京 方志出版社 2011年 703页〔广东省地方志丛书〕

006876960

佛山市文物志

佛山市博物馆编 广州 广东科技出版社 1991年 199页

006176196

佛山市风俗志

佛山市地方志编纂委员会办公室编 佛山 佛山市地方志编纂委员会办公室 1992年 84页

003035396

广东省佛山市地名志

广东省佛山市地名志编纂委员会编 广州 广东科技出版社 1990年 484页

007532544

佛山市科学技术志

佛山市科学技术委员会编 广州 广东人民出版社 1994年 387页

011995613

佛山地震志

佛山市地震局编著 北京 地震出版社 2008年 204页

008990719

百载医航 佛山市第一人民医院志

佛山市第一人民医院编 广州 广东人民出版社 2001年 443页

009378462

佛山市卫生志

佛山市卫生局编 佛山 佛山市卫生局 1989年 136页

007982867

佛山市中医院志 1956—1994

佛山市中医院编 佛山 佛山市中医院 1994年 168页

003035366

佛山市城市建设志

佛山市城乡建设局编志组编 1990年 198页

013771510

北江大堤志

广东省水电厅北江大堤管理局 北江大

堤志编纂委员会编 1995年 177页

003034858
佛山市环境保护志
佛山市环境保护局编 佛山 佛山市环境保护局 1989年 96页

禅城区

013687422
佛山市城区志 1984—2002
佛山禅城区地方志办公室编 广州 广东人民出版社 2012年 1056页〔广东省地方志丛书〕

013687426
佛山市石湾区志 1984—2002
佛山市禅城区地方志办公室编 广州 广东人民出版社 2012年 1076页〔广东省地方志丛书〕

南海区

009332452
南海水利续志 1986—1995
广东省南海市水利局编 南海 南海市水利局 1997年 164页〔南海市地方志丛书〕

009852607
南海市西樵山旅游度假区志
广东省佛山市南海区西樵镇地方志编纂委员会编 广州 广东人民出版社 2009年 896页

012265389
南海市志 1979—2002
佛山市南海区地方志编纂委员会编 广州 广东人民出版社 2009年 1496页〔广东省地方志丛书〕

008593258
南海县志
南海市地方志编纂委员会编纂 北京 中华书局 2000年 1367页

009851248
南海市大沥街道志
佛山市南海区大沥镇地方志编纂委员会编 广州 广东人民出版社 2008年 939页〔南海市地方志丛书〕

013753714
南海市桂城街道志
佛山市南海区桂城街道地方志编纂委员会编 南海 佛山市南海区桂城街道地方志编纂委员会 2008年 761页

009851493
南海市黄岐街道志
佛山市南海区大沥镇地方志编纂委员会编 佛山 佛山市南海区大沥镇地方志编纂委员会 2007年 652页〔南海市地方志丛书〕

009852519

南海市南庄镇志

广东省南海市南庄镇地方志编纂委员会编 广州 广东人民出版社 2009年 796页〔南海市地方志丛书〕

013753717

南海市平洲街道志

佛山市南海区桂城街道地方志编纂委员会编 2008年 824页〔南海市地方志丛书〕

012639693

南海市沙头镇志

佛山市南海区九江镇地方志编纂委员会编 广州 广东经济出版社 2008年 810页

009852613

南海市盐步街道志

佛山市南海区大沥镇地方志编纂委员会编 佛山 佛山市南海区大沥镇地方志编纂委员会 2008年 1076页〔南海市地方志丛书〕

009852620

中国共产党南海市地方组织志

中共佛山市南海区委员会编 南海区 中共佛山市南海区委员会 2007年 500页〔南海市地方志丛书〕

009851653

南海市工会志

佛山市南海区总工会编 佛山 佛山市南海区总工会 2007年 387页〔南海市地方志丛书〕

008384893

南海县农民组织志

南海县农业委员会编 南海 南海县农业委员会 1992年 169页〔南海县地方志丛书〕

009851543

南海市妇女组织志

佛山市南海区妇女联合会编 佛山 佛山市南海印刷厂有限公司 2007年 210页〔南海市地方志丛书〕

009851967

南海市人民代表大会志

佛山市南海区人大常委会办公室编 南海区 人大 2007年 350页〔南海市地方志丛书〕

009852028

南海市政府志

南海市政府志编纂委员会编纂 广州 广东经济出版社 2007年 602页〔南海市地方志丛书〕

009852042

南海市政协志 1979—2002

佛山市南海区政协办公室编 广州 广东人民出版社 2007年 435页〔南海市地方志丛书〕

007908407

南海县政协志

南海县政协志编写组编写 南海 南海县政协志编写组 1991年 85页〔南海县地方志丛书〕

009851993

南海市人事志

佛山市南海区人事局编 佛山 佛山市南海区人事局 2007年 366页〔南海市地方志丛书〕

009851754

南海市公安志

佛山市公安局南海分局编 南海 佛山市公安局南海分局 2008年 492页

009852012

南海市外事侨务志

佛山市南海区外事侨务局编 佛山 佛山市南海区外事侨务局 2007年 570页〔南海市地方志丛书〕

009851822

南海市精神文明创建志

佛山市南海区精神文明建设委员会办公室编 广州 广东经济出版社 2008年 237页〔南海市地方志丛书〕

009852006

南海市司法行政志

佛山市南海区司法局编 南海 佛山市南海区司法局 2007年 170页〔南海市地方志丛书〕

009851658

南海市工商联志

佛山市南海区工商业联合会编 广州 广东人民出版社 2008年 381页〔南海市地方志丛书〕

009851762

南海市国土资源志

佛山市国土资源局南海分局编 佛山 佛山市国土资源局南海分局 2008年 311页〔南海市地方志丛书〕

009851956

南海市劳动保障志

佛山市南海区劳动和社会保障局编 佛山 佛山市南海区劳动和社会保障局 2008年 482页〔南海市地方志丛书〕

009852508

南海市质量技术监督志

佛山市南海区质量技术监督局编 佛山 佛山市南海区质量技术监督局 2008年 342页〔南海市地方志丛书〕

009851958

南海市粮食志

佛山市南海区粮食局编 佛山 佛山市南海区粮食局 2008年 576页〔南海市地区志丛书〕

012265397
南海县水利志
广东省南海县水电局编 南海 南海县水利电力局 1990年 237页〔南海县地方志丛书〕

009851753
南海市工业志 1979—2002
佛山市南海区经济贸易局编 佛山 佛山市南海区经济贸易局 2008年 577页〔南海市地方志丛书〕

009851815
南海市交通志 1979—2002
佛山市南海区交通局编 广州 广东经济出版社 2008年 380页〔南海市地方志丛书〕

013601853
南海县交通志
南海市交通局编 南海 南海市交通局 1993年 322页〔南海县地方志丛书〕

008380151
南海县水运志
南海县水运总公司水运志编纂组编 南海 南海县水运总公司水运志编纂组 1990年 150页〔南海县地方志丛书〕

009852024
南海市物价志 1979—2002
佛山市南海区物价局编 广州 广东经济出版社 2007年 186页〔南海市地方志丛书〕

009851994
南海市商业志
徐文康主编 佛山市南海区经济贸易局编 佛山 佛山市南海区经济贸易局 2008年 462页〔南海市地方志丛书〕

009851541
南海市对外经济贸易志 1979—2002
佛山市南海区经济贸易局编 佛山 佛山市南海区经济贸易局 2008年 209页〔南海市地方志丛书〕

007672354
南海县对外贸易志
南海县对外贸易总公司编 南海 南海县对外贸易总公司 1992年 144页

008665213
南海县农村金融志 1840—1990
冯毅主编 南海县农村金融志编纂委员会编 广州 广东人民出版社 1995年 291页〔南海县地方志丛书〕

007995593
南海县外汇银行志
中国银行南海支行编 南海 中国银行南海支行 19uu年 83页〔南海县地方志丛书〕

009852017
南海市文化艺术志
佛山市南海区文化广电新闻出版局编 广州 广东经济出版社 2008年 512页〔南海市地方志丛书〕

009851954
南海市科技信息志
佛山市南海区科技信息局编 佛山 佛山市南海区科技信息局 2007年 434页〔南海市地方志丛书〕

009851817
南海市教育志 1979—2002
佛山市南海区教育局编 广州 广东经济出版社 2008年 458页〔南海市地方志丛书〕

009852008
南海市体育志 1979—2002
佛山市南海区体育局编 广州 广东经济出版社 2006年 204页〔南海市地方志丛书〕

007659739
南海县体育志
南海县体育运动委员会编 南海 南海县体育运动委员会 1990年 170页

009852514
南海市综合经济志 1979—2002
佛山市南海区发展和改革局编 佛山 佛山市南海印刷厂有限公司 2008年 353页〔南海市地方志丛书〕

009852018
南海市文物志
佛山市南海区文化广电新闻出版局编 广州 广东经济出版社 2007年 176页〔南海市地方志丛书〕

009851531
南海市地名志
佛山市南海区民政局编 广州 广东经济出版社 2008年 480页〔南海市地方志丛书〕

007995592
南海县建置志
南海县地方志编纂委员会编 南海 南海县地方志编纂委员会办公室 1991年 108页〔南海县地方志丛书〕

008815339
南海县建置志
南海县地方志编纂委员会办公室编 广州 广东人民出版社 1995年 113页〔南海县地方志丛书〕

009379611
西樵山志
关祥主编 高其铭副主编 南海县地方志编纂委员会办公室 南海县西樵山风景区管理处编 广州 广东人民出版社 1992年 306页〔南海县地方志丛书〕

009852013
南海市卫生志
佛山南海区卫生局编 佛山 佛山南海区卫生局 2009年 801页

009851759
南海市规划志
佛山市规划局南海分局编 南海 南海年鉴社 2007年 294页〔南海市地方志丛书〕

012505386
南海市建设志
佛山市南海区建设局编 佛山 佛山市南海区建设局 2008年 718页〔南海市地方志丛书〕

009852000
南海市水利志 1979—2002
佛山市南海区水利局编 佛山 佛山市南海区水利局 2008年 272页

顺德区

007881983
顺德县志
顺德市地方志编纂委员会编 北京 中华书局 1996年 1323页

009337634
顺德县志
王忍之总编 招汝基主编 北京 方志出版社 1999年 324页〔新编中国优秀地方志简本丛书〕

013096404
顺德县人大志 1950—1992
顺德市人大常委会办公室顺德县人大志编写组编 顺德 顺德市人大常委会办公室 1992年 195页

008665767
顺德邮电志
顺德邮电志编纂委员会编 北京 人民邮电出版社 2000年 189页

007516509
顺德县金融志
顺德县金融志编写组编 广州 广州出版社 1993年 299页

007340816
顺德文物志
苏启昌主编 顺德县文物志编委会 博物馆编 1991年 247页

006613643
顺德县地名志
李有华主编 1988年 242页

013225867
顺德第一人民医院院志 1927—2008
顺德第一人民医院编 顺德 顺德第一人民医院 2009年 343页

三水区

007290062
三水县志
三水县地方志编纂委员会编 广州 广东人民出版社 1995 年 1438 页〔广东省地方志丛书〕

008361689
三水大事记 1526—1993
三水市地方志编纂委员会办公室编 三水 三水市地方志编纂委员会办公室 1994 年 134 页〔三水地方小丛书〕

010776960
三水县工会志
三水县地方志编纂委员会办公室 三水县工会志编纂办公室编 1989 年 131 页〔三水县地方志丛书〕

008453678
三水县妇女志
三水县地方志编纂委员会办公室 三水县妇女联合会编写组编纂 三水 三水县地方志编纂委员会办公室 1992 年 137 页〔三水地方志丛书〕

011763321
三水公安志 1996—2004
佛山市公安局三水分局 佛山市三水区地方志编纂委员会办公室编 北京 中华书局 2007 年 188 页

008453686
三水县华侨志
三水市地方志编纂委员会办公室 三水市侨务工作办公室 三水市修志办公室编纂 三水 1994 年 169 页〔三水地方志丛书〕

008990724
三水县军事志
三水县地方志编纂委员会办公室 三水县武装部编 三水 三水县地方志编纂委员会办公室 1990 年 172 页〔三水地方志丛书〕

009864064
三水县工商行政管理志
三水县地方志编纂委员会办公室 三水县工商行政管理局修志组编 三水 三水县地方志编纂委员会办公室 1988 年 117 页〔三水地方志丛书〕

011310908
三水县城乡建设志
三水县地方志编纂委员会办公室编 三水 三水县地方志编纂委员会办公室 1990 年 146 页〔三水地方志丛书〕

008453680
三水县电力志
三水县地方志编纂委员会办公室编 三水 三水县供电局电力志编写组 1994 年 120 页〔三水地方志丛书〕

008453685

三水县水利志

三水县地方志编纂委员会办公室 三水县水利电力局编 三水 三水县水利电力局 1992 年 186 页〔三水地方志丛书〕

009864078

三水县商业志

三水县地方志编纂委员会办公室 三水县商业局修志办公室编 三水 广东省公安司法管理干部学院印刷厂 1989 年 234 页〔三水县地方志丛书〕

013096303

三水财政志 1988—1995

佛山市三水区财政局编 佛山 佛山市三水区财政局 2005 年 398 页

008453676

三水县税务志

三水县地方志编纂委员会办公室 三水县税务志编纂领导小组编 广州 广东省工艺美术研究所 1989 年 133 页〔三水地方志丛书〕

007803676

三水县税务志 续编 1988—1992

三水 三水市税务局修志组 1994 年 80 页

008397457

三水金融志

三水市〔县〕地方志编纂委员会办公室 三水金融志编写领导组编纂 三水 三水县地方志编纂委员会办公室 1997 年 106 页〔三水地方志丛书〕

010777227

三水县文化志

三水市地方志编纂委员会办公室 三水市文化局编 三水 三水市文化局 1996 年 111 页〔三水地方志丛书〕

010108397

三水教育志 续篇

三水教育局编 三水 三水教育局 2004 年 115 页

009864073

三水县教育志

三水县地方志编纂委员会办公室 三水县教育局编 广州 三水县教育局 1988 年 360 页〔三水地方志丛书〕

007672274

三水县体育志

广东 1988 年 316 页〔三水地方志丛书〕

008453684

三水建置志

广东省三水市地方志编纂委员会办公室编 三水 三水市地方志编纂委员会 1994 年 72 页〔三水地方志丛书〕

高明区

013335256
高明市荷城区志
佛山市高明区荷城街道办事处 佛山市高明区史志办公室编 佛山 佛山市高明区荷城街道办事处 佛山市高明区史志办公室 2006年 282页

012049323
高明市三洲区志
佛山市高明区荷城街道办事处 佛山市高明区史志办公室编 佛山 佛山市高明区史志办公室 2008年 192页

012658543
高明市西安区志
佛山市高明区西安街道办事处 佛山市高明区史志办公室编 佛山 佛山市高明区西安街道办事处 佛山市高明区史志办公室 2006年 414页

012831521
高明市志 1981—2002
佛山市高明区地方志编纂委员会编 广州 广东人民出版社 2010年 1093页

007010552
高明县志
高明县地方志编纂委员会编 广东 广东人民出版社 1995年 844页〔广东省地方志丛书〕

013728660
高明市统计志
佛山市高明区统计局 佛山市高明区史志办公室编 高明区 佛山市高明区史志办公室 2007年 122页

012718814
高明市人口与计划生育志
佛山市高明区人口和计划生育局 佛山市高明区史志办公室编 2006年 263页

011995636
高明市宣传志
中共佛山市高明区委宣传部 佛山市高明区史志办公室编 佛山 佛山市高明区史志办公室 2006年 315页

013728657
高明共青团志
共青团佛山市高明区委员会 佛山市高明区史志办公室编 高明区 佛山市高明区史志办公室 2006年 112页

012998944
高明人大志
佛山市高明区人大办公室 佛山市高明区史志办公室编 高明区 佛山市高明区人大办公室 佛山市高明区史志办公室 2006年 249页〔高明专业志丛书〕

013314442

高明市委志 1981—2002

佛山市高明区委区政府办公室 佛山市高明区史志办公室编 佛山 佛山市高明区委区政府办公室 2007年 213页

013222033

高明市政府志 1981—2002

佛山市高明区委区政府办公室 佛山市高明区史志办公室编 佛山 佛山市高明区委区政府办公室 2007年 283页

012758823

高明政协志

佛山市高明区政协办公室 佛山市高明区史志办公室编 佛山 佛山市高明区政协办公室 佛山市高明区史志办公室 2009年 166页〔高明专业志丛书〕

012679338

高明市人事志

佛山市高明区人事局 佛山市高明区史志办公室编 佛山 佛山市高明区人事局 佛山市高明区史志办公室 2009年 385页

012679337

高明市民政志 1981—2002

佛山市高明区民政局 佛山市高明区史志办公室编 佛山 佛山市高明区民政局 佛山市高明区史志办公室 2005年 210页〔高明专业志丛书〕

009839187

高明县民政志

严善庆主编 罗晖 罗海梁副主编 高明县民政局 高明县志编纂委员会办公室编 高明 高明县志编纂委员会办公室 1993年 125页〔高明县专业志选辑〕

012872328

高明市检察志 1982—2002

何颖辉主编 佛山 佛山市高明区人民检察院佛山市高明区史志办公室 2005年 124页

007412399

高明县工商行政管理志

严善庆主编 杜镜昭责任编辑 苏志勇 方文钰校对 高明 高明县工商行政管理局 1989年 86页〔高明县专业志选辑〕

012636979

高明市审计志

佛山市高明区审计局 佛山市高明区史志办公室编 佛山 佛山市高明区审计局 佛山市高明区史志办公室 2005年 281页〔高明专业志丛书〕

012503982

高明建设志 1982—2004

佛山市高明区建设局 佛山市高明区史志办公室编 佛山 佛山市高明区史志办公室 2006年 366页

012998951

高明市供水志 1982—2002

佛山市高明区供水总公司 佛山市高明区史志办公室编 高明 佛山市高明区人大办公室 佛山市高明区史志办公室 2005 年 123 页〔高明专业志丛书〕

009839186

高明县城乡建设志

陆治乾主编 苏志勇 方文钰校对 高明县建设委员会 高明县志总编辑室编 高明 高明县志总编辑室 1987 年 75 页〔高明县专业志选辑〕

007591237

荷城建设志

陆治乾主编 罗晖副主编 高明县建设委员会 高明县志总编辑室编 高明 高明县建设委员会 高明县志总编辑室 1989 年 110 页〔高明县专业志选辑〕

008466650

高明市林业志

佛山市高明区林业局 佛山市高明区史志办公室编 佛山 佛山市高明区史志办公室 2005 年 225 页

007412376

高明县粮食志

陆治乾主编 罗海梁责任编辑 苏志勇校对 高明县粮食局 高明县志总编辑室编 高明镇 高明县志总编辑室 1988 年 99 页〔高明县专业志选辑〕

013772618

高明县电力志

陆治乾 区志强主编 杜灼华 苏志勇校对 高明县供电局 高明县志总编辑室编 高明 高明县志总编辑室 1987 年 100 页〔高明县专业志选辑〕

007412377

高明县水利志

陆治乾主编 苏志勇 陈颖校对 苏志勇 杜灼华摄影 高明县水利电力局 高明县志总编辑室编 高明镇 高明县志总编辑室 1989 年 167 页〔高明县专业志选辑〕

012679333

高明交通志

佛山市高明区交通局 佛山市高明区史志办公室编 佛山 佛山市高明区交通局 佛山市高明区史志办公室 2006 年 436 页

008466659

高明县交通志

高明县交通局 高明县编纂委员会办公室编 严善庆主编 罗晖副主编 罗海梁责任编辑 1992 年 156 页〔高明县专业志选辑〕

012636976

高明市旅游志 1982—2002

佛山市高明区旅游局 佛山市高明区史志办公室编 佛山 佛山市高明区史志办公室 2007年 80页〔高明专业志丛书〕

008466656

高明县邮电志

严善庆主编 罗晖 罗海梁副主编 杜灼华 罗海梁 吴福彭主笔 罗海梁责任编辑 李丽燕 林福华 伍小冰校对 高明县邮电局 高明县志编纂委员会办公室编 高明 高明县志编纂委员会办公室 1994年 103页〔高明县专业志选辑〕

012679344

高明市物价志

佛山市高明区物价局 佛山市高明区史志办公室编 佛山 佛山市高明区物价局 佛山市高明区史志办公室 2006年 182页〔高明专业志丛书〕

013335254

高明市国内贸易志

佛山市高明区经济贸易局 佛山市高明区史志办公室编 佛山 佛山市高明区经济贸易局 佛山市高明区史志办公室 2006年 243页

012998941

高明国税志

佛山市高明区国家税务局 佛山市高明区史志办公室编 佛山 佛山市高明区国家税务局 佛山市高明区史志办公室 2005年 236页

008593227

高明县税务志

严善庆主编 罗晖副主编 黄国东责任编辑 高明县税务局 高明县志编纂委员会办公室编 高明 高明县税务局 1990年 152页〔高明县专业志选辑〕

012636971

高明市档案志

佛山市高明区档案局 佛山市高明区史志办公室编 2003年 130页〔高明专业志丛书〕

012636967

高明科技志

佛山市高明区科学技术信息局 佛山市高明区史志办公室编 佛山 佛山市高明区科学技术信息局 佛山市高明区史志办公室 2006年 297页〔高明专业志丛书〕

012636972

高明市教育志

佛山市高明区教育局 佛山市高明区史志办公室编 佛山 佛山市高明区史志办公室 2006年 232页〔高明专业志丛书〕

011311040
高明县教育志
严善庆主编 罗晖 罗海梁副主编 杜镜昭主笔 苏志勇等校对 高明县教育局 高明县志编纂委员会办公室编 高明 高明县志编纂委员会办公室 1994年 208页〔高明县专业志选辑〕

012679342
高明市体育志
刘兆飞主编 佛山 佛山市高明区体育局 佛山市高明区史志办公室 2005年 220页〔高明专业志丛书〕

012250976
广东省高明县地名志
高明县地名志编纂委员会编 高明 高明县地名志编纂委员会 1992年 265页

013335259
高明市卫生志
佛山市高明区卫生局 佛山市高明区史志办公室编 高明 佛山市高明区卫生局 2005年 362页〔高明专业志丛书〕

008834604
高明水利续志 1987—1998
高明市水利局 高明市地方志编纂委员会办公室编 高明 高明市地方志编纂委员会办公室 2000年 108页〔高明市地方志丛书〕

江门市

008815930
江门市志
江门市地方志编纂委员会编 广州 广东人民出版社 1998年 2册 1589页〔广东省地方志丛书〕

013774226
江门市志 1979—2000
江门市地方志编纂委员会编 北京 方志出版社 2011年 3册 1685页〔广东省地方志丛书〕

007697932
江门百年大事记 1854—1993
广东省江门市地方志编纂委员会办公室编 广州 广东人民出版社 1995年 331页

012202846
环市镇志
环市镇地方志编纂小组编 环市镇 环市镇地方志编纂小组 2005年 102页

010008230
江门市公安志
欧钜明主编 广州 岭南美术出版社 2006年 484页

012832140
江门市质量技术监督志
江门市质量技术监督局编 江门 江门市质量技术监督局 2003年 159页

011891005
江门市水利志
江门市水利志编纂委员会编 北京 中国水利水电出版社 2008年 946页

010473929
江门市邮电志
江门市邮电局编 广州 广东科技出版社 1991年 102页

013531038
江门海关志 1904—1990
中华人民共和国江门海关编 江门 中华人民共和国江门海关 1996年 334页

008665168
江门市地名志
江门市地名委员会 江门市国土局编 广州 广东省地图出版社 1991年 493页

012967993
江门市标准计量志
江门市技术监督局编 江门 江门市技术监督局 1990年 105页

新会区

007291160
新会县志
新会县地方志编纂委员会编 广州 广东人民出版社 1995年 1288页〔广东省地方志丛书〕

007990300
新会县志续编
新会市地方史志编纂委员会编 广州 广东人民出版社 1998年 664页〔广东省地方志丛书〕

008380143
新会县水利志
广东省新会县水利电力局编 新会 广东省新会县水利电力局 1990年 170页〔新会县地方志丛书〕

台山市

013375912
台山市志 1979—2000
台山市地方编纂委员会编 北京 方志出版社 2011年 1296页

008815357
台山县志

台山县地方志编纂委员会 黄剑云总纂 广州 广东人民出版社 1998年 639页〔广东省地方志丛书〕

013333767
北陡镇志
北陡镇志编纂委员会编 北陡镇 北陡镇志编纂委员会 2005年 379页

013528809
赤溪镇志
赤溪镇修志办公室编 台山 广东省台山市华宁彩印有限公司 2005年 724页

013680667
大江镇志
台山市大江镇志编纂委员会编 台山 台山市大江镇志编纂委员会 2007年 392页

013686315
汶村镇志
台山市汶村镇志编纂委员会编 台山 台山市汶村镇志编纂委员会 2007年 319页

013686260
台山政协志
台山政协志编纂委员会编 台山 台山政协志编纂委员会 2000年 376页

012208257
台山民政志
台山民政志编纂委员会编 台山 台山民政志编纂委员会 2004年 373页

009557570
台山县华侨志
台山县侨务办公室编 台山 台山县侨务办公室 1992年 366页

012140296
台山供销社志
台山供销社志编纂委员会编 台山 台山供销社志编纂委员会 2006年 538页

012662311
台山教育志 1979—2000
台山教育志编纂委员会编 台山 台山教育志编纂委员会 2005年 387页

006733050
台山百年事纪略 1498—1987
黄剑云主编 广东 广东省江门市地方志学会 广东省台山县志编辑部 1988年 84页〔广东省台山县地方志丛书〕

006975791
台山古今概览
黄剑云编著 广州 广东人民出版社 1992—1993年 2册〔广东省台山县地方志丛书〕

008453639
台山下川岛志

黄剑云主编 广州 广东人民出版社
　　1997年 307页〔广东省台山市地方
　　志丛书〕

009955116
台山江氏族谱志
2005年 261页

013002625
台山卫生志
台山卫生志编纂委员会编 台山 台山卫
　　生志编纂委员会 2001年 568页

开平市

009378331
大沙区志
开平市地方志办公室 开平市大沙镇人
　　民政府编 开平 开平市地方志办公室
　　1994年 336页〔开平地方志丛书〕

008997517
开平县志
开平市地方志办公室编 北京 中华书局
　　2002年 2册 1860页

013531127
开平县粮食志 1638—1988
开平县粮食志编写组编 开平 开平县粮
　　食志编写组 1989年 274页

007464477
开平县交通志
开平县交通志编写办公室编 开平 开平
　　县交通志编写办公室 1989年 360页

013774426
开平县农村金融志
开平县农村金融志编写组编 开平 开平
　　县农村金融志编写组 1989年 169页

005906994
开平县文物志
开平县华侨博物馆编 广州 广东人民出
　　版社 1989年 283页

007677631
开平县水利志
开平县水利志编写组编 开平 1992年
　　178页

鹤山市

008470968
鹤山县志
鹤山县县志编纂委员会编 广州 广东人
　　民出版社 2001年 774页〔广东省地
　　方志丛书〕

012252933
雅瑶镇志
鹤山市雅瑶镇志编纂委员会编 雅瑶镇
　　鹤山市雅瑶镇志编纂委员会 2006年
　　347页

013704219
鹤山华侨志
鹤山市人民政府编 鹤山 鹤山市人民政府 2004年 282页

009158062
鹤山财政志
鹤山财政志编写组编 广州 广东人民出版社 2004年 332页

009863891
鹤山文化志
麦浪秋主编 鹤山 鹤山市文化局 1990年 128页

007479148
鹤山县教育志
鹤山县教育志编写组编 1994年 213页

恩平市

009441776
恩平县志
恩平县地方志编纂委员会编 北京 方志出版社 2004年 827页

007727228
恩平县政协志 1980.12—1993.4
政协恩平县委员会政协志编纂小组编 恩平 恩平县政协志编纂委员会 1993年 297页

010138270
恩平食品企业志
恩平市食品企业志编纂委员会编 北京 中国广播电视出版社 2005年 340页

009335900
恩平交通志
恩平交通志编纂委员会编 广州 广东人民出版社 2003年 377页

013771870
恩平县教育志
恩平县教育志编写组编 恩平 恩平县教育志编写组 1993年 211页〔恩平县地方志丛书〕

013771872
恩平县教育志 1986—1993
恩平县教育志编写组编 恩平 恩平县教育志编写组 1998年 209页〔恩平县地方志丛书〕

008440351
恩平县农村志 1911—1985
中共恩平县委农村工作部 恩平县人民政府农业委员会农村志编纂办公室编 1991年 362页

013987638
恩平宣传志 1949—2012
中共恩平市委宣传部编 广州 广东人民出版社 2013年 636页

湛江市

009391029
湛江市志
湛江市地方志编纂委员会编 北京 中华书局 2004年 2册 2492页〔广东省地方志丛书〕

013994256
湛江市志 1979—2000
湛江市地方志编纂委员会编 广州 广东人民出版社 2013年 2册 1103页〔广东省地方志丛书〕

008075752
湛江概览
丘明章主编 湛江市地方志编委会办公室编 湛江 1991年 476页

012663831
中国湛江经济技术开发区志 1984—2005
湛江经济技术开发区志领导小组编 广州 花城出版社 2010年 425页

009149847
东方红农场志
东方红农场志编纂委员会编 湛江 东方红农场志编纂委员会 1996年 145页〔湛江市地方志丛书〕

007662468
粤西农垦志
粤西农垦志编纂委员会编 广州 广东人民出版社 1993年 273页〔湛江市地方志丛书〕

007882082
南海西部石油公司志
石油公司志办公室编 广州 广东科技出版社 1989年 271页

010195251
湛江电力工业志 1926—2000
湛江电力工业志编纂委员会编 湛江 湛江电力工业志编纂委员会 2001年 454页〔广东省电力工业志丛书〕

009864190
湛江卷烟厂志
湛江卷烟厂志办公室编 广州 广东人民出版社 1998年 310页〔湛江市地方志丛书〕

009379635
湛江市轻工业志
吴洲平编撰 广州 广东科技出版社 1989年 196页

009310230
湛江糖果厂厂志

谢郁青主笔 吴洲平审稿 广州 广东科技出版社 1989年 61页〔湛江市地方志丛书〕

008453634
湛江烟草志
张祥镇 李耀东主编 湛江烟草分公司编志办公室编 广州 广东人民出版社 1998年 220页〔湛江市地方志丛书〕

008298345
中国海洋石油南海西部公司志 1988—1995
中国海洋石油南海西部公司志编辑部编 中国海洋石油南海西部公司 1998年 554页〔湛江市地方志丛书〕

013148800
湛江交通志
湛江交通志编辑委员会编 湛江 湛江交通志编辑委员会 1992年 370页

011328655
湛江车站志 1956.1—2006.1
湛江车站主编 湛江 湛江车站 2005年 192页

009864195
湛江市商业志
湛江市商业局编 广东 中山大学出版社 1992年 215页〔湛江市地方志丛书〕

008453654
湛江金融志
潘明主编 北京 中国金融出版社 1994年 556页

009378613
海康方言志
蔡叶青编著 叶国泉审订 广东 中山大学出版社 1993年 295页〔海康县地方志丛书 湛江市地方志丛书〕

010730757
湛江民间艺术志
邓碧泉主编 广州 广东人民出版社 2006年 244页

009174253
南三岛志
湛江市南三岛志编委会编 北京 中央文献出版社 2003年 405页〔湛江市地方志丛书〕

010195281
湛江市地名志
湛江市地名志编辑委员会编 广州 广东省地图出版社 1989年 478页

010468409
湛江地区气候志
广东省湛江地区气象局编 湛江 广东省湛江地区气象局 1974年 293页

008488292
湛江市建筑志
梁金木编写 北京 中国建筑工业出版社 1991年 346页

霞山区

013824301
湛江市霞山区志
湛江市霞山区地方志编纂委员会编 广州 广东人民出版社 2012年 832页〔广东省地方志丛书〕

坡头区

013866282
湛江市坡头区志
湛江市坡头区地方志编纂委员会编 广州 广东人民出版社 2013年 698页

麻章区

013961340
湛江市麻章区志
湛江市麻章区地方志编纂委员会编 广州 广东人民出版社 2013年 807页〔广东省地方志丛书〕

廉江市

013375831
廉江市志 1979—2005
廉江市地方志编纂委员会编 北京 方志出版社 2012年 1247页〔广东省地方志丛书〕

007493536
廉江县志
廉江县地方志编纂委员会编 广州 广东人民出版社 1995年 990页〔广东省地方志丛书〕

008599888
安铺镇志
王在福主编 林准副主编 廉江县安铺镇志编纂小组编纂 湛江 1986年 399页

008616560
廉江县工商行政管理志
廉江县工商行政管理志编写组编 广州 广东科技出版社 1990年 120页〔湛江市地方志丛书〕

009145663
廉江县劳动志
廉江县劳动志编写小组编 广州 广东科技出版社 1991年 137页〔湛江市地方志丛书〕

008616569
廉江县林业志
廉江县林业局编 广州 广东科技出版社 1994年 133页〔湛江市地方志丛书〕

008385604

廉江县电力工业志

廉江县电力工业志编辑组编 广州 广东科技出版社 1990年 117页〔湛江市地方志丛书〕

008616552

廉江县二轻工业志

曾方熙主编 钟周副主编 广州 中山大学出版社 1990年 121页

008567840

广东省廉江县交通志

廉江县交通局志编纂小组编 廉江 廉江县交通局 19uu年 160页

008385599

廉江县供销社志

廉江县供销合作社编著 广州 中山大学出版社 1990年 191页

007677617

廉江县粮食志

广东省廉江县粮食局编 廉江 广东省廉江县粮食局 1987年 260页

008616599

廉江市财政志

廉江市财政志编写小组编纂 南宁 广西民族出版社 1995年 159页

008451938

廉江县水利志

廉江县水利志编辑组编 广州 广东科技出版社 1992年 153页〔湛江市地方志丛书〕

雷州市

009441659

海康县志

雷州市地方志编纂委员会编 北京 中华书局 2005年 1218页〔中华人民共和国地方志丛书〕

007654337

海康珍珠志

蔡庭编著 广州 广东人民出版社 1992年 185页

013528991

海康县财政志

海康县财政志编写组编著 广州 广东人民出版社 1996年 289页

007657720

海康县金融志

广州 广东人民出版社 1992年 237页

005783978

中国古生物志 广东雷琼地区上新世介形类动物群

勾韵娴 郑淑英 黄宝仁著 北京 科学出版社 1983年 134页〔中国古生物志总号第163册 新乙种 第18号〕

吴川市

008990730
吴川县志
吴川市地方志办公室编 北京 中华书局 2001 年 1185 页〔中华人民共和国地方志丛书〕

011806034
吴川市政府志
吴川市政府志编辑部编 北京 新华出版社 2008 年 264 页

011806029
吴川市财政志
吴川市财政志编辑部编 北京 新华出版社 2008 年 239 页

004411357
吴川县文物志
扬振泉主编 扬振泉等编写 广东 中山大学出版社 1988 年 123 页

遂溪县

009335907
遂溪县志
遂溪县地方志编纂委员会编 北京 中华书局 2003 年 213 页〔中华人民共和国地方志丛书〕

徐闻县

008636614
徐闻县志
徐闻县志编纂委员会编 广州 广东人民出版社 2000 年 984 页

009864163
徐闻县蔗糖志
徐闻县蔗糖志编纂委员会编 广州 广东地图出版社 1999 年 380 页

013823039
徐闻县第一中学校志
徐闻一中校志编辑部编撰 广东 2009 年 317 页

009989100
徐闻县地名志
徐闻县地名委员会 徐闻县国土局编 广州 广东省地图出版社 1995 年 294 页

茂名市

007992217

茂名市志

茂名市地方志编纂委员会编 北京 生活·读书·新知三联书店 1997年 2册〔中国地方志丛书〕

008018706

茂名市大事记

茂名市地方志办公室编 广东 中山大学出版社 1991年 178页

013824338

中共茂名市委办公室简志 1958—2008

中共茂名市委办公室简志编纂委员会编 茂名 中共茂名市委办公室 2011年 309页

013319754

茂名电力工业志

茂名电力工业志编纂委员会编 茂名 茂名电力工业志编纂委员会 2001年 427页〔广东省电力工业志丛书〕

012758845

茂名热电厂志 1958—2000

茂名热电厂志编纂委员会编 茂名 茂名热电厂志编纂委员会 2008年 265页〔广东省电力工业志丛书〕

013144596

茂名海关志

茂名海关编 茂名 茂名海关 2004年 129页

009863908

茂名市金融志

苏福三主编 北京 中国金融出版社 1993年 410页

009863909

茂名市金融志 1989—2000

茂名市金融志编纂委员会编 北京 中国金融出版社 2004年 497页

008665171

茂名市地名志

茂名市地名委员会 茂名市国土局编 广州 广东省地图出版社 1994年 359页

高州市

009851323

高州县志

高州市地方志编纂委员会编 北京 中华书局 2006年 2册〔中华人民共和国地方志丛书〕

009413334
广东省高州市税务志
广东省高州市国家税务局 广东省高州市地方税务局编 广州 广东人民出版社 2004年 334页

化州市

007883873
化州县志
化州市地方志编纂委员会编 广州 广东人民出版社 1996年 1131页〔广东省地方志丛书〕

信宜市

013684241
信宜市志 1979—2000
信宜市地方志编纂委员会编 广州 广东人民出版社 2012年 1093页〔广东省地方志丛书〕

007057413
信宜县志
信宜县地方志编纂委员会编 广州 广东人民出版社 1993年 1232页〔广东省地方志丛书〕

009332456
信宜统计志
杨豪明 叶正甫主编 北京 时代出版社 2001年 429页

013226683
信宜人口与计划生育志
潘大朝 杨豪明 何鸿博主编 北京 时代出版社 2006年 318页

013321265
信宜政协志
陈启著 梁承光编著 政协广东省信宜市委员会编 信宜 政协广东省信宜市委员会 2002年 449页

007532001
信宜教育志
信宜教育志编纂委员会编 广州 广东人民出版社 1995年 310页

008453637
信宜县脱贫志
信宜县地方志办公室编 广州 广东人民出版社 1995年 357页

010278444
信宜市文物志
陈中材主编 杨森顾问 信宜市文物志编纂委员会编 信宜 信宜市文物志编纂委员会 1992年 158页

电白县

008665737
电白县志
广东省电白县地方志编纂委员会编 北京 中华书局 2000年 1251页

009378335
电白方言志
戴由武 戴汉辉主编 广州 中山大学出版社 1994年 380页

肇庆市

008453697
肇庆市志
肇庆市地方志编纂委员会编 广州 广东人民出版社 1999年 2册 1550页〔广东省地方志丛书〕

012837833
肇庆市大旺简志
肇庆高新地区地方志编纂委员会编 肇庆 肇庆高新地区地方志编纂委员会 2008年 407页〔广东省地方志丛书〕

008437279
肇庆市历史大事记 远古—清代
肇庆市地方志办公室编 1988年 310页

009379639
肇庆华侨志
肇庆市人民政府侨务办公室 肇庆市归国华侨联合会编 肇庆 肇庆市归国华侨联合会 1987年 72页

008453708
肇庆市外事志
肇庆市外事志编辑委员会编 肇庆 肇庆市外事志编辑委员会 1995年 50页

008453721
肇庆市法院志 1833—1992
广东省肇庆市中级人民法院肇庆市法院志编写组编 肇庆 广东省肇庆市中级人民法院肇庆市法院志编写组 1997年 119页

008453765
西江林业局志
西江林业局志编纂领导小组编 广东 西江林业局志编纂领导小组 1996年 165页

008453729
肇庆林业志
肇庆林业志编纂领导小组编 肇庆 肇庆林业志编纂领导小组 1993年 235页

008453715
肇庆地区电力工业志 1913—1986
肇庆供电局编 肇庆 肇庆供电局 1987年 134页

010195289
肇庆电力工业志
肇庆电力工业志编委会编 肇庆 肇庆电力工业志编委会 2001年 516页〔广

东省电力工业志丛书 粤供电 4〕

008453704
肇庆水利志
肇庆市水利志编纂委员会编 肇庆 肇庆市水利志编纂委员会 1990 年 160 页

008453728
肇庆有色金属工业志 1950—1985
肇庆有色金属工业志编委会编 肇庆 肇庆有色金属工业志编委会 1988 年 232 页

009379648
肇庆有色金属公司金子窝锡矿志 1961—1985
金子窝锡矿编 广东 金子窝锡矿 1987 年 226 页

008453713
肇庆交通志
肇庆市交通委员会编 肇庆市地方志编纂委员会办公室审定 肇庆 肇庆市交通委员会 1999 年 246 页

011500839
肇庆市旅游志
梁文廉编著 广州 广东旅游出版社 1991 年 184 页

008453732
肇庆市邮电志
广东省肇庆市邮电局编 肇庆 广东省肇庆市邮电局 1995 年 234 页

008453718
肇庆粮食志
肇庆粮食志编纂领导小组编 肇庆 肇庆粮食志编纂领导小组 1995 年 337 页

008453719
肇庆市物价志
广东省肇庆市物价志编纂委员会编 肇庆 广东省肇庆市物价志编纂委员会 1994 年 170 页

008453700
肇庆土特产志
肇庆市县区档案馆合编 肇庆 肇庆市县区档案馆 1988 年 61 页

008453726
肇庆市财政志
肇庆市财政志编纂委员会编 肇庆 肇庆市财政志编纂委员会 1989 年 351 页

008453698
肇庆市税务志
广东省肇庆市税务局编 肇庆 广东省肇庆市税务局 1992 年 157 页

009839201
肇庆工商银行志
肇庆工商银行志编纂领导组编 肇庆 肇庆工商银行志编纂领导组 1994 年 297 页

009864215
肇庆农村金融志 1950—1992
中国农业银行肇庆分行编 肇庆 中国农业银行肇庆分行 1996年 474页

008453720
肇庆教育志
肇庆市教育局编 肇庆 肇庆市教育局 1996年 313页〔肇庆市地方志丛书〕

008453711
肇庆文物志
肇庆文物志编纂委员会编 广东 广东省新闻出版局 1996年 187页

009379644
肇庆市地名志
司徒尚纪主编 肇庆市地名委员会编 广州 广东省地图出版社 1999年 445页

013707201
肇庆市城市规划建设志 至1995
肇庆市城乡规划局 肇庆市城建档案馆编 肇庆 肇庆市城乡规划局 2002年 600页

008453723
肇庆环境保护志
肇庆市环境保护局编 肇庆 肇庆市环境保护局 1994年 212页

端州区

013707205
肇庆市端州区志
肇庆市端州区地方志编纂委员会编 北京 方志出版社 2012年 1118页〔广东省地方志丛书〕

008453696
肇庆市志
肇庆市端州区地方志编纂委员会编 广州 广东人民出版社 1996年 999页〔广东省地方志丛书〕

008379668
肇庆市端州区水利志
肇庆市端州区水利电力局水利志编写组编 肇庆 肇庆市端州区水利电力局水利志编写组 1990年 134页

009864271
肇庆市端州区曲艺志
端州区曲艺志编辑组编写 周国焘执笔 肇庆 端州区曲艺志编辑组 1995年 110页

鼎湖区

013707202
肇庆市鼎湖区志
肇庆市鼎湖区地方志编纂委员会编 北京 中华书局 2012年 963页〔广东

省地方志丛书〕

008453763
鼎湖山志
刘明安 张云岭主编 广东省肇庆星湖编志办编撰 广州 中山大学出版社 1993年 207页

高要市

007473502
高要县志
梁赞燊 陈德彬等纂辑 台北 1975年 2册 937页

007850899
高要县志
高要县地方志编纂委员会编 广州 广东人民出版社 1996年 922页〔广东省地方志丛书〕

010730231
高要教育志
高要市教育局编 高要 高要市教育局 2000年 358页〔高要市地方志丛书〕

008453733
七星岩志
刘明安主编 广东省肇庆星湖编志办编 广州 广东省地图出版社 1990年 304页

012998955
高要县水利志
广东省高要县水利电力局编 高要 广东省高要县水利电力局 1990年 208页

012998952
高要县堤防志
广东省高要县水利电力局编 1990年 80页

四会市

008453774
四会县志
四会县地方志编纂委员会编 广州 广东人民出版社 1996年 1004页〔广东省地方志丛书〕

009864121
四会县邮电志 1380—1993
四会市邮电局编 四会 四会市邮电局 1994年 221页

013731649
四会市先进人物志
中共四会市委党史研究室编 四会 中共四会市委党史研究室 1998年 291页

009864115
四会柑桔志
张体明 陈慈祥主编 四会市地方志编纂委员会编 四会 四会市地方志编纂委员会 2000年 262页

广宁县

007132521
广宁县志
广宁县地方志编纂委员会编 广州 广东人民出版社 1994年 973页〔广东省地方志丛书〕

013723512
广宁县志 1979—2000
广宁县地方志编纂委员会编 广州 广东人民出版社 2012年 957页〔广东省地方志丛书〕

008361003
广宁史话
广宁县志办公室编 广宁 广宁县志办公室 uuuu年 47页

008360958
广宁县概况
广宁县志办公室编 广宁 广宁县志办公室 1990年 55页

010687034
广宁建设志 1830—1992
冼韬主编 广东省广宁县建设委员会编 广宁 广东省广宁县建设委员会 1994年 182页

009863786
广宁县地方国营工业志
广东省广宁县经济委员会编 广宁 广宁县经济委员会 1993年 319页

009863790
广宁邮电志
广宁县邮电局编 广宁 广宁县邮电局 1997年 157页

008453693
广宁县粮食志
广东省广宁县粮食局编 广宁 广东省广宁县粮食局 1992年 297页

013183450
广东省广宁县税务志
广宁县税务局编 广宁 广宁县税务局 1989年 275页

008453692
广宁县教育志
广宁县教育局编 广宁 广宁县教育局 1993年 239页

011497730
广宁体育志
广宁县体委编 广宁 广宁县体委 1992年 108页

008067710
广宁竹志
广宁县人民政府编 广州 广东人民出版社 1991年 228页

怀集县

005591358
怀集县志
怀集县地方志编纂委员会编 广州 广东人民出版社 1993年 830页〔广东省地方志丛书〕

009145589
怀集县人民代表大会志
怀集县人民代表大会志编纂委员会编 怀集 怀集县人民代表大会志编纂委员会 2002年 556页

013507976
怀集县政协志 1980—2002
政协广东省怀集县委员会编 怀集 政协广东省怀集县委员会 2003年 262页

012638893
怀集县教育志 1049—2007
怀集县教育志编纂委员会编 怀集 怀集县教育志编纂委员会 2008年 438页

009145583
贵儿戏志
周如坤主笔 怀集 怀集县人民印刷厂 1990年 74页

封开县

008006101
封开县志
封开县地方志编纂委员会编 广州 广东人民出版社 1998年 1067页

009379655
中共封开县组织志
莫树梅主编 苏国麟副主编 中共封开县委组织部编 封开 中共封开县委组织部 1994年 140页

009378455
中共封开县委宣传志
蒙伟强主编 中共封开县委宣传部编写 封开县地方志办公室审定 封开 中共封开县委宣传部 1995年 69页

009863744
封开县工会志
黄友主编 广东省封开县地方志编纂委员会办公室 广东省封开县总工会编 封开 1992年 58页

009378429
封开县妇女志
黄冠凤主编 黄佩红副主编 广东省封开县妇女联合会编写 广东省封开县方志办公室审定 封开 广东省封开县方志办公室 1994年 94页

009378452
封开县统一战线志
中国共产党封开县委员会统一战线工作部编 广东省封开县地方志编纂委员会办公室审定 封开 1993年 50页

013771881
封开县人大志 1950—1995
封开县人大志编写领导小组编 封开 封开县人大志编写领导小组 1995年 67页

009378459
封开县政协志
吴炎英主编 龙子钦副主编 中国人民政治协商会议封开县委员会 封开县地方志编纂委员会办公室编 封开 1992年 102页

007908330
封开县人事志
梁汉常主编 广东省人事志编写组编 封开 封开县中学印刷厂 1991年 140页

009863754
封开县信访志
陈沛湘 陈锦洪主编 广东省封开县信访办公室编写 广东省封开县地方志办公室审定 封开 郁南县县国营人民印刷厂 1995年 66页

009863750
封开县司法行政志
卢健 唐跃主编 封开县司法局 封开县地方志编纂委员会办公室编 封开 封开县司法局 封开县地方志编纂委员会办公室 1991年 72页〔封开方志丛书〕

009378434
封开县军事志
苏钟晴 谢显林主编 封开县地方志编纂委员会办公室 封开县武装部军事志编写组编 封开 1992年 73页

009378439
封开县矿产志
吴甘荣编 广东省封开县矿产资源管理委员会 广东省封开县地方志编纂委员会办公室编主编 封开 1992年 80页

007908331
封开县水泥厂志
陈家群 程满棠主编 广东省封开县水泥厂编 封开 郁南县人民印刷厂 1991年 78页

007772060
封开县牙签厂志
苏焕泉主编 封开 封开地方志编辑部 1991年 82页

009863747

封开县经委国营工业志

广东省封开县经委国营工业志编写组编 封开 1992年 109页

007908329

封开县邮电志

伍丰年主编 广东省封开县地方志编纂委员会办公室 广东省封开县邮电局编 封开 封开县人民印刷厂 1990年 86页

007908317

封开县金融志

广东省封开县地方志编纂委员会办公室 广东省封开县金融志编写组编 封开 封开县金融志编纂领导小组 1990年 226页

007507920

封开县档案志

吴金开主编 广东省封开县档案局 广东省封开县档案馆编 封开 1992年 100页

009378443

封开人物志

陈英杰 李非庸主编 封开 封开县地方志办公室 1997年 105页〔地方志系列丛书〕

009851290

封开县文物志

邓增魁主编 封开县文物管理委员会 封开县博物馆编 封开 1995年 141页

009378449

封开县水利志

蔡汉忠主编 封开县水利电力局编 封开 封开县水利电力局 1994年 273页

007508968

西江汽车维修志

邝耀斌主编 封开 1992年 24页

德庆县

007850904

德庆县志

德庆县地方志编纂委员会编 广州 广东人民出版社 1996年 867页〔广东省地方志丛书〕

013791125

德庆县志 1979—2000

德庆县地方志编纂委员会编 广州 广东人民出版社 2013年 835页〔广东省地方志丛书〕

013179402

德庆县税务志

广东省德庆县税务局编 德庆 德庆县税务局 1989年 160页

惠州市

011804681
惠州市志
惠州市地方志编纂委员会编 北京 中华书局 2008年 4册 4934页

012956921
中共惠州市委党校校志 1956—1996
中共惠州市委党校编 惠州 中共惠州市委党校 1996年 154页

011890916
惠州铁路公安处处志 1992—1999
惠州铁路公安处处志编纂委员会编 惠州 惠州铁路公安处处志编纂委员会 1999年 318页

009250816
惠州华侨志
惠州华侨志编纂委员会编 惠州 惠州市侨联出版 1998年 245页

008054963
惠州市城市建设志
朱铁畅主编 惠州 惠州市城市建设委员会 1991年 270页〔惠州市惠城区地方志丛书〕

012872562
惠州市林业志
惠州市林业局编 惠州 惠州市林业局 2003年 414页〔惠州地方史志丛书〕

009157962
惠州革命老区志
李深瑶 张建雄主编 北京 中共党史出版社 2000年 605页〔惠州地方史志丛书〕

002125806
惠州文物志
邹永祥 吴定贤编著 杨式挺审稿 惠州 广东省惠州市文化局 广东省惠州市博物馆 1987年 152页

008067620
惠州市气象志
赖兆周著 1991年 79页〔惠州市惠城区地方志丛书〕

008665228
大亚湾鱼类及生物学图志
徐恭昭 郑文莲 黄国材编 合肥 安徽科学技术出版社 1994年 319页

009310891
惠州市中心人民医院志 1950—1995
广东省惠州市中心人民医院编志委员会编 惠州 广东省惠州市中心人民医院 1996年 318页

惠城区

013647667

惠州市惠城区志 1988—2002

惠州市惠城区地方志编纂委员会编 广州 广东人民出版社 2012年 979页〔广东省地方志丛书〕

009552721

惠州志艺文卷

惠州市惠城区地方志编纂委员会编 北京 中华书局 2004年 906页〔中华人民共和国地方志丛书〕

惠阳区

009043203

惠阳县志

惠阳市地方志编纂委员会编 广州 广东人民出版社 2003年 2册 1689页〔广东省地方志丛书〕

009863777

广东省惠阳地区有色金属工业志 1910—1985

广东省惠阳地区有色金属工业志编委办编 惠州 广东省惠阳地区有色金属工业志编委办 1987年 360页

013129727

惠阳县教育志

惠阳县教育局编 惠阳 惠阳县教育局 1992年 232页

002166752

广东省惠阳地区地名志

广东省惠阳地区地名委员会编 广州 广东省地图出版社 1988年 706页

010293837

惠阳区第一人民医院志

惠州市惠阳区第一人民医院编 惠州 惠州市惠阳区第一人民医院 2004年 192页〔惠州市惠阳区地方志系列丛书 2〕

博罗县

008999264

博罗县志

黎榕凯 钟兆南主编 博罗县地方志编纂委员会编 北京 中华书局 2001年 844页〔广东省地方志丛书〕

013220983

博罗县志 1979—2000

博罗县地方志编纂委员会编 广州 广东人民出版社 2011年 1042页〔广东省地方志丛书〕

012132471

博罗县人大志

博罗县人民代表大会常务委员会办公室编 博罗 博罗县人民代表大会常务委员会办公室 2006年 369页

007908318
博罗县粮食志
博罗县粮食局编 博罗 博罗县粮食局 1988年 192页

012132473
博罗县水利志
博罗县水利志编纂委员会编 博罗 博罗县水利志编纂委员会 2006年 266页

009378310
博罗县文物志
黄观礼主编 李广文等编委 李广文摄影 徐振华绘图 广州 中山大学出版社 1988年 275页

001770573
罗浮山风物志
谢华编著 广州 广东旅游出版社 1984年 138页

惠东县

009337563
惠东县志
惠东县地方志编纂委员会编 北京 中华书局 2003年 1008页

009839190
惠东人物
广东省惠东县地方志办公室编 北京 中国档案出版社 2004年 554页

龙门县

008815979
龙门县志
龙门县地方志编纂委员会编 北京 新华出版社 1995年 853页〔广东省地方志丛书〕

013319711
龙门县志 1979—2000
龙门县地方志编纂委员会编 广州 广东人民出版社 2011年 943页〔广东省地方志丛书〕

011954623
龙门县政协志
中国人民政治协商会议龙门县委员会编 龙门 中国人民政治协商会议龙门县委员会 2000年 134页

013184345
龙门县文化志
张吉清主编 刘冠荣副主编 龙门县文化局编 龙门 龙门县文化局 1993年 181页

011188647
龙门县民间故事民间歌谣民间谚语集成
龙门县文化局 龙门县文联合编 龙门 1987年 174页

梅州市

012814014
梅县志 1979—2000
梅县志编纂委员会编 广州 广东人民出版社 2010年 928页

008453658
梅州市志
梅州市地方志编纂委员会编 广州 广东人民出版社 1999年 3册 2233页〔广东省地方志丛书〕

013373549
梅州市志 1979—2000
梅州市地方志编纂委员会编 北京 方志出版社 2011年 2册 1671页〔广东省地方志丛书〕

011805635
梅州市统计志
梅州市统计局编 梅州 梅州市统计局 2007年 310页

008990723
梅州妇女志
梅州市妇联编 梅州 梅州市妇联 1990年 160页〔梅州市地方志丛书〕

007988976
梅州公安志 1890—1985
梅州市公安局编纂办公室编 梅州 梅州公安志编写办公室 1988年 122页〔梅州市地方志丛书〕

007908320
梅州民政志 1911—1988
梅州民政志编纂领导小组编 梅州 梅州民政志编纂领导小组 1988年 267页〔梅州市地方志丛书〕

009046334
梅州市华侨志
广东省梅州市华侨志编委会 广东省梅州市华侨历史学会编 深圳 星光印刷厂 2001年 257页

007988974
梅州法院志 1890—1987
广东省梅州市中级人民法院梅州法院志编辑室编 梅州 广东省梅州市中级人民法院 1990年 128页〔梅州市地方志丛书〕

007988973
梅州检察志 1949—1985
梅州检察志编写小组编 梅州 广东省梅州市人民检察院 19uu年 80页〔梅州市地方志丛书〕

007988978
梅州司法行政志

梅州市司法局编纂办公室编 梅州 梅州市司法局 1988年 87页〔梅州市地方志丛书〕

007908393
梅州城乡建设志
周甘怀主编 梅州市建设委员会梅州城乡建设志编纂组编 梅州 梅州市建设委员会 1991年 287页〔梅州市地方志丛书〕

007988977
梅州粮食志 1949—1985
梅州市粮食志编纂办公室编 梅州 梅州市粮食局 1989年 183页〔梅州市地方志丛书〕

009864035
梅州电力工业志
梅州电力工业志编纂委员会编 广州 广东省新闻出版局 2002年 456页〔广东省电力工业志丛书 粤供电 9〕

007988975
梅州化学工业志 1949—1985
梅州市化学工业公司化工志编纂办公室编 梅州 19uu年 133页〔梅州市地方志丛书〕

008453659
梅州水利志
梅州市水利电力局编 梅州 梅州市水利电力局 1995年 349页〔梅州市地方志丛书〕

007908446
梅州医药志
梅州市医药总公司编纂办公室编 梅州 梅州市医药总公司编纂办公室 1990年 145页〔梅州市地方志丛书〕

012721856
梅州公路志
梅州市公路局编 梅州 梅州市公路局 1993年 216页〔梅州市地方志丛书〕

007482035
梅州外贸志
梅州市对外贸易局编 梅州 梅州市对外贸易局 1990年 103页〔梅州市地方志丛书〕

007311028
广东省梅州税务志
梅州市税务局编 广东 广东梅州市税务局 1989年 237页〔梅州市地方志丛书〕

007908349
梅州金融志
广东梅州金融志编纂办公室编 广州 中山大学出版社 1990年 408页〔梅州市地方志丛书〕

009699311

梅州报刊志 1906—2002

梅州日报社报刊志编纂委员会编 广州 广东人民出版社 2005年 413页

009251800

梅州教育志

梅州市教育局教育志编写办公室编 梅州 梅州市教育局 1989年 283页〔梅州市地方志丛书〕

008122714

梅州客家风俗

梅州市地方志编委办公室 黄玉钊 杨典荣 陈广焕等编著 广州 暨南大学出版社 1992年 141页

007457582

广东省梅州市地名志

梅州市地名委员会编 广州 广东省地图出版社 1989年 456页

007908445

梅州卫生志

梅州市卫生局编 梅州 梅州市卫生局 1989年 276页〔梅州市地方志丛书〕

梅江区

013337484

梅州市梅江区志 1988—2000

梅江区地方志编纂委员会编 北京 方志出版社 2011年 772页〔广东省地方志丛书〕

梅县区

006101075

梅县志

梅县地方志编纂委员会编 广州 广东人民出版社 1994年 1291页〔广东省地方志丛书〕

009250885

梅县丙村镇志

梅县丙村镇志编辑部编 梅县 梅县丙村镇志编辑部 1993年 242页

009335879

梅县统战志

梅县统战志编纂领导小组编 梅县 梅县统战志编纂领导小组 1995年 190页

013375307

梅县政协志

梅县政协志编纂委员会编 梅县 梅县政协志编纂委员会 1994年 212页

007677596

梅县市司法行政志

梅县市司法局编 梅县 梅县市司法局 1988年 42页

011570039

梅县市煤炭工业志 初稿

梅县市煤炭工业公司编 1986年 276页

012766216
梅县市水利志
梅县市水电局水利志编辑组编 梅县 梅县市水电局水利志编辑组 1987年 133页

007995594
梅县市金融志 1853—1985
1988年 194页

008067540
梅县客家方言志
谢永昌著 广州 暨南大学出版社 1994年 334页〔广东梅州客家联谊会客家研究丛书〕

008432221
梅县市文物志 初稿
梅县市博物馆文物志编撰组编 梅县 1985年 1册

007295295
梅县市地名志
梅县市地方志编纂委员会编 梅县 梅县市国土局 1987年 166页

010195275
梅县灵光寺志
梅县灵光寺志编写小组编 梅县 梅县灵光寺 1996年 135页

008384872
阴那山志
程志远增订 广州 广东旅游出版社 1994年 397页

007995595
梅县市卫生志 1896—1985
梅县市卫生志编纂领导小组编 1988年 220页

009346503
梅县环境保护志
梅县环境保护志编纂委员会编 梅县 梅县环境保护志编纂委员会 2003年 234页

006361881
梅县市城乡建设环保志
梅县市城乡建设环保志编纂委员会编 梅县 梅县市城乡建设环境保护委员会 1988年 231页

兴宁市

012880340
兴宁市志 1979—2000
兴宁市志编纂委员会编 北京 方志出版社 2011年 1167页〔广东省地方志丛书〕

004415495
兴宁县志
兴宁县地方志编纂委员会编 广州 广东

人民出版社 1992 年 1015 页〔广东省地方志丛书〕

009379619

兴宁县华侨志

兴宁县华侨志编委会编 兴宁 兴宁县华侨志编委会 1989 年 90 页

009864150

兴宁县财政志

兴宁县财政局编 兴宁 兴宁县财政局 1986 年 235 页

010108633

兴宁县教育志

兴宁县教育局编 兴宁 兴宁县教育局 1988 年 342 页

011563540

百年树人 广东省兴宁市第一中学志 1906—2006

广东省兴宁市第一中学志编修委员会编 兴宁 广东省兴宁市第一中学 2006 年 376 页

012946924

兴宁叶南麻岭留圣堂地方志

留圣堂地方志编写组编 叶南 留圣堂地方志编写组 1982 年 83 页

011444086

兴宁人物志

兴宁市地方志办公室编 兴宁 兴宁市地方志办公室 1996 年 100 页

大埔县

007908389

大埔县志

大埔县地方志编纂委员会编 广州 广东人民出版社 1992 年 777 页〔广东省地方志丛书〕

012679190

大埔县志 1979—2000

大埔县志编纂委员会编 广州 广东人民出版社 2011 年 481 页〔广东省地方志丛书〕

009378329

大埔县交通志

大埔县交通局编写 大埔 大埔县交通局 1999 年 242 页

丰顺县

007817952

丰顺县志

丰顺县地方志编纂委员会编 广州 广东人民出版社 1995 年 1202 页〔广东省地方志丛书〕

013323762

丰顺县志 1979—2005

丰顺县志编纂委员会编 北京 方志出版

社 2011 年 1008 页〔广东省地方志丛书〕

009863737
丰顺县商业志
丰顺县商业志办公室编 丰顺 丰顺县商业志办公室 1988 年 187 页

009863731
丰顺县金融志 1738—1987
丰顺县金融志编写组编 丰顺 丰顺县金融志编写组 1989 年 224 页

012503920
丰顺县体育志
丰顺县体育局编 丰顺 丰顺县体育局 2007 年 231 页

五华县

005220802
五华县志
五华县地方志编纂委员会编 广州 广东人民出版社 1991 年 773 页〔广东省地方志丛书〕

013689473
五华县志 1979—2000
五华县地方志编纂委员会编 北京 方志出版社 2010 年 939 页〔广东省地方志丛书〕

011792989
五华县文化艺术志
五华县文化艺术志编纂委员会编 五华 五华县文化艺术志编纂委员会 1992 年 252 页

平远县

004883578
平远县志
平远县地方志编纂委员会编 广州 广东人民出版社 1999 年 827 页〔广东省地方志丛书〕

013225553
平远县志 1979—2000
平远县地方志编纂委员会编 广州 广东人民出版社 2011 年 1065 页

007474437
平远县志续编资料
朱浩怀编纂 台中 青峰出版社 1975 年 491 页

008086936
平远县二轻志 内部发行
平远二轻工业公司(平远县二轻志)编 平远 二轻工业公司(平远县二轻志) 1986 年 102 页

008086933
平远县粮食志 内部发行
平远县粮食局编 平远 粮食局 1986 年

108 页

007412378
广东省平远县税务志
平远县税务局编 大柘 平远县税务局 1987 年 146 页

007412379
平远县金融志
广东省平远县金融志编纂组编 大柘 广东省平远县金融志编纂组 1988 年 173 页

007412375
平远县政府志
平远县人民政府办公室编 大柘 平远县人民政府办公室 1989 年 131 页

012639084
平远县地名志
平远县地名志编纂委员会编 平远 平远县地名志编纂委员会 2010 年 478 页

蕉岭县

004018838
蕉岭县志
蕉岭县地方志编纂委员会编 广州 广东人民出版社 1992 年 840 页〔广东省地方志丛书〕

013224446
蕉岭县志 1979—2000
蕉岭县地方志编纂委员会编 广州 广东人民出版社 2011 年 800 页〔广东省地方志丛书〕

汕尾市

010252164
马宫镇志
马宫镇人民政府编 芒市 德宏民族出版社 1996 年 141 页

011312108
汕尾政协志 1989—2004
政协广东省汕尾市委员会编 北京 中国文史出版社 2006 年 282 页

012174866
汕尾市中级人民法院院志
汕尾 汕尾市中级人民法院 1997 年 259 页

011477194
汕尾市工商行政管理志
汕尾市工商行政管理局编 汕尾 汕尾市工商行政管理局 2007 年 562 页〔汕尾市地方志丛书〕

009335776

广东省汕尾电力工业志

汕尾电力工业志编纂委员会编 汕尾 汕尾电力工业志编纂委员会 2002年 385页〔广东省电力工业志丛书〕

009335782

汕尾市南告水电厂志

汕尾市南告水电厂志编纂委员会编 汕尾 汕尾市南告水电厂志编纂委员会 2002年 307页〔广东省电力工业志丛书〕

012636991

广东汕尾凤山祖庙志

凤山祖庙旅游区管理处祖庙理事会编 香港 中国国际图书出版社 2008年 191页

城区

012249756

汕尾市城区人大志

汕尾市城区人大志编委会编 汕尾 汕尾市城区人大志编委会 2008年 553页

陆丰市

012174177

陆丰市政协志 1990—2005

陆丰市政协志编纂委员编 陆丰 陆丰市政协 2005年 179页

013064780

碣石文化志

陈守峻主编 刘向东 陈良志副主编 碣石镇 碣石文化志编写组 1996年 167页

012970643

玄武山志

郑燕辉主编 陆丰 玄武山志编纂委员会 2006年 246页

010730029

潊河水利志

广东省陆丰县潊河水利志编纂领导小组编 广州 广东科技出版社 1995年 181页

海丰县

009742411

海丰县志

海丰县地方志编纂委员会编 广州 广东人民出版社 2005年 2册 1494页〔广东省地方志丛书〕

008453674

公平镇志

海丰县公平镇人民政府编 北京 中国大地出版社 1999年 199页

008453645

海丰县民政志

海丰县民政局编 广州 广东人民出版社

1995年 277页

007685877
海丰水产志
广东 1991年 120页

陆河县

011321084
陆丰县志
陆丰县地方志编纂委员会编 广州 广东人民出版社 2007年 1240页〔广东省地方志丛书〕

009379535
陆丰统战志
中共陆丰县委统战部陆丰统战志编写组编 广州 广东科技出版社 1993年 89页

013461619
陆丰县人民政协志 1980—1990
凌弘主编 陆丰县政协办公室编 陆丰 陆丰县政协办公室 1993年 122页

009379553
陆丰县水利志
广东省陆丰县水利电力局编 广州 广东科技出版社 1991年 222页

009250880
龙潭水库志
陈正气主编 广东省陆丰县龙潭水库志编纂领导小组编 广州 广东科技出版社 1994年 131页

河源市

013772820
河源市志
河源市地方志编纂委员会编 北京 方志出版社 2012年 2册 1504页〔广东省地方志丛书〕

008636619
河源县志
河源县地方志编纂委员会编 广州 广东人民出版社 2000年 1253页〔广东省地方志丛书〕

012999127
河源市省属水库移民志 1958—2008
河源市省属水库移民志编纂委员会编 河源 河源市省属水库移民志编辑部 2010年 472页

013507808
河源电力工业志

广东省河源电力工业志编辑委员会编
　河源　广东省河源电力工业志编辑委
　员会　2001年　317页〔广东省电力工
　业志丛书〕

010730429
万绿湖美丽志
曾路明主编　广州　南方日报出版社
　2005年　175页〔万绿湖美丽志丛
　书〕

源城区

013688752
河源市源城区志 1988—2003
河源市源城区地方志编纂委员会编　广
　州　广东人民出版社　2012年　1029页
　〔广东省地方志丛书〕

011327207
河源县水利志
河源县水利志编辑组编　广东　中山大学
　出版社　1991年　180页

紫金县

007488672
紫金县志
紫金县地方志编纂委员会编　广州　广东
　人民出版社　1994年　999页〔广东省
　地方志丛书〕

011571619
紫金县琴江中学校志 1943—1993 初稿
简锦环主编　紫金　紫金县琴江中学
　1993年　52页

龙川县

007473267
广东省龙川县志 附续编增补资料
台北　龙川县志续编编纂委员会　1981
　年　513页

007488670
龙川县志
龙川县地方志编纂委员会编　广州　广东
　人民出版社　1994年　766页〔广东省
　地方志丛书〕

013684179
龙川县志 1979—2004
龙川县地方志编纂委员会编　广州　广东
　人民出版社　2012年　1004页〔广东
　省地方志丛书〕

013680639
车田镇志
车田镇志修编委员会编　车田镇　车田镇
　志修编委员会　2010年　434页

013530962
鹤市镇志
鹤市镇志编纂委员会编　鹤市镇　鹤市镇
　志编纂委员会　2010年　411页

012680433

龙川细坳镇志

细坳镇志编纂领导小组编 细坳镇 细坳镇志编纂领导小组 2004年 454页

012877262

陀城镇志

龙川县陀城镇志编纂委员会编 龙川 龙川县陀城镇志编纂委员会 2005年 405页

009378639

龙川县政协志

龙川县政协志编纂委员会编 龙川 龙川县政协志编纂委员会 1992年 158页

013774594

龙川县商业志

龙川县商业局编 1987年 156页

011499312

龙川县文物志

龙川县文化局编 龙川 龙川县文化局 2004年 216页

连平县

008990783

连平县志

连平县地方志编纂委员会 叶新 简树堂 余兆明主编 北京 中华书局 2001年 730页〔广东省地方志丛书〕

009412599

连平县教育志

连平县教育志编纂委员会编 北京 中华书局 2004年 325页

和平县

009378617

和平县河明亮水电站志 初稿

广东省和平县河明亮水电站志编纂领导小组编 和平 广东省和平县河明亮水电站志编纂领导小组 1986年 110页

东源县

013791148

东源县志 1988—2004

东源县地方志编纂委员会编 广州 广东人民出版社 2012年 1283页〔广东省地方志丛书〕

012872243

东源县政协志 1980—2010

东源县政协志编纂委员会编 河源 东源县政协志编纂委员会 2010年 450页

阳江市

013510874
阳江市志 1988—2000
阳江市地方志编纂委员会编 广州 广东人民出版社 2010年 2册〔广东省地方志丛书〕

013630557
阳江场志 1956—1986
国营阳江农场场志编写小组编 琼中 国营阳江农场场志编写小组 1987年

008665163
阳江市地名志
广东省阳江市地名委员会编 广州 广东人民出版社 1992年 338页

阳春市

007508885
阳春简志
段庆时主编 广东省阳春县志编纂委员会编 广东 广东省阳春县志编纂委员会 1990年 400页

007475773
阳春县志
蓝荣熙主修 吴英华编纂 台北 阳春县志编印委员会主刊 文兴印刷有限公司 1971年 5册

007881972
阳春县志
阳春市地方史志办公室编 广州 广东人民出版社 1996年 1176页〔广东省地方志丛书〕

013776021
阳春农业志
阳春县农业委员会编 广州 广东人民出版社 1997年 485页

009379613
锡山钨锡矿志 1959—1985
矿志编纂办公室编 广东 1987年 119页

013604553
阳春县交通志
阳春县交通志编纂领导小组编 阳春 阳春县交通志编纂领导小组 1991年 209页

011148726
中国民间歌谣谚语集成 广东卷 阳春县资料集
阳春县民间文学三套集成编委会编 阳春 阳春县民间文学三套集成编委会 1988年 193页

010293849

阳春文物志

阳春文物志编纂委员会编 阳春 阳春文物志编纂委员会 2004年 157页

阳西县

008665219

阳江县志

阳江市地方志编纂委员会编 广州 广东人民出版社 2000年 2册 1396页〔广东省地方志丛书〕

011148054

中国民间歌谣谚语集成 广东卷 阳西县民歌谚语集

吴邦忠主编 阳西县民间文学三套集成编委会编 1994年 176页

阳东县

013226736

阳东县志 1988—2000

阳东县地方志编纂委员会编 北京 中华书局 2008年 764页〔广东省地方志丛书〕

清远市

013684200

清远市志 1988—2003

清远市志编纂委员会编 广州 广东人民出版社 2012年 2册 1317页〔广东省地方志丛书〕

007987743

清远县志

清远市地方志编纂办公室编 清远 清远市印刷厂 1995年 1067页

013863580

清远县土地改革志

清远县土地改革志编纂委员会编 2011年 397页〔清远市地方志丛书〕

011499601

清远市中级人民法院志 1989—1998.6

广东省清远市中级人民法院编 清远 清远市中级人民法院 1998年 145页〔清远市地方志丛书〕

011147980

中国民间故事集成 广东省广州市清远县分册

清远县民间文学三套集成编委会编 清远 清远县民间文学三套集成编委会 1987年 136页

007414945

清远温氏族志略

温成显编 1977年 48页

009379581
清远县文物志
清远县文物志编纂组编 清远 清远县文物志编纂组 1987年 118页

008665175
清远市地名志
清远市地名委员会 清远市国土局编 广州 广东省地图出版社 1993年 417页

清城区

013794848
清远市清城区志
清远市清城区地方志编纂委员会编 广州 广东人民出版社 2012年 1103页〔广东省地方志丛书〕

清新区

013597650
清新县志 1988—2005
清新县地方志编纂委员会编 广州 广东人民出版社 2012年 965页

英德市

010476431
英德县志
英德县地方志编纂委员会编 广州 广东人民出版社 2006年 1012页〔广东省地方志丛书〕

008531928
英德市城乡建设志
英德市城乡建设委员会编 北京 中国建筑工业出版社 1994年 199页〔中华人民共和国地方志 广东省〕

012814497
英德市文物志
区坚刚主编 英德市博物馆编 英德 英德市博物馆 2004年 262页

连州市

009265472
连县志
广东省连县县志编写委员会编 连县 广东省连县县志编写委员会 1985年 492页

013224599
连州市志
连州市地方志编纂委员会编 广州 广东人民出版社 2011年 1271页〔广东省地方志丛书〕

佛冈县

009046344
佛冈县志
佛冈县地方志编纂委员会编 北京 中华书局 2003 年 1032 页

012049263
佛冈县教育志
佛冈县教育志编写小组编 佛冈 佛冈县教育志编写小组 2000 年 368 页

阳山县

009154015
阳山县志
邹北林 梁九胜主编 阳山县地方志编纂委员会编 北京 中华书局 2003 年 1310 页〔广东省地方志丛书〕

连山壮族瑶族自治县

007931009
连山壮族瑶族自治县志
连山壮族瑶族自治县志编纂委员会编 北京 生活·读书·新知三联书店 1997 年 876 页

012832421
连山壮族瑶族自治县志 1979—2005
连山壮族瑶族自治县志编纂委员会编 北京 方志出版社 2010 年 914 页

012661444
连山壮族瑶族自治县壮族瑶族志
连山壮族瑶族志编写组编 北京 中国文联出版社 2002 年 300 页〔牡丹文丛〕

011430421
陈氏族志
2000 年 220 页

连南瑶族自治县

007882129
连南瑶族自治县县志
连南瑶族自治县地方志编纂委员会编 广州 广东人民出版社 1996 年 805 页

013723576
连南瑶族自治县志 1979—2004
连南瑶族自治县地方志编纂委员会编 广州 广东人民出版社 2012 年 1052 页〔广东省地方志丛书〕

008379675
连南瑶族自治县水利志
连南水电局水利志编写组编 连南 连南水电局水利志编写组 1990 年 116 页

东莞市

008593225
东莞市志
东莞市地方志编纂委员会编 广州 广东人民出版社 1995 年 1609 页

013987625
东莞市志 1979—2000
东莞市地方志编纂委员会编 广州 广东人民出版社 2013 年 3 册 1888 页〔广东省地方志丛书〕

013726808
长安镇志
长安镇志编纂委员会编 长安镇 长安镇志编纂委员会 2004 年 679 页

012951970
东莞市茶山镇志
东莞市茶山镇志编纂委员会编 广州 岭南美术出版社 2010 年 797 页

012132676
东莞市长安镇志
东莞市长安镇志编纂委员会编 广州 广东人民出版社 2009 年 486 页

012872235
东莞市常平镇桥梓村志
东莞市常平镇桥梓村志编纂委员会编 广州 广东人民出版社 2010 年 341 页

012540998
东莞市常平镇志
东莞市常平镇志编纂委员会编 广州 广东人民出版社 2009 年 546 页

012809976
东莞市大朗镇志
东莞市大朗镇志编纂委员会编 广州 广东人民出版社 2010 年 830 页

013221108
东莞市大岭山镇志
东莞市大岭山镇志编纂委员会编 北京 中华书局 2011 年 1103 页

011804243
东莞市东坑镇志
东莞市东坑镇志编纂委员会编 广州 岭南美术出版社 2008 年 494 页

012679228
东莞市凤岗镇凤德岭村志 1652—2005
东莞市凤岗镇凤德岭村志编纂委员会编 东莞 东莞市凤岗镇凤德岭村志编纂委员会 2006 年 328 页

012679231
东莞市凤岗镇塘沥村志 1588—2004

东莞市凤岗镇塘沥村志编纂委员会编
东莞 东莞市凤岗镇塘沥村志编纂委员会 2006年 276页

011890569
东莞市凤岗镇官井头村志
官井头村志编纂委员会编 广州 岭南美术出版社 2008年 380页

012264196
东莞市凤岗镇志
东莞市凤岗镇志编纂委员会编 广州 中山大学出版社 2009年 714页

011496993
东莞市横沥镇志
东莞市横沥镇编纂委员会编 广州 岭南美术出版社 2010年 555页

011890576
东莞市洪梅镇志
东莞市洪梅镇志编纂委员会编 广州 广东人民出版社 2010年 398页

012658341
东莞市虎门镇志
东莞市虎门镇志编纂委员会编 广州 广东人民出版社 2010年 901页

012809995
东莞市寮步镇志
东莞市寮步镇志编纂委员会编 北京 中华书局 2010年 468页

011954693
东莞市麻涌镇志
中共东莞市麻涌镇委员会 东莞市麻涌镇人民政府镇志办主编 林甘棠总编 黄河责任主笔 萧一飞助理编撰 东莞市地方志编纂办公室编 东莞 东莞市麻涌镇人民政府 1989年 188页

010231130
东莞市桥头镇志
中共桥头镇委员会 桥头镇人民政府编 广州 岭南美术出版社 2006年 366页

012684612
东莞市清溪镇志
东莞市清溪镇志编纂委员会编 北京 中华书局 2010年 762页

012173760
东莞市沙田镇志
中共沙田镇委员会 沙田镇人民政府编 沙田镇 沙田镇人民政府 2003年 265页

013090967
东莞市石碣镇志
东莞市石碣镇志编纂委员会编 北京 中华书局 2010年 754页

009683684
东莞市石龙镇志
中共东莞市石龙镇委员会 东莞市石龙

镇人民政府编 广州 岭南美术出版社
2004 年

013090970
东莞市石排镇志
东莞市石排镇志编纂委员会编 北京 中
　华书局 2010 年 740 页

011804251
东莞市塘厦镇志
东莞市塘厦镇志编纂委员会编 广州 岭
　南美术出版社 2008 年 607 页

012679240
东莞市万江区志
东莞市万江区志编纂委员会编 北京 中
　华书局 2010 年 787 页

012096627
东莞市樟木头镇志
东莞市樟木头镇志编纂委员会编 北京
　文物出版社 2008 年 686 页

012810016
东莞市中堂镇潢涌村志
东莞市中堂镇潢涌村志编纂委员会编 广
　州 岭南美术出版社 2010 年 519 页

013860384
东莞市中堂镇志
东莞市中堂镇志编纂委员会编 广州 广
　东人民出版社 2012 年 870 页

012679244
东莞雁田志
中共雁田党支部雁田村民委员会村志编
　写组编 东莞 中共雁田党支部雁田村
　民委员会村志编写组 2003 年 412 页

009250812
厚街镇志
厚街镇志编写组编 广州 广东写作协会
　1994 年 159 页

011066392
油甘埔村志
油甘埔村志编纂委员会编 广州 岭南美
　术出版社 2006 年 466 页

013626260
东莞市民族宗教志
东莞市民族宗教志编纂委员会编 广州
　岭南美术出版社 2011 年 446 页

012714097
东莞市统计志
东莞市统计局 国家统计局东莞调查队
　编 北京 中华书局 2010 年 536 页

011804247
东莞市人口与计划生育志
东莞市人口与计划生育志编纂委员会
　编 广州 岭南美术出版社 2008 年
　296 页

013090964

东莞市人民代表大会志

东莞市人民代表大会志编纂委员会编 北京 中华书局 2011 年 686 页

009145265

东莞政协志 1956—1998

政协广东省东莞市委员会编 东莞 政协广东省东莞市委员会 1998 年 366 页

012541003

东莞市人事志

东莞市人事志编纂委员会编 北京 中华书局 2009 年 402 页

012173755

东莞市检察志

东莞市检察志编纂委员会编 广州 广东人民出版社 2008 年 424 页

013819288

东莞市司法行政志

东莞市司法行政志编纂委员会编 广州 广东人民出版社 2011 年 300 页

010007722

东莞市工商联志

东莞市工商业联合会编 广州 广东人民出版社 2006 年 314 页

008408792

东莞市工商行政管理志

东莞市工商行政管理局编 东莞 东莞市工商行政管理局 1989 年 119 页

012609624

东莞市工商行政管理志

东莞市工商行政管理志编纂委员会编 广州 广东人民出版社 2011 年 679 页

012636891

东莞市劳动志

东莞市劳动志编纂委员会编 广州 岭南美术出版社 2010 年 436 页

007995596

东莞烟花炮竹志

冯汉辉主编 东莞 东莞市烟花炮竹工业总公司 1990 年 56 页

009335822

东糖志 1991—1995

东糖实业集团公司厂志编写组编 东莞 东糖实业集团公司厂志编写组 1997 年 35 页

008408820

东莞市二轻工业志

东莞市二轻工业局编 东莞 东莞市二轻工业局 1991 年 151 页

012048895

东莞市交通志

东莞市交通志编纂委员会编 韩任海 冯学忠主编 叶缔兴 欧富海副主编 广

州 岭南美术出版社 2010年 641页

012132686
东莞市公路志
东莞市公路志编纂委员会编 北京 方志出版社 2007年 374页

009145259
东莞市供销合作联社志
东莞市供销合作联社编 东莞 东莞市供销合作联社 1989年 204页

011312020
东莞市供销合作联社志 1988—2004
东莞市供销合作联社志编纂委员会编 房玉强 冯学忠主编 胡文辉 曾德民副主编 北京 方志出版社 2006年 368页

008067619
东莞粮食志
广东省东莞市粮食局编 广州 广东科技出版社 1992年 394页

009145255
东莞对外贸易志
东莞对外贸易局编 广州 广东科技出版社 1990年 193页

011890579
东莞市口岸志
东莞市口岸志编纂工作领导小组编 北京 中华书局 2006年 332页

012048888
东莞市社会保险志
东莞市社会保险志编纂委员会编 广州 广东人民出版社 2008年 708页

010293883
东莞日报志
东莞日报志编辑委员会编 广州 广东教育出版社 2006年 194页

009411410
东莞教育志 1979—2000
东莞市教育局编志办编 广州 广东教育出版社 2004年 583页

010280084
东莞市体育志
东莞市体育志编纂委员会编 广州 广东人民出版社 2006年 397页

013334623
东莞市篮球志
东莞市地方志办公室 东莞市体育局 东莞市南城区委区政府编 北京 中华书局 2011年 509页

011954678
麻涌民俗志 岭南水乡社会研究
张振江 陈志伟著 汕头 汕头大学出版社 2008年 371页

003032704
广东省东莞市地名志

广东省东莞市地名委员会编 广州 广东高等教育出版社 1987年 515页

010576582
东莞市气象志
东莞市气象志编纂委员会编 北京 气象出版社 2006年 130页

012249941
东莞市厚街医院(方树泉医院)院志 1957—2007
厚街医院院志编纂领导小组编 东莞 东莞市厚街医院 2007年 152页

010730765
东莞市卫生志
东莞市卫生局编 广州 广东人民出版社 2006年 299页

中山市

007818020
中山市志
中山市地方志编纂委员会编 广州 广东人民出版社 1997年 2册 1650页〔广东省地方志丛书〕

013758009
中山市志 1979—2005
中山市志编纂委员会编 广州 广东人民出版社 2012年 2册 1831页〔广东省地方志丛书〕

013961416
长命水村志
中山市五桂山长命水村志编纂委员会编 广州 广东人民出版社 2013年 339页〔中山市五桂山村志系列〕

007986705
黄圃志
中山市黄圃镇人民政府编 中山 1997年 202页

008453662
沙溪镇志
中山市沙溪镇人民政府编 广州 花城出版社 1999年 496页

013660422
小榄镇东区社区志 1152—2009
小榄镇东区社区志编纂组编 广州 广东人民出版社 2012年 477页〔广东省中山市村志系列〕

007978409
张家边区志
中山市张家边区志编写小组编 广州 花

城出版社 1994 年 205 页

011480729
中山市五桂山镇志
五桂山镇地方志编纂委员会编 广州 广东人民出版社 2008 年 754 页〔广东省中山市镇区志系列〕

013661789
中山市小榄镇志
中山市小榄镇地方志编纂委员会编 广州 广东人民出版社 2012 年 2 册〔广东省中山市镇区志系列〕

013759090
中共中山市委党校志 1959—2008
中共中山市委党校志编纂委员会编 广州 广东人民出版社 2012 年 202 页

013759369
中山市人大志 2002—2011
中山市人大志编纂委员会编 中山 中山市人大志编纂委员会 2011 年 261 页

007884728
中山市人事志 1911—1990
中山市人事志编纂小组编 中山 中山市人事志编纂小组 1991 年 143 页

013736501
中山华侨志
中山市外事侨务局 中山市港澳事务局编 中山 中山市港澳事务局 2011 年 829 页

012636511
中山市检察志
中山市检察志编纂委员会编 广州 广东人民出版社 2010 年 506 页〔广东省中山市专业志系列〕

003035273
中山市乡镇企业志
广东省中山市乡镇企业管理局编 中山 广东省中山市乡镇企业管理局 1988 年 195 页

008815249
中山市城乡建设志
中山市建设委员会编 广州 花城出版社 1996 年 180 页

013012716
中山市海洋与水产志
中山市海洋与水产局编 广州 花城出版社 2000 年 263 页

008192178
中山市农业志
中山市农业局编 广州 花城出版社 1995 年 222 页

007884845
中山市交通志
中山市交通志局编纂 中山市地方志编纂委员会办公室审定 广州 广东科技

出版社 1992年 164页

012507318
中山市物价志
广东省中山市物价局编 中山 广东省中山市物价局 1987年 203页

003033947
中山市对外贸易志
中山市对外贸易局编纂 1989年 175页

003035284
中山市财政志
中山市财政局编 广州 广东科技出版社 1991年 150页

007969482
中山市金融志
中山市金融志编纂委员会编 广州 广东科技出版社 1997年 197页

008192180
中山市文化志
中山市文化志编写委员会编 广州 广东人民出版社 1994年 278页

008192177
中山市教育志
中山市教育委员会编 广州 广东科技出版社 1995年 485页

008192179
中山市体育志

中山市体育运动委员会编 广州 广东科技出版社 1994年 139页

012141594
中山市体育志 1994—2000
中山市体育局编 中山 中山市体育局 2002年 128页

013797382
中山市人物志
中山市人民政府地方志办公室编 广州 广东人民出版社 2012年 575页

012663824
郑观应志
中山市人民政府编 广州 广东人民出版社 2009年 691页

004157029
广东省中山市地名志
广东省中山市地名志编纂委员会编 广州 广东科技出版社 1989年 504页

005635178
中山地形志 初稿
何大章著 广东中山文献委员会编 中山 中山文献委员会 1950年 99页〔广东中山县地理志 1〕

003035285
中山市农机志
广东省中山市农机局编 广东 广东省中山市农机局 1991年 104页

003055724
中山市水利志
中山市水利电力局编 中山 中山市水利电力局 1989年 199页

011501608
中山市水利志 1988—2005
中山市水利志编纂委员会编 广州 岭南美术出版社 2007年 356页〔广东省中山市专业志系列〕

008453672
中山市环境保护志
中山市环境保护局编 广州 花城出版社 1998年 279页

潮州市

007359827
潮州市志
潮州市地方志编纂委员会编 广州 广东人民出版社 1995年 2册 2476页〔广东省地方志丛书〕

013790280
潮州市枫溪区志 1996—2010
潮州市枫溪区地方志编纂委员会编 广州 岭南美术出版社 2013年 644页〔广东省地方志丛书〕

012237590
潮州镇志
李常吉等编撰 潮州镇 屏东县潮州镇公所 1998年 891页

013751480
潮州市人大志
马锦成主编 潮州市人大志编辑委员会编 潮州 潮州市人大志编辑委员会 2010年 2册

013402903
潮州电力工业志
潮州电力工业志编纂委员会编 潮州 潮州电力工业志编纂委员会 2001年 294页〔广东省电力工业志丛书 粤供电 19〕

007516522
潮州市商业志
潮州市商业局编 潮州 潮州市商业局 1988年 416页

013771549
潮州市财政志
潮州市财政局编 潮州 潮州市财政局 1988年 319页

008036597
潮州市民间音乐志

潮州市民间音乐志编写组编 1991 年 121 页

008036571
潮州市戏剧志
潮州市戏剧志编写组编 1989 年 261 页

013860474
凤凰山畲族志
马建钊 徐和主编 潮州市民政宗教局编 广州 广东人民出版社 2012 年 138 页

008422243
新韩江闻见录
潮州市地方志办公室编 汕头 汕头大学出版社 1995 年 386 页〔潮州市地方志丛书〕

008101490
潮州人物
潮州市地方志办公室编 广州 广东人民出版社 1992 年 252 页〔潮州市地方志丛书〕

004704780
潮州人物志
马庆柱编撰 高雄 1973 年

004922167
六十年来海外潮州人物志
陈礼传主编 王诚副主编 香港 香港正风教育出版社 1974 年

008614815
潮州市地名志
潮州市地名委员会 潮州市国土局编 广州 广东省地图出版社 2000 年 433 页

湘桥区

013819177
潮州市湘桥区志
潮州市湘桥区地方志编纂委员会编 广州 岭南美术出版社 2013 年 1141 页〔广东省地方志丛书〕

潮安区

008453771
庵埠志
庵埠志编纂办公室编 北京 新华出版社 1990 年 469 页

饶平县

007488679
饶平县志
饶平县地方志编纂委员会编 广州 广东人民出版社 1994 年 1187 页〔广东省地方志丛书〕

013225643
饶平县志 1979—2005
饶平县地方志编纂委员会编 广州 广东

人民出版社 2011 年 1210 页〔广东省地方志丛书〕

008379670
饶平县志 第 1 卷 人物志
广东省饶平县县志编纂委员会办公室编 饶平 饶平县县志编纂委员会办公室 1989 年 120 页〔地方志丛书〕

013991374
饶平县志 第 2 卷 文化志
广东省饶平县县志编纂委员会办公室编 饶平 饶平县县志编纂委员会办公室 1990 年 76 页〔地方志丛书〕

013991368
饶平县志 第 3 卷 教育志
广东省饶平县县志编纂委员会办公室 饶平县教育局合编 饶平 饶平县县志编纂委员会办公室 1990 年 76 页〔地方志丛书〕

006210430
东里志
饶平县地方志编纂委员会编 饶平 饶平县地方志编纂委员会办公室 1990 年 451 页

012766435
饶平公路志
余作忠主编 饶平公路志编纂委员会编 饶平 饶平公路志编纂委员会 2001 年 332 页

008425753
饶平税务志
饶平税务志编写组编 饶平 1990 年 290 页

012252378
饶平金融志
饶平金融志编纂委员会编 潮州 饶平金融志编纂委员会 1999 年 276 页〔地方志丛书〕

013731153
饶平风物志
饶平县地方志编纂委员会办公室编 饶平 饶平县地方志编纂委员会办公室 2010 年 534 页

揭阳市

007132464
揭阳县志
揭阳县地方志编纂委员会编 广州 广东人民出版社 1993 年 969 页〔广东省地方志丛书〕

010253032

揭阳县志 1986—1991 **续编**

贺益明主编 广州 广东经济出版社 2005年 775页

010820197

揭阳县志 续编 征求意见稿

2004年 722页

009863449

地都区志

彭妙艳主编 黄昌飞审核 揭阳 揭阳县地都区志编纂办公室 1989年

012173803

官硕乡志

广东揭阳官硕乡志编委会编 官硕乡 广东揭阳官硕乡志编委会 2004年

009378632

揭阳县新亨区志

新亨区志编写组编 揭阳 1987年 290页

013129740

揭阳市工会志

孙锐卿主编 广州 广东人民出版社 2011年 351页

007682709

揭阳县农运志

1986年 65页

012250983

揭阳县政府志

揭阳县人民政府编 揭阳 揭阳县人民政府 1988年 154页

012251317

揭阳县政协志

揭阳县政协志编纂领导小组编 揭阳 揭阳县政协志编纂领导小组 1989年 97页

012251314

揭阳县法院志 1920—1992

揭阳县法院志编写组编 揭阳 揭阳县法院志编写组 2003年 223页

007682706

揭阳县粮食志

1987年 193页

007682705

揭阳县林业志

1987年 115页

009863901

揭阳电力工业志

揭阳电力工业志编纂委员会编 揭阳 揭阳电力工业志编纂委员会 2001年 312页〔广东省电力工业志丛书 粤供电 20〕

009310227

揭阳县水利志

广东省揭阳县水利电力局编 广州 广东科技出版社 1992年 188页

011312481
揭阳市交通志
揭阳市交通志编纂委员会编 广州 广东经济出版社 2007年 496页

007682702
揭阳县物价志
揭阳县物价局编 揭阳 揭阳县物价局 1987年 174页

013774266
揭阳县财政志
揭阳县财政志编写组编 揭阳 揭阳县财政志编写组 1989年 319页

012139414
揭阳县文化志
陈作宏主编 揭阳县文化志编写组编 香港 香港艺苑出版社 2003年 570页

013897644
揭阳广播电视台志
吕炎选 陈炎忠主编 郭良明 黄秀梅副主编 长春 吉林文史出版社 2012年 447页

008431092
揭阳文物志
张宗仪 张秀清主编 揭阳 揭阳县博物馆 1986年 187页

010008235
揭阳市地名志
林奠明主编 揭阳市地名委员会编 北京 人民日报出版社 2002年 617页

013926396
揭阳市人民医院志 1890—2010
揭阳市人民医院志编纂委员会编 广州 广东人民出版社 2011年 484页

006514930
揭阳县卫生志
丘友云主编 揭阳县卫生局 揭阳县卫生志编纂领导小组编 广州 广东人民出版社 1992年 476页

榕城区

008593263
榕城区志
贺益明主编 榕城区志编纂委员会编 北京 经济日报出版社 1999年 563页

011473070
广东省揭阳县榕城镇志
榕城镇地方志编纂办公室编 揭阳 榕城镇地方志编纂办公室 1990年 659页

013184536
炮台镇志
中共炮台镇委员会 炮台镇人民政府编 炮台镇 炮台镇人民政府 2011年 486页

012872993
揭阳市榕城区工会志
陈汝坤主编 揭阳市榕城区总工会编 揭阳 揭阳市榕城区总工会 2010年 519页

揭东区

013659385
揭东县志 1992—2010
揭东县地方志编纂委员会编 北京 方志出版社 2012年 944页〔广东省地方志丛书〕

普宁市

013319966
普宁市志 1989—2004
普宁市地方志办公室编 广州 广东人民出版社 2011年 840页〔广东省地方志丛书〕

008453773
普宁县志
普宁市地方志编纂委员会编 广州 广东人民出版社 1995年 842页〔广东省地方志丛书〕

011804733
交丙坛村志
陈欣映编撰 普宁 普宁市占陇镇交丙坛管理区办事处 普宁市地方志编纂委员会办公室 1998年 329页

013319756
弥高乡志
弥高乡志编纂委员会 中共普宁泥沟总支委员会 普宁泥沟村村委会编 普宁 泥沟村委会 2008年 377页

008034195
普宁县工商行政管理志
吴流生主编 北京 中国工商出版社 1990年 375页

008379748
普宁县城乡建设志
广东省普宁县建设委员会编 普宁 广东省普宁县建设委员会 1990年 195页

007684085
普宁县物价志
广东省普宁县物价局编 普宁 广东省普宁县物价局 1987年 249页

007662836
普宁县商业志
普宁 普宁县商业局 1991年 318页

008380166
普宁县财政志
广东省普宁县财政局编 普宁 广东省普宁县财政局 1990年 189页

012722076
普宁市教育志 1989—2004
普宁市教育局编 普宁 普宁市教育局 2008年 234页

005747359
普宁县风俗志
王史风编撰 杨秀维 陈克寒审稿 广东省普宁县地方志编纂委员会办公室编 1989年 91页

008405300
普宁县文物志
吴雪彬 陈克寒编 普宁 广东省普宁县博物馆 1986年 140页

009251198
普宁县客家风俗志
杨秀维 陈克寒审稿 王史风编纂 普宁县地方志编纂委员会办公室编 1989年 34页

012811304
广东省普宁县地名志
普宁县人民政府编 普宁 普宁县人民政府 1988年 181页

揭西县

007925877
揭西县志
揭西县地方志编纂委员会 吴育林 张国栋主编 广州 广东人民出版社 1994年 821页〔广东省地方志丛书〕

009796925
揭西县志 1979—2003
揭西县地方志编纂委员会编 广州 广东人民出版社 2005年 943页〔广东省地方志丛书〕

012831538
上杭丰顺揭西贺县五华高氏族志
揭西丰顺高氏族志董事会编 丰顺 揭西丰顺高氏族志董事会 1997年 464页

008427684
揭西县文物志
王泽晖 黄朝凡 蔡俊举执笔 揭西县文物志编纂委员会编 广东 广东省揭西县博物馆 1985年 126页

惠来县

009024952
惠来县志
惠来县地方志编纂委员会编 北京 新华出版社 2002年 917页

012999172
惠来县志 1979—2004
惠来县地方志编纂委员会编 北京 方志出版社 2011年 986页〔广东省地方志丛书〕

012251143

惠来工会志

元达明主编　惠来　惠来县总工会　2006年　155页

010777315

惠来县政协志

中国人民政治协商会议惠来县委员会编　惠来　中国人民政治协商会议惠来县委员会　2000年　274页

009863899

惠来文物志

惠来县文物普查办公室编　惠来　惠来县文物普查办公室　1985年　164页

云浮市

013723713

云浮市志

云浮市地方志编纂委员会编　广州　广东人民出版社　2012年　1113页〔广东省地方志丛书〕

007060951

云浮县志

云浮县地方志编纂委员会编　广州　广东人民出版社　1995年　863页〔广东省地方志丛书〕

008425710

云浮县历史大事记

云浮县地方志编纂委员会办公室编　云浮　1989年　48页

013323140

云浮同乡总会志

云浮同乡总会志编纂委员会编　香港　云浮同乡总会志编纂委员会　2003年　143页

013776347

云浮市人口与计划生育志

云浮市人口与计划生育志编纂委员会编　云浮市地方志编纂委员会审定　罗定　罗定市美术装潢印刷厂　2007年　128页〔云浮市地方志丛书　14〕

013772624

共青团云浮市组织志

共青团云浮市组织志编纂委员会编　云浮市地方志编纂委员会审定　罗定　罗定市美术装潢印刷厂　2007年　173页〔云浮市地方志丛书　20〕

012506621

云浮市中共组织志

云浮市中共组织志编纂委员会编　云浮市地方志编纂委员会审定　云浮　云浮市中共组织志编纂委员会　2008年

327 页〔云浮市地方志丛书 33〕

011809736
云浮市工会志
云浮市工会志编纂委员会编 云浮市地方志编纂委员会审定 云浮 云浮市工会志编纂委员会 2006 年 243 页〔云浮市地方志丛书 12〕

012970758
云浮市人大志
云浮市人大志编纂委员会编 云浮市地方志编纂委员会审定 云浮 云浮市人大志编写组 2006 年 263 页〔云浮市地方志丛书 8〕

012769534
云浮市政府志
云浮市政府志编纂委员会编 云浮市地方志编纂委员会审定 云浮 云浮市政府志编纂委员会 2007 年 259 页〔云浮市地方志丛书 16〕

012545698
云浮市政协志
云浮市政协志编纂委员会编 云浮市地方志编纂委员会审定 云浮 云浮市政协志编纂委员会 2005 年 174 页〔云浮市地方志丛书 1〕

013776350
云浮市人事志
云浮市人事志编纂委员会编 云浮市地方志编纂委员会审定 罗定 罗定市美术装潢印刷厂 2006 年 113 页〔云浮市地方志丛书 9〕

013012592
云浮市国土资源志
云浮市国土资源志编纂委员会编 云浮市地方志编纂委员会审定 云浮 云浮市国土资源志编纂委员会 2006 年 256 页〔云浮市地方志丛书 11〕

009337612
云浮市工商行政管理志
云浮市工商行政管理局编 云浮 云浮市工商行政管理局 1993 年 87 页〔云浮市地方志丛书〕

013776344
云浮市工商行政管理志
云浮市工商行政管理局编 云浮 云浮市工商行政管理局 2005 年 218 页

013236324
云浮市审计志
云浮市审计志编纂委员会编 云浮 云浮市审计志编纂委员会 2011 年 107 页〔云浮市地方志丛书 38〕

009683915
云浮县劳动志
苏永才主编 云浮县劳动局 云浮县地方志编纂委员会办公室合编 云浮 云浮县地方志编纂委员会办公室 1990 年

89 页〔云浮县地方志丛书〕

013707165
云浮市城乡建设志
云浮市城乡建设志编纂委员会编 云浮 云浮市城乡建设志编纂委员会 2007年 360 页〔云浮市地方志丛书 17〕

008437251
云浮县建设志
苏永才主编 云浮县建设委员会 云浮县地方志编纂委员会办公室合编 1990年 88 页

013012596
云浮市劳动和社会保障志
云浮市劳动和社会保障志编纂委员会编 云浮 云浮市劳动和社会保障志编纂委员会 2007年 270 页〔云浮市地方志丛书 23〕

013776340
云浮电力工业志 1915—2000
云浮电力工业志编纂委员会编 云浮 云浮电力工业志编纂委员会 2007年 282 页〔广东省电力工业志丛书 粤供电 21〕

010195250
云浮发电厂志 1984—2000
云浮发电厂志编纂委员会编 云浮 云浮发电厂志编纂委员会 2001年 380 页〔广东电力工业志丛书〕

013661593
云浮硫铁矿企业集团公司志
云浮硫铁矿企业集团公司编 广州 广东人民出版社 1992年 490 页

012837763
云浮县经委工业志
云浮县经济委员会 云浮县地方志编纂委员会办公室合编 云浮 云浮县地方志编纂委员会办公室 1991年 363 页〔云浮县地方志丛书〕

013604747
云浮市工业志
云浮市经济贸易局编 云浮市地方志编纂委员会审定 云浮 云浮市经济贸易局 2005年 259 页〔云浮市地方志丛书 7〕

013012593
云浮市交通志
云浮市交通志编纂委员会编 云浮 云浮市交通志编纂委员会 2008年 321 页〔云浮市地方志丛书 27〕

008437254
云浮县交通志
苏永才主编 云浮县县志编纂委员会办公室 云浮县交通局合编 云浮 1990年 134 页〔云浮县地方志丛书〕

012878887
云浮市旅游志

云浮市旅游志编纂委员会编 云浮 云浮
　　市旅游志编纂委员会 2010 年 332 页
　　〔云浮市地方志丛书 36〕

013604749
云浮市粮食志
云浮市粮食志编纂委员会编 云浮市地
　　方志编纂委员会审定 云浮 云浮市粮
　　食志编纂委员会 2005 年 182 页〔云
　　浮市地方志丛书 4〕

013686587
云浮市物价志
云浮市物价志编纂委员会编 云浮 云浮
　　市物价志编纂委员会 2011 年 224 页
　　〔云浮市地方志丛书 39〕

013012603
云浮市商业志
云浮市商业志编纂委员会编 云浮 云浮
　　市商业志编纂委员会 2007 年 179 页
　　〔云浮市地方志丛书 22〕

012100855
云浮市财政志
云浮市财政志编纂委员会编 云浮 云浮
　　市财政志编纂委员会 2006 年 351 页
　　〔云浮市地方志丛书 13〕

013604743
云浮市财政志 1994—2010
云浮市财政局编 云浮 云浮市财政局
　　2011 年 439 页

013707168
云浮市税务志
云浮市税务志编纂委员会编 云浮 云浮
　　市税务志编纂委员会 2008 年 233 页
　　〔云浮市地方志丛书 28〕

009839198
云浮金融志
云浮市金融志领导组 云浮市地方志编
　　委会办公室合编 云浮 云浮市地方志
　　编委会办公室 1993 年 123 页〔云浮
　　市地方志丛书〕

013776346
云浮市金融志
云浮市金融志编纂委员会编 云浮 云浮
　　市金融志编纂委员会 2007 年 319 页
　　〔云浮市地方志丛书 26〕

013190035
云浮市科学技术志
云浮市科学技术志编纂委员会编 云浮
　　云浮市科学技术志编纂委员会 2005
　　年 302 页〔云浮市地方志丛书 2〕

013236313
云浮市教育志
云浮市教育志编纂委员会编 云浮 云浮
　　市教育志编纂委员会 2007 年 369 页
　　〔云浮市地方志丛书 24〕

013604750
云浮市体育志

云浮市体育志编纂委员会编 云浮市地方志编纂委员会审定 云浮 云浮市体育志编纂委员会 2006年 141页〔云浮市地方志丛书 10〕

009379632
云浮方言志
宋长栋 余伟文 庄益群编 云浮市地方志编纂委员会组编 广州 广东高等教育出版社 1995年 364页

008421172
云浮文物志
陈耀升主编 云浮县文物志编纂委员会编 云浮 云浮县文物志编纂委员会 1990年 142页〔云浮地方志专志丛书〕

012545696
云浮市地名志
云浮市地名志编纂委员会编 云浮市地方志编纂委员会审定 云浮 云浮市地名志编纂委员会 2006年 631页〔云浮市地方志丛书 5〕

013686531
云浮市人民医院志 1935—2011
云浮市人民医院志编纂委员会编 广州 广东人民出版社 2011年 245页

013012608
云浮市卫生志
云浮市卫生志编纂委员会编 云浮 云浮市卫生志编纂委员会 2008年 328页〔云浮市地方志丛书 25〕

013686536
云浮市水务志
云浮市水务志编纂委员会编 云浮 云浮市水务志编纂委员会 2005年 333页〔云浮市地方志丛书 3〕

009439377
云浮县水利志
云浮县水利电力局编 云浮 云浮县水利电力局 1990年 124页

009234457
云浮市环境保护志
云浮市环境保护局编 云浮 云浮市环境保护局 1994年 149页〔云浮市地方志丛书〕

云城区

013689485
云浮市云城区志 1979—2000
云浮市云城区地方志编纂委员会编 广州 广东人民出版社 2012年 584页〔广东省地方志丛书〕

013776338
云城区人口和计划生育志
云浮市云城区人口和计划生育局编 2005年 182页

013236303

云城公安志

云城公安志编纂委员会编 云城 云城公安志编纂委员会 2004年 299页

012723425

云城区民政志 1990—2005

云浮市云城区民政局编 云浮 云城区民政局 2006年 143页

012141528

云城区检察志

云浮市云城区检察志编纂委员会编 云浮 云浮市云城区检察志编纂委员会 2006年 171页

013707164

云城区国土资源志

云浮市国土资源局云城分局编 云浮 云浮市国土资源局云城分局 2004年 129页

009332459

云浮林业志

云浮市云城区林业局编 云城区 云浮市云城区林业局 1995年 202页〔云城区地方志丛书〕

012769531

云城区农业志 2009

云城区农业志编纂委员会编 云浮 云浮市云城区农业局 2009年 224页

010778345

云浮中学志 1914—2004

云浮市云浮中学 云城区教育局 云城区史志办合编 云浮 云浮中学 2004年 321页

罗定市

013898416

罗定市志 1979—2003

罗定市地方志编纂委员会编 广州 广东人民出版社 2012年 921页

007060961

罗定县志

罗定县地方志编纂委员会编 广州 广东人民出版社 1994年 737页〔广东省地方志丛书〕

013958765

罗定市妇女志 1925—2012

罗定市妇女联合会编 2013年 429页〔罗定市地方志丛书〕

013753552

罗定市人大志 1949—2007

罗定市人大志编纂委员会编 罗定 罗定市人大志编纂委员会 2008年 500页

012899138

罗定市政协志 1980—2010

政协广东省罗定市委员会编 罗定 政协广东省罗定市委员会 2011年 636页

013793255

罗定政协志 1980—2010

政协广东省罗定市委员会编 罗定 政协广东省罗定市委员会 2011 年 621 页

008466664

罗定公安志

罗定公安志编纂委员会编 罗定 罗定公安志编纂委员会 1997 年 397 页

008466673

罗定林业志

陈守仁 黄家鸿主编 罗定林业志编纂领导小组编 罗定 罗定林业志编纂领导小组 1993 年 176 页

012614038

罗定市电力志

罗定市电力志编纂委员会编 罗定 罗定市电力志编纂委员会 2003 年 371 页

008528708

罗定市教育志

黄石荣主编 罗定市教育局编 广州 广东人民出版社 1997 年 281 页

013774610

罗定市教育志 1304—2005

罗定市教育志编纂委员会编 罗定 罗定市美术装潢印刷厂 2007 年 330 页

新兴县

007132468

新兴县志

新兴县地方志编纂委员会编 广东 广东人民出版社 1993 年 812 页〔广东省地方志丛书〕

013723694

新兴县志 1979—2000

新兴县地方志编纂委员会编 广州 广东人民出版社 2012 年 1193 页〔广东省地方志丛书〕

010195279

新兴县总工会专志 初稿

新兴县总工会专志编写组编 新兴 新兴县总工会 1986 年 77 页

007412387

新兴县统一战线工作志

中共新兴县委统一战线工作部 新兴县统一战线工作志编纂小组编 广东 1989 年 128 页

012767138

新兴县政协志

中国人民政治协商会议新兴县委员会编 新兴 中国人民政治协商会议新兴县委员会 2008 年 250 页〔新兴县地方志丛书〕

013510797

[新兴县]民政志 1979—2000

新兴县民政局编 新兴 新兴县民政局 2007年 236页〔新兴县地方志丛书〕

010195276

新兴县华侨志

新兴县人民政府侨务办公室 新兴县归国华侨联合会编 新兴 新兴县归国华侨联合会 1988年 165页

013732482

新兴县外事侨务志 1979—2000

新兴县外事侨务局编 新兴 新兴县地方志编纂委员会 2009年 171页〔新兴县地方志丛书〕

008986844

新兴县军事志

广东省新兴县人民武装部编 新兴 广东省新兴县人民武装部 1994年 86页

012636852

[新兴县]国土资源志

新兴县国土资源局编 新兴 新兴县地方志编纂委员会 2005年 433页〔新兴县地方志丛书〕

012689850

新兴县农业志

新兴县农业局编 新兴 新兴县地方志编纂委员会 2007年 490页

011329742

新兴县电力志

广东省新兴县供电局编 新兴 新兴县供电局 2001年 293页

009839197

新兴县水利志

广东省新兴县水利电力局编 新兴 广东省新兴县水利电力局 1991年 186页

009864129

新兴县交通志

新兴县交通志编写小组编 新兴 新兴县交通志编写小组 1988年 101页

008986851

新兴县粮食志

广东省新兴县粮食局编 新兴 广东省新兴县粮食局 1988年 355页

013510794

新兴县财政志 1979—2000

新兴县财政局编 新兴 新兴县地方志编纂委员会 2007年 271页〔新兴县地方志丛书〕

013226636

新兴县地方志丛书税务志 1979—2000

新兴县国家税务局 新兴县地方税务局编 新兴县地方志编纂委员会编 新兴 新兴县国家税务局 2008年 214页〔新兴县地方志丛书〕

008986845

新兴县金融志

新兴县金融志编纂领导组编 新兴 新兴县金融志编纂领导组 1993 年 432 页

009864142

新兴县教育志

新兴县教育局教育志编写组编 新兴 新兴县教育局教育志编写组 1987 年 232 页

013775994

新兴县公路志 1979—2004

新兴县公路局编 新兴 新兴县公路局 2007 年 191 页〔新兴县地方志丛书〕

008986853

新兴县国土志

广东省新兴县国土局编 新兴 广东省新兴县国土局 1993 年 164 页

009378645

龙山国恩寺志

苏增慰主编 新兴县龙山国恩寺志编纂委员会编 新兴 新兴县龙山国恩寺志编纂委员会 1999 年 305 页

013732485

[新兴县]卫生志 1979—2000

新兴县卫生局编 新兴 新兴县地方志编纂委员会 2007 年 320 页〔新兴县地方志丛书〕

007684094

新兴县卫生志

新兴县卫生局新兴县卫生志编写组编 新兴 新兴县卫生局新兴县卫生志编写组 1988 年 133 页

郁南县

008037824

郁南县志

郁南县地方志编纂委员会编 广州 广东人民出版社 1995 年 1013 页〔广东省地方志丛书〕

013373669

郁南县志 1979—2000

郁南县地方志编纂委员会编 广州 广东人民出版社 2011 年 1103 页〔广东省地方志丛书〕

012956626

郁南县工会志 1926—1995

广东省郁南县总工会编 郁南 广东省郁南县总工会 1995 年 138 页〔郁南县地方志丛书〕

013776046

郁南县林业志

广东省郁南县林业局编 郁南 广东省郁南县林业局 1991 年 161 页

009379622

郁南县交通志

广东省郁南县交通局编 郁南 广东省郁南县交通局 1995年 233页〔郁南县地方志丛书〕

013464261
郁南县第二人民医院院志
郁南县第二人民医院院志编纂委员会编 郁南 郁南县第二人民医院 2010年 117页

012956628
郁南县水利志
广东省郁南县水利电力局编 郁南 郁南县水利电力局 1989年 207页

云安县

013236300
云安县志
云安县地方志编纂委员会编 广州 广东人民出版社 2011年 846页〔广东省地方志丛书〕

013236326
云浮市云城区军事志 1576—2005
云浮市云城区军事志编纂委员会编 云浮 云浮市云城区军事志编纂委员会 2010年 322页

广西壮族自治区

010138287

广西通志 城乡建设志 评审稿

广西壮族自治区建设厅编 广西 广西壮族自治区建设厅 19uu年 2册

009864307

广西通志 出入境检验检疫志 评审稿

广西出入境检验检疫局编 南宁 广西出入境检验检疫局 2004年 10册

009959581

广西通志 附录

广西壮族自治区地方志编纂委员会编 南宁 广西人民出版社 2006年 1043页

009239589

广西通志 共青团志

广西壮族自治区地方志编纂委员会编 南宁 广西人民出版社 2001年 2册

011067170

广西通志 科学技术协会志 初稿

广西壮族自治区地方志编纂委员会编 广西 广西壮族自治区地方志编纂委员会 1994年 2册

009310906

广西通志 旅游志 评议稿

广西壮族自治区地方志编纂委员会编 南宁 编者 2000年 3册

013143774

广西通志 农业志 1978—2008

广西壮族自治区地方志编纂委员会编 南宁 广西人民出版社 2011年 1058页

011066953

广西通志 水利志 征求意见稿

广西水利电力厅水利史志编辑室编 广西 广西水利电力厅 1996年 2册

009441654

广西通志 乡镇企业志 初稿

自治区乡镇企业管理局编纂领导小组编

广西 自治区乡镇企业管理局编纂领导小组 1997 年 3 册

009238902

广西通志 第 1 卷 土地志 评审稿

广西土地史志编纂委员会编 南宁 广西土地史志编纂委员会 1997 年 647 页

007294761

广西通志 第 1 卷 自然地理志

广西壮族自治区地方志编纂委员会编 南宁 广西人民出版社 1994 年 473 页

007294762

广西通志 第 2 卷 宗教志

广西壮族自治区地方志编纂委员会编 南宁 广西人民出版社 1995 年 349 页

007359847

广西通志 第 3 卷 粮食志

广西壮族自治区地方志编纂委员会编 南宁 广西人民出版社 1994 年 369 页

007359833

广西通志 第 4 卷 教育志

广西壮族自治区地方志编纂委员会编 南宁 广西人民出版社 1995 年 826 页

007359846

广西通志 第 5 卷 邮电志

广西壮族自治区地方志编纂委员会编 南宁 广西人民出版社 1994 年 421 页

007359832

广西通志 第 6 卷 农业志

广西壮族自治区地方志编纂委员会编 南宁 广西人民出版社 1995 年 914 页

007428190

广西通志 第 7 卷 气象志

广西壮族自治区地方志编纂委员会编 南宁 广西人民出版社 1996 年 345 页

007428191

广西通志 第 8 卷 劳动志

广西壮族自治区地方志编纂委员会编 南宁 广西人民出版社 1996 年 428 页

007509010

广西通志 第 9 卷 侨务志

广西壮族自治区地方志编纂委员会编 南宁 广西人民出版社 1994 年 371 页

007511784

广西通志 第 10 卷 工商行政管理志

广西壮族自治区地方志编纂委员会编 南宁 广西人民出版社 1995 年 323 页

007511791

广西通志 第 11 卷 财政志

广西壮族自治区地方志编纂委员会编 南宁 广西人民出版社 1995 年 590 页

007511798

广西通志 第 12 卷 物价志

广西壮族自治区地方志编纂委员会编

南宁 广西人民出版社 1996 年 460 页

007511806
广西通志 第 13 卷 工会志
广西壮族自治区地方志编纂委员会编
　南宁 广西人民出版社 1996 年 395 页

007509009
广西通志 第 14 卷 统计志
广西壮族自治区地方志编纂委员会编
　南宁 广西人民出版社 1996 年 344 页

007509566
广西通志 第 15 卷 民政志
广西壮族自治区地方志编纂委员会编
　南宁 广西人民出版社 1996 年 319 页

007590146
广西通志 第 16 卷 检察志
广西壮族自治区地方志编纂委员会编
　南宁 广西人民出版社 1996 年 336 页

007590145
广西通志 第 17 卷 供销合作社志
广西壮族自治区地方志编纂委员会编
　南宁 广西人民出版社 1996 年 416 页

007657587
广西通志 第 18 卷 冶金工业志
广西壮族自治区地方志编纂委员会编
　南宁 广西人民出版社 1996 年 524 页

007896862
广西通志 第 19 卷 海关志
广西壮族自治区地方志编纂委员会编
　南宁 广西人民出版社 1997 年 491 页

007902602
广西通志 第 20 卷 科学技术志
广西壮族自治区地方志编纂委员会编
　南宁 广西人民出版社 1997 年 1217 页

007903488
广西通志 第 21 卷 铁路志
广西壮族自治区地方志编纂委员会编
　南宁 广西人民出版社 1992 年 380 页

007903544
广西通志 第 22 卷 交通志
广西壮族自治区地方志编纂委员会编
　南宁 广西人民出版社 1996 年 489 页

007932025
广西通志 第 23 卷 人口志
广西壮族自治区地方志编纂委员会编
　南宁 广西人民出版社 1993 年 371 页

007932037
广西通志 第 24 卷 商检志
广西壮族自治区地方志编纂委员会编
　南宁 广西人民出版社 1996 年 278 页

007932038
广西通志 第 25 卷 中共广西地方组织志

广西壮族自治区地方志编纂委员会编　南宁　广西人民出版社　1994年　428页

007993400

广西通志　第26卷　外经贸志

广西壮族自治区地方志编纂委员会编　南宁　广西人民出版社　1997年　706页

003324817

广西通志　第27卷　电力工业志

广西壮族自治区地方志编纂委员会编　南宁　广西人民出版社　1990年　316页

003801189

广西通志　第28卷　体育志

广西壮族自治区地方志编纂委员会编　南宁　广西人民出版社　1989年　447页

007908342

广西通志　第29卷　民俗志

广西壮族自治区地方志编纂委员会编　南宁　广西人民出版社　1992年　445页

007908343

广西通志　第30卷　地质矿产志

广西壮族自治区地方志编纂委员会编　南宁　广西人民出版社　1992年　508页

008421786

广西通志　第31卷　外事志

广西壮族自治区地方志编纂委员会编　南宁　广西人民出版社　1998年　304页

008421783

广西通志　第32卷　人事志

广西壮族自治区地方志编纂委员会编　南宁　广西人民出版社　1998年　420页

008421790

广西通志　第33卷　煤炭工业志

广西壮族自治区地方志编纂委员会编　南宁　广西人民出版社　1997年　475页

008421794

广西通志　第34卷　经济总志

广西壮族自治区地方志编纂委员会编　南宁　广西人民出版社　1998年　430页

008421777

广西通志　第35卷　测绘志

广西壮族自治区地方志编纂委员会编　南宁　广西人民出版社　1998年　301页

008421784

广西通志　第36卷　政府志

广西壮族自治区地方志编纂委员会编　南宁　广西人民出版社　1998年　558页

008421782

广西通志　第37卷　糖业志

广西壮族自治区地方志编纂委员会编　南宁　广西人民出版社　1998年　403页

008599833

广西通志　第38卷　地震志

广西壮族自治区地方志编纂委员会编

南宁 广西人民出版社 1990年 166页

008539590
广西通志 第39卷 金融志
广西壮族自治区地方志编纂委员会编
　南宁 广西人民出版社 1994年 459页

008539589
广西通志 第40卷 大事记
广西壮族自治区地方志编纂委员会编
　南宁 广西人民出版社 1998年 628页

008539594
广西通志 第41卷 政协志
广西壮族自治区地方志编纂委员会编
　南宁 广西人民出版社 1998年 406页

008594802
广西通志 第42卷 审判志
广西壮族自治区地方志编纂委员会编
　南宁 广西人民出版社 2000年 483页

008539606
广西通志 第43卷 广播电视志
广西壮族自治区地方志编纂委员会编
　南宁 广西人民出版社 2000年 505页

008539627
广西通志 第44卷 社会科学志
广西壮族自治区地方志编纂委员会编
　南宁 广西人民出版社 1999年 554页

008539613
广西通志 第45卷 建筑材料工业志
广西壮族自治区地方志编纂委员会编
　南宁 广西人民出版社 2000年 344页

008539654
广西通志 第46卷 石油化学工业志
广西壮族自治区地方志编纂委员会编
　南宁 广西人民出版社 1999年 433页

008539619
广西通志 第47卷 生物志
广西壮族自治区地方志编纂委员会编
　南宁 广西人民出版社 2000年 606页

008594805
广西通志 第48卷 少数民族语言志
广西壮族自治区地方志编纂委员会编
　南宁 广西人民出版社 2000年 837页

008539658
广西通志 第49卷 医疗卫生志
广西壮族自治区地方志编纂委员会编
　南宁 广西人民出版社 1999年 540页

008539660
广西通志 第50卷 岩溶志
广西壮族自治区地方志编纂委员会编
　南宁 广西人民出版社 2000年 216页

008841042
广西通志 第51卷 行政区划志
广西壮族自治区地方志编纂委员会编

南宁 广西人民出版社 2001年 735页

008683175

广西通志 第52卷 审计志

广西壮族自治区地方志编纂委员会编
南宁 广西人民出版社 1997年 222页

008665452

广西通志 第53卷 纺织工业

广西壮族自治区地方志编纂委员会编
南宁 广西人民出版社 2000年 416页

008594823

广西通志 第54卷 文化志

广西壮族自治区地方志编纂委员会编
南宁 广西人民出版社 1999年 440页

008683154

广西通志 第55卷 出版志

广西壮族自治区地方志编纂委员会编
南宁 广西人民出版社 1999年 631页

008683165

广西通志 第56卷 农垦志

广西壮族自治区地方志编纂委员会编
南宁 广西人民出版社 1998年 360页

008683211

广西通志 第57卷 有色金属工业志

广西壮族自治区地方志编纂委员会编
南宁 广西人民出版社 1994年 482页

008834980

广西通志 第58卷 妇联志

广西壮族自治区地方志编纂委员会编
南宁 广西人民出版社 2001年 356页

008683158

广西通志 第59卷 军事志

广西壮族自治区地方志编纂委员会编
南宁 广西人民出版社 1994年 590页

008683170

广西通志 第60卷 人民代表大会志

广西壮族自治区地方志编纂委员会编
南宁 广西人民出版社 1997年 438页

009159208

广西通志 第61卷 商业志

广西壮族自治区地方志编纂委员会编
南宁 广西人民出版社 2000年 420页

009158091

广西通志 第62卷 林业志

广西壮族自治区地方志编纂委员会编
南宁 广西人民出版社 2001年 726页

009159194

广西通志 第63卷 土地志

广西壮族自治区地方志编纂委员会编
南宁 广西人民出版社 2002年 740页

009118283

广西通志 第64卷 汉语方言志

广西壮族自治区地方志编纂委员会编

南宁 广西人民出版社 1998年 897页

009158130
广西通志 第65卷 乡镇企业志
广西壮族自治区地方志编纂委员会编 南宁 广西人民出版社 2002年 434页

009061842
广西通志 第66卷 公安志
广西壮族自治区地方志编纂委员会编 南宁 广西人民出版社 2002年 1093页

009159203
广西通志 第67卷 二轻工业志
广西壮族自治区地方志编纂委员会编 南宁 广西人民出版社 2003年 297页

009118235
广西通志 第68卷 共青团志
广西壮族自治区地方志编纂委员会编 南宁 广西人民出版社 2002年 457页

009673754
广西通志 第69卷 民主党派 工商联志
广西壮族自治区地方志编纂委员会编 南宁 广西人民出版社 2004年 331页

009346508
广西通志 第70卷 司法行政志
广西壮族自治区地方志编纂委员会编 南宁 广西人民出版社 2002年 363页

009413340
广西通志 第71卷 文学艺术志
广西壮族自治区地方志编纂委员会编 南宁 广西人民出版社 2002年 454页

009346526
广西通志 第72卷 旅游志
广西壮族自治区地方志编纂委员会编 南宁 广西人民出版社 2003年 866页

008683201
广西通志 第73卷 水利志
广西壮族自治区地方志编纂委员会编 南宁 广西人民出版社 1998年 608页

010244068
广西通志 第74卷 邮电志 1991—2002
广西壮族自治区地方志编纂委员会编 南宁 广西人民出版社 2005年 722页

010238230
广西通志 第75卷 环境保护志
广西壮族自治区地方志编纂委员会编 南宁 广西人民出版社 2005年 528页

009552773
广西通志 第76卷 电子工业志
欧阳芳滴主编 广西壮族自治区地方志编纂委员会编 南宁 广西人民出版社 2004年 225页

009839204
广西通志 第77卷 一轻工业志

广西壮族自治区地方志编纂委员会编 南宁 广西人民出版社 2005年 465页

011473102
广西通志 第78卷 出入境检验检疫志 1917—2003
广西壮族自治区地方志编纂委员会编 南宁 广西人民出版社 2007年 850页

011473083
广西通志 第79卷 报业志
广西壮族自治区地方志编纂委员会编 南宁 广西人民出版社 2007年 617页

011954069
广西通志 第80卷 物资志
广西壮族自治区地方志编纂委员会编 南宁 广西人民出版社 2007年 348页

012264294
广西通志 第81卷 机械工业志
广西壮族自治区地方志编纂委员会编 南宁 广西人民出版社 2009年 951页

012264291
广西通志 第82卷 民族志
广西壮族自治区地方志编纂委员会编 南宁 广西人民出版社 2009年 2册 1407页

012504022
广西通志 第83卷 烟草志 1522—2003
广西壮族自治区地方志编纂委员会编 南宁 广西人民出版社 2009年 837页

012264312
广西通志 第84卷 质量技术监督志 前217—2003
广西壮族自治区地方志编纂委员会编 南宁 广西人民出版社 2009年 741页

012264301
广西通志 第85卷 人物志
广西壮族自治区地方志编纂委员会编 南宁 广西人民出版社 2009年 984页

012638786
广西通志 第86卷 公安志 1993—2008
广西壮族自治区地方志编纂委员会编 南宁 广西人民出版社 2010年 658页

012679366
广西通志 第87卷 总述
广西壮族自治区地方志编纂委员会编 南宁 广西人民出版社 2010年 601页

012718864
广西通志 第88卷 医药志
广西壮族自治区地方志编纂委员会编 南宁 广西人民出版社 2010年 509页

012811311
广西通志 第89卷 城乡建设志
广西壮族自治区地方志编纂委员会编 南宁 广西人民出版社 2009年 746页

012832034

广西通志 第90卷 计划生育志 1956—2003

广西壮族自治区地方志编纂委员会编 南宁 广西人民出版社 2010年 463页

013507814

广西通志 第91卷 人民生活志 古代—2000

广西壮族自治区地方志编纂委员会编 南宁 广西人民出版社 2011年 566页

013528928

广西通志 第92卷 电力工业志 1986—2002

广西壮族自治区地方志编纂委员会编 南宁 广西人民出版社 2012年 532页

013688677

广西通志 第93卷 水利志 1991—2005

广西壮族自治区地方志编纂委员会编 南宁 广西人民出版社 2011年 738页

013728688

广西通志 第94卷 检察志 1994—2008

广西壮族自治区地方志编纂委员会编 南宁 广西人民出版社 2012年 420页

009557579

广西重点镇志

广西壮族自治区通志馆编 南宁 广西人民出版社 2004年

009852629

中国共产党广西历史图志 中国共产党广西历史图志行业篇

中共广西壮族自治区委员会党史研究室编 北京 中共党史出版社 2007年 2册〔中国共产党在广西丛书〕

011954062

广西地方铁路公安志

广西地方铁路公安志编纂领导小组编 广西 广西地方铁路公安志编纂领导小组 2001年 116页

012096753

广西北部湾经济区简志

广西地方志编纂委员会办公室编 南宁 广西人民出版社 2008年 313页

012952041

广西检察志资料 1906—1990

傅耿主编 韦乃煌副主编 韦秀琛 卢碧容编 南宁 广西壮族自治区人民检察院史志编辑室 1990年 664页

010291862

广西审判志 讨论稿

广西壮族自治区高级人民法院广西审判志编辑室编 南宁 广西壮族自治区高级人民法院广西审判志编辑室 1991年 908页

010138284

广西名优品牌志

广西地方志编纂委员会办公室编 南宁 广西人民出版社 2005年 375页

008594809
广西农业志 1986—1995
广西壮族自治区农业厅编 南宁 广西人民出版社 1998年 380页

009227098
广西农业志 水产资料长编
广西壮族自治区水产局编 广西 广西水产局 1990年 558页

013143769
广西桂棉志 1958—1988
李绪壁主编 广西 广西桂棉志编纂委员会 1992年 379页

012191851
广西石油志
广西石油分公司编 南宁 广西石油分公司 2006年 611页

014030708
广西烟草行业志 广西烟草志
广西烟草行业志编纂委员会编 南宁 广西人民出版社 2009年 853页

012811316
广西壮族自治区电力工业志
广西壮族自治区电力工业志编纂委员会编 北京 中国电力出版社 2010年 708页〔中国电力工业志丛书〕

009379730
广西壮族自治区电力工业志
广西壮族自治区电力工业志编委会 王醒民 韩瑞荧 张大廷(常务)主编 北京 水利电力出版社 1992年 452页〔中国电力工业志丛书〕

011564625
广西航运志
广西航运志编纂委员会编 南宁 广西人民出版社 1994年 319页

008594816
广西长途电信线务志
广西壮族自治区长途电信线务局编 北京 人民邮电出版社 1998年 178页

011431553
广西物价志
广西壮族自治区物价局编 南宁 广西壮族自治区物价局 1990年 701页

009118443
广西税务志
广西税务志编纂委员会编 南宁 广西人民出版社 1997年 507页

009989133
广西工商银行志
广西工商银行志编纂委员会编 南宁 广西人民出版社 1992年 223页

009234483
广西金融志
广西金融志编撰委员会编 南宁 广西金融志编撰委员会 1992 年 925 页

011431535
广西保险志
柳云主编 南宁 广西民族出版社 1993 年 364 页

002758340
广西文化志资料汇编
广西通志文化志第二编辑室编 南宁 广西通志文化志第二编辑室 1987 年

007929732
广西文化志资料集
广西文化志第一编辑室编 1987 年

009106107
广西教育改革志
广西壮族自治区教育厅编 桂林 广西师范大学出版社 2003 年 665 页

001920013
壮侗语族语言简志
王均等编著 北京 民族出版社 1984 年 899 页〔中国少数民族语言简志丛书〕

004146842
壮语简志
韦庆稳 覃国生编著 北京 民族出版社 1980 年 135 页〔中国少数民族语言简志丛书〕

001921075
瑶族语言简志
毛宗武 蒙朝吉 郑宗泽编 北京 民族出版社 1982 年 237 页〔中国少数民族语言简志丛书〕

007420582
中国歌谣集成 第 1 卷 广西卷
中国民间文学集成全国编辑委员会主编 中国歌谣集成广西卷编辑委员会编纂 北京 中国社会科学出版社 1992 年 2 册 1713 页〔十部文艺集成志书〕

007852101
中国民间歌曲集成 第 7 卷 广西卷
中国民间歌曲集成全国编辑委员会 中国民间歌曲集成广西卷编辑委员会编 北京 中国 ISBN 中心 1995 年 1127 页〔十部文艺集成志书〕

009619621
中国戏曲音乐集成 第 26 卷 广西卷
中国戏曲音乐集成编辑委员会 中国戏曲音乐集成广西卷编辑委员会编 北京 中国 ISBN 中心 2002 年 1937 页

011762026
中国曲艺音乐集成 第 19 卷 广西卷
中国曲艺音乐集成全国编辑委员会 中

国曲艺音乐集成广西卷编辑委员会编 北京 中国 ISBN 中心 2005 年 811 页

012584362
中国民族民间器乐曲集成 第25卷 广西卷
中国民族民间器乐曲集成全国编辑委员会主编 中国民族民间器乐曲集成广西卷编辑委员会编 北京 中国 ISBN 中心 2007 年 2 册 2139 页

009707099
中华舞蹈志 第6卷 广西卷
马建梁特约编辑 中华舞蹈志编辑委员会编 上海 学林出版社 2004 年 469 页

013996052
中华舞蹈志 第6卷 广西卷
中华舞蹈志编辑委员会编 上海 学林出版社 2014 年 469 页

004457487
中国民族民间舞蹈集成 第23卷 广西卷
中国民族民间舞蹈集成编辑部编 北京 中国 ISBN 中心 1992 年 2 册 1484 页〔十部文艺集成志书〕

011804380
广西话剧志
广西话剧志编委会编 南宁 广西人民出版社 2008 年 339 页

007369222
中国戏曲志 第2卷 广西卷
中国戏曲志编辑委员会 中国戏曲志广西卷编辑委员会编 北京 中国 ISBN 中心 1995 年 764 页〔十部文艺集成志书〕

009399069
广西少数民族人物志
莫文军主编 南宁 广西民族出版社 1998 年 654 页

010195470
左右江革命根据地人物志
中共广西区委党史研究室编 南宁 广西人民出版社 1998 年 365 页〔中共广西地方历史研究丛书〕

011329340
瑶族风俗志
刘保元著 北京 中央民族大学出版社 2007 年 151 页

007548028
中国瑶族风土志
蒲朝军 过竹主编 毛殊凡等编著 北京 北京大学出版社 1992 年 594 页

002283240
壮族风俗志
梁庭望编著 北京 中央民族学院出版社

1987年 199页〔民俗文库 2〕

001690740
广西风物志
莫杰主编 南宁 广西人民出版社 1984年 674页〔中国风物志丛书〕

008539223
广西壮族自治区海域地名录
广西壮族自治区地名委员会办公室编 南宁 广西壮族自治区地名委员会办公室 1989年 90页

009250946
广西海域地名志
广西壮族自治区地名委员会办公室编 南宁 广西民族出版社 1992年 226页

002395817
广西地震志
广西地震局历史地震小组编 南宁 广西人民出版社 1982年 297页

009989183
广西壮族自治区地震监测志
广西壮族自治区地震局编 北京 地震出版社 2004年 297页〔中国地震监测志系列〕

006037870
广西壮族自治区区域地质志
广西壮族自治区地质矿产局编 北京 地质出版社 1985年 870页〔地质专报 1 区域地质 第3号〕

009379720
广西植物志
广西科学院广西植物研究所编著 南宁 广西科学技术出版社 1991年

013091090
广西饲用植物志
赖志强等编著 南宁 广西科学技术出版社 2011年

012655917
中国古生物志 广西西部下三叠纪菊石
赵金科著 中国科学院古生物研究所 古脊椎动物研究所编辑 北京 科学出版社 1959年 355页〔中国古生物志 总号第145册 新乙种 第9号〕

009145748
中国壮药志
朱华主编 滕建北等副主编 朱华等编委 王乃平主审 黄汉儒学术顾问 南宁 广西民族出版社 2003年 447页

008594813
广西土种志
广西土壤肥料工作站编著 南宁 广西科学技术出版社 1993年 421页

010195441
广西僮族自治区农作物优良品种志
广西僮族自治区农业厅编 南宁 广西僮

族自治区农业厅 1959年 470页

009149856
中国甘蔗品种志
轻工业部甘蔗糖业科学研究所 轻工业部甘蔗品种审定委员会 广西壮族自治区甘蔗研究所编 广州 广东科技出版社 1991年 119页

003158900
广西荔枝志
广西农业科学院 广西农业学校编 广州 广东科技出版社 1986年 235页

014029007
广西树木志
广西壮族自治区林业科学研究院编著 北京 中国林业出版社 2014年

008990907
广西家畜家禽品种志
广西家畜家禽品种志编辑委员会编著 南宁 广西人民出版社 1987年 131页

008990909
广西淡水鱼类志
中国科学院动物研究所编 南宁 广西人民出版社 2006年 535页

南宁市

009472091
南宁市郊区志
南宁市郊区地方志编纂委员会编 北京 方志出版社 2004年 892页

008593058
南宁市志
南宁市地方志编纂委员会编 南宁 广西人民出版社 1998年 4册

013184414
南宁市志 金融志 1991—2005 资料汇编
南宁市志金融志编纂委员会编 南宁 南宁市志金融志编纂委员会 2009年 362页

008595422
南宁市志 军事志
南宁市地方志编纂委员会编 南宁 广西人民出版社 1993年 453页

009107305
南宁市大事记 1949.12—2000.12
中共南宁市委党史研究室 南宁市档案局编 南宁 广西人民出版社 2002年 275页〔中共南宁市地方史资料丛书〕

009334600
友爱村志 附录 族谱
友爱村志编纂委员会编 南宁 广西人民

出版社 1996年 64页

010244064
南宁市人民代表大会志
南宁市人民代表大会常务委员会编 南宁 南宁市人民代表大会常务委员会 1995年 276页

011890754
广西壮族自治区铁路护路联防志 1993—2001
广西壮族自治区社会治安综合治理委员会铁路护路联防工作小组办公室编 南宁 广西壮族自治区社会治安综合治理委员会铁路护路联防工作小组办公室 2002年 166页

008665413
南宁市公安志
南宁市公安局史志办公室编 南宁 广西人民出版社 1997年 595页

009239662
南宁市工商行政管理志
南宁市工商行政管理局编 南宁 广西人民出版社 1994年 472页

009010173
南宁市土地志
南宁市土地管理局编 南宁 广西人民出版社 1999年 432页

009379710
广西国营明阳农场志
国营明阳农场编志办公室编 广西 国营明阳农场编志办公室 1993年 384页

009864330
广西国有七坡林场场志 送审稿
七坡林场场志办公室编 广西 七坡林场场志办公室 1996年 2册

013091086
广西水产研究所志 1960—2010
广西水产研究所编 南宁 广西水产研究所 2010年 189页

009118400
广西电力工业勘察设计研究院志
广西电力工业勘察设计研究院编 南宁 广西人民出版社 1996年 306页

011757890
广西送变电建设公司志 1958—2003
广西送变电建设公司志编委会编 南宁 广西送变电建设公司志编委会 200u年 265页

008594821
广西微波通信局志
广西微波通信局编 北京 人民邮电出版社 2000年 186页

014030743
广西烟草行业志 南宁卷烟厂志

广西烟草行业志编纂委员会编 南宁 广西人民出版社 2009年 310页

014030745

广西烟草行业志 南宁烟草志

广西烟草行业志编纂委员会编 南宁 广西人民出版社 2009年 449页

012096756

广西壮族自治区公路桥梁工程总公司通志

罗业凤主编 南宁 广西民族出版社 2008年 261页

009189333

广西壮族自治区水电工程局志

广西壮族自治区水电工程局编 南宁 广西人民出版社 1993年 348页

012250991

广西壮族自治区水电工程局志 1992—2006

广西壮族自治区水电工程局编 南宁 广西人民出版社 2008年 574页

008595406

南宁供电志 1915—1988

南宁供电志编纂委员会编 南宁 广西人民出版社 1990年 317页

009227063

南宁市二轻工业志 1840—1990

李宪主编 王耀廷编 南宁市二轻工业局编志办公室编 南宁 南宁市二轻工业局编志办公室 1993年 334页

009391051

南宁市建筑志

南宁市建筑志编纂委员会编 南宁 广西人民出版社 1998年 520页

009227065

南宁市一轻工业志

南宁市第一轻工业局编 南宁 南宁市第一轻工业局 1992年 342页

011955309

轻工业部南宁设计院院志 1974—1994

轻工业部南宁设计院编 南宁 轻工业部南宁设计院 1994年 133页

011911481

中铁隧道集团四处有限公司志 1999—2005

中铁隧道集团四处有限公司史志编纂委员会编 南宁 中铁隧道集团四处有限公司史志编纂委员会 2006年 276页

010195456

南宁铁路分局志 1986—1996

南宁铁路分局志编纂委员会编 南宁 南宁铁路分局志编纂委员会 1998年 566页

008539738
南宁市电信志
南宁市电信局编 北京 人民邮电出版社 1997年 321页

008595379
南宁市邮政志
南宁市邮政局编 北京 人民邮电出版社 1995年 297页

008595409
南宁市供销合作社志
南宁市供销合作联社编 南宁 南宁市供销合作联社 1998年 277页

008595396
南宁市粮食志
南宁市粮食局编 南宁 广西人民出版社 1994年 233页

009159252
南宁市商业志
南宁市商业局编 南宁 广西人民出版社 1995年 483页

010195453
南宁海关志
南宁海关修志办公室编 南宁 广西出版印刷物资公司印刷厂 1997年 508页

009189381
南宁市财政志
南宁市财政局编 南宁 广西人民出版社 2000年 310页

008665277
南宁市税务志
广西壮族自治区南宁市国家税务局 广西壮族自治区南宁市地方税务局编 南宁 广西壮族自治区南宁市国家税务局 广西壮族自治区南宁市地方税务局 1996年 321页

008990913
南宁工商银行志
南宁工商银行志编纂委员会编 南宁 南宁工商银行志编纂委员会 1994年 249页

009159276
南宁市金融志
南宁市金融志编纂委员会编 南宁 广西人民出版社 1995年 282页

008990911
南宁地区金融志
南宁地区金融志编纂委员会编 南宁 广西人民出版社 2000年 187页

010777056
南宁市科技志
南宁市科学技术委员会编 南宁 南宁市科学技术委员会 1991年 167页

009189229
广西教研志

吴卓凡 秦朝泰主编 广西教育学院教研志编纂委员会编 南宁 广西人民出版社 2000年 352页

009118213
广西大学校志
马继汇名誉主编 韦俊雄主编 马亮 王佩玲副主编 南宁 广西科学技术出版社 1998年 880页

011995669
广西大学校志 1997—2008
马亮主编 韦俊雄 王佩玲副主编 南宁 广西美术版社 2008年 631页〔广西大学80周年校庆丛书〕

011954075
广西医科大学公共卫生学院志 1976—2006
公共卫生学院志编写组编 南宁 广西医科大学公共卫生学院 2006年 255页

010138285
广西南宁民族师范学校校志 附校庆1905—1988 专辑
韦编贤 马汉彦主编 韦晓等编委 苏勇审定 广西南宁民族师范学校编 南宁 广西南宁民族师范学校 1992年 335页

011066596
广西水利电力职业技术学院志
李洪旺等主修 广西 广西水利电力职业技术学院 2006年 451页

011188541
中国民间文学集成 广西壮族自治区 南宁市谚语集
南宁市民间文学三套集成办公室编 南宁 南宁市民间文学三套集成办公室 1990年 82页

009189390
南宁戏曲志
南宁市文化局戏曲志编辑委员会编 南宁 南宁市文化局戏曲志编辑委员会 1987年 158页

008595392
南宁市民族简志
南宁市民族事务委员会 南宁市人民政府地方志编纂办公室编 南宁 广西人民出版社 1991年 164页

012051741
南宁风物志
中国人民政治协商会议南宁市委员会编 南宁 广西人民出版社 2009年 439页

008539058
广西壮族自治区南宁市地名录
南宁市地名委员会编 南宁 南宁市地名委员会 1983年 129页

012256539

[广西壮族自治区区域地质调查研究院]院志 1958—2008

广西壮族自治区区域地质调查研究院编 广西 广西壮族自治区区域地质调查研究院 2008年 254页

009159237

广西医科大学校志

广西医科大学校志办公室编 南宁 广西人民出版社 1994年 399页

013183456

广西医科大学志

广西医科大学校志办公室编 南宁 广西人民出版社 2004年 810页

012638792

广西医科大学口腔医学院 广西医科大学附属口腔医院志 1978—2008

广西医科大学口腔医学院 广西医科大学附属口腔医院编 南宁 广西医科大学口腔医学院 广西医科大学附属口腔医院 2008年 192页

009379736

广西壮族自治区妇幼保健院志 初稿

广西壮族自治区妇幼保健院 李猛主编 邬纯忠 李法伦编 南宁 广西壮族自治区妇幼保健院 1988年 199页

012639688

南宁市卫生防疫站站志 1987—2001

南宁市卫生防疫站编 南宁 南宁市卫生防疫站 2002年 322页

009553701

广西壮族自治区卫生防疫站志 1954—1988

广西壮族自治区卫生防疫站编 广西 广西壮族自治区卫生防疫站 1991年 245页

008595415

南宁市卫生志

齐良恭主编 南宁市卫生局编 南宁 南宁华侨印刷厂 1996年 629页

011431568

广西医科大学基础医学院院志 1934—2003

广西医科大学基础医学院编 广西 广西医科大学基础医学院 2004年 278页

009784362

广西壮族自治区寄生虫病防治研究所志 1958—1988

广西壮族自治区寄生虫病防治研究所编 南宁 广西壮族自治区寄生虫病防治研究所 1991年 72页

011954066

广西兽医研究所志

广西兽医研究所志编纂领导小组编 南宁 广西兽医研究所 2006年 235页

012872357

广西兽医防疫检疫站志 1980—2007

广西兽医防疫检疫站志编纂领导小组编 广西 广西兽医防疫检疫站志编纂领导小组 2007年 288页

008595389

南宁市城市规划志

南宁市规划管理局编 南宁 广西人民出版社 1996年 231页

青秀区

012139574

南宁市新城区志 1991—2005

肖志钢 赵禹鹏主编 南宁市青秀区地方志编纂委员会编 南宁 广西人民出版社 2008年 550页

008488208

新城区志

南宁市新城区人民政府编 南宁 广西人民出版社 1998年 325页

兴宁区

008816420

友爱村志

覃芝馨主编 南宁 广西人民出版社 1996年 291页

江南区

011892272

南宁市江南区志

南宁市江南区志编纂委员会编 南宁 广西人民出版社 2008年 638页

西乡塘区

012506276

万秀村志

广西南宁万秀村志编纂委员会编 南宁 广西人民出版社 2009年 288页

013859470

城北区军事志 1049—2005

广西南宁市西乡塘区军事志编纂委员会编 北京 人民出版社 2009年 403页〔八桂军事丛书 1〕

邕宁区

008645253

邕宁县志

广西壮族自治区邕宁县地方志编纂委员会编纂 北京 中国城市出版社 1995年 896页〔中华人民共和国地方志丛书〕

011476859

孟莲村志

张明品主编 南宁 广西民族出版社

2008年 363页〔广西乡村史志丛书〕

011570129
那陈乡志
那陈乡 1990年 272页

011571189
邕宁县土地志
邕宁县国土资源局编 南宁 广西人民出版社 2006年 490页

008665418
伶俐糖厂志
邕宁县伶俐糖厂编 邕宁 伶俐糖厂 1996年 424页

008665410
邕宁县税务志
广西壮族自治区邕宁县税务局编 邕宁 广西壮族自治区邕宁县税务局 1993年 159页

008596795
邕宁教育志
邕宁教育志编写组编著 邕宁 邕宁教育志编写组 1992年 361页

武鸣县

007986599
武鸣县志
黄庆勋主编 潘宝祥 周天京 梁耀昌副主编 武鸣县志编纂委员会编 南宁 广西人民出版社 1998年 1028页

014052379
武鸣县志 1991—2005
武鸣县志编纂委员会编 南宁 广西人民出版社 2013年 876页

008816609
曾甘村志
危流渊编 北京 煤炭工业出版社 1999年 239页

013603387
武鸣县土地志 初稿
武鸣县土地规划管理局编 武鸣 武鸣县土地规划管理局 1998年 360页

009189405
武鸣县土地志
武鸣县土地规划管理局编 南宁 广西人民出版社 2002年 262页

009379959
武鸣县教育志
武鸣县教育志编纂小组编 武鸣 武鸣县教育志编纂小组 1999年 468页

隆安县

005536242
隆安县志
隆安县志编纂委员会编 南宁 广西人民

出版社 1993 年 742 页

013144584

隆安县志 1986—2006

隆安县志编纂委员会编 南宁 广西人民出版社 2011 年 919 页

009310256

隆安大事记

潘启作主编 陈修则等编 隆安县地方志编纂委员会办公室编 隆安 隆安县地方志办公室 2001 年 193 页

010779155

隆安县土地志

隆安县国土资源局编 南宁 广西人民出版社 2006 年 383 页

011146477

中国民间文学三套集成 隆安县歌谣集

隆安县民间文学三套集成编委会编 1987 年 3 册

008539061

广西壮族自治区隆安县地名集

隆安县地名委员会编 隆安 隆安县地名委员会 1982 年 232 页

马山县

007969449

马山县志

覃东楼主编 覃茂才 罗宾 杨惠峰副主编 马山县志编纂委员会编 北京 民族出版社 1997 年 802 页

013774638

马山县土地志

马山县土地史志编纂委员会编 马山 马山县土地史志编纂委员会 2001 年 428 页

008596069

马山供电志

马山供电志编纂委员会编 马山 马山供电志编纂委员会 1999 年 380 页

011146497

中国民间文学三套集成 马山县歌谣卷

马山县民间文学三套集成编写小组编 马山 1987 年

上林县

007910023

上林县志

上林县志编纂委员会编 南宁 广西人民出版社 1989 年 598 页

012638870

上林县土地志

上林县国土资源局编 南宁 广西人民出版社 2008 年 339 页

012877167

上林县水利电力志

上林县水利电力局编 上林 上林县水利电力局 1991年 180页

011146669
中国民间文学三套集成 上林县歌谣卷
1987年 98页

013795386
上林覃氏宗族志
上林覃氏宗族志编纂委员会编 香港 天马出版有限公司 2006年 1065页

宾阳县

007909998
宾阳县志
宾阳县志编纂委员会编 南宁 广西人民出版社 1987年 689页

013037897
宾阳县城乡建设志
宾阳县城乡建设志编纂委员会编 南宁 广西人民出版社 2011年 634页

009227100
宾阳县土地志
宾阳县土地管理局编 南宁 广西人民出版社 2001年 356页

013179292
宾阳县教育志
宾阳县教育志编纂小组编 南宁 广西人民出版社 1997年 357页

011294623
广西壮族自治区宾阳县人民医院志 1941.12—2001.12
饶辉廷主编 宾阳县人民医院志编纂领导小组编 宾阳 宾阳县人民医院志编纂领导小组 2001年 177页

横县

007910010
横县县志
横县县志编纂委员会编 南宁 广西人民出版社 1989年 736页

013728798
横县军事志 1389—2005
广西横县军事志编纂委员会编 北京 人民出版社 2010年 462页〔八桂军事丛书 2〕

009379846
良圻农场志
良圻农场志编纂委员会编 横县 良圻农场志编纂委员会 1995年 165页

012191960
横县土地志
横县国土资源局编 南宁 广西人民出版社 2008年 459页

012872470
横县水利电力志
横县水利电力局编 横县 横县水利电力

局 2005年 406页

009379966
西津水力发电厂志
西津水力发电厂志编纂委员会编 南宁 广西人民出版社 1997年 319页

柳州市

008865201
柳州市志
宋继东主修 徐伟崇 吴建华总审 李厚全 罗方贵执行总纂 刘汉忠等副总纂 柳州市地方志编纂委员会编 南宁 广西人民出版社 1998—2003年 7册

008845829
柳州地区志
柳州地区志编纂委员会编 南宁 广西人民出版社 2000年 796页

008594848
柳州大事记 远古—1995.6
柳州市地方志编纂委员会办公室编 南宁 广西人民出版社 1995年 453页

012099798
沙塘镇志
沙塘镇志编纂委员会编 南宁 广西人民出版社 2008年 414页

008665283
柳州市民政志
柳州市民政局编 柳州 柳州市民政局 1993年 219页

008665281
柳州市军事志
柳州市地方志编纂委员会编 柳州 柳州市地方志编纂委员会 1990年 309页

008665290
柳州市自来水志
柳州市自来水公司编 柳州 柳州市自来水公司 1990年 174页

008594857
柳州市土地志
柳州市土地管理局编 南宁 广西人民出版社 1999年 336页

012680423
柳州市农业机械化志
柳州市农业机械化志管理中心编 柳州 柳州市农业机械化志管理中心 2002年 266页

014030738
广西烟草行业志 柳州卷烟厂志

广西烟草行业志编纂委员会编 南宁 广西人民出版社 2009年 526页

014030741
广西烟草行业志 柳州烟草志
广西烟草行业志编纂委员会编 南宁 广西人民出版社 2009年 418页

008665300
柳钢志 1958—1986
柳钢志编辑部编 安徽 安徽新华印刷厂 1988年 938页

008594864
柳州电厂志
柳州电厂志编纂领导小组编 南宁 广西人民出版社 1992年 270页

011328159
铁道部柳州机车车辆工厂志 1965—1992
铁道部柳州机车车辆工厂编 柳州 铁道部柳州机车车辆工厂 1994年 394页

008594854
柳州市交通志
柳州市交通志编纂委员会编 南宁 广西人民出版社 1998年 438页

008845831
柳州铁路分局志
柳州铁路分局志编纂委员会编 北京 中国铁道出版社 2000年 707页

009106611
柳州铁路局志
柳州铁路局志编纂委员会编 北京 中国铁道出版社 1997年 915页

012679347
广西瑞通集团志 1952—2007
广西瑞通集团志编纂委员会编 广西 广西瑞通集团志编纂委员会 2009年 475页

011499305
柳州市公共交通有限责任公司公司志
柳州市公共交通有限责任公司编 柳州 柳州市公共交通有限责任公司 2003年 595页

009379903
柳州市邮电志
柳州市邮电局编 柳州 柳州市邮电局 1991年 417页

011805545
柳州市粮食志
柳州市粮食局编 柳州 柳州市粮食局 1998年 472页

008594851
柳州市商业志
柳州市商业志编纂委员会编 柳州 柳州市商业志编纂委员会 1995年 666页

010195450
柳州海关志
柳州海关编志组编 柳州 柳州海关编志组 2000年

009852644
柳州市财政志
张春良 皮可慰主修 苏少坡总纂 北京 中国财政经济出版社 2005年 575页

009379849
柳州金融志
柳州金融志编纂委员会编 南宁 广西人民出版社 1990年 307页

009441848
柳州市文化志 送审稿
柳州市文化志编纂委员会编 柳州 柳州市文化志编纂委员会 1991年 357页

008594860
柳州市文化志
柳州市文化志编纂委员会编 南宁 广西人民出版社 1993年 430页

008594866
柳州日报志
柳州日报社编 柳州 柳州日报社 1994年 198页

012097778
柳州市广播电视志
柳州市广播电视局编 柳州 柳州市广播电视局 2002年 321页

008539695
柳州市教育志
柳州市教育志编纂委员会编 南宁 广西人民出版社 1993年 380页

013461614
柳州地区教育志
柳州地区教育志编纂委员会编 柳州 柳州地区教育志编纂委员会 2000年 462页

011327602
柳州铁路局教育志 1937—1990
柳州铁路局教育志编纂委员会编 柳州 柳州铁路局教育志编纂委员会 1991年 139页

010732093
[柳州市第八中学]校志 柳州市第八中学四十周年校庆 1963—2003
柳州 柳州市第八中学校志 2003年 168页

011584550
柳州市戏曲志
柳州市戏曲志编纂委员会编 南宁 广西人民出版社 19uu年 168页

010577009
柳州图志 2005
柳州市地方志编纂委员会办公室编 南

宁 广西美术出版社 2006年

009189370
柳州图志 2008
柳州市地方志编纂委员会办公室编 南宁 广西人民出版社 2009年 343页

008538906
广西壮族自治区柳州市地名志
柳州市人民政府编 柳州 柳州市人民政府 1983年 247页

008539024
广西壮族自治区柳州地区乡镇地名志
柳州地区地名办公室编 黄任文主编 南宁 广西民族出版社 1991年 365页

012505121
广西壮族自治区地球物理勘察院院志 1958—1998
广西地球物理勘察院院志编写委员会编 柳州 广西地球物理勘察院院志编写委员会 1998年 146页

009379746
广西壮族自治区龙泉山医院志 1974—1993
广西壮族自治区龙泉山医院编 广西 广西壮族自治区龙泉山医院 1994年 140页

008594833
[柳州市]卫生防疫站志
柳州市卫生防疫站志编委会编 柳州 柳州市卫生防疫站志编委会 1990年 211页

008539696
柳州市卫生志
柳州市卫生志编纂委员会编纂 宋显民主编 梁汉隆副主编 南宁 广西人民出版社 1995年 350页

013129957
柳州市园林志
柳州市园林志编纂委员会编 南宁 广西人民出版社 2011年 404页

柳北区

008539730
柳北区志
广西壮族自治区柳州市柳北区志编纂委员会编 柳州 广西壮族自治区柳州市柳北区志编纂委员会 1994年 385页

012265302
柳州市柳北区志 1991—2005
柳州市柳北区地方志编纂委员会办公室编 南宁 广西人民出版社 2009年 478页

鱼峰区

009673760

柳州市郊区志

柳州市地方志编纂委员会办公室编 北京 方志出版社 2004年 669页

013898372

柳州市鱼峰区志 1991—2005

柳州市鱼峰区地方志编纂委员会编 南宁 广西人民出版社 2013年 692页

008596696

鱼峰区志

广西壮族自治区柳州市鱼峰区地方志编纂委员会编 柳州 广西壮族自治区柳州市鱼峰区地方志编纂委员会 1997年 410页

柳南区

008816657

柳州市柳南区志

柳州市柳南区地方志编纂委员会编 南宁 广西人民出版社 1997年 281页

012265308

柳州市柳南区志 1990—2005

柳州市柳南区地方志编纂委员会办公室编 南宁 广西人民出版社 2009年 418页

柳江县

003324913

柳江县志

柳江县志编纂委员会编 南宁 广西人民出版社 1991年 702页

008662168

柳江县土地志

邬启廷 覃桂禄主编 柳江县土地管理局编 南宁 广西人民出版社 1999年 303页

008846482

柳江县邮电志

柳江县邮电局编 柳江 柳江县邮电局 1999年 246页

010195448

柳江中学校志 1951—1999

韦兆德主编 柳江 柳江中学 1996年 215页

柳城县

007884864

柳城县志

柳城县志编辑委员会编 广州 广州出版社 1992年 496页

012541546

古砦仫佬族乡志 1999—2009

柳城县古砦仫佬族乡志编委会编 古砦仫佬族乡 柳城县古砦仫佬族乡志编委会 2009年 228页

008596054
古砦乡志
古砦仫佬族乡人民政府编 柳城 古砦仫佬族乡人民政府 1999年 295页

013862836
柳城自然村志
柳城自然村志编纂委员会编 柳城 柳城自然村志编纂委员会 2012年 648页

008594838
社会主义时期中共柳城县党史大事记
1949.11—1998.12
柳城县史志办公室编 柳城 柳城县史志办公室 1999年 424页

009061859
柳城县土地志
柳城县土地房产管理局编 南宁 广西人民出版社 2002年 350页

008665295
柳城县邮电志
柳城县邮电局编 柳城 柳城县邮电局 2000年 251页

008924783
广西壮族自治区柳城县地名集
柳城县地名办公室编 柳城 柳城县地名办公室 1982年 198页

008594875
柳城县卫生志
柳城县卫生局编委会编 柳城 柳城县卫生局 1988年 272页

鹿寨县

007491018
鹿寨县志
鹿寨地方志编纂委员会编 南宁 广西人民出版社 1996年 851页

008665417
鹿寨县军事志
鹿寨县军事志编纂领导小组编 鹿寨 鹿寨县军事志编纂领导小组 1992年 184页

010779158
鹿寨县土地志
鹿寨县国土资源局编 南宁 广西人民出版社 2006年 419页

009510586
鹿寨县医药志 初稿
鹿寨县医药管理局编 鹿寨 鹿寨县医药管理局 1990年 221页

011441042
鹿寨县交通志
鹿寨县人民政府交通局编 鹿寨 鹿寨县

人民政府交通局 2006年 252页

013508674
鹿寨县邮电志
鹿寨县邮政局 广西电信公司鹿寨电信局 广西移动通信有限责任公司鹿寨分公司编 鹿寨 鹿寨县邮政局 2001年 291页

009250936
鹿化志
鹿化志编纂委员会编 鹿寨 鹿化志编纂委员会 2000年 662页

008538938
广西壮族自治区鹿寨县地名志
邓全武编 枚子君校 袁子强制图 鹿寨县地名委员会编 鹿寨 鹿寨县地名委员会 1983年 284页

融安县

007850908
融安县志
融安县志编纂委员会编 南宁 广西人民出版社 1996年 587页

012639041
融安县土地志
融安县国土资源局编 融安 融安县国土资源局 2006年 428页

010244206
泗顶铅锌矿志
泗顶铅锌矿志编纂委员会编 南宁 广西人民出版社 1989年 291页

009391042
融安县教育志 1895—1990
融安县教育志编纂组编 融安 融安县教育志编纂组 1991年 224页

008538983
广西壮族自治区融安县地名集
融安县人民政府编 融安 融安县人民政府 1984年 212页

009683669
融安县卫生志
王朝忠等编纂 广西 广西融安县卫生局 1989年 165页

009379934
融安县农机志
广西融安县农业机械化管理局编 融安 融安县农业机械化管理局 1989年 88页

融水苗族自治县

008816717
融水苗族自治县志
融水苗族自治县地方志编纂委员会编 贾星文主编 北京 生活·读书·新知三联书店 1998年 817页〔中华人民

共和国地方志丛书〕

009379668
安太乡志
安太乡志编委会编 融水 安太乡志编委会 1989年 264页

012140233
融水苗族自治县滚贝侗族乡志
1989年 207页

013225734
三防镇志
三防镇志编纂委员会编 三防镇 三防镇志编纂委员会 1989年 322页

010779163
融水苗族自治县土地志
融水苗族自治县国土资源局编 南宁 广西人民出版社 2006年 519页

009557583
融水苗族自治县邮电志
融水苗族自治县邮电局编 融水 融水苗族自治县邮电局 2001年 284页

012505540
融水苗族自治县教育志
融水苗族自治县教育志编纂组编 融水 融水苗族自治县教育志编纂组 1990年 317页

010195466
融水中学校志
融水中学编 融水 融水中学 1994年 269页

三江侗族自治县

007057293
三江侗族自治县志
三江侗族自治县志编纂委员会编纂 北京 中央民族学院出版社 1992年 945页〔中华人民共和国地方志丛书〕

008067629
同乐苗族乡志
同乐苗族乡志编纂委员会编 北京 中央民族学院出版社 1993年 221页〔中华人民共和国地方志丛书〕

013461920
三江侗族自治县邮电志
三江县邮电局编 三江 三江县邮电局 2000年 244页

009379944
三江侗族自治县供销合作志 初稿
三江侗族自治县供销合作社联合社编 三江 供销合作社联合社 198u年 138页

011147841
中国歌谣集成 广西分卷 三江侗族自治

县资料本

吴浩主编 三江侗族自治县三套集成办公室编 三江 三江侗族自治县三套集成办公室 1987—1989 年 3 册

009379949

三江侗族自治县民族志

石若屏主编 吴善诚副主编 三江侗族自治县民族事务委员会编 南宁 广西人民出版社 1989 年 157 页

013659780

三江侗族自治县民族志

三江侗族自治县民族事务局 三江侗族自治县民族志编纂委员会编 南宁 广西人民出版社 2012 年 248 页

桂林市

008025838

桂林市志

桂林市地方志编纂委员会编 北京 中华书局 1997 年 3 册

013013555

桂林市志 1991—2005

桂林市地方志编纂委员会编 唐群森总纂 徐朝凯等副总纂 北京 方志出版社 2010 年 2 册 1692 页

013897184

桂林市志 劳动和社会保障志 1949—2005

桂林市劳动和社会保障局编 桂林 桂林市劳动和社会保障局 2009 年 212 页

012264330

桂林市统计局志

桂林市统计局编 桂林 桂林市统计局 1990 年 152 页

012718882

桂林市计划生育志

桂林市计划生育委员会编 桂林 桂林市计划生育委员会 2000 年 230 页

013143816

桂林地委党校简志 1949—1995

粟尚正主编 桂林 桂林地委党校 1995 年 135 页

012967594

桂林市人民代表大会志稿 1990.11—2006.11

桂林市人大常委会桂林市志人民代表大会篇编纂组编 桂林 桂林市人大常委会桂林市志人民代表大会篇编纂组 2008 年 239 页

012097383

桂林市公安交通管理志 征求意见稿

桂林市公安局交警支队编 桂林 桂林市

公安局交警支队 2006年 264页

014030782
桂林市公安交通管理志 1949—2006
桂林市公安道路交通管理志编委会编 桂林 桂林市公安道路交通管理志编委会 2008年 238页

008665311
桂林市公安志
桂林市公安局编 桂林 漓江出版社 1995年 352页

010577078
桂林地区检察志 1910—1998
桂林 桂林市人民检察院 2001年 237页

008665309
桂林市检察志 1910—1995
桂林市人民检察院编 桂林 桂林市人民检察院 1999年 262页

009189354
桂林市军事志
桂林市军事志编纂委员会编 桂林 桂林市军事志编纂委员会 1993年 254页

010195445
桂林市工商行政管理志
桂林市工商行政管理局编 桂林 漓江出版社 1993年 564页

009379824
桂林市房地产志
桂林市房产管理局编 桂林 漓江出版社 1996年 45页

008595485
桂林市路灯志
桂林路灯管理处编 桂林 桂林路灯管理处 1993年 60页

012097384
桂林自来水公司志 1936—2005
桂林市自来水公司志编纂委员会编 桂林 桂林市自来水公司 2006年 347页

013222074
桂林市土地志
陈树主编 桂林市土地管理局编 南宁 广西人民出版社 2002年 697页

009379684
广西第一机床厂志 1966—1988
广西第一机床厂编 桂林 广西第一机床厂 1989年 273页

014030721
广西烟草行业志 桂林烟草志
广西烟草行业志编纂委员会编 南宁 广西人民出版社 2009年 406页

009379819
桂林供电志 1916—1989

桂林供电志编纂委员会编 南宁 广西人
民出版社 1991 年 351 页

009405848
桂林轮胎厂志 1965—1995
桂林轮胎厂编 桂林 桂林轮胎厂 1996
年 314 页

008595495
桂林市纺织工业志 1949—1989
唐建民主编 桂林 广西桂林市纺织工业
公司 1991 年 231 页

008595489
桂林市建筑材料工业志
桂林市建筑材料工业总公司编纂委员
会编制 桂林 桂林市建筑材料工业总
公司编纂委员会 1993 年 212 页

008595491
桂林市糖烟酒志
桂林市糖烟酒志编纂委员会编 桂林 漓
江出版社 1993 年 500 页

013143820
桂林市交通志 第一稿
桂林市交通志编纂委员会编 桂林 桂林
市交通志编纂委员会 2003 年 2 册

009553698
桂林市交通志
桂林市交通志编纂委员会编 南宁 广西
人民出版社 2004 年 885 页

013143818
桂林公路局志
广西壮族自治区桂林公路管理局编 桂
林 广西壮族自治区桂林公路管理局
2008 年 273 页

010008247
桂林旅游志
桂林市旅游局编 北京 中央文献出版社
1999 年 388 页

008539691
桂林市邮电志 1994
桂林市邮电局编 北京 人民邮电出版社
1995 年 234 页

013222071
桂林市服务公司志 1976—1990
祝国光主编 桂林 桂林市服务公司
1991 年 278 页

009379827
桂林市供销合作社志 1962—1990
桂林市供销合作社志编纂委员会 桂林
市供销合作社志编辑室编 桂林 桂林
市供销合作社 1992 年 330 页

009405853
桂林纺织品批发站志 1950—1990
钟文杰主编 桂林纺织品批发站志编纂
委员会编 桂林 漓江出版社 1992 年
281 页

011293396
桂林市商业局志
桂林市商业局志编纂办公室编 桂林 桂林市商业局志编纂办公室 1993年 491页

008595427
桂林海关志 1979—1990
桂林海关编志组编 桂林 桂林海关编志组 1998年 175页

008595499
桂林市财政志
桂林市财政局编 桂林 漓江出版社 1993年 457页

012264322
桂林金融志 1991—2000
桂林市金融志编纂委员会编 桂林 桂林市金融志编纂委员会 2004年 271页

010278702
桂林市金融志 西汉末年—1990
桂林市金融志编纂委员会编 桂林 桂林市金融志编纂委员会 1994年 409页

009159245
桂林市教育志
桂林市教育志编纂小组编 南宁 广西人民出版社 1993年 464页

011311043
桂林中学校志 1905—1995
桂林中学校志编辑委员会编 桂林 桂林中学校志编辑委员会 1995年 306页

012097386
桂林中学校志 1905—2005
桂林中学校志编辑委员会编 桂林 桂林中学校志编辑委员会 2005年 320页

013144415
辉煌五十年 桂林矿产地质研究院志 1955—2005
桂林矿产地质研究院志编纂委员会编 桂林 桂林矿产地质研究院 2007年 559页

009441849
桂林漓江志
桂林漓江志编纂委员会编 南宁 广西人民出版社 2004年 904页

008539135
桂林市地名录
桂林市地名委员会编 桂林 桂林市地名委员会 1986年

013731906
[铁道部桂林疗养院]院志 建院五十周年纪念 1952.11—2002.11
铁道部桂林疗养院编 桂林 铁道部桂林疗养院 2002年 71页

013222076
桂林市卫生防疫站站志

桂林市卫生防疫站站志编纂委员会编
　桂林　桂林市卫生防疫站站志编纂委
　员会　2003 年　314 页

008539683
桂林市城市建设管理志
桂林市城市建设管理局编　北京　中国建
　筑工业出版社　1995 年　269 页〔中华
　人民共和国地方志　广西壮族自治
　区〕

008539681
桂林市规划建筑志
桂林市建设规划局编　桂林　漓江出版社
　1998 年　443 页

011998085
青狮潭水库志
广西壮族自治区桂林水务局编　桂林　广
　西壮族自治区桂林水务局　1995 年
　159 页

008662153
桂林市环境保护志 1991—1995
桂林市环境保护局编　桂林　桂林市环境
　保护局　1998 年　241 页

临桂区

007882026
临桂县志
李荣典主编　甘广秋副主编　临桂县志编
　纂委员会编　北京　方志出版社　1996
　年　907 页

012639772
临桂县土地志
临桂县国土资源局编　临桂　临桂县国土
　资源局　2002 年　506 页

013319700
临桂县供电志
临桂县供电志编纂领导小组编　临桂　临
　桂县供电志编纂领导小组　2004 年
　422 页

011567227
临桂县财政志
临桂县财政局编　桂林　漓江出版社
　1993 年　439 页

008924749
临桂县地名志
广西壮族自治区临桂县地名委员会编
　临桂　临桂县地名委员会　1986 年
　288 页

叠彩区

013728706
桂林市叠彩区志
桂林市叠彩区地方志编纂委员会编　南
　宁　广西人民出版社　2012 年　730 页

象山区

013528958

桂林市象山区志 审核稿

桂林市象山区地方志编纂委员会编 桂林 桂林市象山区地方志编纂委员会 2011年 2册

雁山区

013989069

桂林市雁山区志

桂林市雁山区地方志编纂委员会编 桂林 广西师范大学出版社 2013年 688页

011804398

桂林市郊区教育志

桂林市郊区教育局编 桂林 桂林市郊区教育局 1991年 223页

阳朔县

003075035

阳朔县志

阳朔县志编纂委员会编 1988年 489页

011585208

阳朔县志 1986—2003

阳朔县地方志编纂委员会编 北京 方志出版社 2007年 932页

011909974

阳朔县邮电志

阳朔县邮电志编纂委员会编 阳朔 阳朔县邮电志编纂委员会编 2000年 154页

013732543

阳朔县国税志 1994.9—2009.9

阳朔县国家税务局编 阳朔 阳朔县国家税务局 2009年 397页

013961174

阳朔中学志

阳朔中学志编纂委员会编 阳朔 阳朔中学 1998年 110页

008538979

广西壮族自治区阳朔县地名志

阳朔县人民政府编 阳朔 阳朔县人民政府 1983年 211页

灵川县

008338861

灵川县志

廖江主编 甘叠荣 李晋 李樟发副主编 灵川县地方志编纂委员会编 南宁 广西人民出版社 1997年 1000页

008596530

灵川县土地志

廖宏德 毛用庆主编 廖兴林等副主编 灵川县土地管理局编 南宁 广西人

民出版社 1999年 366页

011570019
灵川县农业志
灵川县农业局编 灵川 灵川县农业局 1995年 239页

007677698
灵川县水利志
1994年 241页

013144527
灵铁志 1968—1989
广西灵川铁合金厂编 灵川 广西灵川铁合金厂 1992年 467页

011570005
灵川县教育志
灵川县教育局教育志编写组编 灵川 灵川县教育局教育志编写组 1990年 248页 〔灵川县地方志丛书 2〕

013461593
灵川县教育志 1988—2008 初评稿
灵川县教育志编纂委员会编 灵川 灵川县教育志编纂委员会 2009年 486页

全州县

008487063
全州县志
唐楚英主编 刘溯福副主编 全州县志编纂委员会编 南宁 广西人民出版社 1998年 1037页

013731147
全州镇志
全州镇志编纂委员会编 桂林 全州镇志编纂委员会 2005年 355页

013225632
全州县土地志
全州县国土资源局编 全州 全州县国土资源局 2006年 320页

007677611
全州县水利电力志
全州县水利电力局编 全州 全州县水利电力局 1989年 210页

013225626
全州县教育志 1991—2008
全州县教育志编写组 全州县教育局编 全州 全州县教育局 2010年 381页

010306700
广西壮族自治区全州县地名资料汇编
全州县地名委员会编 全州 全州县地名委员会 1983年 475页

兴安县

013012699
中共兴安县委党校简志 1962—1997
杨婷婷主编 兴安 1997年 39页

012877320
兴安县土地志
张永年 刘建新主编 兴安县国土资源局编 兴安 兴安县国土资源局 2004 年 333 页

007685864
兴安县水利志
兴安 兴安县水利电力局 1992 年 146 页

010468993
兴安县税务志 送审稿
兴安县税务局编 兴安 兴安县税务局 1986 年 2 册

008539008
广西壮族自治区兴安县地名录
兴安县地名委员会办公室编 兴安 兴安县地名委员会办公室 1981 年 105 页

011570020
灵渠志 初稿
兴安县灵渠志编纂委员会编 兴安 兴安县灵渠志编纂委员会 2006 年 299 页

012661478
灵渠志
兴安县地方志编纂委员会编 南宁 广西人民出版社 2010 年 332 页

永福县

007792946
永福县志
潘健康主编 永福县志编纂委员会编 北京 新华出版社 1996 年 969 页

013686446
永福县水利电力志
永福县水利电力局编 永福 永福县水利电力局 1995 年 198 页

010468399
永福县税务志 民国时期—1985 送审稿
广西永福县税务局编 永福 广西永福县税务局 1990 年 271 页

008539149
永福县地名志
何为彦编纂 永福县人民政府编 桂林 广西师范大学出版社 1994 年 984 页

灌阳县

007490997
灌阳县志
熊光嵩主编 何富乃 唐傅华 唐德乾副主编 灌阳县志编委办公室编 北京 新华出版社 1995 年 827 页

012264278
灌阳侨务志

广西灌阳县侨务志编纂委员会编 灌阳 广西灌阳县侨务志编纂委员会 2006年 122页

012718828
灌阳县水利电力志
灌阳县水利电力局编 灌阳 灌阳县水利电力局 1992年 176页

011147843
中国歌谣集成 广西分卷 灌阳歌谣
广西壮族自治区灌阳县文化馆编 灌阳 灌阳县印刷厂 1986年

资源县

008645259
资源县志
资源县志编纂委员会编 南宁 广西人民出版社 1998年 742页〔中华人民共和国地方志丛书〕

013736554
资源县军事志 988—2005
广西资源县军事志编纂委员会编 北京 人民出版社 2009年 455页〔八桂军事丛书 1〕

012636494
资源县土地志
资源县国土资源局编 资源 资源县国土资源局 2006年 459页

012956962
资源县财政志 1935—1990
资源县财政局编志小组编 资源 资源县财政局编志小组 1992年 268页

012970980
资源县农村信用合作联社志
资源县农村信用合作联社志编纂委员会编 南宁 广西人民出版社 2008年 406页

011188682
资源县歌谣集成
广西资源县文化馆编 资源 广西资源县文化馆 1986年 144页

011188642
资源县民间故事集成
1987年 334页

011188645
资源县谚语集成
资源县文化馆编 资源 资源县文化馆 1987年 48页

平乐县

007850897
平乐县志
平乐县地方志编纂委员会编 北京 方志出版社 1996年 876页

013793501

平乐民政志 1910—1990

平乐县民政局编 1992年 156页

013794778

平乐县工商行政管理志 1912—1987

平乐县工商行政管理局编 平乐 平乐县印刷厂 1989年 135页

009379930

平乐县商业志

平乐县商业局编 平乐 平乐县商业局 1991年 235页

013730366

平乐县国家税务志 1927—2010

平乐县国家税务局编 桂林 漓江出版社 2011年 335页

013684566

平乐县教育志 1902—1989

平乐县教育志编纂领导小组编 平乐 平乐县教育志编纂领导小组 1992年 233页

011146463

中国民间文学三套集成 广西分卷 平乐县民间歌谣

韦锦富主编 平乐县文化局编 平乐 平乐县文化局 1987年 152页

荔浦县

007724533

荔浦县志

荔浦县地方志编纂委员会编 北京 生活·读书·新知三联书店 1996年 969页〔中国地方志丛书〕

013793153

荔浦林业志

荔浦县林业局编纂 荔浦 荔浦县林业局 2010年 402页

013093116

荔浦县水利水电工程志汇编

荔浦县水利电力局编 荔浦 荔浦县水利电力局 1994年 251页

008539026

广西壮族自治区荔浦县地名志

荔浦县地名委员会编 荔浦 荔浦县地名委员会 1989年 210页

013628042

荔浦县水利电力志

荔浦县水利电力局编 荔浦 荔浦县水利电力局 1990年 163页

龙胜各族自治县

004102852

龙胜县志

龙胜县志编纂委员会编　上海　汉语大词典出版社　1992 年　559 页

007682665
龙胜各族自治县水利电力志
龙胜各族自治县水利电力局编　龙胜　龙胜各族自治县水利电力局　1991 年　94 页

012766139
龙胜各族自治县财政志
龙胜各族自治县财政局编　龙胜　龙胜各族自治县财政局　1992 年　200 页

013898388
龙胜县教育志
龙胜县教育局教育志编写组编　灵川　广西灵川县印刷厂　1991 年　223 页

013957112
广西壮族自治区桂林市龙胜各族自治县龙胜中学志 1942—2010
龙胜中学志编纂委员会编　2010 年　185 页

008539227
广西壮族自治区龙胜各族自治县地名录
龙胜各族自治县地名领导小组办公室编　龙胜　龙胜各族自治县地名领导小组办公室　1986 年　150 页

恭城瑶族自治县

007910054
恭城县志
恭城瑶族自治县地方志编纂委员会编　南宁　广西人民出版社　1992 年　534 页

013143699
恭城中学志 1938—1993
袁琔主编　恭城　恭城中学　1993 年　213 页

008539229
广西壮族自治区恭城县地名录
恭城县地名委员会编　恭城　恭城县地名委员会　1984 年　152 页

012049349
恭城瑶族自治县卫生志
何毅主编　恭城瑶族自治县卫生局　恭城瑶族自治县地方志办公室编　恭城　恭城瑶族自治县卫生局　恭城瑶族自治县地方志办公室　2002 年　212 页

012758831
恭城瑶族自治县水利电力志
恭城瑶族自治县水利电力局编　恭城　恭城县水利电力局　1990 年　184 页

013793083
峻山水利电力志　纪念峻山水库建设四十周年
恭城瑶族自治县水利局　恭城峻山水库建设四十周年庆典筹委会编　恭城　恭城瑶族自治县水利局　2012 年　203 页

梧州市

013185976
梧州地区志
梧州地区志编纂委员会编 南宁 广西人民出版社 2011年 2册

008596058
梧州市简志
梧州市地方志编纂委员会办公室编 梧州 梧州市地方志编纂委员会办公室 2000年 158页

009189398
梧州市志
梧州市地方志编纂委员会编 南宁 广西人民出版社 2000年 5册 3946页

010475318
梧州西竺园志
释清凉主编 梧州 梧州史志编辑部 1995年 113页

009154028
梧州市政府志
梧州市人民政府办公室编 梧州 梧州市人民政府办公室 2002年 312页

009239582
梧州市政协志
中国人民政治协商会议梧州市委员会办公室编 梧州 中国人民政治协商会议梧州市委员会委员会办公室 2002年 303页

014052369
梧州市物资局志
郭炳华 黄咏洲主编 梧州市物资局志编委会编 北京 中国物资出版社 1992年 189页

012252742
梧州市土地志
梧州市国土资源局编 南宁 广西人民出版社 2009年 516页

014030750
广西烟草行业志 梧州烟草志
广西烟草行业志编纂委员会编 南宁 广西人民出版社 2009年 268页

010474144
梧州市纸厂志
梧州市纸厂志编纂委员会编 梧州 梧州史志编辑部 1992年 106页

011294244
梧州交通志
梧州市交通局编 梧州 梧州史志编辑部 1995年 333页

008596061

梧州市邮电志

梧州市邮电局编 北京 人民邮电出版社 1996年 248页

013732361

梧州海关志 1897—1992

梧州海关编志组编 梧州 梧州海关编志组 1997年 279页

009379979

梧州口岸外经贸志

广西壮族自治区对外经济贸易委员会驻梧州口岸办事处编 梧州 广西壮族自治区对外经济贸易委员会驻梧州口岸办事处 1991年 277页

009405828

梧州市金融志

梧州市金融志编纂委员会编 梧州 梧州市金融志编纂委员会 1991年 2册

010195468

梧州中国银行志 1938—1990

梧州中国银行编 梧州 梧州史志编辑部 1993年 140页

011908794

声屏春秋 梧州市广播电视志

梧州市广播电视局编 南宁 广西人民出版社 1995年 296页

009379955

梧州市教育志 修改稿

梧州市教育志编纂委员会编 梧州 梧州市教育志编写组 1987年 296页

010476105

梧州市工人医院志 1903—2002

广西梧州市工人医院编 香港 天马图书有限公司 2004年 400页

009310920

梧州市卫生志 送审稿

梧州市卫生局编 梧州 梧州市卫生局 1990年 2册

长洲区

011909093

梧州市郊区志

梧州市长洲区地方志编纂委员会编 南宁 广西人民出版社 2008年 731页

岑溪市

007978422

岑溪市志

岑溪市志编纂委员会编 南宁 广西人民出版社 1996年 1083页

008595616

岑溪市土地志

覃照荣主编 岑溪市土地管理局编 南宁

广西人民出版社 1999年 299页

012871853
岑溪县税务志
岑溪县税务局编 岑溪 岑溪县税务局 1990年 304页

011564457
岑溪县金融志 1908—1990
岑溪县金融志编写组编 岑溪 岑溪县金融志编写组 1992年 251页

011147917
中国民间故事集成 岑溪民间故事
广西岑溪县文化局 文化馆 民间文学三套集成编辑部编印 岑溪 民间文学三套集成编辑部 1987年 157页

013220992
岑溪市人民医院志 1937—2008
广西岑溪市人民医院院志办公室编 岑溪 广西岑溪市人民医院院志办公室 2009年 239页

苍梧县

007884889
苍梧县志
苍梧县志编纂委员会编 南宁 广西人民出版社 1997年 933页

011995286
苍梧县土地志
苍梧县国土资源局编 南宁 广西人民出版社 2008年 476页

008538974
广西壮族自治区苍梧县地名集
苍梧县地名委员会编 苍梧 苍梧县地名委员会 1983年 417页

藤县

008487257
藤县志
藤县志编纂委员会编 南宁 广西人民出版社 1996年 740页

011320060
藤县工会志
藤州市总工会工运史研究室编 枣庄 枣庄市出版办公室出版 1989年 282页

008595877
藤县土地志
江平主编 陈蔚林 农耘副主编 藤县土地管理局编 南宁 广西人民出版社 1998年 318页

008538939
广西壮族自治区藤县地名志
藤县地名委员会编 藤县 藤县地名委员会 1987年 353页

010195442
广西壮族自治区藤县人民医院志

藤县人民医院志编纂领导小组编 藤县 藤县人民医院 1998年 222页

蒙山县

007491026
蒙山县志
蒙山县志编纂委员会编 南宁 广西人民出版社 1993年 693页

012099669
蒙山县土地志
蒙山县国土资源局编 南宁 广西人民出版社 2008年 423页

北海市

008990920
北海市志
史璠 陈锡谋总审 黄福祺总纂 黄家蕃 陈辉东副总纂 北海市地方志编纂委员会编 南宁 广西人民出版社 2002年 2册

012587007
北海市志 1991—2005
连友农 刘君 唐成良主编 北海市地方志编纂委员会编 南宁 广西人民出版社 2009年 1088页

008595556
北海市统计志
北海市统计局编 北海 北海市统计局 1993年 194页

008665268
北海法院志
北海市中级人民法院编 北海 北海市中级人民法院 1995年 208页

008665265
北海劳动志
北海市劳动局编 北海 北海市劳动局 1995年 246页

008595559
北海市土地志
北海市土地志编纂委员会 文泉源主任 罗星烈 邓强主编 南宁 广西人民出版社 1998年 382页

008595562
北海林业志
杨成兴主编 何盛烈主笔 北海 北海市林业局 1996年 145页

014030703
广西烟草行业志 北海烟草志
广西烟草行业志编纂委员会编 南宁 广

西人民出版社 2009年 227页

008595517
北海市工业志
北海市经济委员会编 北海 北海市经济委员会 1994年 158页

008595547
北海交通志
陈锦光主编 顾裕瑞 黄龙副主编 黄家蕃历史顾问 孔庆环等编撰 南宁 广西人民出版社 1991年 282页

008595507
北海市邮电志
北海市邮电局编 北京 人民邮电出版社 1996年 186页

011578791
北海海关志
中华人民共和国北海海关编 南宁 广西人民出版社 1997年 393页

008665263
北海口岸外贸志
广西壮族自治区对外经济贸易委员会驻北海口岸办事处编 北海 广西壮族自治区对外经济贸易委员会驻北海口岸办事处 1993年 187页

008665246
北海金融志
北海金融志编纂委员会编 北海 北海金融志编纂委员会 1993年 362页

008595570
北海中国银行志 1915.10—1990.12
陈大梅 林献章主编 北海 北海中国银行志编委会 1991年 106页

012950394
北海文化志
北海市文艺创作研究所编 北海 北海市文艺创作研究所 1997年 209页

008595553
北海科技志
北海市科技情报所 张齐编 北海 北海市科技情报所 1993年 123页

013706858
涠洲岛志
祝小东 李海文 史璠主编 南宁 广西人民出版社 2012年 357页

008539050
广西壮族自治区北海市地名志
北海市人民政府编 北海 北海市人民政府 1986年 151页

008595513
北海市爱国卫生运动志
北海市爱国卫生运动委员会办公室编 北海 北海市爱国卫生运动委员会 1998年 102页

011890439

北海市人民医院志 1886—2005

广西北海市人民医院编 北海 广西北海市人民医院 2006 年 264 页

008595564

北海市卫生志 1867—1993

北海市卫生志编委会编 北海 北海市卫生局 1998 年 297 页

海城区

009699347

北海市海城区志

陈延国 许华本主编 南宁 广西人民出版社 2004 年 581 页

银海区

012048731

北海市银海区志

北海市银海区地方志编纂委员会编 麦斌主编 南宁 广西民族出版社 2008 年 559 页

铁山港区

013788268

北海市铁山港区志

北海市铁山港区地方志编纂委员会编 南宁 广西人民出版社 2012 年 400 页

合浦县

007359768

合浦县志

合浦县志编纂委员会编 南宁 广西人民出版社 1994 年 957 页

008665395

广西壮族自治区合浦县检察志

合浦县人民检察院 张才业主编 合浦 合浦县人民检察院 1988 年 124 页

008596072

合浦县土地志

吴炜 潘乐远主编 北京 北京燕山出版社 1996 年 193 页

008665389

合浦县粮食志

合浦县粮食局编 合浦 合浦县人民政府 1992 年 159 页

008596533

合浦县林业志

合浦县林业局编 合浦 合浦县林业局 1990 年 163 页

011310837

合浦县珍珠志

合浦县志办公室主编 合浦 合浦县志办公室 1990 年 86 页

011995689
合浦县农业志
肖子盈主编 合浦县农业局编 合浦 合浦县农业局 2006年 237页

013091101
合浦县水利电力志
黎明主编 合浦县水利局编 合浦 合浦县水利局 2002年 248页

012505133
合浦县交通志
蒋志盈主编 合浦县交通局编 合浦 合浦县交通局 2005年 150页

008665393
合浦县金融志
广西合浦县金融志编写办公室编 合浦 广西合浦县金融志编写办公室 1991年 252页

009332413
廉州中学志 1905—1990
合浦廉州中学编 合浦 合浦廉州中学 1993年 421页

009379974
珠乡人物志
李英敏主编 北海 北海市文联 1984年

008924739
广西壮族自治区合浦县地名志
合浦县人民政府编 合浦 合浦县人民政府 1983年 380页

011804462
合浦水库志
北海市合浦水库工程管理局编 合浦 北海市合浦水库工程管理局 2000年 251页

防城港市

008816733
防城港区八年史料汇编 1985—1993
中共防城港市委员会党史研究室 防城港市人民政府地方志办公室编 南宁 广西人民出版社 1997年 513页

014030707
广西烟草行业志 防城港烟草志
广西烟草行业志编纂委员会编 南宁 广西人民出版社 2009年 307页

008395415
京语简志
欧阳觉亚 程方 喻翠容编著 北京 民族出版社 1984年 152页〔中国少数民族语言简志丛书〕

008395442

京族风俗志

符达升等合著 过伟统纂 北京 中央民族学院出版社 1993年 169页〔民俗文库 17〕

防城区

012714129

防城港简志

防城港之窗系列丛书编委会编 南宁 广西民族出版社 2010年 100页

007883875

防城县志

防城县志编纂委员会编 南宁 广西民族出版社 1993年 786页

009061886

防城港市土地志

防城港市土地管理局编 南宁 广西人民出版社 2001年 310页

012872266

防城区土地志

防城区国土资源局编 南宁 广西人民出版社 2009年 416页

011995607

防城港市邮电志

防城港市邮电志编纂委员会编 防城港 防城港市邮电志编纂委员会 2003年 310页

011311457

防城海关志

中华人民共和国防城海关编 防城港 防城海关 1999年 165页

009250927

防城港市金融志

防城港市金融志编纂委员会编 南宁 广西民族出版社 2003年 287页

011431546

广西防城各族自治县农村金融志

中国农业银行防城县支行编 防城 中国农业银行防城县支行 1993年 222页

011146460

中国民间文学三套集成 防城县歌谣集

禤祖和 周民生主编 防城各族自治县三套集成领导小组编 防城 玉林市民间文学三套集成办公室 1987年 360页

上思县

008596791

上思县志

上思县地方志编纂委员会编 南宁 广西人民出版社 2000年 763页

012099896

上思县土地志

上思县国土资源局编 南宁 广西人民出版社 2008年 512页

011147610

中国歌谣集成 广西分卷 上思县歌谣集

陆元才主编 黄少愚 李崇友 潘爱莲责任编辑 中国民间文学三套集成上思县歌谣编辑组编 上思 广西上思县印刷厂 1987年 254页

011148879

中国谚语集成 第26卷 广西分卷 上思县谚语集

少愚编写 黄龙定稿 中国民间文学三套集成上思县谚语编辑组编 上思 中国民间文学三套集成上思县谚语编辑组 1990年 143页

钦州市

008596063

钦州市志

钦州市地方志编纂委员会编 南宁 广西人民出版社 2000年 1616页

009510602

钦州市土地志

钦州市土地管理局编 南宁 广西人民出版社 2003年 510页

014030746

广西烟草行业志 钦州烟草志

广西烟草行业志编纂委员会编 南宁 广西人民出版社 2009年 221页

008539746

钦州市邮电志

钦州市邮电局编 北京 人民邮电出版社 1998年 326页

009839207

钦州市金融志

钦州市金融志编纂委员会编 南宁 广西美术出版社 2005年 379页

008596067

钦州市教育志

钦州市教育志编纂委员会编 南宁 广西人民出版社 2000年 390页〔广西地方志丛书〕

010475848

钦州市民族志

钦州市民族事务委员会编 南宁 源流印刷厂 2000年 299页

灵山县

008906037

灵山县志

灵山县志编纂委员会编 薛勇主编 南宁 广西人民出版社 2000年 1458页

011294940
灵山县土地志
滕广希主编 滕广芙编撰 灵山县国土资源局编 南宁 广西人民出版社 2006年 513页

011499287
灵山县邮电志
广西灵山县邮电局编 灵山 广西灵山县邮电局 2000年 272页

浦北县

007486936
浦北县志
龙兴智主编 陈坚 龙文学副主编 浦北县志编纂委员会编 南宁 广西人民出版社 1994年 908页

012140213
浦北县土地志
浦北县国土资源局编 南宁 广西人民出版社 2008年 536页

009510589
浦北县医药志
浦北县医药管理局编 浦北 浦北县医药管理局 1988年 189页

013822165
浦北县教育志
浦北县教育志编纂领导小组编 南宁 广西人民出版社 1998年 406页

011311465
中共浦北党史人物志
中共浦北县委党史办公室编 浦北 中共浦北县委党史办公室 1999年〔浦北党史资料丛书〕

贵港市

007424756
贵港市志
罗甫琼主编 谭耀强等副主编 南宁 广西人民出版社 1993年 1311页

008595814
贵港市土地志
黄金水主编 贵港市土地管理局编 南宁 广西人民出版社 1999年 292页

014030712
广西烟草行业志 贵港烟草志
广西烟草行业志编纂委员会编 南宁 广西人民出版社 2009年 368页

008665241
贵港市水利电力志
贵港市水利电力局编 贵港 贵港市水利电力局 2000年 299页

008665240
贵港市粮食志
贵港市粮食志编纂领导小组编 贵港 贵港市粮食志编纂领导小组 1992年 397页

008595824
贵港市教育志
贵港市教育委员会编纂 南宁 广西人民出版社 1994年 295页

011148035
中国民间文学三套集成 贵县歌谣集
李柱南主编 贵县民间文学三套集成办公室编 贵县 广西贵县民间文学三套集成办公室 1988年 165页

012541573
贵港市人民医院志 1938—2008
广西贵港市人民医院院志办公室编 贵港 广西贵港市人民医院院志办公室 2008年

013819395
贵港市卫生志 1990—2004
贵港市卫生志编纂委员会编 贵港 贵港市新隆纸业彩印有限公司 2007年 644页

港南区

011443981
武思江水库志
贵港市港南区武思江水库志编纂领导小组编 贵港 1990年 1册 14页

桂平市

004018823
桂平县志
桂平县志编纂委员会编 南宁 广西人民出版社 1991年 993页

012898442
桂平市土地志
桂平市国土资源局编 南宁 广西人民出版社 2004年 428页

008539686
桂平市电业公司志
刘楚强主编 梁伟光副主编 南宁 广西民族出版社 1999年 140页

008539031
广西壮族自治区桂平县地名志
桂平县地名办公室编 桂平 桂平县地名办公室 1990年 730页

平南县

007983975
平南县志
平南县志编纂委员会编 南宁 广西人民出版社 1993年 1035页

013794780

平南县志 1988—2005

平南县地方志编纂委员会编 南宁 广西人民出版社 2013年 790页

013898903

鹏化志

广西平南鹏化志编纂委员会编 南宁 广西人民出版社 2013年 702页

012542928

寺面镇志

王战初主编 香港 天马图书有限公司 2002年 350页

009061880

平南县公安志

平南县公安志编纂委员会编 平南 平南县公安志编纂委员会 1996年 230页

009061882

平南县土地志

平南县土地管理局编 南宁 广西人民出版社 2001年 218页

010138291

平南县中学志

平南县中学志编辑委员会编 平南 平南县中学志编辑委员会 1989年 216页

010280341

平南县戏曲志

平南县戏典资料编写小组编 平南 平南县戏典资料编写小组 1986年 92页

011586293

中国戏曲志 广西卷 平南县戏曲资料汇编

平南县戏曲资料编写小组编 平南 平南县戏曲资料编写小组 1986年 92页

玉林市

007488634

玉林市志

陈国河执行主编 刘用华 傅伟初副主编 玉林市志编纂委员会编 南宁 广西人民出版社 1993年 1332页

008595970

玉林市土地志

封章树主编 玉林市土地管理局编 南宁 广西人民出版社 2000年 325页

011957269

玉林市农业志

玉林市农业志编纂委员会编 南宁 广西人民出版社 2008年 1113页

014030752

广西烟草行业志 玉林烟草志

广西烟草行业志编纂委员会编 南宁 广西人民出版社 2009年 377页

011500814
玉柴厂志 1951—1991
广西玉林柴油机总厂编 玉林 广西玉林柴油机总厂 1992年 2册

008665404
玉林市水利电力志
玉林市水利电力局编 玉林 玉林市水利电力局 1993年 295页

013236295
玉林市邮电志
玉林市邮电局编 北京 人民邮电出版社 1998年 405页

013939724
玉林市教育教学研究志 1956—2008
蔡梓权主编 北京 华文出版社 2009年 399页〔现代教育研究书系 9〕

008539712
玉林市教育志
玉林市教育委员会编 南宁 广西人民出版社 1996年 338页

011311361
玉林高中校志 1908—1998
李恕 周季新主编 1998年 112页

011146466
中国民间文学三套集成 广西卷 玉林市歌谣集
玉林市民间文学三套集成办公室 编委会编 玉林 玉林市民间文学三套集成办公室 1987年 360页

010195324
广西玉林贵港市甘氏宗亲志
广西 1998年 702页

008539035
广西壮族自治区玉林市地名志
玉林市地名办公室编 玉林 玉林市地名办公室 1989年 600页

玉州区

013091065
高山村志
玉林市高山村村志编纂委员会编 玉林 玉林市高山村村志编纂委员会 2004年 340页

北流市

007910040
北流县志
北流县志编纂委员会编 南宁 广西人民出版社 1993年 1210页

008595580
北流市土地志
顾振铣 黎其强主编 北流市土地管理局编 南宁 广西人民出版社 1999年 299页

012871836
北流市供电志
北流市供电志编纂委员会编 北流 北流市供电志编纂委员会 2004年 492页

008595576
北流市邮电志
北流市邮电志编纂委员会编 南宁 广西人民出版社 2000年 331页

011471207
北流人物志
北流地方志编纂委员会编 麦军主编 郑州 中州古籍出版社 2007年 742页

容县

007910039
容县志
容县志编纂委员会编 南宁 广西人民出版社 1993年 1182页

011570190
容县土地志
容县国土资源局编 南宁 广西人民出版社 2007年 504页

008665433
容县水利电力志
容县水利电力局编 容县 容县水利电力志 1996年 199页

010195464
容县医药志 1755—1987
容县医药管理局编志办公室编 容县 容县医药管理局医药志编纂室 1990年 267页

009159283
容县邮电志
容县邮电志编纂委员会编 南宁 广西民族出版社 2001年 328页

013509250
容县人物志
徐声凯主编 容县县志办公室编 北京 时代出版社 2002年 651页

陆川县

007425663
陆川县志
陆川县志编纂委员会编 南宁 广西人民出版社 1993年 970页

008595590
陆川县土地志
陆川县土地志编纂小组编 南宁 广西人民出版社 1996年 290页

008665419
东山水电站志
广西陆川县东山水电站编 陆川 东山水电站 1995年 114页

008595602
陆川县电力志
陆川县地方志办 陆川县电业公司编纂小组编 南宁 广西人民出版社 2003年 223页

008595599
陆川县邮电志
陆川县邮电局编 北京 人民邮电出版社 1999年 286页

008595597
陆川县财政志
陆川县财政志编纂小组编 南宁 广西人民出版社 1995年 380页

012613992
陆川县税务志
陆川县税务志编写小组编 广西 广西新闻出版局 2002年 349页

012680444
陆川县金融志
陆川县金融志编纂委员会编 陆川 陆川县金融志编纂委员会 1990年 228页

008595593
陆川县教育志
陆川县教育委员会 陆川县地方志办公室编纂 南宁 广西人民出版社 1998年 409页

011805584
陆川人物志
陆川县地方志编纂委员会编 南宁 广西人民出版社 2008年 640页

008595588
陆川县卫生志
陆川县卫生志编纂小组编 南宁 广西新闻出版局 1995年 375页

009510580
陆川县医药志
广西陆川县医药志编纂办公室编 陆川 广西陆川县医药志编纂办公室 1987年 187页

博白县

007057490
博白县志
李建源主编 黄永才等副主编 博白县志编纂委员会编 南宁 广西人民出版社 1994年 1172页

008665386
博白县林业志
博白县林业局编 博白 博白县林业局 1987年 191页

009673752

博白县邮电志

博白县邮电志编纂委员会编 北京 人民邮电出版社 2001年 338页

008595611

博白县税务志

博白县税务局编 博白 博白县税务局 1990年 244页

008665385

博白县教育志

博白县教育志编纂委员会编 博白 博白县教育志编纂委员会 1999年 364页

011563747

博中志

博白县中学编 博白 博白县中学 1987年 89页

008595608

博白当代人物志

黄永才主编 李宣 朱伟副主编 博白当代人物志编纂委员会编 博白 博白当代人物志编纂委员会 2000年 711页

012587013

博白当代税务人物志

博白县国家税务局 博白县地方税务局编 博白 博白县地方税务局 2004年 252页

兴业县

010008257

兴业县土地志

李振荣主编 南宁 广西人民出版社 2000年 270页

百色市

009239630

百色地区水利电力简志

百色地区水利电力局编 广西 广西地质印刷厂 1999年 212页

014030699

广西烟草行业志 百色烟草志

广西烟草行业志编纂委员会编 南宁 广西人民出版社 2009年 362页

009159289

百色邮电志

百色地区邮政电信局编 南宁 广西人民出版社 1999年 435页

011995236

百色地区税务志 1912—2000

广西壮族自治区百色地区国家税务局税志编纂委员会编 百色 百色地区国

家税务局 2001年 430页

009174267
百色地区金融志
百色地区金融志编纂委员会编 南宁 广西民族出版社 2002年 652页

009227085
百色起义人物志
中共广西区委党史研究室 中共百色地委党史办公室编 南宁 广西人民出版社 1999年 568页〔中国共产党广西地方历史丛书〕

012753141
百色市县(区)领导人物志
梁建福主编 百色 百色市县(区)领导人物志编著委员会 2005年 178页

013091093
广西壮族自治区百色地区人民医院志 1928—1989
百色地区人民医院编 百色 百色地区人民医院 1990年 237页

右江区

007425671
百色市志
百色市志编纂委员会编 南宁 广西人民出版社 1993年 930页

009154019
百色市土地志
百色市土地管理局编 南宁 广西人民出版社 1999年 360页

009441851
右江日报志
右江日报社编 百色 右江日报社 1999年 261页

012100759
右江民族医学院校志 1958—2008
右江民族医学院校志编写组编 右江区 右江民族医学院 2008年 380页

008538920
广西壮族自治区百色市地名志
百色市人民政府编 百色 百色市人民政府 1987年 292页

田阳县

008471268
田阳县志
田阳县志编纂委员会编 南宁 广西人民出版社 1999年 1063页

010476518
田阳县教育志 初稿
田阳县教育志编纂小组编 田阳 田阳县教育志编纂小组 1985年 2册 476页

011146464

中国民间文学三套集成 广西卷 田阳县歌谣集

黄明标主编 唐云斌副主编 田阳县民间文学集成编委会编 田阳 田阳县民间文学集成编委会 1987年 265页

田东县

008471210

田东县志

田东县志编纂委员会编 南宁 广西人民出版社 1998年 913页

012661674

那拔志

那拔志编纂委员会编 香港 中国文化出版社 2009年 202页

009887116

田东县土地志

凌天清主编 罗忠良 罗伟将 岑世浓副主编 田东县国土资源局编 南宁 广西人民出版社 2005年 466页

013462659

田东县邮电志

田东县邮政局 广西区电信公司田东电信局 广西移动通信有限责任公司田东分公司 中国联通田东经营部编 田东 田东县邮政局 2000年 316页

010473923

田东县教育志 初稿

田东县教育志办公室编纂 田东 田东县教育志办公室 1990年 2册

009768248

田东县地名志

田东县地名志编纂委员会编 南宁 广西民族出版社 2005年 282页

平果县

007883874

平果县志

平果县志编纂委员会编 南宁 广西人民出版社 1996年 782页

013898925

平果县土地志

平果县国土资源局编 平果 平果县国土资源局 2006年 393页

德保县

008539747

德保县志

德保县志编纂委员会编 南宁 广西人民出版社 1998年 761页

012503877

德保县当代人物简志

陆安勤主编 德保 德保县地方志编纂委

员会办公室 2000年 282页

靖西县

008645231

靖西县志

靖西县县志编纂委员会编 南宁 广西人民出版社 2000年 915页

012613290

靖西县土地志

靖西县国土资源局编 南宁 广西人民出版社 2006年 490页

011146470

中国民间文学三套集成 靖西县歌谣集

靖西县民间歌谣编辑小组编 1987年 105页

009557586

靖西县当代人物简志

许朝秉主编 黄朝东 黄克劢副主编 靖西县当代人物简志编纂委员会编 靖西 靖西县当代人物简志编纂委员会 2002年

008539005

广西壮族自治区靖西县地名志

靖西县人民政府地名委员会编 靖西 靖西县人民政府地名委员会 1985年 316页

那坡县

008816719

那坡县志

广西那坡县志编纂委员会编 南宁 广西人民出版社 2002年 727页

012639702

那坡县土地志

那坡县国土资源局编 南宁 那坡县国土资源局 2001年 518页

009239615

那坡县商业志

那坡县财贸金融委员会编 那坡 那坡县财贸金融委员会 1989年 222页

凌云县

012097759

凌云县志

凌云县志编纂委员会编 南宁 广西人民出版社 2007年 977页

乐业县

008816400

乐业县志

朱伦欢主编 乐业县志编纂委员会编 南宁 广西人民出版社 2002年 739页

011954541
乐业县土地志
乐业县土地管理局编 南宁 广西人民出版社 2002 年 165 页

田林县

007987753
田林县志
李懋椿主编 黄永政副主编 田林县地方志编纂委员会编 南宁 广西人民出版社 1996 年 985 页

013775719
田林县土地志
田林县国土资源局编 南宁 广西人民出版社 2012 年 480 页

011146686
中国民间文学三套集成 田林歌谣集
广西田林县文化局 民委编 田林 广西田林县文化局 民委 1987 年 3 册

008539001
广西壮族自治区田林县地名志
田林县人民政府编 田林 田林县人民政府 1987 年 252 页

西林县

011320479
西林县档案志
西林县档案局编志组编 1997 年 186 页

008538941
西林县地名志
西林县地名委员会办公室编 西林 西林县地名委员会办公室 1982 年 238 页

隆林各族自治县

009061870
隆林各族自治县志
隆林各族自治县地方志编纂委员会编 南宁 广西人民出版社 2002 年 1041 页

013753534
隆林各族自治县土地志
隆林各族自治县国土资源局编 隆林 隆林各族自治县国土资源局 2009 年 445 页

011146480
中国民间文学三套集成 隆林歌谣续编
隆林县民间文学三套集成编委会编 隆林 隆林县民间文学三套集成编委会 198u 年 70 页

009379916
隆林各族自治县民族志
隆林各族自治县民族志编纂委员会编 南宁 广西人民出版社 1989 年 392 页

贺州市

008835041
贺州市志
贺州市地方志编纂委员会编 南宁 广西人民出版社 2001年 2册 1052页

012505163
贺州市土地志
贺州市国土资源局编 南宁 广西人民出版社 2005年 442页

014030727
广西烟草行业志 贺州烟草志
广西烟草行业志编纂委员会编 南宁 广西人民出版社 2009年 146页

009310245
贺州市中学校志 1921—2001
贺州市中学校志编纂委员会编 贺州 贺州市中学校志编纂委员会 2001年 335页

008539083
广西壮族自治区贺县地名志
贺县人民政府编 贺县 贺县人民政府 1985年 227页

八步区

009154033
八步镇志
八步镇人民政府镇志编纂办公室编 南宁 广西人民出版社 1990年 353页

008596055
铺门镇志
铺门镇人民政府镇志编纂办公室编 南宁 广西人民出版社 1992年 400页

009405823
中共贺州市（县级）党史大事记 1949.11—2002.10
贺州市八步区党史区志办公室编 贺州 贺州市八步区党史区志办公室 2002年 245页

昭平县

007910126
昭平县志
昭平县志编纂委员会编 南宁 广西人民出版社 1992年 610页

012317234
昭平建设志
吴泽荣主编 昭平县建设局编 昭平 昭

平县建设局 1998年 358页

013512003
昭平土地志
李德贵主编 昭平县土地管理局编 昭平 昭平县土地管理局 1998年 280页

008539725
昭平森工志
邱怀才主编 南宁 广西民族出版社 1992年 197页

009379971
昭平松脂志
广西昭平县人民政府编 昭平 广西昭平县人民政府 1995年 208页

008596650
昭平县教育志
昭平县教育志第一卷编纂委员会编 昭平 昭平县教育志第一卷编纂委员会 1991年 225页

012507373
左氏家族志
广西昭平县左氏家族志编委会编 昭平 广西昭平县左氏家族志编委会 2009年 473页

013190063
昭平风物志
政协广西昭平县委员会编 梧州 梧州日报社印刷厂 2006年 252页

钟山县

007490422
钟山县志
钟山县志编纂委员会编 南宁 广西人民出版社 1995年 817页

009154037
平桂矿务局志 1907—1993
平桂矿务局志编纂委员会编 广西 平桂矿务局 1997年 855页

012879028
钟山县土地志
钟山县国土资源局编 南宁 广西人民出版社 2009年 558页

008539134
广西壮族自治区钟山县地名录
钟山县人民政府编 钟山 钟山县人民政府 1984年 130页

富川瑶族自治县

007910189
富川瑶族自治县志
富川瑶族自治县志编纂委员会编 南宁 广西人民出版社 1993年 705页

011804333
富川瑶族自治县土地志
富川瑶族自治县国土资源局编 南宁 广

西人民出版社 2007 年 413 页

009346531
富川烟草志
富川瑶族自治县烟草公司编 南宁 广西人民出版社 1995 年 221 页

011497024
富川瑶族自治县水利电力志
富川瑶族自治县水利电力局编 富川 富川瑶族自治县水利电力局 1992 年 183 页

011324958
富钟贺矿物志
中国科学院地质研究所编 北京 科学出版社 1965 年 114 页

河池市

008596014
河池市志
河池市志编纂委员会编 南宁 广西人民出版社 1996 年 1087 页

013752431
河池市审计志 1984—2003
河池市审计志编辑委员会编 河池 河池市审计志编辑委员会 2004 年 261 页

008596008
河池市城建志
广西河池市地方志编辑部编 河池 广西河池市地方志编辑部 1998 年 169 页

008596009
广西壮族自治区河池市土地志
韦新接主编 河池市土地管理局编 南宁 广西人民出版社 1999 年 287 页

014030724
广西烟草行业志 河池烟草志
广西烟草行业志编纂委员会编 南宁 广西人民出版社 2009 年 348 页

009239655
河池电业局志 1916—1986
河池电业局志编纂委员会编 河池 河池电业局志编纂委员会 1990 年 200 页

011804486
河池交通志
河池交通志编纂委员会编 河池 河池交通志编纂委员会 2006 年 409 页

012097410
河池公路志
广西壮族自治区河池市公路管理局编 河池 河池市公路管理局 2005 年 525 页

011564689
河池邮电志
河池地区邮电局编 河池 河池地区邮电局 1995年 169页

013091120
河池市教育志
莫保应主编 河池 河池市教育局 2000年 295页

008539080
广西壮族自治区河池市地名志
河池市地名委员会编 河池 河池市地名委员会 1984年 276页

金城江区

011882567
河池市志 1991—2002
河池市金城江区地方志编纂委员会编 南宁 广西人民出版社 2008年 840页

宜州市

008596666
宜州市志
宜州市地方志编纂委员会编 南宁 广西人民出版社 1998年 894页

009250546
怀远镇志
宜州市怀远镇人民政府 中共河池地委党史研究室 河池地区地方志办公室编 怀远镇 宜州市怀远镇人民政府 2000年 254页

013072763
宜州政协志
宜州政协志编纂委员会编 南宁 广西人民出版社 2011年 534页

009510609
宜州市土地志
宜州市土地管理局编 南宁 广西人民出版社 2003年 454页

011292483
宜山县税务志 晚清—1988
吴克波 汪书涛编纂 广西宜山县税务局编印 宜山 广西宜山县税务局 1989年 455页

008665398
宜州市财政志
宜州市财政局编 宜州 宜州市财政局 2000年 202页

009379968
宜州市金融志
宜州市金融志编纂委员会编 宜州 宜州市金融志编纂委员会 1996年 613页

011146467
中国民间文学三套集成 宜山县歌谣集
宜山县三套集成编委会编 宜山 宜山县

三套集成编委会 1987年 202页

008539101
广西壮族自治区宜山县地名集
宜山县地名委员会编 宜山 宜山县地名委员会 1983年 264页

005929313
中国古生物志 广西宜山地区晚石炭世马平组的筳类
陈旭 王建华著 北京 科学出版社 1983年 493页〔中国古生物志 总号第164册 新乙种 第19号〕

南丹县

007412975
南丹县志
南丹县地方志编纂委员会编 南宁 广西人民出版社 1994年 979页

009310258
南丹大事记
南丹县地方志编纂委员会编 南宁 广西新闻出版局 2003年 410页

008595858
南丹县土地志
南丹县土地管理局 石永球 卢永文主编 南宁 广西人民出版社 1999年 296页

011188540
南丹民间谚语集成
南丹县民间文学三套集成办公室编 南丹 南丹县民间文学三套集成办公室 1990年 65页

008538937
广西壮族自治区南丹县地名集
南丹县地名委员会编 南丹 南丹县地名委员会 1984年 194页

天峨县

007482429
天峨县志
天峨县志编纂委员会编 南宁 广西人民出版社 1994年 570页

009124618
林朵林场志
场志编纂领导小组编 南宁 广西人民出版社 1999年 401页

008596798
天峨县水利电力志
天峨县水利电力志编辑室编 天峨 天峨县水利电力局 1993年 133页

009227072
天峨县教育志
罗道超主编 天峨县教育志编纂小组编 南宁 广西人民出版社 1996年 261页

008539193

广西壮族自治区天峨县地名集

天峨县地名委员会办公室编 天峨 天峨县地名委员会办公室 1983 年 190 页

凤山县

012096675

凤山县志

凤山县志编纂委员会 韦廷章主编 牙韩贵 覃雄英副主编 南宁 广西人民出版社 2008 年 835 页

013771885

凤山县土地志

凤山县国土资源局编 南宁 广西人民出版社 2012 年 493 页

008539188

广西壮族自治区凤山县地名集

凤山县地名委员会办公室编 凤山 凤山县地名委员会办公室 1984 年 238 页

东兰县

007488662

东兰县志

东兰县志编纂委员会编 南宁 广西人民出版社 1994 年 795 页

008835072

东兰县民政志

韦天富主编 东兰 东兰县人民政府民政局 东兰县地方志办公室 2001 年 384 页

008539166

广西壮族自治区东兰县地名志

东兰县地名办公室编 东兰 东兰县地名办公室 1988 年 415 页

罗城仫佬族自治县

006562132

罗城仫佬族自治县志

罗城仫佬族自治县志编纂委员会编 南宁 广西人民出版社 1993 年 644 页

013774607

罗城仫佬族自治县土地志

罗城仫佬族自治县国土资源局编 南宁 广西人民出版社 2011 年 399 页

009379920

罗城高中简志

黄亮升 胡希琼主编 南宁 广西教育出版社 1998 年 296 页

009989185

罗城少数民族风情志

广西罗城仫佬族自治县县志办编 罗城 罗城少数民族风情志编委会 2004 年 284 页

007809443
仫佬族风俗志
罗日泽 过竹 过伟合著 过伟统纂 北京 中央民族学院出版社 1993年 167页 〔民俗文库 18〕

008539106
广西壮族自治区罗城仫佬族自治县地名集
罗城仫佬族自治县人民政府编 罗城 罗城仫佬族自治县人民政府 1985年 159页

环江毛南族自治县

009310909
环江毛南族自治县志
谭鹏星 崔国琮主编 覃俊平等副主编 环江毛南族自治县志编纂委员会编 南宁 广西人民出版社 2002年 1182页

014032772
环江毛南族自治县土地志
环江毛南族自治县国土资源局编 环江 环江毛南族自治县国土资源局 2002年 291页

012952154
环江毛南族自治县邮电志
卢文化主编 环江 环江毛南族自治县编纂领导小组 2007年 372页

001921072
毛难语简志
梁敏编著 北京 民族出版社 1980年 112页 〔中国少数民族语言志丛书〕

002497003
毛南族风俗志
蒙国荣 谭贻生 过伟编著 北京 中央民族学院出版社 1988年 188页 〔民俗文库 7〕

巴马瑶族自治县

009346515
巴马瑶族自治县志
巴马瑶族自治县县志编纂委员会编 南宁 广西人民出版社 2003年 873页

009840853
巴马瑶族自治县土地志
唐照凡主编 巴马瑶族自治县土地管理局编 南宁 广西人民出版社 1999年 294页

007685887
巴马瑶族自治县水利电力志
1991年 154页

011146455
中国民间文学三套集成 巴马瑶族自治县歌谣集
巴马瑶族自治县三套集成编委编印 巴马 巴马瑶族自治县三套集成编委

1987年 466页

008538970
巴马瑶族自治县地名集
巴马瑶族自治县地名办公室编 巴马 巴马瑶族自治县地名办公室 1984年 227页

都安瑶族自治县

007910041
都安瑶族自治县志
都安瑶族自治县志编纂委员会编纂 南宁 广西人民出版社 1993年 926页

009061851
都安瑶族自治县土地志
都安瑶族自治县土地管理局编 南宁 广西人民出版社 2001年 350页

008596793
都安瑶族自治县水利电力志
都安瑶族自治县水利电力局编 都安 都安瑶族自治县水利电力局 1993年 183页

009346534
都安瑶族自治县教育志
都安瑶族自治县教育志编纂小组编 都安 都安瑶族自治县教育志编纂小组 2001年 614页

011890594
都安高级中学校志 1923—2003
莫振高主编 胡仲敏 韦宇副主编 都安 都安高级中学 2003年 399页

大化瑶族自治县

013771716
大化瑶族自治县土地志
大化瑶族自治县国土资源局编 南宁 广西人民出版社 2012年 520页

009379673
大化水力发电总厂志
大化水力发电总厂志编纂委员会编 大化 大化水力发电总厂 2001年 395页

来宾市

013446535
来宾市乡镇简志
来宾市人民政府编 北京 中国文化出版社 2009年 432页〔来宾市地方志丛书〕

013793096
来宾政法志
毛正军主编 罗世基 谭志鲜副主编 南宁 广西壮族自治区新闻出版局 2002年 322页

009247432
八一铁合金总厂志 1987—1996
广西八一铁合金总厂志编纂领导小组编 桂林 广西师范大学出版社 1999年 502页

013129857
来宾煤矿志 1958.8—1998.8
来宾煤矿志编写组编 来宾 来宾煤矿志编写组 1999年 224页

兴宾区

007060932
来宾县志
来宾县志编纂委员会编 北京 知识出版社 1994年 713页〔中华人民共和国地方志丛书〕

011292472
八一锰矿志 1959—1986
八一锰矿志编纂领导小组编 广西 八一锰矿志编纂领导小组 1989年 541页

012249627
八一铁合金集团公司志 1997—2006
八一铁合金集团公司志编纂办公室编 南宁 广西人民出版社 2009年

012873012
来宾县电力志
来宾县电力公司编 来宾 来宾县电力公司 2001年 302页

008596078
来宾县水利电力志
来宾县水利电力志编辑组编 来宾 来宾县水利电力志编辑组 1991年 99页

009379977
来宾县邮电志
来宾县邮电局编 来宾 来宾县邮电局 2001年 335页

009189360
来宾县金融志
来宾县金融志编纂委员会编 南宁 广西人民出版社 1999年 393页

008596075
来宾县文化志
来宾县文化志编纂小组编 南宁 广西民族出版社 1991年 201页

010245147
来宾县教育志
来宾县教育志编写组编 来宾 来宾县教育志编写组 1992年 158页

011996957
来宾市兴宾区第二中学校志 1933—2008
来宾市兴宾区第二中学编 来宾 来宾市兴宾区第二中学 2008年 176页

011996967
来宾县领导人物志
来宾县领导人物志编著委员会编 北京 中国新闻出版社 2000年 425页

008924756
广西壮族自治区来宾县地名志
来宾县地名委员会编 来宾 来宾县地名委员会 1988年 273页

008596080
广西壮族自治区来宾县人民医院志 1951—1998
黄祖久总编 卓海湘主编 广西来宾县人民医院编制 来宾 广西来宾县人民医院 1998年 217页

合山市

008816423
合山市志
合山市志编纂委员会编 南宁 广西人民出版社 1998年 472页

013772733
合山市土地志
合山市国土资源局编 南宁 广西人民出版社 2012年 504页

009405829
合山矿务局志 1905—1990
合山矿务局志编纂委员会编 北京 煤炭工业出版社 1996年 517页

010244062
合山市水利电力志
合山市水利电力局编 合山 合山市水利电力局 1996年 84页

010242631
石村矿志
合山矿务局石村矿志编写组编 合山 合山矿务局 1986年 119页

010245090
合山市邮电志
合山市邮电局编 合山 合山市邮电局 2000年 265页

忻城县

007818011
忻城县志
忻城县志编纂委员会编 南宁 广西人民出版社 1997年 907页

009796938
忻城土司志
政协忻城县文史委员会编 南宁 广西人民出版社 2005年 433页

008539717
忻城县土地志
忻城县土地志编纂委员会 李家坤主任 蓝芳 覃绍能主编 忻城县土地管理局编 南宁 广西人民出版社 1999年 272页

009379813
忻城县供销合作社志 1953—1990
忻城县供销合作社编 忻城 忻城县供销合作社 1991年 162页

008538928
广西壮族自治区忻城县地名志
忻城县人民政府编 忻城 忻城县人民政府 1987年 231页

012767082
忻城县水利电力志
忻城县水利局编 南宁 广西人民出版社 2009年 280页

象州县

007478003
象州县志
韦文机主编 麦永就 韦敏副主编 象州县志编纂委员会编 北京 知识出版社 1994年 752页

008539729
寺村镇志
寺村镇人民政府编 韦敏主编 邹凤屏副主编 南宁 广西人民出版社 1999年 356页

008595754
象州县妙皇乡志
广西壮族自治区象州县妙皇乡志编写小组编 象州 象州县妙皇乡志编写小组 1988年 184页

008595718
象州镇志
象州镇志办公室编写 象州镇 象州镇志办公室 1988年 194页

008665402
广西壮族自治区象州县检察志
象州县人民检察院编 象州 象州县人民检察院 1989年 111页

008595708
象州土地志
象州县人民政府土地管理局编 象州 象州县人民政府土地管理局 1997年 180页

012100547
象州县土地志
象州县国土资源局编 南宁 广西人民出版社 2007年 366页

011147677
中国歌谣集成 广西分卷 象州歌谣
象州县文化局编 象州 象州县文化局

1987年 237页

010008254
象州人物志
韦敏主编 南宁 广西民族出版社 2006年 528页

008538942
广西壮族自治区象州县地名集
象州县人民政府编 象州 象州县人民政府 1982年 137页

武宣县

007512901
武宣县志
左少荣主编 韦善会 廖尚权副主编 武宣县志编纂委员会编 南宁 广西人民出版社 1995年 807页

008596083
武宣县土地志
李桂柏主编 武宣县土地管理局编 南宁 广西人民出版社 1998年 256页

金秀瑶族自治县

006420728
金秀瑶族自治县志
金秀瑶族自治县志编委会编 北京 中央民族学院出版社 1992年 598页〔中华人民共和国地方志丛书〕

011188726
金秀瑶族自治县民间歌谣集成
苏胜兴主编 金秀瑶族自治县民间文学三套集成领导小组编 1986年 326页

011147684
中国歌谣集成 广西卷 金秀瑶族自治县民间叙事歌
苏胜兴主编 金秀瑶族自治县民间文学三套集成领导小组编 1987年 174页

011148873
中国谚语集成 广西分卷 金秀瑶族自治县谚语集
金秀瑶族自治县民间文学三套集成领导小组编 苏胜兴主编 金秀 金秀瑶族自治县民间文学三套集成领导小组 1987年 163页

012872997
金秀瑶族自治县土地志
金秀瑶族自治县国土资源局编 南宁 广西人民出版社 2009年 440页

崇左市

012814041
南宁地区志
陆德宁主编 崇左市地方志编纂委员会编 南宁 广西人民出版社 2009年

012873334
南宁地区水利电力志
广西壮族自治区崇左市水利局编 崇左 广西壮族自治区崇左市水利局 2007年 407页

江州区

007491022
崇左县志
崇左县志编纂委员会编 南宁 广西人民出版社 1994年 976页

013894435
崇左县土地志
崇左县土地管理局编 南宁 广西人民出版社 2003年 303页

凭祥市

008816406
凭祥市志
凭祥市志编纂委员会编 广州 中山大学出版社 1993年 654页

012252296
凭祥市土地志
凭祥市国土资源局编 南宁 广西人民出版社 2008年 508页

011146501
中国民间文学三套集成 凭祥市歌谣卷
凭祥市民间文学三套集成编委会编 凭祥 凭祥市民间文学三套集成编委会 1987年 87页

008539029
凭祥市地名志
凭祥市地名委员会编 凭祥 凭祥市地名委员会 1989年 135页

扶绥县

007910009
扶绥县志
扶绥县志编纂委员会编 南宁 广西人民出版社 1989年 573页

011892186
木民村志
广西扶绥县昌平乡木民村村民委员会 广西扶绥县昌平乡木民村志编辑部编 广西 广西扶绥县昌平乡木民村村民委员会 2005年 322页

012951869

昌平志

扶绥县昌平志编写小组编 1982 年 286 页

011294811

扶绥县人民代表大会志

扶绥县人民代表大会志编纂委员会编 扶绥 扶绥县人民代表大会志编纂委员会 2006 年 409 页

010244018

扶绥县政协志 1981—2002

扶绥县政协志编纂委员会编 扶绥 政协 2004 年 304 页

010195313

扶绥县土地志

扶绥县土地管理局编 南宁 广西人民出版社 2002 年 352 页

009332464

东罗煤矿志

东罗煤矿志编纂委员会编 南宁 广西人民出版社 1992 年 479 页

011793632

中国民间文学三套集成 扶绥县歌谣集

扶绥县民间文学三套集成编委会编 1987 年 439 页

宁明县

006497224

宁明县志

宁明县志编纂委员会编 北京 中央民族学院出版社 1988 年 745 页

011892284

宁明县政协志 1980—2000

宁明县政协志编纂委员会编 宁明 宁明县政协志编纂委员会 2001 年 374 页

013066905

宁明县土地志

宁明县国土资源局编 南宁 广西人民出版社 2011 年 468 页

012899209

宁明税务志

宁明税务志编纂委员会编 宁明 宁明税务志编纂委员会 1996 年 253 页

008539032

广西壮族自治区宁明县地名集

宁明县人民政府编 宁明 宁明县人民政府 1984 年 216 页

龙州县

007493560

龙州县志

龙州县地方志编纂委员会编 南宁 广西

人民出版社 1993年 873页

010238240
龙州县政协志 1980.12—2005.12
中国人民政治协商会议龙州县委员会编 龙州 政协 2005年 497页

012174173
龙州县土地志
龙州县国土资源局编 南宁 广西人民出版社 2008年 409页

008539064
广西壮族自治区龙州县地名集
龙州县人民政府编 龙州 龙州县人民政府 1983年 151页

大新县

004102707
大新县志
童健飞主编 黄忠源副主编 广西壮族自治区大新县志编纂委员会编 上海 上海古籍出版社 1989年 518页

009234485
大新镇志
王战初主编 南宁 广西人民出版社 1996年 220页

012898315
大新县政协志 1980.12—2004.5
大新县政协志编纂委员会编 大新 大新县政协志编纂委员会 2006年 497页

013955655
大新土司志
大新县地方志办公室编 南宁 广西人民出版社 2013年 252页

013334562
大新县土地志
大新县国土资源局编 南宁 广西人民出版社 2010年 464页

008596000
广西壮族自治区大新县化工厂志
黄忠源主编 大新县化工厂志编纂领导小组编 大新 大新县化工厂志编纂领导小组 1994年 163页

008665387
广西壮族自治区大新县水利电力志
黄忠源主编 大新县水利电力志编纂领导小组编 大新 大新县水利电力志编纂领导小组 1991年 144页

008595998
广西壮族自治区大新县金融志
黄忠源主编 大新县金融志编纂领导小组编 南宁 广西人民出版社 1993年 261页

010195333
广西壮族自治区大新县人民医院志
大新县人民医院志编纂领导小组编 大

新 大新县人民医院 1996年 220页

天等县

003807940
天等县志
天等县志编纂委员会编 南宁 广西人民出版社 1991年 543页〔中华人民共和国地方志丛书〕

012638742
天等县土地志
天等县国土资源局编 天等 天等县国土资源局 2004年 463页

011804395
广西壮族自治区天等县人民医院志
1951—2001
天等县人民医院志编纂领导小组编 天等 天等县人民医院 2001年 318页

海南省

013530713

海南省志 第1卷 总述 大事记

海南省地方志办公室编 海口 海南出版社 2012年 510页

009879142

海南省志 第1卷 建置志

海南省地方志办公室编 海口 海南出版社 2006年 580页〔海南史志丛书〕

009472132

海南省志 第2卷 气象志 地震志

海南省史志工作办公室编 海口 海南出版社 2004年 373页

009560711

海南省志 第2卷 地质矿产志

海南省地方志办公室编 海口 海南出版社 2004年 379页〔海南史志丛书〕

009768284

海南省志 第2卷 海洋志 革命根据地志

海南省地方志办公室编 海口 南海出版公司 2006年 326页〔海南史志丛书〕

011995782

海南省志 第2卷 西南中沙群岛志

海南省地方志办公室编 海口 南海出版公司 2008年 391页

009839227

海南省志 第2卷 土地志

海南省地方志办公室编 海口 南海出版公司 2007年 386页〔海南史志丛书〕

012679494

海南省志 第2卷 测绘志

海南省地方志办公室编 海口 南海出版公司 2010年 295页〔海南史志丛书〕

012680045
海南省志 第 2 卷 自然地理志
海南省地方志办公室编 海口 海南出版社 2011 年 458 页

013530709
海南省志 第 2 卷 动植物志
海南省地方志办公室编 海口 海南出版社 2012 年 763 页

008486449
海南省志 第 3 卷 人口志 方言志 宗教志
海南省地方史志办公室编 海口 南海出版公司 1994 年 541 页〔海南史志丛书〕

010293890
海南省志 第 3 卷 民族志
海南省地方志办公室编 海口 南海出版公司 2006 年 906 页〔海南史志丛书〕

012680042
海南省志 第 4 卷 民主党派志
海南省地方志办公室编 海口 南海出版公司 2011 年 767 页〔海南史志丛书〕

008486456
海南省志 第 4 卷 民政志 外事志
海南省地方史志办公室编 海口 南海出版公司 1994 年 269 页〔海南史志丛书〕

008684554
海南省志 第 4 卷 检察志
海南省地方史志办公室编 海口 南海出版公司 1997 年 377 页〔海南史志丛书〕

008684162
海南省志 第 4 卷 公安志
海南省地方史志办公室编 海口 南海出版公司 1997 年 351 页〔海南史志丛书〕

009154047
海南省志 第 4 卷 政府志
海南省史志工作办公室编 海口 南海出版公司 2003 年 506 页〔海南史志丛书〕

009560718
海南省志 第 4 卷 共产党志
海南省地方志办公室编 海口 南海出版公司 2005 年 454 页〔海南史志丛书〕

010108675
海南省志 第 4 卷 司法行政志
海南省地方志办公室编 海口 海南出版社 2006 年 126 页〔海南史志丛书〕

009839229
海南省志 第 4 卷 审判志

海南省地方史志办公室编 海口 南海出版公司 2006 年 486 页〔海南史志丛书〕

013194257
海南省志 第 4 卷 人代政协志
海南省地方志办公室编 海口 南海出版社 2010 年 458 页〔海南史志丛书〕

013957143
海南省志 第 4 卷 工青妇志
海南省地方志办公室编 海口 南方出版社 2012 年 785 页

008684559
海南省志 第 5 卷 军事志
海南省地方史志办公室编 海口 南海出版公司 1998 年 732 页〔海南史志丛书〕

009560714
海南省志 第 6 卷 工商行政管理志 统计管理志
海南省地方志办公室编 海口 南海出版公司 2004 年 251 页〔海南史志丛书〕

010284504
海南省志 第 6 卷 计划管理志
海南省地方志办公室编 海口 海南出版社 2006 年 241 页〔海南史志丛书〕

012049427
海南省志 第 6 卷 审计志
海南省地方志办公室编 海口 南海出版公司 2009 年 351 页〔海南史志丛书〕

012173849
海南省志 第 6 卷 物价管理志
海南省地方志办公室编 海口 南海出版公司 2009 年 1013 页〔海南史志丛书〕

008486457
海南省志 第 7 卷 农业志
海南省地方史志办公室编 海口 南海出版公司 1997 年 485 页〔海南史志丛书〕

009856102
海南省志 第 7 卷 农垦志
海南省地方史志办公室编 海口 南海摄影美术出版社 1996 年 755 页〔海南史志丛书〕

009560752
海南省志 第 7 卷 水利志
海南省地方史志办公室编 海口 南海出版公司 2005 年 837 页〔海南史志丛书〕

012191895
海南省志 第 7 卷 烟草志
海南省地方志办公室编 海口 海南出版

社 2009 年 602 页〔海南史志丛书〕

013222093
海南省志 第 7 卷 畜牧志
海南省地方志办公室编 海口 海南出版社 2011 年 310 页

013222087
海南省志 第 7 卷 乡镇企业志
海南省地方志办公室编 海口 海南出版社 2011 年 214 页

013819478
海南省志 第 7 卷 林业志
海南省地方志办公室编 海口 南海出版公司 2012 年 452 页〔海南史志丛书〕

008684582
海南省志 第 9 卷 邮电志
海南省地方史志办公室编 海南省地方志编纂委员会编 海口 南海出版公司 1994 年 265 页〔海南史志丛书〕

008684563
海南省志 第 9 卷 口岸志 海关志 商检志
海南省地方史志办公室编 海口 南海出版公司 1996 年 398 页〔海南史志丛书〕

009347994
海南省志 第 9 卷 民用航空志
海南省史志工作办公室编 海口 海南出版社 2003 年 409 页

009699371
海南省志 第 9 卷 出入境检验检疫志
海南省地方志办公室编 海口 南海出版公司 2005 年 485 页

013819473
海南省志 第 9 卷 城乡建设志
海南省地方志办公室编 海口 南海出版公司 2012 年 729 页〔海南史志丛书〕

012811348
海南省志 第 9 卷 交通志
海南省地方志办公室编 海口 南海出版社 2010 年 890 页

012139168
海南省志 第 10 卷 财政税务志
海南省地方志办公室编 海口 海南出版社 2009 年 787 页

007905769
海南省志 第 10 卷 金融志
海南省地方志编纂委员会编 海口 南海出版公司 1993 年 581 页〔海南史志丛书〕

012191906
海南省志 第 10 卷 渔业志
海南省地方志办公室编 海口 海南出版

社 2009 年 510 页〔海南史志丛书〕

012191884
海南省志 第 10 卷 对外经济贸易志
海南省地方志办公室编 海口 海南出版社 2009 年 671 页

013819475
海南省志 第 10 卷 供销合作社志
海南省地方志办公室编 海口 南海出版公司 2012 年 342 页〔海南史志丛书〕

009021830
海南省志 第 11 卷 卫生志
海南省地方史志办公室编 北京 方志出版社 2001 年 454 页〔海南史志丛书〕

012679502
海南省志 第 11 卷 教育志
海南省史志工作办公室编 海口 南海出版社 2010 年 934 页〔海南史志丛书〕

012680043
海南省志 第 11 卷 文化志
海南省地方志办公室编 海口 海南出版公司 2011 年 2 册〔海南史志丛书〕

012679508
海南省志 第 11 卷 科学技术志
海南省地方志办公室编 海口 海南出版

社 2012 年 722 页

012251012
海南省志 第 12 卷 人物志
海南省地方史志办公室编 海口 南海出版公司 2008 年 443 页〔海南史志丛书〕

012898455
海南民建志 1990—2010
中国民主建国会海南省委员会编 海南 中国民主建国会海南省委员会 2010 年 134 页

013659637
民盟海南组织史志 1951—2010
中国民主同盟海南省委员会编 海口 中国民主同盟海南省委员会 2011 年 279 页

009265540
海南移民史志
王俞春著 北京 中国文联出版社 2003 年 565 页〔新视野丛书 2〕

009684349
海南铁矿志 1939—1983
海南铁矿志编辑委员会编 海南 海南铁矿志编辑委员会 1984 年 245 页

012766186
海南出入境检验检疫志
海南出入境检验检疫局编 海南 海南出

入境检验检疫局 2004年 334页

003876358
黎语简志
欧阳觉亚 郑贻青编著 北京 民族出版社 1980年 139页〔中国少数民族语言简志丛书〕

007927733
中国歌谣集成 第2卷 海南卷
中国民间文学集成全国编辑委员会 中国歌谣集成海南卷编辑委员会编 北京 中国ISBN中心 1997年 678页〔十部文艺集成志书〕

009648662
中国谚语集成 第13卷 海南卷
中国民间文学集成全国编辑委员会 中国民间文学集成海南卷编辑委员会编 北京 中国ISBN中心 2002年 820页

010284326
中国民间歌曲集成 第25卷 海南卷
中国民间歌曲集成全国编辑委员会 中国民间歌曲集成海南卷编辑委员会编 北京 中国ISBN中心 2002年 900页

011762119
中国戏曲音乐集成 第27卷 海南卷
中国戏曲音乐集成编辑委员会 中国戏曲音乐集成海南卷编辑委员会编 北京 中国ISBN中心 2004年 878页

012584371
中国民族民间器乐曲集成 第26卷 海南卷
中国民族民间器乐曲集成全国编辑委员会 中国民族民间器乐曲集成海南卷编辑委员会编 北京 中国ISBN中心 2007年 1198页

008708527
中国民族民间舞蹈集成 第26卷 海南卷
中国民族民间舞蹈集成编辑部编 北京 中国ISBN中心 1999年 611页〔十部文艺集成志书〕

008704031
中国戏曲志 第23卷 海南卷
中国戏曲志编辑委员会 中国戏曲志海南卷编辑委员会编 北京 中国ISBN中心 1998年 826页〔十部文艺集成志书〕

002825774
海南近代人物志
陈俊编著 台北 传记文学出版社 1991年 633页

011584995
隋唐五代海南人物志
周泉根著 海口 三环出版社 2007年 261页

004660667
南海诸岛地名资料汇编
广东省地名委员会编 广东 广东省地图出版社 1987年 634页

009887131
海南省地震监测志
海南省地震局编 北京 地震出版社 2005年 168页〔中国地震监测志系列〕

006013481
海南植物志
陈焕镛主编 张肇骞 陈封怀副主编 广东省植物研究所编辑 北京 科学出版社 1964年

010777309
海南饲用植物志
刘国道编著 北京 中国农业大学出版社 2000年 761页

012872371
海南两栖爬行动物志
史海涛 赵尔宓 王力军等编著 北京 科学出版社 2011年 314页

011327044
南海诸岛海域鱼类志
国家水产总局南海水产研究所等主持 北京 科学出版社 1979年 613页

011805516
黎族药志
戴好富 梅文莉主编 北京 中国科学技术出版社 2008年 301页

012679478
海南禾草志
刘国道主编 北京 科学出版社 2010年 698页

013530006
海南莎草志
刘国道 白昌军主编 北京 科学出版社 2012年 426页

013647491
海南省畜禽遗传资源志
肖杰主编 海口 海南出版社 2011年 154页

海口市

009472120
海口市志
海口市地方史志编纂委员会编 北京 方志出版社 2004年 2册 2196页

012998920

传桂村志

传桂村委会编 传桂村 传桂村委会 2003年 234页

010195480

海口市统战志

中共海口市委统战部编 海口 中共海口市委统战部 2003年 420页

011473122

海口市人大志

海口市人民代表大会常务委员会编 海口 海口市人大常委会 1998年 226页

013688684

海口市人民代表大会志

海口市人民代表大会常务委员会编 2012年 415页

013626523

海口市政协志

中国人民政治协商会议海南省海口市委员会编 海口 中国人民政治协商会议海南省海口市委员会 1993年 144页

012251011

海口市政协志 1993.6—2007.1

中国人民政治协商会议海口市委员会编 海口 中国人民政治协商会议海口市委员会 2007年 133页

013404392

海口市民政志

张安东主编 陈大春副主编 海口市民政局 海口市地方志办公室编 海口 南海出版公司 1993年 145页

013626508

海口市工商行政管理志

云大江主编 海口市工商行政管理局 海口市地方志办公室编 海口 南海出版公司 1994年 214页

008914144

海口市土地志

海口市土地局 海口市地志办编 海口 南海出版公司 1997年 227页

009046118

海南华森实业公司志 1993—2000

海南华森实业公司志编纂委员会编 北京 中国金融出版社 2003年 108页 〔中国印钞造币志丛书〕

013626503

海口陆上交通志

海口交通志编写办公室编 海口 海口交通志编写办公室 1989年 367页

013129097

海口市邮电志

符尊仪主编 海口市邮电局史志办公室 海口市地方志办公室编 海口 南海出版公司 1994年 189页

012541639
海口市经贸志
海口市经济贸易局 海口市地方志办公室编著 海口 南海出版公司 1993年 350页

012191874
海口海关志 1685—1990
海口海关志编纂委员会编 海口 海口海关志编纂委员会 1992年 250页

012191878
海口海关志 1991—2001
海口海关志编纂委员会编 海口 海口海关志编纂委员会 2006年 524页

012251008
海口市税务志
韦大振主编 海口市税务局 海口市地方史志办公室编 海口 南海出版公司 1998年 351页

012541618
海口市金融志
杨玉明主编 海口 南海出版公司 1998年 156页

009989231
海口市广播电视志
海口市广播电视志编委会编 海口 海南出版社 2002年 260页

012811343
海口市工人文化宫志 1951.10—2009.12
海口市工人文化宫志编辑委员会编 海口 南方出版社 2010年 405页

013626534
海南广播电视大学校志 1983—2008
海南广播电视大学校志编审委员会编 海口 海南广播电视大学校志编审委员会 2008年 239页

013626545
海南医学院校志 1947—1997
海南医学院校志编辑组编 海口 海南医学院校志编辑组 1997年 122页

013528993
海口市城建志
郑道雄主编 王海云 韩林编审 海口市城建志编写组 海口市地方志办公室编 海口 南海出版公司 1994年 419页

龙华区

013932491
龙华史志
龙华史志编委会主编 北京 中国新闻出版社 2001年 248页

琼山区

008476193
琼山县志
何铭文主编 海南省琼山县地方志编纂委员会编 北京 中华书局 1999年 996页〔中华人民共和国地方志丛书〕

012661759
琼山法院志
冯山主修 周烈钧主编 琼山法院志编写组编 琼山 琼山法院志编写组 1996年 252页

013702959
东昌农场志 1952—2012
东昌农场志编纂委员会编制 海口 东昌农场志编纂委员会 2012年 333页

013626470
桂林洋农场志
桂林洋农场志编纂委员会编 海口 桂林洋农场志编纂委员会 1991年 392页

013629482
琼山县林业志
海南省琼山县林业局编 海口 三环出版社 1990年 288页〔天涯丛书〕

013629484
琼山县农业志
袁大道主编 琼山县农业局编 海口 南海出版公司 1993年 246页

013601965
琼山县工业志
海南省琼山县经济委员会编 海口 三环出版社 1990年 356页〔天涯丛书〕

013528961
桂林洋志稿
陈多余编著 香港 香港新闻出版社 2006年 935页

013629485
琼山县水利志
海南省琼山县水利电力局编 海口 三环出版社 1990年 306页〔天涯丛书〕

三亚市

008865188
三亚市志
黄亚贵主编 三亚市地方志编纂委员会编 北京 中华书局 2001年 968页

010778524
三亚市人民代表大会志
三亚市人民代表大会志编纂委员会编 三亚 三亚市人民代表大会志编纂委员会 2006年 572页

012252391
三亚市政协志
政协三亚市委员会编 三亚 政协三亚市委员会 2001年 370页

013705200
南滨农场场志
海南省国营南滨农场场志编辑委员会编 三亚 海南省国营南滨农场场志编辑委员会 2012年 353页

013629501
三亚市财政志
三亚市财政局编 海口 南海出版公司 1993年 307页

012542821
三亚市税务志 1912—1990
海南省三亚市税务局编 海口 南海出版公司 1992年 272页

012836177
三亚市卫生防病志 1953—2007
三亚市疾病预防控制中心编著 三亚 三亚市疾病预防控制中心 2008年 249页

省直辖县级行政区划

五指山市

012636525
通什市志
海南省五指山市地方志编纂委员会编 北京 方志出版社 2009年 1120页

琼海市

007443555
琼海县志
甘先琼主编 琼海市地方志编纂委员会 广州 广东科技出版社 1995年 997页

009380863
东红场志 1958—1985
广东省国营东红农场志办公室编 广东 广东省国营东红农场志办公室 1988年 280页

013096217
琼海市土地志

琼海市国土资源环保局编 海南 海南省新闻出版局 1999 年 284 页

儋州市

007792883
儋县志
海南省儋州市地方志编纂委员会编 北京 新华出版社 1996 年 841 页

008835143
南海水产公司志 1954—1988
海南省海洋渔业总公司编志办公室编 北京 海洋出版社 1991 年 133 页

009145678
松涛水利工程志
梁前卫主编 海南省松涛水利工程管理局编纂 广州 广东科技出版社 1996 年 314 页

文昌市

008665478
文昌县志
文昌市地方志编纂委员会编 北京 方志出版社 2000 年 1162 页

012251001
国营东路农场志
广东省国营东路农场场志编纂委员会编 海南 广东省国营东路农场场志编纂委员会 1987 年 186 页

013342678
文昌县文物志
文昌县政协文史资料研究委员会 文昌县文物普查办公室编 文昌 文昌县政协文史资料研究委员会 1988 年 283 页

万宁市

007488622
万宁县志
海南省万宁县地方志编纂委员会编 海口 南海出版公司 1994 年 840 页

012252723
万宁土地志
蔡光炳主编 万宁县土地管理局编 海口 南海出版公司 1996 年 400 页

013630138
万宁财政志
万宁县财政局 万宁财政志编纂委员会编 海口 海南出版社 1993 年 310 页

东方市

012951956
中国海南东方县志
海南省东方市史志编纂委员会编 北京 新华出版社 2011 年 1190 页

008067528
东方人物志
符缉宏 林书国主编 东方 东方黎族自治县地方志办公室 1991年 167页

定安县

011312666
定安县志
海南省定安县地方志编纂委员会编 崔开勇主编 海口 海南出版社 2007年 1153页

012540682
定安县财政税务志
定安县财政局 定安县税务局编 海口 南海出版公司 1998年 329页

013647296
定安县教育志
定安县教育局编 吴昌教主修 岑新强 吴升平主编 海口 海南出版社 2011年 748页

003310449
定安县文物志
编志单位定安县博物馆 杨式挺顾问 许荣颂编写 黎国器审订 广东 中山大学出版社 1987年 180页

屯昌县

011312538
屯昌县志
海南省屯昌县地方志编纂委员会编 北京 方志出版社 2007年 762页

011478699
屯昌县财政税务志
屯昌县财政局税务局编 海口 南海出版公司 1991年 392页

澄迈县

012048797
澄迈县志
海南省澄迈县史志编纂委员会编 海口 海南出版社 2008年 1396页

013000447
海南省澄迈县马村志
马村志编委会编 海口 海南出版社 2002年 340页

012713971
澄迈县人物志
澄迈县地方志编纂委员会编 海口 海南出版社 1993年 486页

012264025
澄迈祖源志
王明恩 王永庆主编 邓金东 王玉章副

主编 海口 海南出版社 2000 年 971 页

临高县

008822808
临高县志
临高县志编委会编 广州 广东人民出版社 1990 年 586 页

012542616
临高县土地志
王学启 王贵章主编 海口 南海出版公司 1999 年 211 页

013626684
海南省国营红华农场场志 1954—2004
海南省国营红华农场场志编纂委员会编著 海南 海南省国营红华农场场志编纂委员会 2004 年 148 页

白沙黎族自治县

004516543
白沙县志
海南省白沙黎族自治县地方志编纂委员会编 海口 南海出版公司 1992 年 430 页

012049425
海南省国营卫星农场场志 1958—2008
海南省国营卫星农场编 白沙 海南省国营卫星农场 2008 年 236 页

昌江黎族自治县

008665481
昌江县志
海南省昌江黎族自治县地方志编纂委员会编 北京 新华出版社 1998 年 932 页

009413692
昌江法院志
林建松主修 吉布敏主编 海口 南海出版公司 1993 年 197 页

012132506
昌江军事志 前 110—2005
昌江黎族自治县军事志编纂委员会编 昌江 昌江黎族自治县军事志编纂委员会 2008 年 269 页

009687133
昌江黎族自治县财政志
昌江黎族自治县财政局编 昌江 昌江黎族自治县财政局 1990 年 220 页

012540859
昌江县税务志
罗爱国主笔 海口 南海出版公司 1992 年 333 页〔海南史志丛书〕

乐东黎族自治县

008815264
乐东县志
乐东黎族自治县地方志编纂委员会编 林山主编 北京 新华出版社 2002年 936页

013528846
佛老村志
佛老村志编纂委员会编 乐东 佛老村志编纂委员会 2005年 337页

012767129
新坡村志
新坡村志编纂委员会编 海南 新坡村志编纂委员会 2003年 223页

陵水黎族自治县

011475310
陵水县志
陵水黎族自治县地方志编纂委员会编 北京 方志出版社 2007年 1067页

013898865
培兰村志
培兰村志编纂委员会编 海南 陵水黎族自治县育新印刷厂 2008年 214页

012542632
陵水县水利志
林鸿桢 曾子光主编 陵水 陵水黎族自治县水利志编写组 1990年 117页

保亭黎族苗族自治县

007885997
保亭县志
保亭黎族苗族自治县地方志编纂委员会编 海口 海南出版社 1997年 577页

013630423
新星场志
新星农场场志编纂委员会编 保亭 新星农场场志编纂委员会 1990年 294页

琼中黎族苗族自治县

007588015
琼中县志
梁定鼎主编 琼中黎族苗族自治县地方志办公室编 海口 海南摄影美术出版社 1995年 897页〔中华人民共和国地方志〕

011311446
南方农场志
海南省国营南方农场史志办公室编 海口 南海出版公司 1998年 420页

008835492
琼中县财政税务志
琼中黎族苗族自治县财政税务局编 海口 海南出版社 1998年 315页

重庆市

008492849
重庆市志 报业志
重庆报业志编纂委员会 文覆平主编 重庆 重庆出版社 2000年 303页

011295872
重庆市志 出版志 1840—1987
重庆市新闻出版局编纂 重庆 重庆出版社 2007年 662页

011312678
重庆市志 出入境检验检疫志 1891—2005
重庆出入境检验检疫局编著 重庆 西南师范大学出版社 2007年 582页

012208664
重庆市志 电信志 1986—2005
重庆市通信管理局编纂 重庆 西南师范大学出版社 2009年 594页

011312681
重庆市志 工会志 1986—2005
重庆市总工会编著 重庆 西南师范大学出版社 2007年 998页

013798792
重庆市志 供销合作志 1989—2008
重庆市供销合作总社编纂 重庆 西南师范大学出版社 2013年 497页

012690281
重庆市志 共青团志 1986—2005
共青团重庆市委员会编纂 重庆 西南师范大学出版社 2010年 2册

009553246
重庆市志 国防科技工业志
重庆市经济委员会 重庆市国防科学技术工业办公室 重庆市地方志总编辑室编 重庆 重庆市经济委员会 重庆市国防科技工业办公室 重庆市地方志总编辑室 1996年 288页

013759462

重庆市志 农业银行志 1979—2008

中国农业银行重庆市分行编纂 重庆 中国农业银行重庆市分行 2011 年 731 页

011312683

重庆市志 气象志 1891—2005

重庆市气象志编纂委员会编著 重庆 西南师范大学出版社 2007 年 600 页

009553259

重庆市志 税务志 1840—1985

重庆市税务局编纂 重庆 重庆市税务局 1995 年 369 页

009890617

重庆市志 烟草志 1621—2003

重庆市地方志编纂委员会编 重庆 西南师范大学出版社 2005 年 1144 页

010280461

重庆市志 第 2 卷

重庆市地方志编纂委员会编 重庆 西南师范大学出版社 2004 年 480 页

010280483

重庆市志 第 3 卷

重庆市地方志编纂委员会编 重庆 西南师范大学出版社 2004 年 580 页

008849212

重庆市志 第 4 卷

重庆市地方志编纂委员会 包叙定主修 余楚修主编 重庆 重庆出版社 1999—2004 年 2 册

008849213

重庆市志 第 5 卷

重庆市地方志编纂委员会总编辑室 孙同川主修 窦瑞华主审 罗传总纂 成都 成都科技大学出版社 1994 年 667 页

008849219

重庆市志 第 6 卷

重庆市地方志编纂委员会 包叙定主修 余楚修主编 重庆 重庆出版社 1999 年 647 页

008849220

重庆市志 第 7 卷

重庆市地方志编纂委员会 包叙定主修 余楚修主编 重庆 重庆出版社 1999 年 795 页

010280656

重庆市志 第 8 卷

重庆市地方志编纂委员会编 重庆 西南师范大学出版社 2004 年 636 页

009840533

重庆市志 第 9 卷

重庆市地方志编纂委员会编 重庆 西南师范大学出版社 2005 年 525 页

010280676
重庆市志 第 10 卷
重庆市地方志编纂委员会编 重庆 西南师范大学出版社 2005 年 980 页

008849223
重庆市志 第 11 卷
重庆市地方志编纂委员会 包叙定主修 余楚修主编 重庆 重庆出版社 1999 年 716 页

010280690
重庆市志 第 12 卷
重庆市地方志编纂委员会编 重庆 西南师范大学出版社 2005 年 463 页

010280703
重庆市志 第 13 卷
重庆市地方志编纂委员会编 重庆 西南师范大学出版社 2005 年 895 页

010280748
重庆市志 第 14 卷
重庆市地方志编纂委员会编 重庆 西南师范大学出版社 2005 年 739 页

008134471
重庆市统计志
重庆市统计局编 重庆 重庆出版社 1994 年 291 页

008992462
重庆市计划生育志
重庆市计划生育委员会编 重庆 重庆市计划生育委员会 1991 年 311 页

013940829
中共重庆市委党校函授志 1985—2010
中共重庆市委党校函授志编写组编 重庆 中共重庆市委党校函授志编写组 2010 年 283 页

013776455
重钢工会志 1950—2010
重钢工会志编纂委员会编 北京 中国工人出版社 2012 年 312 页

009689067
重庆市工会志 1998—2002
重庆市总工会编 重庆 重庆市总工会 2002 年 572 页

008427888
重庆市总工会志
重庆市总工会编 重庆 重庆出版社 1996 年 411 页

007590155
重庆市人民代表大会志
重庆市人民代表大会志编纂委员会编 重庆 重庆市人民代表大会 1994 年 417 页

009553239
重庆政协志 1950.1—1997.5
重庆政协志编纂委员会 曾国光主编 重

庆 重庆政协志编纂委员会 1998 年 717 页

009198609

重庆人事志

重庆市人事局编 重庆 重庆大学出版社 1992 年 442 页

012256689

重庆市公安志

重庆公安志编纂委员会编著 重庆 重庆出版社 2003 年 482 页

009689066

重庆民政志

重庆民政志编纂委员会编 重庆 重庆民政志编纂委员会 19uu 年 280 页

011295921

重庆三峡移民志 第 1 卷 库区原貌

王显刚主编 重庆三峡移民志编纂委员会编纂 北京 中国三峡出版社 2007 年 779 页

012816266

重庆三峡移民志 第 2 卷 论证与规划

王显刚主编 重庆三峡移民志编纂委员会编纂 北京 中国三峡出版社 2008 年 658 页

012636506

重庆三峡移民志 第 3 卷 移民实施

王显刚主编 重庆三峡移民志编纂委员会编纂 北京 中国三峡出版社 2010 年

012546760

重庆法院志 1844—1989

四川省重庆市中级人民法院编 重庆法院志编辑委员会编辑 重庆 重庆法院志编辑委员会编辑出版 1995 年 475 页

009840530

重庆市人民检察院第二分院志

重庆市人民检察院第二分院志编纂委员会编 北京 中国三峡出版社 2006 年 496 页

008424687

重庆市农业生产资料商业志

重庆市农业生产资料公司编 重庆 重庆市农业生产资料公司 1991 年 274 页

007621191

重庆市防空志

范伟业 蒋韶 李有国主修 蒋韶主审 李知勇主笔 重庆市人民防空办公室编 重庆 西南师范大学出版社 1994 年 466 页

008670897

重庆市军事志

中国人民解放军重庆警备区编 重庆 中国人民解放军重庆警备区 1996 年 287 页

008844118
重庆经济科技社会发展战略研究史志史 1983—1988
庞举等编著 重庆 西南师范大学出版社 1990年 373页

008414535
重庆市计划管理志
重庆市计划委员会编 重庆 重庆出版社 1991年 266页

008414534
重庆市经济综合志
重庆市计划委员会编 重庆 重庆出版社 1991年 231页

001737061
重庆工商人物志
中国民主建国会重庆市委员会 重庆市工商联合会文史资料工作委员会编 重庆 重庆出版社 1984年 255页 〔重庆工商史料 第3辑〕

009689063
重庆工商行政管理志 1840—1985
重庆市工商行政管理局编 重庆 重庆市工商行政管理局 1992年 263页

009689065
重庆公用事业志
重庆市公用事业局编 重庆 重庆市公用事业局 1990年 164页

007670697
重庆市房地产志
重庆市房地产志编纂委员会编纂 成都 成都科技大学出版社 1992年 415页

008670921
重庆市市政环卫建设志
重庆市城市建设局市政环卫建设志编纂委员会编纂 成都 四川大学出版社 1993年 295页

008428023
重庆市政建设志资料选辑
重庆市城市建设局修志办公室编 重庆 重庆市城市建设局修志办公室 1988年 3册

009198612
重庆市土地管理志
重庆市土地管理志编辑委员会 高群主编 邓申 徐泽辉副主编 重庆 西南师范大学出版社 1991年 417页

009818381
重庆市农牧渔业志
重庆市农牧渔业局编 重庆 重庆市农牧渔业局 1993年 671页

008844129
重庆市农业志综述
重庆市农业委员会编 重庆 重庆市农业委员会 1995年 461页

008430548

四川省重庆水泥厂志

重庆水泥厂志编纂委员会编 重庆 重庆出版社 1994年 450页

008669938

四川石油管理局测井公司志 1953—1990

四川石油管理局测井公司编志编辑室编 重庆 西南师范大学出版社 1998年 311页

008991703

四川石油管理局川东开发公司志

四川石油管理局川东开发公司志办公室编纂 成都 四川人民出版社 1996年 340页

013736510

重钢动力厂志 1938—2002

重钢动力厂志编纂委员会编 重庆 重钢动力厂志编纂委员会 2003年 270页

009349835

重钢志 1938—1985

重钢志编辑室编 重庆 重钢志编辑室 1987年 729页

010118623

重钢志 1986—2003

重钢志编纂委员会编 成都 四川人民出版社 2006年 600页

009962563

重庆钢丝绳厂志 1943—1985

重庆钢丝绳厂志编写小组编 重庆 重庆钢丝绳厂 1987年 225页

013190416

重庆钢铁公司第四钢铁厂志 初稿

重庆钢铁公司第四钢铁厂编 重庆 重庆钢铁公司第四钢铁厂 1985年 352页

009783852

重庆华山玉食品总厂厂志

重庆华山玉食品总厂编 重庆 重庆华山玉食品总厂 1992年 115页

007660652

重庆化工志

重庆化学工业志编辑委员会编 重庆 重庆化学工业志编辑委员会 1992年 423页

008424208

重庆建筑志

重庆市城乡建设管理委员会 重庆市建筑管理局编 重庆 重庆大学出版社 1997年 340页

013512122

重庆市电力工业志 1986—2002

重庆市电力行业协会编著 北京 中国电力出版社 2012年 656页〔中国电力工业志丛书〕

007590156

重庆市机械工业志 1902—1992
成都 成都科技大学出版社 1993 年 380 页

013961438

重庆市轻工业志 二轻工业卷
重庆市轻工业志编纂委员会编 成都 四川科学技术出版社 1995 年 311 页

009408284

重庆市轻工业志 一轻工业卷
重庆市轻工业志编纂委员会编 成都 四川科学技术出版社 1994 年 329 页

008670903

重庆市食品工业志 1840—1985
重庆市食品工业志编纂委员会编 重庆 重庆大学出版社 1998 年 298 页

008428060

重庆市水利志
重庆市农机水电局编 重庆 重庆出版社 1996 年 386 页

009867433

重庆市天然气工业志 1840—1985
重庆市天然气工业志编辑室编 重庆 重庆市天然气工业志编辑室 1996 年 133 页

009689078

重庆特钢志 1934—1985
重庆特钢志编辑室编 重庆 重庆特钢志编辑室 1989 年 701 页

011325440

重庆铁合金厂厂志 1940—1985 送审稿
重庆 重庆铁合金厂 1986 年 296 页

013940899

重庆铁合金厂志 1940—1985
彭栋梁主编 重庆 重庆铁合金厂 1987 年 191 页

009783853

重庆南机务段志 1951—1991
重庆南机务段史志编纂委员会编 重庆 重庆南机务段 1992 年 422 页

008440063

重庆铁路分局志 1903—1990
重庆铁路分局志编纂委员会编 重庆 重庆铁路分局志编纂委员会 1992 年 532 页

007621133

重庆市公路运输志
重庆市交通局交通史志编纂委员会编 北京 科学技术文献出版社 1991 年 159 页

007621135

重庆内河航运志
重庆市交通局交通史志编纂委员会编 北京 科学技术文献出版社 1992 年

380 页

007665137
重庆市轮渡公司志 1938—1987
重庆市轮渡公司志编纂委员会编 重庆 重庆市轮渡公司 1988 年 58 页

008428059
重庆市水上运输公司志
重庆市水上运输公司写志办公室编 重庆 重庆市水上运输公司写志办公室 1989 年 488 页

008414536
重庆民航志
中国民用航空四川省管理局编 重庆 重庆出版社 1992 年 356 页

009689062
重庆电信志 1886—1990
重庆市电信志编纂委员会编 重庆 重庆市电信志编纂委员会 1993 年 346 页

009689070
重庆市供销合作社志
重庆市供销合作总社主编 重庆 重庆市供销合作总社 1992 年 847 页

009867426
重庆市粮油志
重庆市粮食局编 重庆 重庆市粮食局 1994 年 175 页

008421775
重庆市物资回收商业志
重庆市物资回收公司 重庆市废旧物资行业协会编 重庆市物资回收商业志修志办公室编纂 重庆 重庆市废旧物资行业协会 1992 年 423 页

012879031
重庆物价志
重庆物价志编纂委员会主编 重庆 重庆物价志编纂委员会 2000 年 477 页

008430576
重庆市经贸分志资料长编 出口商品部分 征求意见稿
重庆市经贸委修志办编 重庆 重庆市经贸委修志办 1992 年

009553133
重庆市财政志
重庆市财政志编纂委员会编 成都 成都科技大学出版社 1995 年 269 页

013183653
建设银行重庆市分行志 1986—1990
建设银行重庆市分行志编纂小组编 重庆 建设银行重庆市分行志编纂小组 1999 年 173 页

013183650
建设银行重庆市分行志 1991—2000
建设银行重庆市分行志编纂委员会编著 重庆 建设银行重庆市分行志编纂

委员会 2002年 481页

009408187
重庆文化艺术志
重庆市文化局编 重庆 西南师范大学出版社 2000年 695页

012724122
重庆出版社志 附录 重庆出版集团成立五周年大事记 1950—2005
重庆出版社志编纂委员会编 重庆 重庆出版社 2010年 568页

008421696
重庆市新华书店志
龚伟群主编 重庆市新华书店志编委会编 重庆 重庆出版社 1995年 625页

013798788
重庆教育志
重庆市教育委员会编 重庆 重庆出版社 2002年 1133页

008418494
四川省重庆第六中学校校志 原求精中学
四川省重庆第六中学校编 陆志轩执笔 重庆 四川省重庆第六中学校 1991年 342页

013775278
四川省重庆市第六中学校(原求精中学)校志
四川省重庆第六中学校编 陆志轩执笔 四川 1991年 342页

008421750
重庆石中校志 原重庆第五十八中学 1957—1987
四川省重庆市石桥铺中学编 重庆 重庆市石桥铺中学 1989年 296页

008424803
重庆市求精中学校志 1891—1998
陆志轩主编 重庆 重庆市求精中学 1998年 469页

008429574
重庆电业局教育志 1950—1990
邓颖 冉明义主编 赵贤正主审 重庆电业局编 重庆 重庆电业局 1992年 232页

009799859
重庆钢校志 1951—1984
重庆钢专校志办公室编 重庆 重庆钢专校志办公室 1989年 320页

009689117
重庆体育志
重庆市体育运动委员会编 重庆 重庆出版社 1992年 399页

011066979
重庆方言志
翟时雨著 重庆 西南师范大学出版社

1996年 416页

010023159
中国歌谣集成 第26卷 重庆市卷
中国歌谣集成重庆市卷编纂委员会 聂云岚主编 彭维金 贺大舜副主编 重庆 科学技术文献出版社重庆分社 1989年 809页

011148009
中国民间故事集成 重庆市卷
王觉主编 杨本泉 李国光副主编 中国民间故事集成重庆市编纂委员会编 重庆 科学技术文献出版社重庆分社 1990年 2册

011188210
中国谚语集成 重庆市卷
苏觉主编 王其慎副主编 中国谚语集成重庆市卷编辑委员会编 重庆 科学技术文献出版社重庆分社 1989年 293页

007649947
重庆戏曲志
重庆戏曲志编辑委员会编 北京 文化艺术出版社 1991年 583页

009553278
重庆戏曲志 资料卷
重庆戏曲志编辑委员会编 重庆 重庆市出版总社 1988年

008428735
四川省重庆市地名录
重庆市地名领导小组编 重庆 重庆市地名领导小组 1986年 569页〔四川省地名录丛书 8〕

011375926
重庆建置沿革
余楚修 管维良主编 重庆市地方志办公室著 重庆 重庆出版社 1998年 246页

008414160
重庆市双桥区地名录
重庆市双桥区地名领导小组编 重庆 重庆市双桥区地名领导小组 1987年 24页〔四川省地名录丛书 208〕

008424200
重庆市科学技术志
吴元厘主编 重庆市科学技术委员会编纂 重庆 重庆出版社 1995年 648页

013866375
重庆市地震监测志
重庆市地震局编 北京 地震出版社 2011年 98页〔中国地震监测志系列〕

009679040
重庆缙云山植物志
重庆缙云山国家级自然保护区管理局 重庆市植物园编 重庆 西南师范大学

出版社 2005年 874页

009783867
重庆市第二人民医院院志 1939—1999
陶照洪主编 重庆市第二人民医院院志编辑室编 重庆 重庆市第二人民医院院志编辑室 1999年 250页

009783864
重庆市第九人民医院院志
重庆市第九人民医院院志编 重庆 重庆市第九人民医院院志 1987年 155页

013759374
重庆市第九人民医院院志 2003—2010
重庆市第九人民医院院志编写组编 重庆 重庆市第九人民医院 2011年 359页

010244790
重庆市中医研究所志 1900—1989
重庆市中医研究所编 重庆 重庆市中医研究所 1992年 149页

012612880
重庆三峡中心医院志 1999—2008
李庆平 李代主编 北京 新华出版社 2009年 734页

009553207
重庆市卫生防疫站志 1953—1990
重庆市卫生防疫站编 重庆 重庆市卫生防疫站 1993年 184页

009867435
重庆市卫生志 1840—1985
司明勋 李祥龙主修 陈崇远主审 李君仁主编 重庆 白合印刷厂 1994年 488页

008430572
重庆卫生志 送审稿
重庆市卫生志编委会办公室编 重庆 重庆市卫生志编委会办公室 1993年 3册 1097页

014056725
重庆医科大学附属第一医院院志 1957—2007
重庆医科大学附属第一医院院志编写组编纂 重庆 重庆出版社 2007年 401页

011068495
重庆蔬菜品种志
重庆市农业局 西南农学院 重庆市农业科学研究院编 重庆 重庆人民出版社 1961年 192页

007559806
重庆市园林绿化志
重庆市园林管理局修志领导小组编纂 成都 四川大学出版社 1993年 432页

013759370
重庆市畜牧科学院院志 1951—2011

重庆市畜牧科学院院志编纂委员会编 重庆 重庆市畜牧科学院院志编纂委员会 2011年 400页

008427930
煤炭工业部重庆设计研究院志
煤炭工业部重庆设计研究院院志编委会编纂 成都 四川人民出版社 1995年 339页

009783868
重庆石油学校志 1951—1990
重庆石油学校志编辑室编 重庆 重庆石油学校志编辑室 1991年 431页

009783847
重庆农药厂厂志 1952—1990
重庆农药厂厂志编委会编 重庆 重庆农药厂 1992年 174页

010252713
重庆建筑高等专科学校志 1974—1999
重庆建筑高等专科学校编 重庆 重庆大学出版社 2000年 193页〔中国建筑工程总公司企业志系列丛书 16〕

012690190
重庆桥梁志
孙家驷编著 重庆 重庆大学出版社 2011年 595页

008430568
重庆环境保护志
林定恕主修 吉光树主审 秦涛总纂 重庆市环境保护局编纂 重庆 重庆市环境保护局 1997年 348页

渝中区

007731545
重庆市市中区志
重庆市渝中区人民政府地方志编纂委员会编 重庆 重庆出版社 1997年 815页

013759380
重庆市渝中区人大志
重庆市渝中区人大志编纂委员会编 重庆 重庆市渝中区人大志编纂委员会 2008年 477页

009553273
重庆市中区政协志
朱宗德主编 中国人民政治协商会议重庆市市中区委员会编 重庆 中国人民政治协商会议重庆市市中区委员会 1993年 96页

008844962
重庆市市中区房地产志
重庆市市中区房地产志编委会编纂 成都 电子科技大学出版社 1993年 177页

008418587
重庆市渝中区商业贸易志

重庆市渝中区商业管理委员会编 重庆 重庆市渝中区商业管理委员会 1998年 307页

008428871
市中区税务志 1840—1988
重庆市税务局市中区分局编 市中区 重庆市税务局市中区分局 1994年 252页

008430563
重庆市市中区财政志
重庆市市中区财政局编 重庆 重庆市市中区财政局 1992年 170页

007621121
重庆市市中区文化艺术志
刘开元主修 金祥明 陆玉书副主修 冉庄总纂 杨忠全副总纂 重庆市市中区文化艺术志编纂委员会编 北京 文化艺术出版社 1990年 616页

011311821
巴渝文化(艺术)馆志
朱嘉林主编 重庆市群众艺术馆编 重庆 重庆市群众艺术馆 2002年 204页

008429104
重庆市市中区教育志
重庆市市中区教育志编纂委员会编 成都 四川文艺出版社 1993年 426页

008428244
四川省重庆市市中区地名录
重庆市市中区地名领导小组编 重庆 重庆市市中区地名领导小组 1986年 202页〔四川省地名录丛书 9〕

009553198
重庆市市中区城市建设志 1840—1990
重庆市市中区城市建设管理委员会编 重庆 重庆市市中区城市建设管理委员会 1994年 243页

009553202
重庆市市中区园林绿化志 1840—1985
重庆市市中区市政绿化局编写 重庆 重庆市市中区市政绿化局 1994年 202页

万州区

008059731
万县志
万县志编纂委员会编 成都 四川辞书出版社 1995年 818页

013045505
分水志
分水志编纂委员会编 重庆 分水志编纂委员会 2006年 438页

014056720
重庆市万州区民政志
孙养统主编 北京 中国社会出版社

2011年 284页〔万州地方志丛书〕

012724130

重庆万州国土资源志

冉崇富 袁世喜主编 武汉 长江出版社 2010年 768页

008430217

万县市工商行政管理志

万县市工商行政管理局编 万县 万县市工商行政管理局 1989年 227页

009553091

万县地区城乡建设志 1911—1992

万县市建设委员会 万县地区城乡建设志编委会编 万县 万县地区城乡建设志编委会 1997年 652页

014052314

万县市城市建设志 1911—1992

万县市（县级）城乡建设委员会 万县市（地级）建设委员会编纂 万县 万县市（地级）建设委员会 1996年 621页

013863865

万县市城乡建设志 1993—1997

万县市建设委员会 万县市城乡建设志编辑组编 万县 万县市城乡建设志编辑组 2001年 416页

008421928

万县市粮食志

万县市粮食局编 万县 万县市粮食局 1989年 448页

012100992

重庆万州烟草志

重庆市万州区烟草专卖局（分公司）编 重庆 重庆市万州区烟草专卖局 2008年 581页〔万州地方志丛书〕

008421861

万县地区交通志

万县地区交通局编 成都 成都科技大学出版社 1993年 380页

013010678

万县地区物价志

张家志 杨承烈 刘丹主编 四川省万县地区物价局编 成都 成都科技大学出版社 1992年 970页〔四川科技史丛书〕

008844931

万县地区金融志

万县地区金融志编纂领导小组编 成都 四川人民出版社 1992年 282页

008733899

万县地区文化艺术志

四川省万县市文化局编纂 成都 四川人民出版社 1996年 548页

008667878

万县地区教育志

万县市教育委员会编 重庆 重庆出版社 1997年 531页

008427312
四川省万县地名录
赖兴明主编 四川省万县地名领导小组编 万县 四川省万县地名领导小组 1988年 602页〔四川省地名录丛书138〕

008414201
四川省万县市地名录
万县市地名领导小组办公室编 万县 万县市地名领导小组办公室 1986年 90页〔四川省地名录丛书137〕

013756867
万县地区蚕桑丝绸志
四川省万县地区丝绸公司编 万县 四川省万县地区丝绸公司 1991年 163页

涪陵区

007668426
涪陵市志
四川省涪陵市志编纂委员会编纂 成都 四川人民出版社 1995年 1716页

012832403
李渡镇志
李渡镇人民政府李渡镇志编纂委员会编著 李渡镇 李渡镇人民政府李渡镇志编纂委员会 2010年 540页

009387541
涪陵地区民政志
涪陵地区民政局编 涪陵 涪陵地区民政局 1986年 374页

008670016
涪陵县民政局志
四川省涪陵市民政局主编 涪陵 四川省涪陵市民政局 1983年 187页

008421986
涪陵地区水利电力志
涪陵地区水利电力局编 涪陵 涪陵地区水利电力局 1990年 349页

008421258
涪陵地区盐业志
涪陵地区盐业志编纂委员会 自贡盐业出版编辑室编 成都 四川人民出版社 1991年 311页

013630053
四川省涪陵地区土坎发电厂志
四川省涪陵地区土坎发电厂志编辑组编 成都 四川人民出版社 1995年 121页

013369826
涪陵交通志 1986—2005
重庆市涪陵区交通委员会编 重庆 重庆市涪陵区交通委员会 2007年 728页

009688913

涪陵地区广播电视志

涪陵地区广播电视局编 涪陵 涪陵地区广播电视局 1987 年 249 页

009388411

中国戏曲志 四川卷 涪陵地区戏曲志

涪陵地区文化局编 涪陵 涪陵地区文化局 1991 年 86 页

008414185

四川省涪陵县地名录

涪陵县地名领导小组编 涪陵 涪陵县地名领导小组 1986 年 477 页〔四川省地名录丛书 147〕

大渡口区

007522232

重庆市大渡口区志

重庆市大渡口区地方志编纂委员会编纂 成都 四川科学技术出版社 1995 年 684 页

012636499

重庆市大渡口区八桥镇志

重庆市大渡口区八桥镇志编纂委员会编 2003 年 282 页

008428319

四川省重庆市大渡口区地名录

重庆市大渡口区地名领导小组编 重庆 重庆市大渡口区地名领导小组 1986 年 30 页〔四川省地名录丛书 16〕

江北区

007881945

重庆市江北区志

重庆市江北区地方志编纂委员会编纂 成都 巴蜀书社 1993 年 1072 页

013775935

五里店街道志 1993—2005

五里店街道志编纂委员会编 重庆 重庆新闻印务有限责任公司 2008 年 591 页〔重庆市江北区地方志丛书〕

008421762

重庆市江北区华新街街道志

重庆市江北区华新街街道志编纂小组编 重庆 华新街街道办事处 1989 年 273 页

009689072

重庆市江北区工会志

重庆市江北区总工会编 重庆 重庆市江北区总工会 1991 年 221 页

008430565

重庆市江北区房地产志

重庆市江北区房管分局房地产志编辑室编 重庆 重庆市江北区房管分局房地产志编辑室 1993 年 222 页

008428831

四川省重庆市江北区地名录

重庆市江北区地名领导小组编 重庆 重庆市江北区地名领导小组 1986年 106页〔四川省地名录丛书10〕

009818374

重庆市江北区科技志

徐茵编修 重庆 重庆市江北区科学技术委员会 1992年 194页

沙坪坝区

007657581

重庆市沙坪坝区志

重庆市沙坪坝区志编纂委员会编纂 成都 四川人民出版社 1995年 1038页

008418595

重庆市沙坪坝区石桥乡志

向有富主编 石桥乡 石桥乡志编纂委员会 1990年 257页

009783860

重庆市沙坪坝区覃家岗乡志

覃家岗乡志编纂领导小组编 重庆 覃家岗乡志编纂领导小组 1992年 321页

008672140

重庆市沙坪坝区覃家岗镇新桥村志

新桥村党总支 新桥村村委会编 新桥村 新桥村党总支 新桥村村委会 1994年 266页

008427922

沙坪坝区政协志 1950.11—1993.2

中国人民政治协商会议重庆市沙坪坝区委员会编 重庆 重庆大学出版社 1993年 202页

013661837

重庆市沙坪坝区公安志

重庆市公安局沙坪坝区公安分局编 重庆 重庆出版社 2004年 393页

009553190

重庆市沙坪坝区民政志

重庆市沙坪坝区民政局编 重庆 重庆大学出版社 1993年 191页

010252663

重庆市沙坪坝区人民法院志

重庆市沙坪坝区人民法院编印 重庆 重庆市沙坪坝区人民法院 1998年 365页

008421773

重庆市沙坪坝区城市改造建设志

李华松主编 沙坪坝区城市改造建设指挥部办公室城市改造建设志编纂组编印 重庆 沙坪坝区城市改造建设指挥部办公室城市改造建设志编纂组 1993年 360页

008428063

重庆市沙坪坝区城乡建设志

重庆市沙坪坝区城乡建设志编纂委员

会编 北京 科学技术文献出版社 1994 年 445 页

009553186

重庆市沙坪坝区交通志

朱大成主修 罗甲盛主审 郑纪勇副主审 张志凡主编 重庆市沙坪坝区交通志编纂委员会编 重庆 重庆大学出版社 1993 年 382 页

009553183

重庆市沙坪坝区财政志

重庆市沙坪坝区财政局编纂 重庆 重庆市沙坪坝区财政局 2000 年 306 页

013759377

重庆市沙坪坝区文化志

方海洋主编 李波 张建中主修 重庆市沙坪坝区文化广电新闻出版局 重庆市沙坪坝区地方志办公室编纂 重庆大学出版社 2012 年 457 页

008428142

四川省重庆市沙坪坝区地名录

重庆市沙坪坝区地名领导小组编 重庆 重庆市沙坪坝区地名领导小组 1984 年 148 页〔四川省地名录丛书 11〕

009553152

重庆市歌乐山红军休养所志

重庆市歌乐山红军休养所编 重庆 重庆市歌乐山红军休养所 1993 年 168 页

九龙坡区

008388826

重庆市九龙坡区志

重庆市九龙坡区地方志编纂委员会编 重庆 重庆出版社 1997 年 786 页〔中华人民共和国地方志〕

009689046

九龙坡区税务志 1937—1988

九龙坡区税务分局编 重庆 九龙坡区税务分局 1992 年 142 页

008424050

四川省重庆市九龙坡区地名录

九龙坡区地名领导小组编 重庆 九龙坡区地名领导小组 1986 年 119 页〔四川省地名录丛书 12〕

010777260

重庆市九龙坡区国土志 送审稿

重庆 1998 年 401 页

南岸区

005559218

重庆市南岸区志

重庆市南岸区地方志编纂委员会编 重庆 重庆出版社 1993 年 861 页〔中华人民共和国地方志〕

012208656

重庆市南岸区志 1990—2005

重庆市南岸区人民政府编纂 重庆 重庆出版社 2009年 1152页

008424119

四川省重庆市南岸区地名录

重庆市南岸区地名领导小组编 重庆 重庆市南岸区地名领导小组 1982年 105页〔四川省地名录丛书 13〕

009553163

重庆市南岸区卫生志

重庆市南岸区卫生志编纂委员会编 重庆 重庆市南岸区卫生志编纂委员会 1993年 247页

北碚区

005559111

重庆市北碚区志

重庆市北碚区地方志编纂委员会编 重庆 科学技术文献出版社重庆分社 1989年 649页

011067709

北碚区人大志

重庆市北碚区人民代表大会常务委员会编 重庆 重庆市北碚区人民代表大会常务委员会 1991年 190页

013940889

重庆市北碚区人民代表大会志 1990—2002

重庆市北碚区人民代表大会志编撰小组编辑 2003年 324页

008422612

红岩机器厂厂志 1965—1982

于芷主笔 胡炳奎 蒋幼生校订 无锡 1985年 457页

013955831

北碚车务段志 1975—2005

北碚车务段志编纂委员会编 2005年 201页

011148007

中国民间故事集成 重庆市北碚区卷

重庆市北碚区民间文学三套集成编辑委员会编 重庆 重庆市北碚区民间文学三套集成编辑委员会 1989年 353页

008428647

四川省重庆市北碚区地名录

重庆市北碚区地名领导小组编 重庆 重庆市北碚区地名领导小组 1986年 145页〔四川省地名录丛书 14〕

綦江区

009337812

重庆市南桐矿区志

重庆市万盛区人民政府地方志办公室编 重庆 重庆出版社 2002年 780页

007905731
綦江县志
綦江县志编纂委员会主编 成都 西南交通大学出版社 1991年 763页

013662372
重庆市景星乡志 1984—2005
重庆市万盛区景星乡志编纂委员会编 北京 中央民族大学出版社 2012年 291页

008421046
南桐矿务局志
南桐矿务局志编纂委员会编辑室 张滋云主修 刘志清主审 杨修煜 张廷立总纂 成都 成都科技大学出版社 1994年 657页

013863566
綦江齿轮厂厂志 1928—1990
綦江齿轮厂厂志编纂委员会编 重庆 綦江齿轮厂厂志编纂委员会 1993年 383页

009105467
松藻矿务局志
松藻矿务局志编纂委员会编 四川 松藻矿务局 1994年 520页

009387610
四川省綦江县书店志
綦江县新华书店编 綦江 1989年 136页

013093241
綦江中学校志 1910—2010
綦江中学校志编纂委员会编 重庆 綦江中学校志编纂委员会 2010年 419页

013093243
綦江中学校志 1927—1997
重庆 綦江中学 1997年 158页

008424191
四川省綦江县地名录
四川省綦江县地名领导小组编 綦江 四川省綦江县地名领导小组 1986年 367页〔四川省地名录丛书 18〕

008428137
四川省重庆市南桐矿区地名录
重庆市南桐矿区地名领导小组编 重庆 重庆市南桐矿区地名领导小组 1984年 103页〔四川省地名录丛书 15〕

009553169
重庆市綦江县国土志
綦江县国土局 赵和平主编 綦江 綦江县国土局 2000年 186页

大足区

008486293
大足县志
大足县县志编修委员会编纂 北京 方志出版社 1996年 1040页

009745001
重庆市双桥区志
重庆市双桥区人民政府编著 重庆 西南师范大学出版社 2005年 1496页

009867406
大足县政协志
中国人民政治协商会议大足县委员会编 大足 中国人民政治协商会议大足县委员会 1988年 141页

009336841
大足县政协志 续修 1986.1—2003.2
大足县政协志(续修)编纂委员会编 大足 大足县政协志(续修)编纂委员会 2003年 292页

007995587
大足县检察志 部门志
大足县人民检察院主编 1987年 156页

007995586
大足县乡镇企业志
四川省大足县乡镇企业管理局编 大足 四川省大足县乡镇企业管理局 1986年 263页

011496971
大足县工业志
大足县经济委员会编 大足 大足县经济委员会 1988年 1册

011066645
大足县农村合作金融志 1938—2003.6
大足县农村信用合作联社编 大足 大足县农村信用合作联社 2004年 393页

013791093
大足教育志 1911—1985
大足县教育局编 大足 大足新华印刷厂 2003年 226页

013791097
大足教育志 1986—2000
大足县教育委员会编 大足 大足新华印刷厂 2003年 514页

014028629
大足二中志 1947—2002
大足县第二中学校志编纂小组编 大足 大足县第二中学校志编纂小组 2003年 278页

013936424
铁山职中校志
大足县铁山职业中学校志编纂领导小组编 大足 大足县铁山职业中学 2000年 229页

008425306
四川省大足县地名录
四川省大足县地名领导小组编 大足 四川省大足县地名领导小组 1987年 256页〔四川省地名录丛书 116〕

013626253
大足县卫生志
四川省大足县卫生局编 大足 四川省大足县卫生局 1988年 277页

渝北区

008486653
江北县志
重庆市渝北区地方志编纂委员会编 重庆 重庆出版社 1996年 933页

011996760
江北县志 1986—1994
重庆市渝北区地方志编纂委员会编纂 重庆 西南师范大学出版社 2009年 951页

009783262
中共江北县委党校志 1959—1990
中共江北县委党校志编辑领导小组编 江北 中共江北县委党校志编辑领导小组 1993年 99页

013961383
中共重庆市渝北区委党校(行政学校)志 1991—2009
中共重庆市渝北区委党校 重庆市渝北区行政学校编 重庆 重庆市渝北区行政学校 2010年 358页

009689000
江北县工会志
江北县总工会编 江北 江北县总工会 1992年 196页

012139312
江北县政协志 1956—1990
中国人民政治协商会议四川省江北县委员会编 江北 中国人民政治协商会议四川省江北县委员会 1990年 274页

009232320
江北县民政志
江北县民政局编 江北 江北县民政局 1990年 523页

009553075
江北县人事志
江北县人事局编 江北 江北县人事局 1991年 299页

009689004
江北县计划志 1912—1990
杜恭先主编 江北县计划委员会编 江北 江北县计划委员会 1993年 381页

009688995
江北县城乡建设志
江北县城乡建设委员会编 江北 江北县城乡建设委员会 1993年 316页

009553228
重庆市渝北区城乡建设志 1991—1997
重庆市渝北区城乡建设委员会编 重庆

重庆市渝北区城乡建设委员会 1999 年 318 页

009553231
重庆市渝北区房地产志 1840—2000
重庆市渝北区房地产管理局 重庆市渝北区房地产志编纂领导小组编 重庆 重庆市渝北区房地产管理局 2000 年 503 页

009689002
江北县工业志
江北县经济委员会编 重庆 江北县经济委员会 1990 年 251 页

009689007
江北县商业志 1919—1990
江北县商业局编 江北 江北县商业局 1995 年 355 页

009553077
江北县税务志 1912—1985
江北县税务局编 江北 江北县民政局 1990 年 330 页

009962560
江北县广播电视志
江北县广播电视志局编 江北 江北县广播电视志局 1993 年 134 页

008423955
四川省江北县地名录
四川省江北县地名领导小组编 江北 四川省江北县地名领导小组 1986 年 469 页〔四川省地名录丛书 20〕

009553235
重庆市渝北区国土志
重庆市渝北区国土志编纂委员会编 重庆 重庆市渝北区国土局 1998 年 359 页

009688993
江北县园林志
江北县城乡建设委员会 江北县旅游园林事业管理局编 江北 江北县旅游园林事业管理局 1992 年 152 页

巴南区

008143615
巴县志
四川省巴县志编纂委员会编 重庆 重庆出版社 1994 年 803 页

008414168
四川省巴县地名录
巴县地名领导小组编 巴县 巴县地名领导小组 1983 年 491 页〔四川省地名录丛书 19〕

黔江区

009818017
黔江土家族苗族自治县民政志

黔江土家族苗族自治县民政志编写领导小组编 黔江 黔江土家族苗族自治县民政志编写领导小组 1987年 208页

009688863
黔江地区农业局志 1987—1997
黔江地区农业局编 黔江 黔江地区农业局 1998年 793页

008414178
四川省黔江县地名录
黔江县地名领导小组编 黔江 黔江县地名领导小组 1985年 392页〔四川省地名录丛书 150〕

长寿区

011295470
长寿县志 1986—2001
凌月明 燕平主修 李勇俭 杨明主审 唐远志 郭念节主编 重庆市长寿区地方志编纂委员会编 重庆 西南师范大学出版社 2007年 1080页

012636501
重庆市长寿区志 2002—2006
蒙明主编 重庆市长寿区地方志编纂委员会编纂 重庆 西南师范大学出版社 2010年 622页

013134083
重庆市长寿区志 区人民医院志 1940—2006
重庆市长寿区志区人民医院志领导小组编纂 重庆 重庆市长寿区志区人民医院志领导小组 2010年 402页

013866292
长寿政协志 1950—2009
重庆市长寿区政协志编纂委员会编纂 重庆 重庆鑫博印务有限公司 2011年 492页〔重庆市长寿区地方志丛书〕

009411685
川维厂志
中国石化集团四川维尼纶厂志编纂领导小组编 北京 中国石化出版社 1986年

009688478
长寿县教育志
四川省长寿县教育局编 长寿 四川省长寿县教育局教育志办公室 1987年 367页

008428820
四川省长寿县地名录
长寿县地名领导小组编 长寿 长寿县地名领导小组 1986年 291页〔四川省地名录丛书 17〕

013758764
长寿县卫生志 1986—2001
重庆市长寿县卫生局编 重庆 重庆市长

寿县卫生局 2005年 326页

江津区

007426158
江津县志
康纲有主修 王忠德主审 钟永毅主编 江津县志编纂委员会编著 成都 四川科学技术出版社 1995年 991页

011325312
金刚乡志
四川省江津县金刚乡编志领导小组编 金刚乡 四川省江津县金刚乡编志领导小组 1985年 191页

010280142
江津民建志
江津民建志编纂委员会编 江津 该委员会 2006年 307页

013752623
江津发展改革志 1986—2010
江津发展改革志编纂委员会编 重庆 江津发展改革志编纂委员会 2012年 580页

010777048
江津县计划经济志
四川省江津县计划委员会编 四川 四川省江津县计划委员会 1991年 317页

013926361
江津市审计志 1984—1999
江津市审计局编 江津 江津市审计局 2000年 241页

009337818
重庆市江津县交通志
江津县交通局交通志办公室编 江津 江津县交通局交通志办公室 1985年 592页

009867161
江津中学校志 1906—1996
江津中学校志编写组编 江津 江津中学校志编写组 1996年 147页

008428480
四川省江津县地名录
四川省江津县地名领导小组编 江津 四川省江津县地名领导小组 1987年 487页〔四川省地名录丛书 113〕

合川区

007885983
合川县志
四川省合川县地方志编纂委员会编纂 成都 四川人民出版社 1996年 873页

008421723
钓鱼城志
唐唯目编纂 重庆 重庆出版社 1983年

179 页

013752424
合川政协志 1986—2006
政协重庆市合川区委员会 合川政协志编纂委员会编 重庆 合川政协志编纂委员会 2007 年 371 页

009688499
合川县供销合作社志 1937—1985
合川县供销合作社联合社编 合川 合川县供销合作社联合社 1989 年 296 页

011804457
合川县税务志 1912.1—1985.12
四川省合川县税务局编 合川 合川县税务局 1988 年 239 页

010146875
合川中学校志 1904—2004
合川中学编 重庆 合川中学 2004 年 212 页

永川区

013097915
永川市志 板桥镇志
板桥镇志编纂委员会编纂 板桥镇 板桥镇志编纂委员会 2011 年 550 页

012900169
永川市志 永荣镇志
永荣镇志编纂委员会编 永荣镇 永荣镇志编纂委员会 2010 年 427 页

012837666
永川市志 工会志 1950—2007
永川工会志编纂委员会编纂 永川 永川工会志编纂委员会 2008 年 360 页

012636764
永川市志 红炉镇志
红炉镇志编纂委员会编纂 永川 红炉镇志编纂委员会 2010 年 369 页

008022614
永川县志
四川省永川县志编修委员会编纂 成都 四川人民出版社 1997 年 1024 页

012769481
永川市志气象志 1986—2006
永川市气象志编纂委员会编纂 永川 永川市气象志编纂委员会 2009 年 109 页

009688485
陈食镇志
重庆永川市陈食镇志编纂组编纂 成都 四川人民出版社 1999 年 586 页

012609510
大安镇志
大安镇志编纂委员会编 成都 四川人民出版社 2010 年 349 页

012140459

五间镇志

五间镇志编委会编 五间镇 五间镇志编委会 2008年 467页

012814513

永川市南大街街道办事处志 1992.9—2006.12

永川市南大街街道办事处志编纂委员会编 永川 永川市南大街街道办事处志编纂委员会 2008年 466页〔永川地方志系列丛书〕

012636765

永川市青峰镇志

永川市青峰镇志编纂委员会编 永川 永川市青峰镇志编纂委员会 2009年 413页

011809654

永川市人口与计划生育志 1990—2006

永川市人口与计划生育志编纂领导小组编纂 永川 永川市人口与计划生育志编纂领导小组 2007年 396页

011809625

永川共青团志 1989—2006

陈定川主编 永川共青团志编纂委员会编 重庆 永川共青团志编纂委员会 2007年 123页

011809628

永川人大志 1990—2007

重庆市永川区人大常委会编 重庆 2007年 352页

013939701

永川纪检监察志 1989—2007

永川纪检监察志编纂委员会编 2007年 187页

011809634

永川市老干部工作志 1981—2006

永川市老干部工作志编纂委员会编 2007年 131页

011809644

永川市民政志 1989—2006

永川市民政志编纂委员会编 永川 永川市民政志编纂委员会 2007年 196页

009818020

永川县民政志 1950—1988

永川县民政局编 永川 永川县民政局 1992年 170页

011809629

永川市法院志 1990—2006

永川市法院志编纂委员会编纂 永川 永川市法院志编纂委员会 2007年 165页

011809632

永川市检察志 1986—2005

永川市检察志编修委员会编 永川 永川市检察志编修委员会 2007年 308页

013961205

永川司法行政志 1989—2006

永川司法行政志编纂委员会编 永川 永川司法行政志编纂委员会 2010年 223页〔永川市地方志系列丛书〕

012256519

永川市劳动保障志 1989—2006

永川市劳动保障志编纂委员会编 永川 劳动保障局 2007年 273页

011809657

永川市乡镇企业志 1989—2006

永川市乡镇企业志编纂领导小组编 永川 永川市乡镇企业志编纂领导小组 2007年 116页

012636767

永川市农村工作志

永川市农村工作志编纂委员会编 永川 永川市人民政府办公室 2007年 405页〔永川地方志系列丛书〕

011809641

永川市林业志 1986—2006

永川市林业志编修委员会编纂 永川 永川市林业志编修委员会 2007年 106页

011809648

永川市农业志 1986—2006

永川市农业志编纂委员会编 永川 永川市农业志编纂委员会 2007年 220页

011809663

永川市烟草志 1621—2006

重庆市永川区烟草专卖局(分公司)编 永川 重庆市永川区烟草专卖局 2006年 346页

011809639

永川市粮食志 1989—2006

永川市粮食局编 永川 永川市粮食局 2006年 111页

012814508

永川市国家税务志 1989—2006

永川市国家税务志编纂委员会编 永川 永川市国家税务志编纂委员会 2008年 298页

009388402

永川县财政志

重庆市永川县财政局编 永川 重庆市永川县财政局 1990年 378页

013939708

永川县金融志 1911—1988

永川金融志编写组编 永川 永川金融志编写组 1990年

012545619

永川市文化体育广播电视新闻出版志 1989—2006

永川市文化体育广播电视新闻出版志编修委员会编纂 永川 永川市文化体育广播电视新闻出版志编修委员会

2008年 338页

013865556

永川县广播电视志

永昌县广播电视局编 永川 永川县印刷厂 1991年 155页

013961441

重庆市永川区教育志 汇龙小学校志 1935—2012

永川区汇龙小学校志编纂委员会编纂 2013年 319页

013776469

重庆市永川区教育志 两河小学校志 1953—2010

两河小学校志编纂委员会编 2011年 176页

013961443

重庆市永川区教育志 普安小学校志 1925—2012

永川区普安小学校志编纂委员会编纂 2013年 229页

013961445

重庆市永川区教育志 永兴小学校志 1925—2012

永川区永兴小学校志编纂委员会编纂 2013年 229页

012769479

永川市文学艺术志 1989—2006

永川市文学艺术志编修委员会编 2010年 194页

008428146

四川省永川县地名录

永川县地名领导小组编 永川 永川县地名领导小组 1987年 307页〔四川省地名录丛书 112〕

013940892

重庆永川市卫生志 1986—2006

重庆市永川区卫生局编 重庆 重庆市永川区卫生局 2008年 211页

南川区

009689060

中共南川市委宣传部志

中共南川市委宣传部编 南川 中共南川市委宣传部 2001年 519页

008414454

四川省南川县地名录

四川省南川县地名领导小组编 南川 南川县地名领导小组 1983年 346页〔四川省地名录丛书 152〕

潼南县

007428173

潼南县志

四川省潼南县志编纂委员会编纂 成都

四川人民出版社 1993 年 1040 页

013756859

潼南县志 建设金融志

潼南县建设金融志编纂委员会编 潼南 潼南县建设金融志编纂委员会 1987 年 209 页

010251133

潼南县组织志 1928—1985

中共潼南县委组织部修志领导小组编 潼南 中共潼南县委 1988 年 168 页〔四川省潼南县地方志丛书 10〕

013756399

潼南县人民代表大会志

潼南县人民代表大会常务委员会编 潼南 潼南县人民代表大会常务委员会 1991 年 286 页

013756860

潼南政协志 1987.1—2008.1

潼南政协志编纂委员会编 潼南 潼南政协志编纂委员会 2010 年 442 页〔重庆市潼南县地方志丛书 31〕

010244227

潼南民政志

潼南县民政志编纂组编 潼南 潼南县民政志编纂组 1987 年 176 页〔四川省潼南县地方志丛书 7〕

014052306

潼南县老干部志 1982—2010

中共潼南县委老干部局编 遂宁 遂宁市恒大印务公司 2013 年 195 页〔重庆市潼南县地方志丛书 45〕

010251356

潼南县工商业联合会志 1919—1985

潼南县工商业联合会志编写小组编 潼南 潼南县工商业联合会 1989 年 188 页〔四川省潼南县地方志丛书 54〕

013756356

潼南县残疾人联合会志 1959—2005

潼南县残疾人联合会编 潼南 潼南县残疾人联合会 2006 年 217 页〔重庆市潼南县地方志丛书 23〕

010251124

潼南县工商行政管理志

潼南县工商行政管理志局编 潼南 潼南县工商行政管理局 1988 年 302 页〔四川省潼南县地方志丛书 20〕

010251131

潼南县劳动人事志

潼南县劳动人事局编 潼南 潼南县劳动人事局 1988 年 226 页〔四川省潼南县地方志丛书 8〕

013756396

潼南县城乡建设志

潼南县城乡建设委员会修志组编 潼南 潼南县城乡建设委员会修志组 1988年 146页〔四川省潼南县地方志丛书 34〕

010146880
潼南县国土志 送审稿
重庆市潼南县国土局编纂 潼南 重庆市潼南县国土局 1999年 204页

010252866
潼南县国土志
重庆市潼南县国土局编纂 潼南 重庆市潼南县国土局 2000年 195页

014052304
潼南县畜牧志
潼南县畜牧局编 潼南 潼南县畜牧局 1991年 378页〔四川潼南县地方志丛书 27〕

014052308
潼南县农业志
陈楷 陈志敏编写 潼南县农业局编 潼南 潼南县印刷厂 1993年 217页〔四川潼南县地方志丛书 22〕

011068405
潼南县交通志
潼南 1988年 365页〔四川省潼南县地方志丛书 31〕

010252460
潼南县邮电志
潼南县邮电局编 重庆 重庆市潼南县邮电局 1997年 377页〔潼南县地方志丛书〕

010469305
潼南县供销合作社志
潼南县供销合作社志联合社编 潼南 潼南县供销合作社志联合社 1988年 3册

010244239
潼南县商业志
潼南县商业局编 潼南 潼南县商业局 1988年 181页〔四川省潼南县地方志丛书 40〕

010251122
潼南县财政志
四川省潼南县财政局编 潼南 潼南县财政局修志领导小组 1988年〔四川省潼南县地方志丛书 35〕

013756402
潼南县税务志
潼南县税务局编 潼南 潼南县税务志 1989年 250页

014052307
潼南县农业银行志 1986—2008
中国农业银行潼南县支行编 潼南 中国农业银行潼南县支行 2011年 436页

〔四川潼南县地方志丛书 34〕

013756403
潼南县文化体育志 1986—2010
潼南县文化广电新闻出版局编 潼南 潼南县文化广电新闻出版局 2011 年 277 页 〔重庆市潼南县地方志丛书 29〕

010251129
潼南县教育志 1912—1985
潼南县文教局编 潼南 潼南县文教局 1988 年 213 页

013731980
潼南县新城志 1998—2011
潼南县新城建设管理委员会 潼南县城市建设投资(集团)有限公司编 潼南 潼南县城市建设投资(集团)有限公司 2011 年 252 页 〔重庆市潼南县地方志丛书〕

008425835
四川省潼南县地名录
四川省潼南县地名领导小组编 潼南 四川省潼南县地名领导小组 1983 年 306 页 〔四川省地名录丛书 115〕

011500708
潼南县人民医院志
潼南县人民医院志编纂领导小组编 重庆 潼南县人民医院 2006 年 272 页 〔重庆市潼南县地方志丛书 4〕

010244241
潼南县卫生志
周南山主笔 潼南县卫生局编 潼南 潼南县卫生局 1989 年 393 页 〔四川省潼南县地方志丛书 51〕

013756354
潼南县蚕桑志
潼南县蚕桑技术指导站编 潼南 潼南县蚕桑技术指导站 1988 年 251 页 〔四川省潼南县地方志丛书 23〕

011321393
潼南县安全生产监督管理志
潼南县安全生产监督管理局编 潼南 潼南县安全生产监督管理局 2006 年 302 页 〔重庆市潼南县地方志丛书 5〕

铜梁县

007358318
铜梁县志 1911—1985
铜梁县志编修委员会编 重庆 重庆大学出版社 1991 年 899 页

013863860
铜梁县政协志 1980—2007
铜梁县政协志编纂委员会编 铜梁 重庆铜梁正兴印务有限公司 2008 年 401 页

013775899

铜梁县司法志

铜梁县司法局编 铜梁 铜梁县司法局 2006年 216页〔重庆市铜梁县地方志丛书〕

011447194

重庆市铜梁县交通志

铜梁县交通局交通志编辑办公室编 铜梁 铜梁县交通局交通志编辑办公室 1987年 364页

013776464

商贸流通志 1986—2005

铜梁县商务局编 重庆 铜梁县商务局 2006年 198页〔重庆市铜梁县地方志丛书〕

013991582

铜梁中学校志 1907—2007

铜梁中学校志编修委员会编 2007年 475页

008425285

四川省铜梁县地名录

铜梁县地名领导小组编 铜梁 铜梁县地名领导小组 1986年 288页〔四川省地名录丛书 118〕

009689057

铜梁县国土志

重庆市铜梁县国土局编 铜梁 重庆市铜梁县国土局 1999年 258页

荣昌县

008671814

荣昌县志

重庆市荣昌县志编修委员会编 成都 四川人民出版社 2000年 1088页

009105469

永荣矿务局志 1671—1990

永荣矿务局志编纂委员会编纂 荣昌 永荣矿务局志编纂委员会 1994年 675页

008425891

四川省荣昌县地名录

四川省荣昌县地名领导小组编 荣昌 四川省荣昌县地名领导小组 1986年 210页〔四川省地名录丛书 119〕

璧山县

009228146

璧山县志

四川省璧山县志编纂委员会编纂 成都 四川人民出版社 1996年 875页〔中国地方志〕

013220971

璧山县志 1986—2005

璧山县志编修委员会编纂 重庆 西南师范大学出版社 2011年 990页

009688867

璧山县国土志

重庆市璧山县地房局编纂 璧山 重庆市璧山县地房局 2000年 230页

009688871

璧山县交通志

璧山县交通局编纂委员会编辑 璧山 璧山县交通局编纂委员会 2001年 304页

013730155

来凤中学校志 1947—2007

来凤中学校志编纂委员会编 璧山 来凤中学校志编纂委员会 2011年 289页

008425837

四川省璧山县地名录

四川省璧山县地名领导小组编 璧山 四川省璧山县地名领导小组 1986年 275页〔四川省地名录丛书 114〕

梁平县

008053805

梁平县志

梁平县志编纂委员会编纂 北京 方志出版社 1995年 789页

013317867

梁平县志 1986—2005

梁平县地方志编纂委员会编纂 重庆 西南师范大学出版社 2011年 778页

008421972

梁平县国营邵新煤矿志 1969—1993

梁平县国营邵新煤矿志编纂委员会编 成都 四川人民出版社 1996年 300页

010010315

梁平县国营邵新煤矿志 1994—2003

梁平县国营邵新煤矿志编纂委员会编 成都 四川人民出版社 2004年 394页

008422545

梁平县交通史志

梁平县交通局编 梁平 梁平县交通局 1989年 154页

011475276

梁平县道路运输管理志 1996—2005

梁平县道路运输管理志编纂委员会编 梁平 梁平县道路运输管理志编纂委员会 2006年 343页

008428874

梁平县公路运输管理所志

梁平县公路运输管理所志编纂委员会编 梁平 梁平县公路运输管理所志编纂委员会 1997年 164页

008395102

四川省梁平县地名录

四川省梁平县地名领导小组编 梁平 四川省梁平县地名领导小组 1988年

392 页〔四川省地名录丛书 142〕

城口县

009232307
城口县志
四川省城口县志编纂委员会编 成都 四川人民出版社 1995 年 952 页

008414213
四川省城口县地名录
城口县地名领导小组编 城口 城口县地名领导小组 1986 年 354 页〔四川省地名录丛书 143〕

丰都县

009996531
丰都县志 总纂初稿
四川省丰都县志编委会编 丰都 四川省丰都县志编委会 1988 年 4 册

007342647
丰都县志
四川省丰都县地方志编纂委员会编 成都 四川科学技术出版社 1991 年 754 页

010200255
丰都县总工会志 1930—1985
丰都县总工会会志办公室编 丰都 丰都县总工会 1985 年 248 页

009962554
丰都县政协志
中国人民政治协商会议四川省丰都县委员会编 丰都 中国人民政治协商会议四川省丰都县委员会 1996 年 151 页

009552901
丰都县民政志
四川省丰都县民政局编 丰都 四川省丰都县民政局 1984 年 352 页

009817998
丰都县林业局志 1911—1985
丰都县林业局志编纂领导小组编 丰都 丰都县林业局志编纂领导小组 1987 年 199 页

009818002
[丰都县]农业局志
丰都县农业局编 丰都 丰都县农业局 1989 年 147 页

009387522
丰都县水利电力志
丰都县水利电力志编辑组编 丰都 丰都县水利电力志编辑组 1986 年 371 页

009387536
丰都县图书发行志 1890—1990
四川丰都县新华书店编 丰都 四川丰都县新华书店 1992 年 168 页

009817994

丰都县教育局志

四川省丰都县教育局编 丰都 四川省丰都县教育局 1989 年 291 页

009783287

丰都中学校志 1893—1998

丰都中学校志编写组编 涪陵 丰都中学校志编写组 1997 年 394 页

008395110

四川省丰都县地名录

丰都县地名领导小组编 丰都 丰都县地名领导小组 1984 年 470 页〔四川省地名录丛书 155〕

013626296

丰都县卫生志

丰都县卫生局编 重庆 丰都县卫生局 1986 年 211 页

垫江县

007479126

垫江县志

四川省垫江县志编纂委员会编纂 成都 四川人民出版社 1993 年 808 页

010290927

垫江县水利电力志

四川省垫江县水利电力局编 垫江 四川省垫江县水利电力局 1986 年 273 页

009228206

垫江县盐业志

四川省盐业公司垫江支公司编 垫江 四川省盐业公司垫江支公司 1987 年 84 页

009769147

四川省垫江县地名录

四川省垫江县地名领导小组编 涪陵 四川省涪陵群众报社印刷厂 1986 年 242 页〔四川省地名丛书 153〕

武隆县

007480679

武隆县志

四川省武隆县志编纂委员会编纂 成都 四川人民出版社 1994 年 825 页

008672116

武隆县民政志

武隆县民政志编纂领导小组编 武隆 武隆县民政志编纂领导小组 1988 年 325 页

012662467

武隆县教育志 1986—2005

武隆县教育志编纂委员会主编 成都 四川人民出版社 2010 年 506 页

008414182

四川省武隆县地名录

武隆县地名领导小组编 武隆 武隆县地

名领导小组 1985年 335页〔四川省地名录丛书 156〕

006013574
四川省武隆县火炉区药用植物图志
四川大学生物学系植物专业 1955级学生编 北京 高等校育出版社 1959年 206页

011478750
武隆县山虎关水库志
武隆县山虎关水库管理局编 成都 四川人民出版社 1998年 224页

忠县

007482372
忠县志
忠县志编纂委员会编 成都 四川辞书出版社 1994年 787页

012256682
忠县志
忠县修志馆编纂 陈兴泽总纂 重庆 整理编辑出版民国忠县志委员会 2008年 733页

012816263
忠县志 1988—2008
忠县地方志编纂委员会编纂 重庆 西南师范大学出版社 2010年 33页

009442740
忠县忠州镇志
忠县忠州镇志编纂委员会编 重庆 重庆出版社 2004年 484页

012724121
忠县宣传志 1950—2002
中共忠县县委宣传部编 忠县 中共忠县县委宣传部 2002年 343页

012724118
忠县人大志 1986—1999
忠县人民代表大会常务委员会编 忠县 忠县人民代表大会常务委员会 2000年 384页

009962562
忠县政协志 1950.4—1998.12
中国人民政治协商会议忠县委员会编 忠县 中国人民政治协商会议忠县委员会 1999年 342页

010779014
忠县三峡移民志
忠县三峡移民志编纂委员会编 深圳 海天出版社 2007年 365页

013776461
忠县三峡移民志
吴盾主编 彭家梅 徐华秋副主编 重庆忠县三峡移民志编纂委员会编 忠县 重庆忠县三峡移民志编纂委员会 2011年 3册 1949页

010146935

重庆市忠县中学校志 1939—1999

重庆市忠县中学校编 忠县 忠县中学 1999 年

008424085

四川省忠县地名录

忠县地名领导小组编 忠县 忠县地名领导小组 1984 年 331 页〔四川省地名录丛书 146〕

开县

007905705

开县志

四川省开县志编纂委员会编 成都 四川大学出版社 1990 年 602 页

012661400

开县志 1986—2005

开县地方志编纂委员会编纂 重庆 西南师范大学出版社 2010 年 982 页

012202974

开县人大志 1987—2006

开县人大常委会编 开县 开县人大常委会 2006 年 392 页〔开县地方志丛书〕

008422530

开县粮食局志

四川省开县粮食局编 开县 四川省开县粮食局 1986 年 274 页

013897689

开县教育志

开县教育局编 开县 开县教育局 1990 年 255 页

008427270

四川省开县地名录

开县地名领导小组编 开县 开县地名领导小组 1987 年 515 页〔四川省地名录丛书 139〕

云阳县

008734725

云阳县志

云阳县志编纂委员会编纂 成都 四川人民出版社 1999 年 1381 页〔中华人民共和国地方志丛书〕

012003066

云阳县志 1993—2005

云阳县地方志编纂委员会编纂 重庆 重庆出版社 2008 年 787 页

009799863

云阳县工商行政管理志 1912—1985

云阳县工商行政管理局编 云阳 云阳县工商行政管理局 1990 年 283 页

008427285

四川省云阳县地名录

云阳县地名领导小组编 云阳 云阳县地名领导小组 1986 年 562 页

奉节县

008471523
奉节县志
四川省奉节县志编纂委员会编纂 北京 方志出版社 1995年 972页

009962557
奉节县改革开放志 1978—1999
重庆市奉节县志办公室编 奉节 2001年 321页

008427263
四川省奉节县地名录
奉节县地名领导小组编 奉节 奉节县地名领导小组 1988年 566页〔四川省地名录丛书 144〕

巫山县

007378032
巫山县志
四川省巫山县志编纂委员会编纂 成都 四川人民出版社 1991年 733页

008414217
四川省巫山县地名录
巫山县地名领导小组编 巫山 巫山县地名领导小组 1983年 334页〔四川省地名录丛书 141〕

013342687
巫山县人民医院志 1941—2011
重庆 巫山县人民医院编纂委员会 2012年 328页

巫溪县

007905729
巫溪县志
巫溪县志编纂委员会编 成都 四川辞书出版社 1993年 797页

012684907
巫盐史志
巫溪县盐厂编 成都 四川美术出版社 2010年 339页〔巫溪县旅游文化丛书 4〕

008421510
巫溪县金融志
巫溪县金融志编纂办公室编 巫溪 巫溪县金融志编纂办公室 1989年 219页〔巫溪县地方志丛书〕

008414164
四川省巫溪县地名录
巫溪县地名领导小组编 巫溪 巫溪县地名领导小组 1988年 522页〔四川省地名录丛书 140〕

石柱土家族自治县

011875755
石柱土家族自治县志 1986—2002
石柱土家族自治县志编纂委员会编著 重庆 西南师范大学出版社 2008年 919页

007482406
石柱县志
石柱县志编纂委员会编 成都 四川辞书出版社 1994年 647页

008414240
四川省石柱县地名录
四川省石柱县地名领导小组编 石柱 四川省石柱县地名领导小组 1986年 387页〔四川省地名录丛书 154〕

秀山土家族苗族自治县

009002190
秀山县志
秀山土家族苗族自治县县志编纂委员会编 北京 中华书局 2001年 725页〔中华人民共和国地方志丛书〕

013757199
秀山政协志 1950.3—2005.12
中国人民政治协商会议重庆市秀山土家族苗族自治县委员会编 秀山 中国人民政治协商会议重庆市秀山土家族苗族自治县委员会 2007年 408页

008414175
四川省秀山县地名录
秀山县地名领导小组编 秀山 秀山县地名领导小组 1986年 304页〔四川省地名录丛书 149〕

酉阳土家族苗族自治县

009046571
酉阳县志
酉阳县志编纂委员会编 重庆 重庆出版社 2002年 727页

009867416
酉阳第二中学校志 1910—2000
酉阳县第二中学校志编写组编 酉阳 酉阳县第二中学校志编写组 2000年 402页

009962568
酉师校志
重庆市酉阳民族师范学校编 重庆 重庆市酉阳民族师范学校 2004年 465页

008395112
四川省酉阳土家族苗族自治县地名录
酉阳土家族苗族自治县地名领导小组编 酉阳 酉阳土家族苗族自治县地名领导小组 1985年 449页〔四川省地名录丛书 148〕

彭水苗族土家族自治县

013705547
彭水交通志
彭水交通志(续志)编写组编 成都 巴蜀书社 2001年 200页

008487004
彭水县志
彭水县志编纂委员会编纂 成都 四川人民出版社 1998年 1015页

013940824
中共彭水苗族土家族自治县委老干部局志 1983—2011
中共彭水苗族土家族自治县委老干部局编印 2012年 180页

009387607
彭水苗族土家族自治县扶贫开发志
蔡盛炽主编 彭水苗族土家族自治县扶贫开发志编纂委员会编纂 成都 四川人民出版社 2001年 257页

011584767
彭水苗族土家族自治县国家税务志
彭水苗族土家族自治县国家税务志编纂委员会编纂 成都 四川人民出版社 1999年 327页

008671641
中国人民银行彭水苗族土家族自治县支行志
中国人民银行彭水苗族土家族自治县支行志编写领导小组编 成都 巴蜀书社 1996年 195页

008395129
四川省彭水县地名录
彭水县地名领导小组编 彭水 彭水县地名领导小组 1984年 455页〔四川省地名录丛书 151〕

四川省

008579450
四川省志
四川省地方志编纂委员会编纂 成都 四川科学技术出版社 1992年

008844315
四川省志 报业志 征求意见稿
四川省新闻志编辑部编 成都 四川省新闻志编辑部 1994年 420页

008844316
四川省志 报业志 修改稿
四川省报业志编辑部编 成都 四川省报业志编辑部 1994年 446页

009552937
四川省志 财政志 送审稿
四川省志财政志编纂委员会编纂 成都 四川省志财政志编纂委员会 1995年 553页

007590137
四川省志 纺织工业志
四川省地方志编纂委员会编纂 成都 四川辞书出版社 1995年 489页

008700906
四川省志 附录
四川省地方志编纂委员会编纂 成都 四川科学技术出版社 2003年 473页

009552944
四川省志 建材工业志 送审稿
四川省志建材工业志编纂办公室编 成都 四川省志建材工业志编纂办公室 1996年 491页

009552948
四川省志 建筑志 送审稿
四川省建设委员会建筑志编辑委员会编 成都 四川省建设委员会建筑志编辑委员会 1995年 319页

009552955

四川省志 军事志 讨论稿

四川省军区军事志办公室编 成都 四川省军区军事志办公室 1993—1995 年 4 册

009552951

四川省志 军事志 送审稿

中国人民解放军四川省军区军事志办公室编 成都 中国人民解放军四川省军区军事志办公室 1996 年 5 册

007724502

四川省志 粮食志

四川省地方志编纂委员会编纂 成都 四川科学技术出版社 1995 年 348 页

009552959

四川省志 林业志 送审稿

四川省林业厅四川林业志编辑委员会编 成都 四川省林业厅四川林业志编辑委员会 1990 年 2 册

012506191

四川省志 轻工业志 送审稿

轻工业志编辑委员会编 四川 四川省志轻工业志编辑委员会 1991 年

009552962

四川省志 轻工业志 送审稿 修改稿

四川省志轻工业志编纂委员会编纂 四川 四川省志轻工业志编纂委员会 1996 年 2 册

013067257

四川省志 审判志 1986—2005 初审稿

四川省高级人民法院编 四川 四川省高级人民法院 2011 年 732 页

009553071

四川省志 水利志 送审稿

四川省地方志编纂委员会编纂 四川 四川省地方志编纂委员会 1993 年 2 册

009552942

四川省志 政法分志 检察篇

四川省人民检察院编 四川 四川省人民检察院 1991 年 2 册

009149378

四川省志 首卷

四川省地方志编纂委员会编纂 成都 成都方志出版社 2003 年 582 页

006543107

四川省志 第 1 卷 冶金工业志

四川省地方志编纂委员会编 成都 四川科学技术出版社 1992 年 341 页

007294696

四川省志 第 2 卷 电子工业志

四川省地方志编纂委员会编 成都 四川科学技术出版社 1993 年 495 页

007294695

四川省志 第 3 卷 轻工业志

四川省地方志编纂委员会编纂 成都 四

007294764

四川省志 第4卷 机械工业志
四川省地方志编纂委员会编纂 成都 四川辞书出版社 1994年 568页

007488685

四川省志 第5卷 邮政电信志
四川省地方志编纂委员会编纂 成都 四川辞书出版社 1995年 296页

007620827

四川省志 第6卷 交通志
四川省地方志编纂委员会编纂 成都 四川科学技术出版社 1995年

007724501

四川省志 第7卷 水利志
四川省地方志编纂委员会编纂 成都 四川科学技术出版社 1996年 405页

007807107

四川省志 第8卷 化学工业志
四川省地方志编纂委员会编纂 成都 四川科学技术出版社 1996年 514页

007881953

四川省志 第9卷 气象志
四川省地方志编纂委员会编纂 成都 四川辞书出版社 1995年 286页

008052683

四川省志 第10卷 纺织工业志
四川省地方志编纂委员会编纂 成都 四川辞书出版社 1995年 489页

008036569

四川省志 第11卷 电力工业志
四川省地方志编纂委员会编纂 成都 四川科学技术出版社 1995年 432页

008036570

四川省志 第12卷 盐业志
四川省地方志编纂委员会编纂 成都 四川科学出版社 1995年 398页

008390681

四川省志 第13卷 民政志
四川省地方志编纂委员会编纂 成都 四川人民出版社 1996年 435页

008390685

四川省志 第14卷 财政志
四川省地方志编纂委员会编纂 成都 四川人民出版社 1996年 489页

008390691

四川省志 第15卷 旅游志
四川省地方志编纂委员会编纂 成都 四川人民出版社 1996年 285页

008390697

四川省志 第16卷 公安 司法志
四川省地方志编纂委员会编纂 成都 四

川人民出版社 1997年 412页

008413445
四川省志 第17卷 丝绸志
四川省地方志编纂委员会编纂 成都 四川科学技术出版社 1998年 486页

008413446
四川省志 第18卷 体育志
四川省地方志编纂委员会编纂 成都 四川科学技术出版社 1998年 437页

008413443
四川省志 第19卷 轻工业志
四川省地方志编纂委员会编纂 成都 四川科学技术出版社 1998年

008413437
四川省志 第20卷 地质志
四川省地方志编纂委员会编纂 成都 四川科学技术出版社 1998年 631页

008413444
四川省志 第21卷 商检志
四川省地方志编纂委员会编纂 成都 四川科学技术出版社 1996年 407页

008413436
四川省志 第22卷 地震志
四川省地方志编纂委员会编纂 成都 四川人民出版社 1998年 413页

008413441
四川省志 第23卷 煤炭工业志
四川省地方志编纂委员会编纂 成都 四川科学技术出版社 1998年 389页

008413439
四川省志 第24卷 海关志
四川省地方志编纂委员会编纂 成都 四川科学技术出版社 1997年 249页

008413447
四川省志 第25卷 哲学社会科学志
四川省地方志编纂委员会编纂 成都 四川科学技术出版社 1998年 389页

008413725
四川省志 第26卷 对外经济贸易志
四川省地方志编纂委员会编纂 成都 四川科学技术出版社 1998年 484页

008413448
四川省志 第27卷 石油天然气工业志
四川省地方志编纂委员会编纂 成都 四川人民出版社 1997年 332页

008413440
四川省志 第28卷 科学技术志
四川省地方志编纂委员会编纂 成都 四川科学技术出版社 1998年 2册 1087页

008413438
四川省志 第29卷 供销合作社志

四川省地方志编纂委员会编纂 北京 方
　　志出版社 1997 年 496 页

008418204
四川省志 第 30 卷 宗教志
四川省地方志编纂委员会编纂 成都 四
　　川辞书出版社 1998 年 603 页

008487230
四川省志 第 31 卷 金融志
四川省地方志编纂委员会编纂 成都 四
　　川辞书出版社 1996 年 546 页

008487208
四川省志 第 32 卷 检察 审判志
四川省地方志编纂委员会编纂 成都 四
　　川人民出版社 1996 年 330 页

008487197
四川省志 第 33 卷 广播电视志
四川省地方志编纂委员会编纂 成都 四
　　川科学技术出版社 1996 年 432 页

008418207
四川省志 第 34 卷 报业志
四川省地方志编纂委员会编纂 成都 四
　　川人民出版社 1996 年 478 页

013863679
四川省志 第 34 卷 税务志 1986—2005
四川省地方志编委会编 北京 方志出版
　　社 2012 年 330 页

008581743
四川省志 第 35 卷 人事志
四川省地方志编纂委员会编纂 成都 四
　　川科学技术出版社 1999 年 507 页

008418182
四川省志 第 36 卷 林业志
四川省地方志编纂委员会编纂 成都 四
　　川科学技术出版社 1999 年 493 页

008487215
四川省志 第 37 卷 建筑志
四川省地方志编纂委员会编纂 成都 四
　　川科学技术出版社 1996 年 452 页

008487192
四川省志 第 38 卷 地理志
四川省地方志编纂委员会编纂 成都 成
　　都地图出版社 1996 年 2 册

008418194
四川省志 第 39 卷 建材工业志
四川省地方志编纂委员会编纂 成都 四
　　川科学技术出版社 1999 年 317 页

008418200
四川省志 第 40 卷 测绘志
四川省地方志编纂委员会编纂 成都 成
　　都地图出版社 1997 年 549 页

008418211
四川省志 第 41 卷 文物志
四川省地方志编纂委员会编 成都 四川

人民出版社 1999 年 2 册 872 页

008636609
四川省志 第 42 卷 档案志 侨务志
四川省地方志编纂委员会编纂 成都 四川科学技术出版社 2000 年 380 页

008668924
四川省志 第 43 卷 综合管理志
四川省地方志编纂委员会编纂 北京 方志出版社 2000 年 3 册

008668909
四川省志 第 44 卷 外事志
四川省地方志编纂委员会编纂 成都 巴蜀书社 2001 年 585 页

008668912
四川省志 第 45 卷 文化艺术志
四川省地方志编纂委员会编纂 成都 四川人民出版社 2000 年 711 页

008668864
四川省志 第 46 卷 民族志
四川省地方志编纂委员会编纂 成都 四川民族出版社 2000 年 587 页

008668860
四川省志 第 47 卷 民俗志
四川省地方志编纂委员会编纂 成都 四川人民出版社 2000 年 846 页

008668858
四川省志 第 48 卷 教育志
四川省地方志编纂委员会编纂 北京 方志出版社 2000 年 2 册

008668884
四川省志 第 49 卷 农业志
四川省地方志编纂委员会编纂 成都 四川辞书出版社 1996 年 2 册

008668848
四川省志 第 50 卷 大事纪述
四川省地方志编纂委员会编纂 成都 四川科学技术出版社 1999 年 3 册 883 页

008668902
四川省志 第 51 卷 商业志
四川省地方志编纂委员会编纂 成都 四川科学技术出版社 1996 年 431 页

008668917
四川省志 第 52 卷 政务志
四川省地方志编纂委员会编纂 北京 方志出版社 2000 年 3 册 1145 页

008667369
四川省志 第 53 卷 军事志
四川省地方志编纂委员会编纂 成都 四川人民出版社 1999 年 704 页

008700852
四川省志 第 56 卷 出版志

四川省地方志编纂委员会编纂 成都 四川人民出版社 2001年 2册 1334页

008861174
四川省志 第57卷 统计 工商行政管理 劳动志
四川省地方志编纂委员会编 北京 方志出版社 2000年 512页

008668843
四川省志 第58卷 城建环保志
四川省地方志编纂委员会编纂 成都 四川科学技术出版社 1999年 649页

007724490
四川省志 第59卷 医药卫生志
四川省地方志编纂委员会编纂 成都 四川辞书出版社 1995年 594页

009336606
四川省志 第60卷 人物志
四川省地方志编纂委员会编纂 成都 四川人民出版社 2001年 2册

013795543
四川省志 第76卷 扶贫开发志 1986—2005
四川省地方志编委会编 北京 方志出版社 2012年 327页

008487187
四川省统计志
四川省统计局编 成都 西南财经大学出版社 1993年 484页

013731645
四川省纪检监察志 1949—2007
中共四川省纪律检查委员会四川省监察厅编 成都 中共四川省纪律检查委员会四川省监察厅 2012年 2册

008420666
共青团四川省委志
共青团四川省委青年运动史研究室编 成都 成都科技大学出版社 1996年 322页

008669053
四川省总工会志 1949—1990
四川省总工会志编委会编辑 北京 当代中国出版社 1993年 410页

013779546
"5·12"汶川特大地震四川工会抗震救灾志
四川省总工会编 成都 四川师范大学电子出版社 2011年 512页

012657655
"5·12"汶川特大地震四川监狱系统抗震救灾志 2008.5—2009.5
四川省监狱管理局编 成都 四川省监狱管理局 2009年 346页

013140829
"5·12"汶川特大地震四川司法行政

系统抗震救灾志 2008.5—2009.12
四川省司法厅编 四川 四川省司法厅
 2010年 394页

013756909
汶川特大地震红十字系统四川灾后重
建志
四川省红十字会灾后重建志编委会编
 纂 成都 四川人民出版社 2011年
 361页

013689610
汶川特大地震四川民政抗震救灾志
四川省民政厅编纂 北京 方志出版社
 2012年 766页

010010056
四川省侨务志
四川省人民政府侨务办公室编 成都 四
 川教育出版社 1999年 375页

008668954
四川国民党史志
四川省文史研究馆 四川省人民政府参
 事室编撰 成都 四川人民出版社
 1994年 323页

009556389
四川政法志 审判篇
四川省高级人民法院编 成都 四川省高
 级人民法院 1986年 553页

009348255
四川审判志
四川省高级人民法院院志编辑室编 成
 都 电子科技大学出版社 2003年
 610页

013731643
四川省川北监狱志 1952—1998
四川省川北监狱志编委会编 旺苍 四川
 省川北监狱志编委会 2001年 348页

009232103
中国武警志 四川省总队志
谭国棋主编 成都 四川人民出版社
 2001年 507页

001813373
近现代四川场镇经济志
杜受祜 张学君 丁一主编 成都 四川省
 社会科学院出版社 1986年〔四川省
 方志资料丛书〕

007538801
四川经济志
周开庆著 台北 台湾商务印书馆 1972
 年 433页

008668948
四川工商行政管理志
朱峰主编 成都 四川人民出版社 1999
 年 676页

013686235
四川工商行政管理志 1986—2005
刘东伯主编 成都 四川省工商行政管理局 2011年 416页

008421983
四川省物资志
四川省物资志编纂委员会编纂 成都 成都出版社 1994年 246页

008430324
四川省乡镇企业志
四川省乡镇企业管理局编 成都 四川省乡镇企业管理局 1997年 591页

007969480
四川林业志
王继贵主编 成都 四川科学技术出版社 1994年 2册

011320058
四川造林志
四川省林业厅造林经营处编 四川 四川省林业厅造林经营处 1989年 195页

010253901
四川省农村扶贫志
四川省农村扶贫志编纂委员会编 成都 四川人民出版社 2006年 522页

011312464
川北油气田志
胡常忠 舒能益主编 成都 四川科学技术出版社 2007年 198页

012955996
四川美丰志 1974—2009
四川美丰化工股份有限公司志编纂委员会编 北京 中国文史出版社 2011年 1155页

007486944
四川省电力工业志
四川省电力工业志编纂委员会编纂 成都 四川科学技术出版社 1994年 532页〔中国电力工业志丛书〕

012969635
四川省电力工业志 1991—2002
四川省电力工业志编纂委员会编 北京 中国电力出版社 2011年 650页〔中国电力工业志丛书〕

008668936
四川省纺织工业大事记 1891—1995
四川省纺织总会省志办公室编 成都 四川省纺织总会省志办公室 1997年 337页

010146608
四川省煤建志
四川省煤建公司志编室编 重庆 四川省煤建公司 1991年 175页

009854386
四川省水利志

四川省水利电力厅编写 四川 四川省水利电力厅 1988—1989年 6册

010576662
四川省烟草志
四川省烟草专卖局(分公司)编纂 成都 四川人民出版社 2006年 2册〔四川县烟草志丛书〕

008385857
中国石油地质志 第10卷 四川油气区
四川油气区石油地质志编写组编 北京 石油工业出版社 1989年 516页

008424327
四川省公路志
四川省交通厅公路局编纂 成都 四川人民出版社 1994年 827页

011500634
四川航运史志文稿
四川省交通厅史志编委会编 四川 四川省交通厅史志编委会 1992年 406页

008669044
四川粮油市场志
四川省志粮食志编辑室 李树棠主编 成都 四川人民出版社 1990年 344页

006674443
四川物价志 近代四川物价史料
四川物价志编纂委员会 李竹溪 曾德久 黄为虎编 成都 四川科学技术出版社 1987年 678页

009388352
四川省百货纺织商业志 首稿
四川省百货公司商业办公室编辑 四川 四川省百货公司 1988年 1册

012174916
四川省地方税务志 1994—2003
四川省地方税务志编纂委员会编纂 四川 四川省地方税务志编纂委员会 2006年 494页

008846464
四川建设银行志
四川建设银行志编写组编纂 成都 四川建设银行志编写组 1999年 449页

009388339
四川农村金融志
中国农业银行四川省分行农村金融志编委会编纂 成都 四川大学出版社 1992年 324页

013686622
中国农业银行四川省分行志 1986—2005
中国农业银行四川省分行志编纂委员会编 成都 中国农业银行四川省分行志编纂委员会 2008年 652页

008421725
四川保险志

庞锦发主审 刘英烈主编 成都 中国人民保险公司四川省分公司 1992年 158页

009442668

四川省群众文化志

四川省群众艺术馆 四川省群众文化志编委会编 成都 四川省群众艺术馆 1998年 651页

008259076

四川省图书馆事业志

四川省图书馆事业志编纂委员会编 成都 四川大学出版社 1993年 339页

011586354

中华学府志 第4卷 四川卷

纪穑缘 虞桃秀主编 中华学府志编辑委员会编 北京 中共中央党校出版社 1998年 704页

011761782

中国歌谣集成 第13卷 四川卷

中国民间文学集成全国编辑委员会 中国歌谣集成四川卷编辑委员会编 北京 中国ISBN中心 2004年 2册 1549页

011762347

中国谚语集成 第18卷 四川卷

中国民间文学集成全国编辑委员会 中国民间文学集成四川卷编辑委员会编 北京 中国ISBN中心 2004年 992页

008707623

中国民间歌曲集成 第13卷 四川卷

中国民间歌曲集成全国编辑委员会编 北京 中国ISBN中心 1997年 2册 1645页〔十部文艺集成志书〕

008410323

中国戏曲音乐集成 第4卷 四川卷

中国戏曲音乐集成全国编辑委员会 中国戏曲音乐集成四川卷编辑委员会编 北京 中国ISBN中心 1997年 2册 1818页〔十部文艺集成志书〕

005584691

中国曲艺音乐集成 第7卷 四川卷

中国曲艺音乐集成全国编辑委员会 中国曲艺音乐集成四川卷编辑委员会编 北京 中国ISBN中心 1994年 2册 1872页〔十部文艺集成志书〕

008707204

中国民族民间器乐曲集成 第12卷 四川卷

中国民族民间器乐曲集成全国编辑委员会 中国民族民间器乐曲集成四川卷编辑委员会编 北京 中国ISBN中心 1999年 2册 1529页〔十部文艺集成志书〕

011957465

中华舞蹈志 第9卷 四川卷

中华舞蹈志编辑委员会编 上海 学林出版社 2007年 429页

006366698
中国民族民间舞蹈集成 第1卷 四川卷
中国民族民间舞蹈集成编辑部编 北京 中国ISBN中心 1993年 2册 1616页〔十部文艺集成志书〕

011579656
川剧志
中国戏曲志四川卷编辑部编 北京 文化艺术出版社 1992年 432页

011995405
川剧表演艺术志
张松琴编纂 席明真 于一编审 中国戏曲志四川卷编辑部编 四川 中国戏曲志四川卷编辑部 1993年 234页

009312716
四川傩戏志
严福昌主编 成都 四川文艺出版社 2004年 497页

011511494
中国曲艺志 第10卷 四川卷
中国曲艺志全国编辑委员会 中国曲艺志四川卷编辑委员会编 北京 中国ISBN中心 2003年 470页

007369230
中国戏曲志 第1卷 四川卷
中国戏曲志编辑委员会 中国戏曲志四川卷编辑委员会编 北京 中国ISBN中心 1995年 766页〔十部文艺集成志书〕

012319010
四川苗族志
四川苗族志编委会编 成都 巴蜀书社 2009年 347页

012107881
巴蜀文化志 修订本
袁庭栋著 成都 巴蜀书社 2009年 299页

009388361
四川省文物志 征求意见稿
四川省文物志编辑组编 四川 四川省文物志编辑组 1985年 224页

009891770
四川文物志
四川省文物管理局编 成都 巴蜀书社 2005年 3册

011444014
西南少数民族风俗志
思想战线编辑部编 昆明 中国民间文艺出版社 1981年 390页〔云南少数民族文学丛书〕

002878209
中国地方志民俗资料汇编 西南卷
丁世良 赵放主编 高扬等编 北京 书目文献出版社 1991年 2册 989页

001737779
四川风物志
文闻子主编 成都 四川人民出版社 1985年 613页〔中国风物志丛书〕

009319917
四川省国土志
四川省国土资源厅编 成都 成都地图出版社 2003年 378页

008429561
涪江志
四川省水利电力厅编 成都 四川省水利电力厅 199u年 295页

008429543
岷江志
冯广宏主编 四川 四川省水利电力厅 1990年 327页

008429508
渠江志
段泽民主编 四川 四川省水利电力厅 1990年 289页

008429551
沱江志
四川省水利电力厅编 成都 四川省水利电力厅 1991年 303页

009387573
横断山区温泉志
中国科学院青藏高原综合科学考察队 佟伟 章铭陶编 北京大学地质学系 中国科学院 国家计划委员会自然资源综合考察委员会主编 北京 科学出版社 1994年 326页〔青藏高原横断山区科学考察丛书〕

009561798
四川省地震监测志
四川省地震局编 成都 成都地图出版社 2004年 343页〔中国地震监测志系列〕

003719229
中国古生物志 四川盆地侏罗纪恐龙化石
董枝明 周世武 张奕宏著 北京 科学出版社 1983年 189页〔中国古生物志 总号第162册 新丙种 第23号〕

006003030
中国古生物志 西南地区下奥陶统的笔石
穆恩之等著 中国科学院南京地质古生物研究所 中国科学院古脊椎动物与古人类研究所编辑 北京 科学出版社 1979年 241页〔中国古生物志 总号第156册 新乙种 第13号〕

009881532

四川省区域地质志

四川省地质矿产局编 北京 地质出版社 1991年 730页〔地质专报 1 区域地质 第23号〕

010201404

四川西康地质志

谭锡畴 李春昱著 北京 地质出版社 1959年 228页

012955998

四川盆地蕈菌图志

贺新生主编 北京 科学出版社 2011年 288页

009799369

四川竹类植物志

易同培主编 北京 中国林业出版社 1997年 378页

005985768

四川资源动物志

四川资源动物志编辑委员会主编 成都 四川人民出版社 1980年

011320057

四川省蚊类志

四川省人民政府地方病防治领导小组办公室 四川省医学科学院寄生虫病防治研究所编著 成都 成都科技大学出版社 1989年 292页

008669051

四川省医药卫生志

四川省医药卫生志编纂委员会编 成都 四川科学技术出版社 1991年 912页

009840275

四川道地中药材志

万德光 彭成 赵军宁主编 成都 四川科学技术出版社 2005年 568页

006006672

四川中药志

四川中药志协作编写组编 成都 四川人民版社 1980年

008669057

四川土种志

四川省农牧厅 四川省土壤普查办公室编 成都 四川科学技术出版社 1994年 758页

011067249

四川省沼气志

四川省农村科能源办公室编纂 成都 四川科学技术出版社 1993年 345页

010144762

四川梨志

四川梨志编委会主编 成都 四川科学技术出版社 1991年 404页

009388370

四川省重点保护珍贵树木图志

高宝莼主编 陈家齐副主编 成都 四川民族出版社 1992年 234页

013706368
四川家畜家禽品种志
四川家畜家禽品种志编辑委员会编 成都 四川科学技术出版社 1987年 141页

012613889
四川畜禽遗传资源志
刁运华主编 成都 四川科学技术出版社 2009年 236页

013225878
四川省畜禽疫病志 1949—1989
罗长荣 罗若兰主编 四川 四川省畜牧局 1992年 249页

013705591
中国油气田开发志 第13卷 西南中国石油油气区卷
中国油气田开发志总编纂委员会编 北京 石油工业出版社 2011年 576页

013667091
中国油气田开发志 第13卷 西南中国石油油气区油气田卷
中国油气田开发志总编纂委员会编 北京 石油工业出版社 2011年 4册

013190388
中国油气田开发志 第21卷 西南（中国石化）油气区卷
中国油气田开发志总编纂委员会编 北京 石油工业出版社 2011年 308页

013630200
中国油气田开发志 第21卷 西南（中国石化）油气区油气田卷
中国油气田开发志总编纂委员会编 北京 石油工业出版社 2011年 391页

009399145
四川桥梁图志
蔡华主编 李书明 乐殷松副主编 四川省交通厅公路局编 成都 四川人民出版社 2002年 319页

成都市

007881769
成都市志
成都市地方志编纂委员会编纂 成都 成都出版社 1993年

011890484
成都市志 总志
马开钦总编 成都市地方志编纂委员会编纂 成都 成都时代出版社 2009年 768页

008670681
成都市志 第 1 卷 房地产志
成都市地方志编纂委员会编纂 成都 成都出版社 1993 年 314 页

008027829
成都市志 第 2 卷 地理志
成都市地方志编纂委员会编纂 成都 成都出版社 1993 年 324 页

008027830
成都市志 第 3 卷 邮政志
成都市地方志编纂委员会编纂 成都 成都出版社 1993 年 280 页

009046537
成都市志 第 4 卷 军事志
成都市地方志编纂委员会编纂 成都 四川大学出版社 1997 年 436 页

008027858
成都市志 第 5 卷 劳动志
成都市地方志编纂委员会编纂 成都 成都出版社 1995 年 351 页

009046550
成都市志 第 6 卷 公用事业志
成都市地方志编纂委员会编纂 成都 四川大学出版社 1996 年 245 页

008413356
成都市志 第 7 卷 建筑志
成都市建筑志编纂委员会编 北京 中国建筑工业出版社 1994 年 385 页〔中华人民共和国地方志丛书 四川省〕

008416651
成都市志 第 8 卷 粮食志
成都市地方志编纂委员会编纂 成都 成都出版社 1995 年 323 页

008420657
成都市志 第 9 卷 林业志
成都市地方志编纂委员会编纂 北京 方志出版社 1997 年 314 页

008420721
成都市志 第 10 卷 卫生志
成都市地方志编纂委员会编纂 北京 方志出版社 1997 年 346 页

008420698
成都市志 第 11 卷 税务志
成都市地方志编纂委员会编纂 北京 方志出版社 1997 年 316 页

008420641
成都市志 第 12 卷 乡镇企业志
成都市地方志编纂委员会编纂 北京 方志出版社 1997 年 326 页

008430372
成都市志 第 13 卷 民政志
成都市地方志编纂委员会编纂 北京 方志出版社 1997 年 193 页

008420695
成都市志 第 14 卷 广播电视志
成都市地方志编纂委员会编纂 成都 四川大学出版社 1997 年 179 页

008430354
成都市志 第 15 卷 审判志
成都市地方志编纂委员会编纂 成都 四川大学出版社 1996 年 307 页

008420704
成都市志 第 16 卷 商业志
成都市地方志编纂委员会编纂 成都 四川大学出版社 1996 年 305 页

008420689
成都市志 第 17 卷 人事志
成都市人事局编纂 成都 四川人民出版社 1995 年 293 页

008420680
成都市志 第 18 卷 园林志
成都市地方志编纂委员会编纂 成都 四川人民出版社 1998 年 484 页

008420712
成都市志 第 19 卷 宗教志
成都市地方志编纂委员会编纂 成都 四川辞书出版社 1998 年 317 页

008420714
成都市志 第 20 卷 物价志
成都市地方志编纂委员会编纂 成都 四川辞书出版社 1998 年 343 页

008430367
成都市志 第 21 卷 计划志
成都市地方志编纂委员会编纂 北京 中国计划出版社 1995 年 182 页

008420663
成都市志 第 22 卷 标准计量志
成都市地方志编纂委员会编纂 成都 成都出版社 1995 年 256 页

008430368
成都市志 第 23 卷 物资志
成都市地方志编纂委员会编纂 成都 成都出版社 1995 年 247 页

008420678
成都市志 第 25 卷 城市规划志
成都市地方志编纂委员会编纂 成都 四川辞书出版社 1998 年 232 页

008420725
成都市志 第 26 卷 市政建设志
成都市地方志编纂委员会编纂 成都 四川人民出版社 1998 年 436 页

008420744
成都市志 第 27 卷 勘测志
成都市地方志编纂委员会编纂 北京 中国建筑工业出版社 1997 年 377 页

008420702
成都市志 第28卷 川剧志
成都市地方志编纂委员会编纂 北京 方志出版社 1997年 336页

008420732
成都市志 第29卷 机械工业志
成都市地方志编纂委员会编纂 成都 成都出版社 1995年 261页

008420728
成都市志 第30卷 电信志
成都市地方志编纂委员会编纂 成都 四川辞书出版社 1998年 210页

008420736
成都市志 第31卷 图书出版志
成都市地方志编纂委员会编纂 成都 四川辞书出版社 1998年 276页

008636370
成都市志 第32卷 侨务志
成都市地方志编纂委员会编纂 成都 四川辞书出版社 2000年 182页

008636369
成都市志 第33卷 农机志
成都市地方志编纂委员会编纂 成都 四川辞书出版社 2000年 192页

008636363
成都市志 第34卷 国土志
成都市地方志编纂委员会编纂 成都 四川辞书出版社 2000年 470页

008636372
成都市志 第35卷 教育志
成都市地方志编纂委员会编纂 成都 四川人民出版社 2000年 2册 1579页

008636367
成都市志 第36卷 电子仪表工业志
成都市地方志编纂委员会编纂 成都 四川辞书出版社 2000年 386页

008636366
成都市志 第37卷 体育志
成都市地方志编纂委员会编纂 成都 四川辞书出版社 2000年 281页

008636375
成都市志 第38卷 群众团体志
成都市地方志编纂委员会编纂 成都 四川辞书出版社 2000年 320页

008670690
成都市志 第39卷 环境卫生志
成都市地方志编纂委员会编纂 成都 四川人民出版社 1994年 170页

008843337
成都市志 第40卷 政党志
成都市地方志编纂委员会编纂 成都 四川辞书出版社 2000年 456页

008670708
成都市志 第41卷 轻工业志
成都市地方志编纂委员会编纂 成都 四川辞书出版社 2000年 449页

008835845
成都市志 第42卷 建筑材料工业志
成都市地方志编纂委员会编纂 成都 四川辞书出版社 2000年 243页

008670714
成都市志 第43卷 文物志
成都市地方志编纂委员会编 成都 四川辞书出版社 2000年 409页

008670700
成都市志 第44卷 金融志
成都市地方志编纂委员会编纂 成都 四川辞书出版社 2000年 434页

008843338
成都市志 第45卷 司法行政志
成都市地方志编纂委员会编纂 成都 四川辞书出版社 1999年 226页

008843339
成都市志 第46卷 医药志
成都市地方志编纂委员会编纂 成都 四川辞书出版社 2000年 254页

008670684
成都市志 第47卷 纺织工业志
成都市地方志编纂委员会编纂 成都 四川辞书出版社 2000年 380页

008670717
成都市志 第48卷 文学志
成都市地方志编纂委员会编纂 成都 四川辞书出版社 2001年 186页

008847456
成都市志 第49卷 报业志
成都市地方志编纂委员会编纂 成都 四川辞书出版社 2000年 283页

008667396
成都市志 第50卷 文化艺术志
成都市地方志编纂委员会编 成都 四川辞书出版社 1999年 524页

008667398
成都市志 第51卷 统计志
成都市地方志编纂委员会编纂 成都 四川辞书出版社 1999年 286页

008847457
成都市志 第52卷 检察志
成都市地方志编纂委员会编纂 成都 四川辞书出版社 1999年 435页

008667401
成都市志 第53卷 化学工业志
成都市地方志编纂委员会编纂 成都 四川辞书出版社 2000年 307页

008667403
成都市志 第 54 卷 工商行政管理志
成都市地方志编纂委员会编纂 成都 四川辞书出版社 2000 年 354 页

008667409
成都市志 第 55 卷 公安志
成都市地方志编纂委员会编纂 成都 四川人民出版社 2000 年 567 页

008667410
成都市志 第 56 卷 档案志
成都市地方志编纂委员会编纂 成都 四川辞书出版社 2000 年 303 页

008667408
成都市志 第 57 卷 科学技术志
成都市地方志编纂委员会编纂 成都 四川科学技术出版社 2000 年 2 册 1696 页

008667613
成都市志 第 58 卷 环境保护志
成都市地方志编纂委员会编纂 成都 四川辞书出版社 2000 年 471 页

008737319
成都市志 第 59 卷 对外经济贸易志
成都市地方志编纂委员会编纂 成都 四川辞书出版社 2001 年 247 页

008835835
成都市志 第 60 卷 民族志
成都市地方志编纂委员会编纂 成都 四川辞书出版社 2001 年 225 页

008795961
成都市志 第 61 卷 水利志
成都市地方志编纂委员会编纂 成都 四川辞书出版社 2001 年 745 页

008835839
成都市志 第 62 卷 财政志
成都市地方志编纂委员会编纂 成都 四川辞书出版社 2001 年 522 页

008737310
成都市志 第 63 卷 农业志
成都市地方志编纂委员会编纂 成都 四川辞书出版社 2002 年 819 页

010153091
成都市志 第 64 卷 监察志
成都市地方志编纂委员会编纂 成都 四川辞书出版社 2000 年 176 页

010194160
成都市志 第 65 卷 哲学社会科学志
成都市社会科学院编纂 成都 巴蜀书社 2006 年 372 页

010779082
成都市志 第 66 卷 民俗方言志
成都市地方志编纂委员会编纂 北京 方志出版社 2006 年 637 页

010153101
成都市志 第67卷 人民代表大会志
成都市地方志编纂委员会编纂 成都 四川辞书出版社 2001年 481页

012967392
成都市志 第68卷 大事记
成都市地方志编纂委员会编 北京 方志出版社 2010年 831页

013771550
成都高新技术产业开发区石羊街道志 1911—2010
石羊街道志编纂委员会编 北京 方志出版社 2012年 731页

012967570
光辉历程 中国共产党成都地方组织历史图志
中共成都市委党史研究室编 成都 四川美术出版社 2001年 589页

011910330
中国共产党成都历史图志 1923—1949
中共成都市委党史研究室编著 北京 中共党史出版社 2008年 391页

012208588
中共成都市委党校志
中共成都市委党校编纂 成都 四川辞书出版社 1997年 215页

008670688
成都工会志 1877—1993
成都工会志编纂委员会编 成都 四川文艺出版社 1996年 483页

009348291
成都铁路局工会志 1953—1988
成都铁路局工会志编纂委员会编 北京 中国铁道出版社 1997年 589页

013379700
中铁二局工会志 1950—2000
中铁二局集团有限公司工会志编纂委员会编 成都 中铁二局 2004年 435页

008670723
成都市政协志
政协成都市委员会编纂 成都 四川人民出版社 1997年 302页

012679129
成都人事机构编制志 1990—2005
成都人事局 成都市机构编制委员会办公室编纂 成都 巴蜀书社 2011年 276页

013894410
成都市商务局抗震救灾重建志 2008—2011
成都市商务局编 2011年 246页

008430333
成都市外事志
成都市人民政府外事办公室编 北京 世界知识出版社 1996年 328页

007843464
成都法院志
成都市中级人民法院编纂 成都 四川人民出版社 1997年 440页

013334391
成都监狱志 1958—2003
四川省成都监狱编 成都 四川省成都监狱 2003年 546页

009336639
武警第三支队志
武警第三支队编史办公室编纂 成都 巴蜀书社 2001年 425页〔中国人民武装警察部队四川省总队史志系列丛书〕

009336643
武警第四支队志
武警第四支队编史办公室编纂 成都 巴蜀书社 2001年 342页〔中国人民武装警察部队四川省总队史志系列丛书〕

009336636
武警第一支队志
武警四川省总队第一支队编史办公室编纂 成都 巴蜀书社 2001年 539页〔中国人民武装警察部队四川省总队史志系列丛书〕

008672109
中国人民武装警察部队成都指挥学校志
韦清风主编 成都指挥学校志编纂办公室编纂 成都 四川人民出版社 1999年 250页

013680641
成都市军事志 1991—2005
成都市军事志编纂委员会编 成都 成都市军事志编纂委员会 2005年 413页

012096459
成都市工商行政管理志 1990—2005
成都市工商行政管理局编纂 成都 四川大学出版社 2008年 283页

009799510
通威志 1984—2002
四川成都通威集团编 成都 四川成都通威集团 2003年 464页

012249744
成都市农业志 1990—2005
成都市农业委员会编纂 成都 四川大学出版社 2009年 330页

013894228
成都标准件一厂志 1966—1986
成都标准件一厂志编纂小组编纂 成都

四川出版社 1990年 176页

013726864
成都车轮厂志 1958—1998
成都车轮厂志编纂委员会编 成都 成都车轮厂志编纂委员会 1999年 366页

009414497
成都化肥厂厂志 1958—1985
成都化肥厂厂志编纂委员会编 成都 成都化肥厂 1987年 209页

013955632
成都机车车辆厂一分厂志
成都机车车辆厂一分厂志编委会编 成都 成都机车车辆厂一分厂志编委会 2000年 228页

011570342
成都卷烟厂志
成都卷烟厂编纂 成都 四川人民出版社 2006年 463页〔四川省烟草志丛书〕

009387425
成都冷轧钢材厂厂志 1959—1985
成都冷轧钢材厂厂志编纂委员会编 成都 成都冷轧钢材厂 1987年 218页

009414502
成都名酒志
成都市地方志编纂委员会编 成都 四川人民出版社 1993年 100页〔成都地方志系列丛书〕

010009728
成都市食品公司志 1954—1988
成都市食品公司编 成都 成都市食品公司 1992年 324页

010962494
成都市烟草志
成都市烟草专卖局(分公司)编纂 成都 四川人民出版社 2006年 429页〔四川县烟草志丛书〕

013771695
成都市冶金工业志 1840—2005 复审稿
成都市地方志编纂委员会办公室编 2012年 408页

014026468
成都市制镜厂厂志 1954—1985
成都市制镜厂厂志领导小组编纂办公室编 成都 成都市制镜厂 2004年 217页

008427884
成都无缝钢管厂志 1958—1983
成都无缝钢管厂厂志编辑委员会编 成都 成都无缝钢管厂厂志编辑委员会 1986年 460页

007534657
成都盐业志
四川省盐业公司成都分公司编 成都 四

川科学技术出版社 1994 年 440 页

013334542
成都冶金实验厂厂志 1958—1985
成都冶金实验厂编 成都 成都冶金实验厂 1988 年 328 页

009025861
成都印钞公司志 1984—2000
蔡晓忠主编 成都印钞公司志编纂委员会编 北京 中国金融出版社 2003 年 488 页〔中国印钞造币志丛书〕

007482424
成钢志 1958—1984
成钢志编委会编 成都 成都钢铁厂 1985 年 335 页

009784415
国家电力公司成都勘测设计研究院志 1953—1995
成都勘测设计研究院院志编纂委员会编纂 成都 成都勘测设计研究院 2002 年 984 页

009554435
南光志 1877—1985
国营南光机器厂厂志编纂领导小组编 成都 成都军区印刷厂 1988 年 423 页

013379024
四川电力科学研究院志 1952—2012
四川电力科学研究院志编纂委员会编 四川 四川电力科学研究院志编纂委员会 2012 年 297 页

009232010
四川石油管理局川东钻探公司志 1900—1990
四川石油管理局川东钻探公司志编纂委员会 编志办公室编 重庆 四川石油管理局川东钻探公司志编纂委员会 2000 年 884 页

008835644
四川石油管理局地质勘探开发研究院志
四川石油管理局地质勘探开发研究院志编纂委员会编 成都 四川人民出版社 1995 年 250 页

008991691
四川石油管理局供应处志
四川石油管理局物资总公司供应处志编纂委员会编 成都 四川人民出版社 1995 年 329 页

008670403
四川石油管理局勘察设计研究院志 1958—1990
四川石油管理局勘察设计研究院志编辑室编 成都 四川人民出版社 1995 年 415 页

008667848

四川新华印刷厂志

四川新华印刷厂志编纂委员会编 成都 四川人民出版社 1999年 513页

012956000

四川专用汽车制造厂厂志 1951—1988

肖化戌主编 四川 四川专用汽车制造厂 1991年 304页

009818516

天府矿务局志 1933—1985

天府矿务局志编审委员会编纂 四川 天府矿务局 1991年 518页

008430241

铁道部第二工程局第四工程处志 1953—1993

铁道部第二工程局第四工程处史志编辑委员会编 内江 铁道部第二工程局第四工程处史志编辑委员会 1995年 408页〔铁道部第二工程局史志丛书4〕

010251885

铁道部第二工程局第五工程处志 1953—1990

铁道部第二工程局第五工程处史志编辑委员会编 成都 铁道部第二工程局第五工程处史志编辑委员会 1993年 704页

009414615

铁道部第二工程局新线铁路运输处志 1950—1995

铁道部第二工程局新线铁路运输处史志编辑委员会编 成都 铁道部第二工程局新线铁路运输处史志编辑委员会 1997年 385页〔铁道部第二工程局史志丛书7〕

009232088

五冶志 1948—1985

第五冶金建设公司五冶志编辑办公室编 第五冶金建设公司五冶志编辑办公室 1989年 398页

009331537

西南石油局志

西南石油局志编纂委员会编纂 成都 四川科学技术出版社 2002年 2册

012545777

中国第五冶金建设有限公司中冶成工建设有限公司志

中国第五冶金建设有限公司 中冶成工建设有限公司志编纂委员会编 成都 中国第五冶金建设有限公司 中冶成工建设有限公司志编纂委员会 2008年 462页

013630798

中国水利水电建设集团公司志 中国水利水电第十工程局卷 1981—2006

中国水利水电建设集团公司史志编辑

委员会编 北京 中国电力出版社 2012年 390页

013961401
中国水利水电建设集团公司志 中国水利水电第五工程局卷 1954—2006
中国水利水电建设集团公司史志编辑委员会编 北京 中国电力出版社 2013年 584页

013726871
成都市街道工业志 复审稿
成都市地方志编纂委员会编纂 成都 成都市地方志编纂委员会 2012年 684页

008390679
成都市交通志
成都市交通局等编 成都 四川人民出版社 1994年 367页〔成都市地方志专业志〕

013923948
成都机务段志 1952—1992
成都机务段志编纂委员会编 成都 成都机务段志编纂委员会 1993年 337页

008042323
成都铁路分局志 1952—1989
成都铁路分局志编纂委员会编纂 成都 成都铁路分局志编纂委员会 1992年 838页

008392615
成都铁路局志 1903—1988
成都铁路局志编纂委员会编 北京 中国铁道出版社 1997年 2册 1257页

010292628
铁道部成都物资办事处志 1958—1992
铁道部成都物资办事处处志编纂委员会编 成都 铁道部成都物资办事处处志编纂委员会 1994年 181页

012638711
铁道部第二工程局第二工程处志 1955—1990
铁道部第二工程局第二工程处史志编辑委员会编 眉山 铁道部第二工程局第二工程处 1993年 246页

009783165
铁道部第二工程局电务工程处志 1952—1995
铁道部第二工程局电务工程处史志编辑委员会编 成都 铁道部第二工程局电务工程处史志编辑委员会 1997年 464页〔铁道部第二工程局史志丛书6〕

008874571
铁道部第二工程局志 1950—1995
中铁二局集团有限公司史志编纂委员会编 北京 中国铁道出版社 2000年 2册

011911478
中铁二局路桥工程公司志 1951—2000
中铁二局集团路桥工程公司史志编纂委员会编 成都 西南交通大学出版社 2001年 397页

013866359
中铁西南科学研究院志 1988—2008
中铁西南院史志编辑委员会编 2009年 286页

010730385
成都交通(公路)史志 续 1986—2000
成都市交通局编 成都 成都市交通局 2004年 280页

013797366
中国国际航空股份有限公司志 西南分公司卷 1987—2002
中国国际航空股份有限公司志编辑委员会编 北京 中国民航出版社 2013年 399页

009232004
四川省旅游学校校志 1979—1999
四川省旅游学校校志编委会 梁中正等编写 四川 四川省旅游学校 1999年 478页

010144683
成都铁路通信设备工厂厂志 1969—1997
成都铁路通信设备工厂厂志编辑委员会编 成都 成都铁路通信设备工厂 1999年 266页

009232095
邮电部第五研究所所志 1965—2000
谭紫岚总纂 邮电部第五研究所所志办编 成都 邮电部第五研究所 2000年 359页

009245000
成都建行志 1949—1989
中国人民建设银行成都市分行行志办公室编纂 成都 成都市建设银行 1992年 280页

012249749
成都市银行业志 1990—2005
成都市银行业志编纂委员会编纂 成都 四川大学出版社 2009年 322页

013236389
中国建设银行成都市分行(省分行营业部)志 1991—2001
中国建设银行四川省分行志编纂委员会编 四川 中国建设银行四川省分行志编纂委员会 2004年 233页

013334397
成都市广播电视志 1990—2005
成都市广播电视局 成都广播电视台编 成都 成都市广播电视局 2005年 144页

012899431

四川人民广播电台台志

四川人民广播电台编 四川 四川人民广播电台 1992年

009336367

四川省广播电视发射传输中心志

四川省广播电影电视局编 成都 四川省广播电影电视局 2002年 591页〔四川广播电视史志丛书 3〕

009019399

四川新华书店志 1949—1995

四川新华书店志编纂委员会编纂 成都 四川人民出版社 1997年 656页

012951916

成都群众文化志

成都市文化局成都市群众艺术馆编 成都 成都市文化局 1997年 359页

012191550

成都七中校志 1905—2005

林文询主编 成都七中校志编撰工作室编 成都 成都七中 2005年 904页

013894416

成都水利发电学校校志 1978—1990

成都水利发电学校校志编纂委员会编 1994年 125页

013128814

成都铁中校志 1962—1992

成都铁中校志编辑委员会编 成都 成都铁中校志编辑委员会 1992年 154页

013128815

川大附中校志 1908—2008

黄黎扬 李治安主编 川大附中校志编辑工作室编 成都 四川大学附属中学校志编委会 2008年 992页

011472917

大弯中学志 1957—2006

赵泽高主编 大弯中学志编写组编 四川 大弯中学志编写组 2007年 405页

008844095

石室校志

四川省成都石室中学编 成都 石室中学 1989年 840页

008836272

树德中学校志 1929—1999

何文斗主编 树德中学校志编写组编 成都 树德中学 1998年 524页

011328420

电子科技大学志 1956—1994 征求意见稿

电子科技大学志编写组编 成都 电子科技大学志编写组 1999年 721页

013775256

四川建筑职业技术学院校志

四川建筑职业技术学院校志编纂委员

会编 德阳 四川建筑职业技术学院校志编纂委员会 2011年 216页

008844100
西南财经大学志
西南财经大学志编写组编 成都 西南财经大学出版社 1992年

013226441
西南财经大学志 1952—2002 征求意见稿
西南财经大学志编写组编 成都 西南财经大学志编写组 2002年 800页

011564480
成都铁路局教育志 1901—1990
成都铁路局教育志编纂委员会编 成都 成都铁路局教育志编纂委员会 1993年 186页

013775269
四川省建筑职工大学校志 1980—2001
四川建筑职业技术学院五十周年校庆组委会校志编纂组编 成都 四川建筑职业技术学院五十周年校庆组委会校志编纂组 2006年 120页

013342588
四川省中药学校校志 1958—1988
四川省中药学校志编写组编 峨眉 四川省峨嵋县彩印厂 1988年 123页

010061029
中国民间文学集成 四川卷 成都市东城区卷 文献本
成都市东城区民间文学集成编委会编 成都 1989年 452页

011146448
中国民间文学集成 四川卷 成都市灌县卷
灌县民间文学集成办公室选编 灌县 灌县民间文学集成办公室 1987年 496页

009881527
成都美术志 1840—1999
张颖川主编 成都 四川美术出版社 2006年 243页

011995384
成都曲艺志
成都市文化局编 成都 成都市文化局 2007年 312页〔成都市非物质文化遗产丛书〕

010730298
成都电影志
成都市文化局 成都市电影发行放映公司编 成都 成都市电影发行放映公司 2003年 329页

010113985
峨影厂志 1958—1988
峨嵋电影制片厂厂史办公室组织编写

成都 峨嵋电影制片厂 1990 年
339 页

009387471

成都市勘测志

成都市勘测志编纂委员会编纂 成都市
地方志编纂委员会编审 北京 中国建
筑工业出版社 1997 年 412 页

008186356

西南少数民族人物志

巴胡母木主编 刘德仁 杨明副主编 成
都 四川民族出版社 1987 年 3 册

012099940

四川大学华西第二医院建院二十周年人物志

2008 年 84 页

012635690

成都街巷志

袁庭栋著 成都 四川教育出版社 2010
年 2 册 1118 页

008450919

四川省成都市地名录 第 1 卷 东城区
西城区 黄田坝办事处分册

成都市地名领导小组编 成都 成都市地
名领导小组 1989 年 172 页〔四川省
地名录丛书 2〕

008429536

嘉陵江志

汪荣春主编 杨德仁等助编 成都 四川
省水利电力厅 1991 年 367 页

005397390

望江楼志

彭芸荪编 成都 四川人民出版社 1980
年 97 页

011757454

成都水旱灾害志

成都水旱灾害志编写组 陈渭忠主编 成
都 成都科技大学出版社 1995 年
277 页

012542924

四川省地质矿产勘查开发局区域地质调查队志 1959—2009

四川省地质矿产勘查开发局区域地质
调查队编 成都 四川科学技术出版社
2009 年 389 页

008670003

四川石油管理局地质调查处志

四川石油管理局地质调查处志编辑室
编纂 成都 四川人民出版社 1999 年
443 页

013923940

成都动物园志 1953—2010

王强 童霞主编 成都 四川科学技术出
版社 2013 年 212 页

013702912
成都市妇产科医院院志 建院六十周年纪念 1938—1998
成都市妇产科医院院志编纂委员会编 成都 成都市妇产科医院院志编纂委员会 1998年 288页

013680660
成都市药品检验所所志 1960—1985
成都市药品检验所所志编写组编 成都 成都市药品检验所所志编写组 1987年 75页

012638796
四川省革命伤残军人休养院 四川省革命伤残军人医院院志
院志编纂委员会编纂 成都 四川省革命伤残军人休养院 四川省革命伤残军人医院院志编纂委员会 2006年 437页

013369659
成都市第二人民医院院志 1892—2002
成都市第二人民医院院志编写组编 成都 成都市第二人民医院 2002年 407页

013334404
成都市卫生志 1990—2005
成都市卫生志编纂委员会编 成都 成都市卫生志编纂委员会 2010年 640页

008670773
成都中西医结合医院志 1953—1985
张道韦编 成都 成都中西医结合医院 1989年 66页

011066839
四川省农业科学院蚕业研究所所志
雷龙炳编著 成都 四川人民出版社 2001年 215页

012051940
四川省农业科学院志 1986—2005
四川省农业科学院志编委会编 成都 四川科学技术出版社 2008年 321页

012836328
四川省农业机械研究设计院院志 1960—2010
四川省农业机械研究设计院院志编写组编 成都 四川省农业机械研究设计院 2010年 252页

009414596
四川省农业机械研究所所志 1960—1986
四川省农业机械研究所编 成都 四川省农业机械研究所 1992年 176页

008672075
四川石油管理局天然气研究所志
四川石油管理局天然气研究所志编纂委员会编 成都 四川人民出版社 1995年 399页

008669038

四川省机械研究设计院院志 1957—1985

四川省机械研究设计院院志编辑部编 成都 四川省机械研究设计院 1987年 251页

012638773

四川省机械研究设计院院志 1997—2006

四川省机械研究设计院编 成都 四川省机械研究设计院 2007年 174页

013732389

西南电力设计院志 1961—2011

西南电力设计院编纂委员会编 成都 西南电力设计院（1961—2011）编纂委员会 2011年 628页

009388356

四川省建筑设计院院志 1953—1989

四川省建筑设计院院志编辑委员会编 成都 四川省建筑设计院院志编辑委员会 1993年 375页

013775267

四川省建筑工程学校校志 1996—2001

四川建筑职业技术学院五十周年校庆组委会校志编纂组编 成都 四川建筑职业技术学院五十周年校庆组委会校志编纂组 2006年 91页

010292976

中国建筑西南设计研究院志 1950—1995

肖章鎏等著 中国建筑西南设计研究院院志编委会编 成都 四川人民出版社 1997年 337页〔中国建筑工程总公司企业志系列丛书 12〕

013987586

成都市灾后城乡住房重建志

成都市灾后城乡住房重建领导小组办公室 成都市城乡建设委员会编 成都 四川美术出版社 2013年 424页

013991538

四川省成都市园林志

成都市园林志编纂委员会编纂 成都 四川人民出版社 1998年 484页

009414671

中国市政工程西南设计研究院院志 1956.9—1996.9

院庆四十周年院志编纂委员会编 成都 中国市政工程西南设计研究院 1996年 241页

013131366

铁道部科学研究院西南研究所志 1959.12—1987.12

铁道部科学研究院西南研究所志编辑组编 成都 铁道部科学研究院西南研究所志编辑组 1988年 162页

012252711
铁道部第二工程局机械筑路处志 1964—1995
铁道部第二工程局机械筑路处史志编辑委员会编 成都 铁道部第二工程局机械筑路处史志编辑委员会 1998年 372页〔铁道部第二工程局史志丛书3〕

009745116
铁道部第二勘测设计院志 1952—1995
铁二院史志编辑委员会编 成都 成都现代印刷厂 2000年 700页

013961419
中铁二局隧道志
中铁二局隧道志编辑委员会编 2010年 272页

武侯区

013179366
成都市武侯区志 1990—2005
成都市武侯区地方志编纂委员会编 北京 方志出版社 2011年 1080页

009387499
簇桥乡志
杨正浦编撰 成都 成都市武侯区簇桥乡人民政府 1992年 223页

009228483
机头镇志
机头镇志编纂委员会编 成都 四川人民出版社 1999年 533页

009414666
永丰乡志
成都市武侯区永丰乡人民政府编著 成都 成都市武侯区永丰乡人民政府 1996年 208页

010779173
簇桥志
成都市武侯区簇桥志编纂委员会编 成都 成都时代出版社 2006年 504页

012048789
成都市武侯区交通局志
成都市武侯区交通局编 北京 中央文献出版社 2007年 276页

锦江区

008670742
成都市东城区志
锦江区地方志编纂委员会编纂 成都 成都出版社 1995年 536页

013334399
成都市锦江区志 1991—2005
成都市锦江区地方志编纂委员会编 北京 方志出版社 2011年 1099页

013379671
中国人民政治协商会议成都市锦江区

委员会志 1991—2011

中国人民政治协商会议成都市锦江区委员会编 成都 中国人民政治协商会议成都市锦江区委员会 2012 年 234 页

008667841

成都市锦江区法院志

成都市锦江区法院志编纂委员会编 成都 四川辞书出版社 1999 年 404 页

青羊区

012713964

成都市青羊区志 1991—2005

成都市青羊区地方志编纂委员会编 天津 天津人民出版社 2010 年 1116 页

008430339

成都市西城区志

青羊区地方志编纂委员会编纂 成都 成都出版社 1995 年 534 页

011512621

青羊宫二仙庵志

李合春 丁常春编著 成都 成都民族宗教文化丛书编委会 2006 年 299 页 〔成都民族宗教文化丛书 10〕

009387483

成都市青羊区国土志

成都市青羊区国土局编 青羊区 成都市青羊区国土局 1991 年 187 页

011147141

中国民间文学集成 四川卷 成都市西城区卷

西城区民间文学集成办公室选编 成都 西城区民间文学集成办公室 1989 年 520 页

008670760

成都市西城区卫生志 1950—1985

成都市西城区卫生局编 成都 成都市西城区卫生局 1990 年 320 页

金牛区

008430515

成都市金牛区志

金牛区地方志编纂委员会编纂 成都 四川大学出版社 1996 年 613 页

013597518

成都市金牛区志 1991—2005

成都市金牛区地方志编纂委员会编 北京 方志出版社 2012 年 855 页

010005563

金牛风物

成都市金牛区地方志编纂委员会办公室编 成都 巴蜀书社 2005 年 313 页

009387465

成都市金牛区洞子口乡志

成都市金牛区洞子口乡政府编著 成都 成都市金牛区洞子口乡政府 1993 年

199 页

012759015
金牛区统计志
成都市金牛区统计局编 金牛区 成都市金牛区统计局 1992 年 313 页

009840264
成都市金牛区人民代表大会志
成都市金牛区人民代表大会志编纂委员会编 成都 四川人民出版社 1995 年 322 页

008835882
金牛公安志
成都市公安局金牛区分局编 金牛区 成都市公安局金牛区分局 1993 年 97 页

008992453
金牛区民政志
成都市金牛区民政局编 成都 四川人民出版社 1993 年 312 页

008835862
成都市金牛区人民检察院志 1956—1990
金牛区检察院志编写组编 成都 金牛区检察院志编写组 1993 年 246 页

012613276
金牛区军事志
金牛区人武部编著 成都 成都时代出版社 2010 年 262 页

008835874
成都市金牛区个体劳动者协会志 1983—1990
成都市金牛区个体劳动者协会编 金牛区 成都市金牛区个体劳动者协会 1992 年 131 页

009840267
金牛区商业志
成都市金牛区商业局 成都市金牛区供销合作社联合社编 成都 成都市金牛区商业局 成都市金牛区供销合作社联合社 1992 年 211 页

008835866
成都市金牛区财政志
成都市金牛区财政局编 金牛区 成都市金牛区财政局 1992 年 209 页

008670361
中国农业银行成都市金牛区办事处农村金融志
中国农业银行成都市金牛区办事处农村金融志编写组编 成都 中国农业银行成都市金牛区办事处农村金融志编写组 1991 年 193 页

011439862
金牛区文化志
成都市金牛区文化志编纂委员会编 金牛区 金牛区文化志编委会 1990 年

293 页

010061039

中国民间文学集成 四川卷 成都市金牛区卷 文献本

成都市金牛区民间文学集成编委会编 成都 成都市金牛区民间文学集成编委会 1988 年 259 页

012831231

成都市金牛区国土志

成都市金牛区国土局编 成都 西南交通大学出版社 2000 年 328 页

008395125

四川省成都市地名录 第 2 卷 金牛区部分

成都市金牛区地名录领导小组编 成都 成都市金牛区地名录领导小组 1984 年 124 页〔四川省地名录丛书 3〕

008835876

金牛区农机志

金牛区农业机械化管理局编 金牛区 金牛区农业机械化管理局 1992 年 160 页

龙泉驿区

007990207

成都市龙泉驿区志

龙泉驿区地方志编纂委员会编纂 成都 成都出版社 1996 年 841 页

013771553

成都市龙泉驿区志 1989—2005

成都市龙泉驿区地方志编纂委员会编 北京 方志出版社 2013 年 804 页

012679136

成都市龙泉驿区龙泉街道志

成都市龙泉驿区龙泉街道志编纂委员会编 北京 方志出版社 2010 年 714 页

009203821

成都市龙泉驿区人口志

成都市龙泉驿区计划生育委员会编纂领导小组编 成都 成都市龙泉驿区计划生育委员会编纂领导小组 1997 年 287 页〔成都市龙泉驿区地方志丛书 1〕

008670624

龙泉驿区民政志

成都市龙泉驿区民政局编纂 成都 成都市龙泉驿区民政局 1998 年 225 页〔成都市龙泉驿区地方志丛书 6〕

009554025

成都市龙泉驿区城乡建设志

成都市龙泉驿区建设局编 北京 方志出版社 2004 年 331 页

008670526

成都市龙泉驿区国土志

成都市龙泉驿区国土局编 成都 四川大

学出版社 1998年 308页〔成都市龙泉驿区地方志丛书 3〕

010113649

成都市龙泉驿区水利志

成都市龙泉驿区水利水电局编 成都 成都市龙泉驿区水利水电局 1993年 280页〔龙泉驿区地方志丛书 6〕

009677847

龙泉驿区烟草志

龙泉驿区烟草专卖局(中心)编纂 成都 四川民族出版社 2005年 154页〔成都市区县(市)烟草志丛书〕

008670623

成都市龙泉驿区交通志

成都市龙泉驿区交通志编纂委员会编 成都 成都市龙泉驿区交通志编纂委员会 1997年 269页〔成都市龙泉驿区地方志丛书 5〕

008430229

成都市龙泉驿区广播电视志

广播电视志编纂领导小组编 成都 广播电视志编纂领导小组 1997年 197页〔成都市龙泉驿区地方志丛书 4〕

012995298

成都市龙泉驿区实验小学校志

成都市龙泉驿区实验小学校编 成都 巴蜀书社 2001年 440页

008414233

四川省成都市地名录 第3卷 龙泉驿区

成都市龙泉驿区地名领导小组编 成都 成都市龙泉驿区地名领导小组 1985年 129页〔四川省地名录丛书 4〕

青白江区

007881949

成都市青白江区志

青白江区地方志编纂委员会编纂 成都 成都出版社 1995年 921页

009387477

成都市青白江区城乡建设志

成都市青白江区城乡建设管理委员会编 成都 成都市青白江区城乡建设管理委员会 1994年 361页

009677861

青白江区烟草志

青白江区烟草专卖局(中心)编纂 成都 四川民族出版社 2005年 157页〔成都市区县(市)烟草志丛书〕

008671795

青白江教育志

成都市青白江区教育委员会编 成都 青白江区教育委员会 1997年 436页

013751595

川化中学校志 1960—1990

四川化工总厂子弟中学编 成都 川化子

弟中学印刷厂 1990 年 225 页

010061034
中国民间文学集成 四川卷 成都市青白江区卷
青白江区民间文学集成办公室选编 成都 青白江区民间文学集成办公室 1988 年 348 页

008424169
四川省成都市地名录 青白江区部分
成都市青白江区地名录领导小组编 成都 成都市青白江区地名录领导小组 1989 年 122 页〔四川省地名录丛书 5〕

新都区

009677880
新都区烟草志
新都区烟草专卖局(中心)编纂 成都 四川民族出版社 2005 年 205 页〔成都市区县(市)烟草志丛书〕

011444051
新都县水利志
新都县水利电力局编 四川省新都县水利志编辑组编 新都 新都县水利电力局 1990 年 297 页

013994124
新都邮电志
新都邮电志编辑组编 1983 年 74 页

010238869
新都县供销合作志
四川省新都县供销合作社联合社编 新都 四川省新都县供销合作社联合社 1983 年 213 页

009388399
新都县商业志
四川省新都县商业志编纂组编 新都 四川省新都县商业志编纂组 1983 年 474 页

011998664
新都区教育志 续编
四川省成都市新都区教育局编 成都 四川省成都市新都区教育局 2003 年 340 页

011998637
新都县教育志
四川省成都市新都县教育志编委会编 成都 新都县教育志编委会 1990 年 339 页

008425199
四川省新都县地名录
新都县地名领导小组编 新都 新都县地名领导小组 1982 年 126 页〔四川省地名录丛书 20〕

011804151
成都市新都区人民医院志
成都市新都区人民医院编 成都 成都市

新都区人民医院 2007 年 426 页

010146780
新都县卫生志
四川省新都县卫生志编辑组编 新都 四川省新都县卫生志编辑组 1983 年 216 页

温江区

013179361
成都市温江区志 1986—2005
成都市温江区地方志编纂委员会编 北京 方志出版社 2011 年 911 页

006795849
温江县志
四川省温江县志编纂委员会编纂 成都 四川人民出版社 1990 年 1077 页

013899652
温江区和盛镇志 1982—2005
中共成都市温江区和盛镇委员会 成都市温江区和盛镇人民政府编纂 成都 成都市温江区教育印刷厂 2010 年 255 页

012684878
温江政协志 1956.12—2006.6
成都市温江区温江政协志编纂委员会编 成都 成都市温江区温江政协志编纂委员会 2006 年 441 页

011442027
四川省温江地区林业志
温江地区林业志编写小组编 温江 温江地区林业志编写小组 1984 年 164 页

009677877
温江区烟草志
温江区烟草专卖局(中心)编纂 成都 四川民族出版社 2005 年 187 页〔成都市区县(市)烟草志丛书〕

012970505
温江国税志 1986—2005
成都市温江区国家税务局编纂领导小组编 温江 成都市温江区国家税务局编纂领导小组 2007 年 234 页

009840278
温江地区教育志
温江地区教育局编 温江 温江地区教育局 1983 年 511 页

013899659
温江县教育志 1986—2005
成都市温江区教育局编 成都 成都市温江区教育局 2006 年 2 册

008424080
四川省温江地区温江县地名录
四川省温江地区地名领导小组 四川省温江县地名领导小组编 温江 四川省温江县地名领导小组 1986 年 115 页〔四川省地名录丛书 35〕

008865328

四川省温江地区气象志

温江地区气象局编 温江 温江地区气象局 1983年 244页

013822927

温江区卫生志 1998—2005

成都市温江区卫生局编纂 成都 2007年 263页

008672102

温江县卫生志

温江县卫生志编纂委员会编 温江 温江县卫生局 1998年 405页〔温江县地方志丛书〕

都江堰市

007378008

灌县志

四川省灌县志编纂委员会编纂 成都 四川人民出版社 1991年 1027页

009387558

灌口镇志

灌口镇志编纂组编 灌县 灌口镇志编纂组 1983年 232页

012139135

聚源乡志

四川省灌县聚源乡志编写领导小组编 灌县 灌县县志编辑部 1982年 158页〔灌县县志丛书 1〕

011564603

灌县宗教志

灌县宗教志编辑组 王纯五主编 灌县 1988年 73页

013093265

青城山道教志

张明心 马瑛主编 北京 中央文献出版社 2007年 293页

013335029

都江堰市政协志 1950—2009

都江堰市政协志编纂委员会编 都江堰 都江堰市政协志编纂委员会 2009年 510页

013795621

汶川特大地震上海市对口支援都江堰市灾后重建志

沙海林等主编 朱敏彦执行主编 上海市对口支援都江堰市灾后重建指挥部 上海市地方志办公室 都江堰市人民政府编纂 北京 方志出版社 2012年 774页

009688489

都江堰市工商业联合会志

都江堰市工商业联合会编 都江堰 都江堰市工商业联合会 1996年 142页

008670005

都江堰市国土志

都江堰市国土局编 都江堰 都江堰市国

土局 1999年 299页

010201302
灌县城市建设志
灌县城市建设志编辑组编 灌县 灌县县志编委会 1985年 287页

013528917
灌县林业志
灌县林业志编写组编 灌县 灌县县志编纂委员会 1986年 185页

012758790
都江堰人民渠志
四川省都江堰人民渠第一管理处编 都江堰 四川省都江堰人民渠第一管理处 1989年 224页

010686759
都江堰市烟草志
都江堰市烟草专卖局(分公司)编纂 成都 四川人民出版社 2006年 179页〔四川省烟草志丛书〕

010201293
都江堰外江管理处志
外江管理处编 成都 都江堰外江管理处 1984年 236页

008670045
灌县都江堰水利志
灌县都江堰水利志编辑组编 灌县 灌县都江堰水利志编辑组 1983年 279页

013506649
都江堰市物价志 1911—1988
四川省都江堰市物价局 四川省灌县志编辑部编 都江堰 四川省灌县志编辑部 1990年 503页

013369899
灌县税务志
灌县税务志编辑组编 灌县 灌县税务志编辑组 1984年 139页

009387562
灌县教育志
灌县教育局教育志编辑组编 灌县 灌县教育局 1984年 170页

013660326
四川省林业学校校志 1953—1982
四川省林业学校校志编写领导小组编 都江堰 四川省林业学校校志编写领导小组 1983年 163页

010113980
都江堰文物志
钟天康主笔 罗树凡 杨瑞文编写 四川省文化厅文物处 灌县志编纂委员会 灌县文物保管所编 成都 四川师范大学学报编辑部 1986年 254页〔四川师范大学学报丛刊 第5辑〕

008425844
四川省灌县地名录
灌县地名领导小组编 灌县 灌县地名领

导小组 1983 年 182 页〔四川省地名录丛书 32〕

009399170
都江堰风景名胜区志
都江堰风景名胜区管理局编 成都 成都时代出版社 2003 年 262 页

002090388
青城山志
王文才纂 成都 四川人民出版社 1982 年 150 页〔四川名胜志丛书〕

008303317
青城山志
王纯五主编 成都 四川人民出版社 1998 年 462 页

009442662
青城山志
青城山志编修会编 成都 巴蜀书社 2004 年 331 页

009387505
都江堰东风渠志
四川省都江堰管理局东风渠管理处编 成都 四川人民出版社 1992 年 322 页

007132412
都江堰志
四川省地方志编纂委员会编纂 成都 四川辞书出版社 1993 年 572 页

彭州市

007905684
彭县志
四川省彭县志编纂委员会编纂 成都 四川人民出版社 1989 年 1016 页

011499498
彭州市政协志
政协彭州市委员会编纂 彭州 政协彭州市委员会 2005 年 497 页

013898870
彭县综合经济志
四川省彭县志编纂委员会编 彭县 四川省彭县志编纂委员会 1986 年 84 页

012955809
彭县社队企业志
彭县社队企业局主编 彭县 彭县社队企业局 1983 年 81 页

013958918
彭县农业志
四川省彭县农牧局农业志编纂组编 彭县 四川省彭县农牧局 1985 年 190 页

010577519
彭县二轻工业志
彭县二轻工业局主编 彭县 彭县二轻工业局 1983 年 105 页

009677849
彭州市烟草志
彭州市烟草专卖局(中心)编纂 成都 四川民族出版社 2005年 144页〔成都市区县(市)烟草志丛书〕

009414518
彭县邮电志
四川省彭县邮电局邮电志编写组编 四川 四川省彭县邮电局 1983年 195页

013066908
彭县教育志
四川省彭县教育局教育志编写组编 彭县 四川省彭县教育局教育志编写组 1983年 213页

013730222
蒙阳中学校志 1944—2004
四川省彭州市蒙阳中学编 彭州 四川省彭州市蒙阳中学 2004年 186页

013342331
彭县中学志 1901—1982
彭县中学志编写领导小组编 彭县 彭县中学志编写领导小组 1983年 232页

013342334
彭县中学志 1901—2001
四川彭县中学志编写小组编 彭县 四川彭县中学志编写小组 2001年 294页

012174800
彭州国土志 1840—1998
彭州市国土局编 彭州 彭州市国土局 2000年 301页〔彭州市地方志丛书 1〕

008425841
四川省彭县地名录
彭县地名领导小组编 彭县 彭县地名领导小组 1984年 289页〔四川省地名录丛书 31〕

013629308
彭县地震志
彭县地震志编写组编 彭县 彭县地震办公室 1983年 77页

邛崃市

012969481
邛崃市志 1986—2005
邛崃市地方志编纂委员会编 北京 方志出版社 2011年 902页

007378052
邛崃县志
四川省邛崃县志编纂委员会编纂 成都 四川人民出版社 1993年 1014页

012174148
临邛镇志
杨宏声总编 邛崃 临邛镇志编纂领导小组 2004年 678页

012836068
平乐镇志 1911—2007
四川省邛崃市平乐镇志编纂委员会编 邛崃 四川省邛崃市平乐镇志编纂委员会 2010 年 1060 页

010117811
桑园乡志
邛崃县桑园乡志编写组编 桑园乡 邛崃县桑园乡志编写组 1982 年 161 页

009677865
邛崃市烟草志
邛崃市烟草专卖局（中心）编纂 成都 四川民族出版社 2005 年 198 页〔成都市区县（市）烟草志丛书〕

009867280
邛崃县水利电力志
邛崃县水利电力局编 邛崃 邛崃县水利电力局 1992 年 311 页〔新编邛崃县地方志丛书〕

008424058
四川省邛崃县地名录
邛崃县地名领导小组编 邛崃 邛崃县地名领导小组 1985 年 244 页〔四川省地名录丛书 27〕

崇州市

009149371
崇州市志 1986—2000
四川省崇州市地方志编纂委员会编纂 成都 四川人民出版社 2004 年 1005 页

007378011
崇庆县志
四川省崇庆县志编纂委员会编纂 成都 四川人民出版社 1991 年 979 页

012951935
崇州法院志
崇州市人民法院编纂 崇州 崇州市人民法院 2001 年 412 页〔崇州市地方志丛书〕

008669945
崇州市国土志
崇州市国土局编 成都 四川人民出版社 1999 年 254 页

010113925
崇庆县水利志
崇庆县水利电力局编 崇庆 崇庆县水利电力局 1988 年 164 页

009677096
崇州市烟草志
崇州市烟草专卖局（中心）编纂 成都 四川民族出版社 2005 年 323 页〔成都市区县（市）烟草志丛书〕

009126072
崇州商贸志

陈柏青主编 徐俊明 向新才副主编 四川省崇州市商贸志编纂委员会编 北京 方志出版社 2002年 557页

011321342
崇庆县体委志
崇庆县体育运动委员会编 崇庆 崇庆县体育运动委员会 1982年 54页

008427303
四川省崇庆县地名录
崇庆县地名领导小组编 崇庆 崇庆县地名领导小组 1987年 253页〔四川省地名录丛书 33〕

008422620
崇庆西河志
张伯龄主编 崇庆西河志编写组编 成都 四川人民出版社 1993年 314页

金堂县

007676119
金堂县志
金堂县地方志编纂委员会编 成都 四川人民出版社 1994年 991页

011067216
金堂县水利志
成都市金堂县水利电力局编 金堂 成都市金堂县水利电力局 1993年 325页〔四川省金堂县地方志丛书 19〕

009677840
金堂县烟草志
金堂县烟草专卖局(中心)编纂 成都 四川民族出版社 2005年 245页〔成都市区县(市)烟草志丛书〕

013730124
金堂县教育志
金堂县教育局编 金堂 成都新兴印刷厂 1991年 316页〔四川省金堂县地方志丛书 37〕

008670368
金堂中学校志 1943—1994
金堂中学编 金堂 金堂中学 1995年 100页

008414208
四川省金堂县地名录
金堂县地名领导小组编 金堂 金堂县地名领导小组 1990年 250页〔四川省地名录丛书 7〕

双流县

013991530
双流县交通志 2005年本
双流县交通局纂 双流 双流县交通局 2008年 308页

007905704
双流县志
四川省双流县志编纂委员会编纂 成都

四川人民出版社 1992 年 1038 页

013660321
双流县志 1986—2005
双流县地方志编纂委员会编 成都 四川科学技术出版社 2011 年 945 页

011497768
华阳镇志
双流县华阳镇编 双流 1985 年 369 页〔双流县志丛书 51〕

012542921
胜利镇志 2005 年本
双流县胜利镇人民政府编 双流 双流县胜利镇人民政府 2008 年 469 页〔双流县地方志丛书 23〕

012542907
双流县东升镇志 2005 年本
双流县东升街道办事处编纂 双流 双流县东升街道办事处 2009 年 499 页〔双流县地方志丛书 1〕

012542913
双流县合江镇志 2005 年本
双流县合江镇人民政府编纂 双流 双流县合江镇人民政府 2008 年 519 页〔双流县地方志丛书 5〕

011955454
双流县黄甲镇志 2005 年本
双流县黄甲镇人民政府编纂 双流 双流县黄甲镇人民政府 2008 年 385 页〔双流县地方志丛书 22〕

012814221
双流县煎茶镇志 2005 年本
双流县煎茶镇人民政府编纂 双流 双流县煎茶镇人民政府 2009 年 370 页〔双流县地方志丛书 25〕

012252547
双流县万安镇志 2005 年本
双流县万安镇人民政府编纂 双流 双流县万安镇人民政府 2007 年 348 页〔双流县地方志丛书 12〕

013131245
双流县中和镇志 2005 年本
双流县中和镇人民政府编纂 双流 双流县中和镇人民政府 2005 年 492 页〔双流县地方志丛书 9〕

012542917
双流县人口和计划生育志 2005 年本
双流县人口和计划生育局编 双流 双流县人口和计划生育局 2008 年 349 页〔双流县地方志丛书 81〕

013067222
双流县共青团志 2005 年本
中国共产主义青年团双流县委员会编纂 双流 中国共产主义青年团双流县委员会 2005 年 212 页〔双流县地方志丛书 36〕

012252542
双流县妇女工作志 2005 样本
四川省双流县妇女联合会编纂 双流 四川省双流县妇女联合会 2009 年 290 页〔双流县地方志丛书 35〕

013936379
双流县公安局交通警察志 1987—1996
双流县地方志编纂委员会编纂 双流 双流县地方志编纂委员会 1996 年 255 页

012722427
双流县公安志 2005 年本
双流县公安志编写组编纂 双流 双流县公安志（2005 年本）编写组 2008 年 531 页〔双流县地方志丛书 78〕

013510553
双流县民政志
双流县民政志编纂领导小组编 双流 双流县民政志编纂领导小组 1991 年 129 页〔双流县地方志丛书 22〕

012662280
双流县劳动和社会保障志 2005 年本
双流县劳动和社会保障局编 双流 双流县劳动和社会保障局 2009 年 327 页〔双流县地方志丛书 52〕

013510556
双流县人事志 2005 年本
四川省双流县人事局编纂 双流 四川省双流县人事局 2008 年 235 页〔双流县地方志丛书 43〕

011998294
双流县房管志 2005 年本
双流县房产管理局编 双流 双流县房产管理局 2006 年 240 页〔双流县地方志丛书 101〕

014050271
双流县建设志 2005 年本
双流县建设局编纂 双流 双流县建设局 2008 年 372 页〔双流县地方志丛书 90〕

010250954
双流县水利电力志
双流县水利电力志编辑组编 双流 双流县水利电力志编辑组 1986 年 290 页

009677871
双流县烟草志
双流县烟草专卖局（中心）编纂 成都 四川民族出版社 2004 年 259 页〔成都市区县（市）烟草志丛书〕

009232035
四川石油财经学校志
四川石油财经学校志编辑室编 成都 巴蜀书社 1998 年 171 页

008671958
四川石油管理局输气管理处志
四川石油管理局输气管理处志编辑室

编 成都 四川人民出版社 1995 年 187 页

011955461

双流县计经工业志 2005 年本

双流县发展改革和经济局编 双流 双流县发展改革和经济局 2007 年 423 页〔双流县地方志丛书 55〕

013323239

中国民用航空志 西南地区卷

中国民用航空志西南地区卷编纂委员会编 北京 中国民航出版社 2011 年 2 册

013510551

[双流县]供销社志

双流县供销社志编辑室编 双流 双流县供销社志编辑室 1988 年 212 页〔双流县地方志丛书 12〕

012722420

双流县财政志 2005 年本

双流县财政局编 双流 双流县财政局 2006 年 625 页〔双流县地方志丛书 69〕

013510559

双流县税务志

双流县税务志编写领导小组编 双流 双流县税务志编写领导小组 1988 年 290 页〔双流县地方志丛书 15〕

012662278

双流县金融志 2005 年本

双流县金融志编纂委员会编 双流 双流县金融志编纂委员会 2008 年 391 页〔双流县地方志丛书 74〕

012662285

双流县农村金融志 1911—1985

中国农业银行双流县支行农金志编纂组编 双流 中国农业银行双流县支行农金志编纂组 1988 年 126 页〔双流县地方志丛书 17〕

013510566

双流县文化志

双流县文化志编纂领导小组编 双流 双流县文化志编纂领导小组 1988 年 281 页

011998298

双流县科技志 2005 年本

双流县科学技术局编纂 双流 双流县科学技术局 2008 年 454 页〔双流县地方志丛书 42〕

013706357

双流县教育志

双流县教育委员会编 双流 双流县教育委员会 1990 年 302 页〔双流县地方志丛书 35〕

013936383

双流县教育志 2005 年本

四川省双流县教育局编纂 双流 四川省双流县教育局 2007年 489页〔双流县地方志丛书 83〕

008671973
双流中学志
四川省双流县中学校志编纂委员会主编 双流 双流中学 1996年 327页〔双流县地方志丛书 53〕

013002524
双流中学志 1995—2009
双流中学志编纂领导小组编纂 双流 双流中学志编纂领导小组 2010年 442页〔双流县地方志丛书 103〕

013936381
双流县国土志
双流县国土局编 2001年 310页

008414207
四川省双流县地名录
双流县地名领导小组编 双流 双流县地名领导小组 1988年 279页〔四川省地名录丛书 6〕

012051939
双流县第二人民医院志 1984—2007
双流县第二人民医院编纂 双流 双流县第二人民医院 2008年 411页〔双流县地方志丛书〕

013991531
双流县农机志 2005年本
双流县农村发展局编纂 双流 双流县农村发展局 2008年 143页〔双流县地方志丛书 14〕

郫县

007905767
郫县志
四川省郫县志编纂委员会编纂 成都 四川人民出版社 1989年 902页

005159426
郫县计划生育志
王宗禧主编 成都 四川大学出版社 1986年 193页

013793490
郫县军事志 1991—2005
郫县军事志编纂委员会编 北京 中央文献出版社 2008年 228页

011068478
郫县水利电力志
郫县水电局编 郫县 郫县水电局 1983年 321页

009677852
郫县烟草志
郫县烟草专卖局(中心)编纂 成都 四川民族出版社 2005年 250页〔成都市区县(市)烟草志丛书〕

008427309

四川省郫县地名录

郫县地名办公室编 郫县 郫县地名办公室 1986年 131页〔四川省地名录丛书 28〕

大邑县

004436203

大邑县志

四川省大邑县志编纂委员会编纂 成都 四川人民出版社 1992年 888页

008390686

大邑县志 续编

四川省大邑县地方志编纂委员会编纂 成都 四川大学出版社 1996年 846页

008669959

大邑县情概览 1993—1997

大邑县地方志编纂委员会编 大邑 大邑县地方志编纂委员会 1998年 256页

013726896

大邑县人民代表大会志 1950.1—2005.12

大邑县人民代表大会志编纂委员会编纂 大邑 大邑县人民代表大会志编纂委员会 2006年 407页

013726897

大邑县政协志

政协大邑县委员会编 大邑 政协大邑县委员会 2001年 183页

013924950

大邑县国土志

大邑县国土局编 大邑 大邑县国土局 2001年 216页

010251787

大邑县水利志

大邑县水利电力局编 大邑 大邑县水利电力局 1991年 271页

009677098

大邑县烟草志

大邑县烟草专卖局(中心)编纂 成都 四川民族出版社 2005年 200页〔成都市区县(市)烟草志丛书〕

013924049

大邑县安仁镇学校校志 1912—2012

大邑县安仁镇学校校志编纂委员会编 大邑 大邑县安仁镇学校 2012年 237页

008427302

四川省大邑县地名录

大邑县地名领导小组编 大邑 大邑县地名领导小组 1988年 205页〔四川省地名录丛书 34〕

012250930

高堂寺志

卫复华总编 大邑 大邑县图书馆 1999 年 118 页

蒲江县

006155438
蒲江县志
四川省蒲江县志编纂委员会编纂 成都 四川人民出版社 1992 年 856 页

013093236
蒲江县志 1986—2005
蒲江县地方志编纂委员会编 北京 方志出版社 2011 年 788 页

009818355
蒲江县志 1986—2000
蒲江县地方志编纂委员会编 北京 中华书局 2005 年 1474 页

009677858
蒲江县烟草志
蒲江县烟草专卖局（中心）编纂 成都 四川民族出版社 2005 年 142 页〔成都市区县（市）烟草志丛书〕

009231855
蒲江县国土志
四川省蒲江县国土局编 蒲江 四川省蒲江县国土局 2000 年 268 页

008424000
四川省蒲江县地名录

蒲江县地名领导小组编 蒲江 蒲江县地名领导小组 1987 年 119 页〔四川省地名录丛书 36〕

新津县

007377995
新津县志
四川省新津县志编纂委员会编纂 成都 四川人民出版社 1989 年 1188 页

013599604
新津县志 1986—2005
四川省新津县地方志编纂委员会编 北京 方志出版社 2012 年 990 页

013865440
新津县政协志 1985—2010
中国人民政治协商会议新津县委员会编 2011 年 302 页〔新津县第二届地方志丛书 7〕

013865435
新津县司法志 1981—2008
新津县司法局编 成都 四川大自然印刷有限公司 2011 年 126 页〔新津县第二届地方志丛书 25〕

013900943
新津县国土志
新津县国土局编 新津 新津县国土局 1997 年 176 页

009677881

新津县烟草志

新津县烟草专卖局(中心)编纂 成都 四川民族出版社 2005年 184页〔成都市区县(市)烟草志丛书〕

013321242

新津县税务志

四川省新津县税务志编纂领导小组编 新津 四川省新津县志编纂委员会 1983年 231页

014052853

新津县文化体育志 1984—2008

新津县文化体育广播电视和新闻出版局编 2008年 35页

010735910

新津县文化志

新津县文化志编纂组编 新津 新津县文化志编纂组 1984年 2册

013757128

新津民俗志

新津县社会科学界联合会编 新津 新津县社会科学界联合会 2012年 319页〔新津社科科普丛书〕

008424125

四川省新津县地名录

新津县地名领导小组编 新津 新津县地名领导小组 1986年 124页〔四川省地名录丛书 37〕

013939499

新津县人民医院志

新津县人民医院志编纂小组编 新津 新津县人民医院志编纂小组 1983年 76页

013901004

新津县中医医院志 1982—2008

新津县中医医院编 四川 四川大自然印刷有限公司 2011年 147页〔新津县第二届地方志丛书 20〕

自贡市

012924881

自贡高新区志 1990—2005

自贡高新区志编纂委员会编 北京 方志出版社 2011年 375页

012969655

四川石油管理局川西南矿区志

川西南矿区志编纂委员会编 四川 川西南矿区志编纂委员会 2002年 413页

007884026
自贡市志
自贡市地方志编纂委员会编 北京 方志出版社 1997年 2册

013824988
自贡市志 1991—2005
自贡市地方志编纂委员会编 北京 方志出版社 2012年 1151页

008896941
自贡市地方志丛书
自贡市地方志丛书编纂委员会编 成都 巴蜀书社 1990年

008672467
自贡市工会志
自贡市总工会编 成都 成都科技大学出版社 1993年 301页〔自贡市地方志丛书 33〕

012816277
自贡硬质合金有限责任公司工会志 1965—2000
自贡硬质合金有限责任公司工会志编纂委员会编 自贡 自贡硬质合金有限责任公司工会志编纂委员会 2001年 346页

013866380
自贡市政协志 1991—2010
自贡市政协志编纂委员会编纂 成都 四川人民出版社 2013年 279页

008672730
自贡市政协志
政协自贡市委员会编纂 成都 四川科学技术出版社 1993年 258页〔自贡市地方志丛书 31〕

008414558
自贡市公安志
自贡市公安局编 自贡盐业出版编辑室编辑 成都 四川人民出版社 1992年 290页〔自贡市地方志丛书 17〕

008672629
自贡市民政志
自贡市民政局编 成都 四川人民出版社 1992年 327页〔自贡市地方志丛书 9〕

014056745
自贡监狱志 1958—2011
四川省自贡监狱编 自贡 自贡监狱 2012年 368页

009336769
武警自贡市支队志
武警自贡市支队编史办公室编纂 成都 巴蜀书社 2001年 232页〔中国人民武装警察部队四川省总队史志系列丛书〕

008672538
自贡市军事志
自贡市军事志编纂委员会编 成都 四川

人民出版社 1992 年 363 页〔自贡市地方志丛书 22〕

008422022
自贡市工商行政管理志
自贡市工商行政管理局编 成都 成都科技大学出版社 1993 年 2 册 279 页〔自贡市地方志丛书 5〕

013012747
自贡市就业志
自贡市就业服务管理局编 自贡 自贡市就业服务管理局 2004 年 427 页

008672540
自贡市劳动志
自贡市劳动局编 成都 自贡市盐业出版编辑室 1993 年 390 页〔自贡市地方志丛书 32〕

008672711
自贡市乡镇企业志
自贡市乡镇企业管理局编 自贡盐业出版编辑室编辑 成都 四川人民出版社 1994 年 324 页〔自贡市地方志丛书 25〕

008672447
自贡市城市建设志
自贡市建设委员会编 成都 四川辞书出版社 1991 年 445 页〔自贡市地方志丛书 10〕

008414578
自贡市农业志
自贡市农业志领导小组办公室编 成都 成都科技大学出版社 1994 年 248 页〔自贡市地方志丛书 34〕

009414509
东锅厂志 1966.3—1994.12
东锅厂志编审委员会编 成都 四川民族出版社 1996 年 678 页

008421977
鸿化厂志
鸿化厂志编修委员会编 成都 四川科学技术出版社 1988 年 448 页

011995789
鸿化志 1988.1—2006.6
鸿化志编修委员会编 深圳 海天出版社 2008 年 985 页

008414563
自贡市化学工业志
自贡市化学工业管理局编 成都 四川人民出版社 1993 年 341 页〔自贡市地方志丛书 13〕

008672512
自贡市机械工业志
自贡市机械电子工业管理局编 成都 四川人民出版社 1993 年 375 页〔自贡市地方志丛书 21〕

008672518
自贡市建筑材料工业志
自贡市建材工业管理局编 成都 自贡盐业出版编辑室 1993年 226页〔自贡市地方志丛书 27〕

008488421
自贡市能源志
自贡市能源办公室编 成都 四川人民出版社 1996年 246页〔自贡市地方志丛书 44〕

008672635
自贡市轻工机械厂厂志 1958—1985
自贡市轻工机械厂厂志编纂领导小组编 自贡 自贡市轻工机械厂厂志编纂领导小组 1988年 179页

008414564
自贡市轻工业志
自贡市轻工业管理局 自贡市工业合作联社编 成都 四川大学出版社 1993年 277页〔自贡市地方志丛书 23〕

008414561
自贡市食品工业志
自贡市食品工业办公室编 自贡盐业出版编辑室编辑 成都 四川人民出版社 1994年 285页〔自贡市地方志丛书 41〕

010280121
自贡市烟草志
自贡市烟草专卖局(分公司)编纂 成都 四川人民出版社 2006年 311页〔四川县烟草志丛书〕

008414557
自贡市盐业志
自贡市盐务管理局编 自贡盐业出版编辑室编辑 成都 四川人民出版社 1995年 542页〔自贡市地方志丛书 38〕

008672726
自贡市医药志
自贡市医药管理局编 成都 四川人民出版社 1993年 186页〔自贡市地方志丛书 15〕

008672727
自贡硬质合金厂志 1964—1985
自贡硬质合金厂编 自贡 自贡硬质合金厂 198u年 695页

009414679
自贡市工业志
自贡市经济委员会编 自贡盐业出版编辑室编辑 成都 四川人民出版社 1996年 424页〔自贡市地方志丛书 43〕

008672528
自贡市交通志 1986—1995
自贡市交通管理委员会编 成都 自贡盐业出版编辑室 1999年 283页〔自贡

市地方志丛书〕

008672527
自贡市交通志
自贡市交通管理委员会编 成都 四川辞书出版社 1991年 434页〔自贡市地方志丛书 4〕

008414559
自贡市邮电志
自贡市邮电局编 自贡盐业出版编辑室编辑 成都 四川人民出版社 1992年 226页〔自贡市地方志丛书 19〕

008672626
自贡市粮食志
自贡市粮食局编 成都 四川辞书出版社 1992年 376页〔自贡市地方志丛书 7〕

008672445
自贡市财政志
自贡市财政局编 成都 四川大学出版社 1995年 407页〔自贡市地方志丛书 39〕

008672637
自贡市税务志 1911—1985
自贡市税务局编 自贡 自贡市税务局 1989年 208页〔自贡市地方志丛书 3〕

008672533
自贡市金融志
自贡市金融志编纂委员会编 成都 四川辞书出版社 1994年 254页〔自贡市地方志丛书 18〕

008672647
自贡市文化艺术志
自贡市文化局编 自贡盐业出版编辑室编辑 成都 四川人民出版社 1998年 330页

008414560
自贡市报业志
自贡日报社 自贡市新闻出版局编 自贡盐业出版编辑室编辑 成都 四川人民出版社 1993年 258页〔自贡市地方志丛书 29〕

008672501
自贡市广播电视志
自贡市广播电视局编 成都 四川辞书出版社 1990年 308页〔自贡市地方志丛书 1〕

008414562
自贡市标准计量志
自贡市标准计量局编 成都 四川人民出版社 1992年 309页〔自贡市地方志丛书 8〕

008414555
自贡市科学技术志

自贡市科学技术委员会编纂 成都 巴蜀书社 1990年 313页〔自贡市地方志丛书 2〕

008672530
自贡市教育志
自贡市教育委员会编 成都 四川人民出版社 1993年 388页〔自贡市地方志丛书 35〕

008672639
自贡市体育志
自贡市体育运动委员会编纂 成都 四川辞书出版社 1992年 329页〔自贡市地方志丛书 12〕

008414556
自贡灯会志
自贡灯贸管理委员会编 自贡盐业出版编辑室编辑 成都 四川人民出版社 1994年 250页〔自贡市地方志丛书 37〕

008427173
四川省自贡市地名录
自贡市地名领导小组编 自贡 自贡市地名领导小组 1982年 220页〔四川省地名录丛书 21〕

008388811
自贡市恐龙化石志
郭运林主编 黄大喜副主编 成都 四川科学技术出版社 1993年 296页〔自贡市地方志丛书 16〕

008414565
自贡市卫生志
自贡市卫生局编 成都 四川辞书出版社 1992年 362页〔自贡市地方志丛书 11〕

自流井区

008414551
自贡市自流井区志
四川省自贡市自流井区志编纂委员会编纂 成都 巴蜀书社 1993年 609页

013940918
自贡市公安局自流井区分局志 1986—2005
自贡市公安局自流井区分局编 自贡 自贡市公安局自流井区分局 2009年 352页

008672734
自流井盐厂志
自贡市自流井盐厂编 成都 四川人民出版社 1994年 473页

贡井区

008414550
自贡市贡井区志
自贡市贡井区志编纂委员会编纂 成都

四川人民出版社 1995 年 580 页

013902063
自贡市贡井区志 1986—2005
自贡市贡井区地方志编纂委员会编 北京 方志出版社 2013 年 960 页

大安区

008804540
大安区志
自贡市大安区地方志编纂委员会编 成都 四川辞书出版社 1991 年 575 页

荣县

007482375
荣县志
四川省荣县志编纂委员会编 成都 四川大学出版社 1993 年 665 页

012814177
荣县志 1986—2003
荣县志编纂委员会编 北京 方志出版社 2010 年 770 页

014049965
荣县林业志 1931—1994
李孟锟主编 荣县 四川省荣县林业志编纂委员会 1997 年 211 页〔县志丛书 6〕

011068404
四川省荣县文化志
荣县 1988 年 212 页

008423988
四川省荣县地名录
荣县地名领导小组编 荣县 荣县地名领导小组 1982 年 446 页〔四川省地名录丛书 23〕

富顺县

006755087
富顺县志
四川省富顺县志编纂委员会编纂 成都 四川大学出版社 1993 年 899 页

013222024
富顺县志 1988—2005
富顺县地方志编纂委员会编 北京 方志出版社 2011 年 916 页

013771880
飞龙镇志 1949—2006
飞龙镇志编纂领导小组编 古蔺 古蔺县纯平彩印厂 2010 年 336 页

008670025
富顺县人民政府志 送审稿
富顺县人民政府办公室 富顺县人民政府志编写组编 富顺 顺县人民政府办公室 1986 年 371 页

013860506
富顺县审计志 1984—2006
富顺县审计志编纂领导小组编 富顺 富顺县审计志编纂领导小组 2010年 162页〔县志丛书 24〕

008670028
国营富顺县水泥厂厂志
富顺县水泥厂编 富顺 富顺县水泥厂 1989年 94页

008430427
富顺县交通志
富顺县交通局编 富顺 富顺县交通局 1989年 259页

012718809
经济商务志 1985—2006
富顺县经济商务局编纂 富顺 富顺县经济商务局 2009年 194页〔县志丛书 20〕

008427983
富顺县税务志
富顺县税务局编 富顺 富顺县税务局 1990年 275页〔县志丛书 3〕

013681563
富顺二中校志 1903—1993
四川省富顺第二中学校编 富顺 富顺二中校志编写组 1993年 211页〔县志丛书 30〕

013925189
富顺二中校志 1993—2006
富顺二中校志编纂领导小组编 富顺 富顺二中校志编纂领导小组 2009年 522页

008427296
四川省富顺县地名录
富顺县地名领导小组编 富顺 富顺县地名领导小组 1985年 342页〔四川省地名录丛书 135〕

008427997
富顺县人民医院志
富顺县人民医院志编写组编 富顺 富顺县人民医院 1987年 237页〔富顺县志丛书 6〕

008427945
富顺县卫生志
富顺县卫生局编 富顺 富顺县卫生局 1988年 289页

攀枝花市

013958917

攀枝花市民政志 1965—2005

攀枝花市民政志编纂委员会编 成都 四川辞书出版社 2012 年 380 页

013000704

攀枝花民盟志

攀枝花民盟志编纂委员会编 攀枝花 攀枝花民盟志编纂委员会 2009 年 384 页

007809641

攀枝花市志

四川省攀枝花市志编纂委员会编 成都 四川科学技术出版社 1995 年 1009 页

012684551

攀枝花市志 1986—2005

攀枝花市地方志编纂委员会编 北京 方志出版社 2010 年 1204 页

011477094

攀枝花市志 军事志 1965—2005

攀枝花军分区军事志编纂委员会编纂 成都 四川人民出版社 2007 年 538 页

008898206

攀枝花市志丛书

成都 四川科学技术出版社 1989 年

008671489

攀枝花市工会志

刘秀武主编 李雨初执行主编 成都 电子科技大学出版社 1993 年 278 页 〔攀枝花市志丛书 4〕

013002313

攀枝花市人民防空志 1969—2008

攀枝花市人民防空办公室编纂 攀枝花 攀枝花市人民防空办公室 2009 年 219 页

009336775

武警攀枝花市支队志

武警攀枝花市支队编史办公室编纂 成都 巴蜀书社 2001 年 256 页 〔中国人民武装警察部队四川省总队史志系列丛书〕

011570165

攀西开发志 第 1 卷 综合卷

解洪主编 攀西开发志编纂委员会编 成都 四川人民出版社 2007 年 557 页

012216380

攀西开发志 第 2 卷 凉山卷

解洪主编 攀西开发志编纂委员会编 成都 四川人民出版社 2007 年 427 页

012216381

攀西开发志 第3卷 攀枝花卷

解洪主编 攀西开发志编纂委员会编 成都 四川人民出版社 2007年 507页

011320817

攀枝花市审计志 1983—2002

攀枝花市审计志编纂委员会编 攀枝花 攀枝花市审计志编纂委员会 2003年 264页〔攀枝花市地方志丛书 2〕

012208095

攀枝花市劳动和社会保障志 1965—2007

攀枝花市劳动和社会保障志编纂委员会编 北京 方志出版社 2009年 345页

012722005

攀钢志 1986—2005

攀钢集团有限公司编纂 成都 四川科学技术出版社 2010年 719页

008671457

攀钢志 1964—1985

攀枝花钢铁(集团)公司编 北京 科学出版社 1994年 593页

008671484

攀枝花市城市建设志

攀枝花市城建志编纂委员会编 攀枝花 攀枝花市城建志编纂委员会 1995年 160页〔攀枝花市志丛书 8〕

008899328

攀枝花市农牧志

攀枝花市农牧局编 攀枝花 攀枝花市农牧局 1989年 188页〔攀枝花市志丛书 2〕

009840269

兰尖铁矿志

兰尖铁矿志编纂委员会编 成都 四川人民出版社 2002年 312页

008670034

攀钢集团钢城企业总公司志

攀钢集团钢城企业总公司志编纂委员会编纂 成都 四川民族出版社 1999年 742页

008671460

攀矿志

王继光主编 北京 中国社会科学出版社 2000年 402页

008671481

攀枝花矿务局志 1964—1990

攀枝花矿务局志编纂委员会编 成都 电子科技大学出版社 1996年 593页

008671501

攀枝花市建筑志

攀枝花市建筑志编纂委员会编 成都 四川科学技术出版社 1995年 221页〔攀枝花市志丛书 7〕

008671534

攀枝花市水利电力志

攀枝花市水电农机局水利电力志编纂领导小组编 攀枝花 攀枝花市水电农机局水利电力志编纂领导小组 1996年 160页〔攀枝花市志丛书 16〕

010476404

攀枝花市烟草志

攀枝花市烟草专卖局(分公司)编纂 成都 四川人民出版社 2006年 423页〔四川县烟草志丛书〕

008671546

攀枝花盐业志

四川省盐业公司攀枝花分公司盐业志编纂领导小组编 攀枝花 四川省盐业公司攀枝花分公司盐业志编纂领导小组 1995年 216页〔攀枝花市志丛书 11〕

009985487

朱家包包铁矿志

张应富 李利民主编 成都 四川科学技术出版社 2005年 447页

008671504

攀枝花市交通志

攀枝花市交通志编委会编 攀枝花 攀枝花市交通志编委会 1993年 222页〔攀枝花市志丛书 3〕

011499476

攀枝花公交客运总公司志 1971—2000

刘家兴主编 攀枝花公交客运总公司政策研究室编 攀枝花 攀枝花公交客运总公司 2001年 423页

013000722

攀枝花市财政志 1964—2004

攀枝花市财政志编纂委员会编 攀枝花 攀枝花市财政局 2008年 330页

013991274

攀枝花市地方税务局志 1994.9—2009

攀枝花市地方税务局志编纂委员会办公室编 成都 四川科学技术出版社 2011年 516页

009472787

攀枝花市金融志

攀枝花市金融学会编 北京 方志出版社 2004年 321页

013933253

攀枝花市文化志 1965—2005

攀枝花市文化志编纂委员会编纂 攀枝花市文化和新闻出版局编 攀枝花 攀枝花市文化和新闻出版局 2010年 431页

008671492

攀枝花市广播电视志

范世钦主编 攀枝花市广播电视志编纂领导小组编 成都 四川科学技术出版

社 1991年 200页〔攀枝花市志丛书1〕

012836067

攀枝花市教育志 1986—2005

攀枝花市教育志编纂委员会编纂 成都 四川科学技术出版社 2010年 556页

008667883

攀枝花市教育志

攀枝花市教育志编纂委员会编 成都 四川辞书出版社 1994年 246页〔攀枝花市志丛书 9〕

013375397

攀枝花市第七高级中学校校志

攀枝花市第七高级中学校校志编纂委员会编纂 攀枝花 攀枝花市第七高级中学校校志编纂委员会 2011年 614页

013629300

攀枝花学院志 1983—2005

攀枝花学院志编纂委员会编 北京 方志出版社 2012年 549页

010022793

中国戏曲音乐集成 攀枝花市灯戏音乐卷

四川省攀枝花市灯戏音乐卷编委会编 北京 中国ISBN中心 1991年 106页

009021814

攀枝花市少数民族志

攀枝花市民族宗教事务局编 北京 方志出版社 2004年 284页

011445825

中国民族民间舞蹈集成 四川卷 攀枝花市资料卷

杨慎元 管树华主编 攀枝花 攀枝花市资料卷编写组 1988年 104页〔中国民族民间舞蹈集成四川卷〕

008671507

攀枝花市科技志

攀枝花市科技志编纂委员会编 成都 四川科学技术出版社 1999年 392页〔攀枝花市志丛书 17〕

013183677

金沙江河谷四川攀枝花苏铁国家级自然保护区彩色植物图志

杨永 莫旭主编 北京 高等教育出版社 2011年 261页

011499488

攀枝花市卫生志

攀枝花市卫生志编纂委员会编 北京 民族出版社 2004年 353页

013689051

攀枝花市水利农机志 1986—2010

攀枝花市水利农机志编纂委员会编 攀枝花 攀枝花市水利农机志编纂委员

会 2011年 515页

008671498
攀枝花市环境保护志 1965—1985
攀枝花市环境保护志编纂委员会编 攀枝花 攀枝花市环境保护志编纂委员会 1996年 215页〔攀枝花市志丛书10〕

东区

009854380
攀枝花市东区志 1973—2000
攀枝花市东区地方志编纂委员会编纂 北京 方志出版社 2005年 831页

012814494
银江镇志
攀枝花市东区银江镇志编纂委员会编 北京 中央文献出版社 2010年 461页

011499483
攀枝花市东区军事志 1973—2005
攀枝花市东区人民武装部编纂 北京 解放军出版社 2007年 301页

西区

012680556
攀枝花市西区志 1973—2005
攀枝花市西区地方志编纂委员会编 北京 方志出版社 2010年 1002页

012175069
攀枝花市西区军事志 1973—2005
攀枝花市西区军事志编纂委员会编 成都 天地出版社 2009年 232页

仁和区

009231846
仁和区志
四川省攀枝花市仁和区志编纂委员会编 成都 四川人民出版社 2001年 682页

012722178
仁和区志 1991—2005
仁和区志编纂委员会编 哈尔滨 哈尔滨工程大学出版社 2010年 853页

012208155
攀枝花市仁和区军事志 1973—2005
攀枝花市仁和区人民武装军事志编纂委员会编 成都 天地出版社 2009年 315页

008216920
仁和区文化教育志
仁和区文化教育志编纂委员会编 成都 四川科学技术出版社 1997年 407页〔攀枝花市志丛书 12〕

008671812
仁和区少数民族志
中共四川省攀枝花市仁和区委民族工作委员会 四川省攀枝花市仁和区民族事务委员会编 攀枝花 攀枝花新华印刷厂 1998年 299页

米易县

008470865
米易县志
四川省米易县志编纂委员会编纂 成都 四川辞书出版社 1999年 773页

012721869
米易县志 1991—2006
米易县志编纂委员会编 北京 方志出版社 2010年 710页

009996576
撒莲镇志
米易县撒莲镇人民政府编 米易 米易县撒莲镇人民政府 2004年 423页

010009387
米易县人大志 1951—1990
米易县人民代表大会常务委员会编 米易 米易县人大 1991年 101页

012174782
米易县军事志 1951—2007
四川省米易县军事志编纂委员会编 成都 天地出版社 2009年 283页

010009384
米易县乡镇企业志
任维林执笔 赵启生修订 米易 米易县乡镇企业管理局 1990年 22页

009336957
米糖志 1966—1995
四川米易糖业股份有限公司编 米易 四川米易糖业股份有限公司 1999年 197页

009336954
米易县二轻工业志 1950—1990
四川米易县第二轻工业局编 米易 四川米易县第二轻工业局 1994年 117页

010009375
米易县水利电力志
米易县水利电力志编辑组编 米易 米易县水利电力志编辑组 1987年 83页

009348285
米易县医药志 1950—1990
四川省米易县医药管理局编 米易 四川省米易县医药管理局 1994年 129页

014047754
米易县财政志 1991—2012
米易县财政局编 2013年 217页

014047757
米易县第一小学校志
米易县第一小学校志编纂小组编纂 米

易 米易县第一小学校志编纂小组 2013 年 185 页

009336952
米易民族志
四川省米易县米易民族志编写领导小组暨编辑部编纂 米易 四川省米易县米易民族志编写领导小组暨编辑部 1992 年 295 页

008427318
四川省米易县地名录
米易县地名领导小组编 米易 米易县地名领导小组 1985 年 124 页〔四川省地名录丛书 25〕

盐边县

008672197
盐边县志
盐边县志编纂委员会编纂 成都 四川科学技术出版社 1999 年 762 页

012689865
盐边县志 1993—2005
盐边县志编纂委员会编 北京 方志出版社 2010 年 921 页

011479455
盐边县公安志
四川省盐边县公安局编 盐边 盐边县公安局编 2005 年 305 页

013379150
盐边县移民志
盐边县移民志编纂委员会编 哈尔滨 哈尔滨工程大学出版社 2011 年 297 页

012175134
盐边县军事志 1913—2006
四川省盐边县军事志编纂委员会编 成都 天地出版社 2009 年 330 页

010117842
盐边民族志
叶大槐 毛尔哈纂 渡口 渡口市文物管理处 1985 年 229 页

012877334
盐边县少数民族志
四川省盐边县民族事务委员会编 成都 四川民族出版社 1994 年 354 页

008427327
四川省盐边县地名录
盐边县地名办公室编 盐边 盐边县地名办公室 1986 年 132 页〔四川省地名录丛书 26〕

泸州市

008390710
泸州市志
泸州市地方志编纂委员会编纂 北京 方志出版社 1998年 1488页

012968312
泸州市志 1991—2005
泸州市地方志编纂委员会编 北京 方志出版社 2011年 2册 1388页

013932512
泸州市人民政府志 1949—1994
泸州市人民政府志编委会编 泸州 泸州市人民政府办公室 1996年 205页

013129974
泸州市政协志
张婉萍主编 罗恢绪 冯天林副主编 成都 四川大学出版社 1993年 494页

013898406
泸州市"七二三"抗洪救灾志
泸州市地方志编纂委员会办公室编纂 成都 巴蜀书社 2012年 305页

009336659
武警泸州市支队志
武警泸州市支队编史办公室编纂 成都 巴蜀书社 2001年 354页〔中国人民武装警察部队四川省总队史志系列丛书〕

009105460
泸州市军事志
四川省泸州市军事志编纂委员会编 成都 四川大学出版社 2003年 377页

008991596
四川石油管理局川南矿区志
四川石油管理局川南矿区志编纂委员会编纂 成都 巴蜀书社 1998年 570页

010144757
泸州市建筑志
泸州市建设委员会编 重庆 重庆出版社 1994年 198页〔泸州市地方志丛书8〕

009783298
泸州市煤炭工业志
泸州市煤炭工业志编纂委员会编 重庆 重庆出版社 1994年 136页

012968309
泸州市天然气公司志 1962—2002
泸州 泸州市天然气公司 2002年 529页

010686768

泸州市烟草志

泸州市烟草专卖局(分公司)编纂 成都 四川人民出版社 2006年 467页〔四川县烟草志丛书〕

010009757

泸州市液压附件厂志

泸州市液压附件厂志编纂委员会编 成都 四川人民出版社 1995年 208页

008430294

泸州市财政志

泸州市财政局编 成都 四川科学技术出版社 1994年 275页〔泸州市地方志丛书 10〕

009266290

中国工商银行泸州市分行志 1984—2000

中国工商银行泸州市分行志编纂委员会编纂 成都 西南财经大学出版社 2003年 375页

008430303

泸州市科学技术志

陈良匠主编 胡宇振副主编 成都 成都科技大学出版社 1993年 277页〔泸州市地方志丛书 3〕

008670637

泸州教育志 1901—1995

四川省泸州市教育委员会编 泸州 四川省泸州市教育委员会 1998年 428页

013898398

泸州教育志 1996—2008

泸州市教育局编 泸州 四川省泸州市教育局 2010年 372页

008420742

泸州市体育志

泸州市体育志编纂委员会编 泸州 泸州市体育志编纂委员会 1986年 135页

011997385

泸州曲艺志

董祥铭编著 北京 中国戏剧出版社 2002年 223页〔西部新世纪文库〕

009840271

泸州戏曲志

成都 四川人民出版社 1992年 431页

008425832

四川省泸州市地名录

泸州市地名领导小组编 泸州 泸州市地名领导小组 1987年 100页〔四川省地名录丛书 121〕

009962436

泸州市卫生志 1911—2003

泸州市卫生志编纂委员会编 北京 方志出版社 2005年 466页

江阳区

013705149
泸州市江阳区志 1996—2005
泸州市江阳区志编纂委员会编 北京 中国文史出版社 2012年 656页

008670638
泸州市市中区志
泸州市市中区地方志编纂委员会编纂 成都 四川辞书出版社 1998年 840页

纳溪区

010730504
纳溪区志 1986—2005
纳溪区志编纂委员会编 北京 方志出版社 2006年 563页

005536234
纳溪县志
纳溪县志编纂委员会编著 成都 四川科学技术出版社 1992年 638页

008421436
打鼓乡志
纳溪县打鼓乡志编纂小组编 打鼓乡 纳溪县打鼓乡志编纂小组 1989年 103页

008422512
纳溪县税务志 1912—1985
四川省纳溪县税务志编纂领导小组编 纳溪 四川省纳溪县税务志编纂领导小组 1986年 192页

泸县

007905735
泸县志
四川省泸县县志办公室编纂 成都 四川科学技术出版社 1993年 691页

010730559
泸县志 1986—2003
四川省泸县地方志编纂委员会编 北京 方志出版社 2006年 908页〔泸州市地方志丛书〕

008395097
四川省泸县地名录
泸县地名领导小组编 泸县 泸县地名领导小组 1985年 392页〔四川省地名录丛书 127〕

合江县

007969485
合江县志
合江县志编纂委员会编纂 成都 四川科学技术出版社 1993年 866页

012967621
合江县政协志 1957.6—2006.6
中国人民政治协商会议四川省合江县委员会编 合江 中国人民政治协商会议四川省合江县委员会 2006 年 570 页

013002606
四川省合江县中学校校志 1910—2009
四川省合江县中学校校志编写组编 合江 四川省合江县中学校校志编写组 2010 年 385 页

010238588
合江电影放映志
合江县文化艺术志编辑组 合江县电影发行放映公司编 合江 合江县文化艺术志编辑组 198u 年 72 页

010244212
合江县社会风土志 试写稿
喻亨仁执笔 合江县志编纂委员会办公室编 合江 1986 年 55 页

008427300
四川省合江县地名录
四川省合江县地名领导小组编 合江 四川省合江县地名领导小组 1982 年 356 页〔四川省地名录丛书 134〕

011325283
合江县文物名胜志 试写稿
俞亨仁 合江县志编纂委员会办公室编 合江 合江县志编纂委员会办公室 1984 年 27 页

010244205
合江县自然地理志 试写稿
张国柱执笔 合江县志办公室编 合江 合江县志办公室 1985 年 52 页

叙永县

008430236
叙永县志
四川省叙永县志编纂委员会编纂 北京 方志出版社 1998 年 761 页

013510844
叙永县政协志
叙永县政协志编纂委员会编 叙永 叙永县政协志编纂委员会 2009 年 273 页

008427292
四川省叙永县地名录
叙永县地名领导小组编 叙永 叙永县地名领导小组 1985 年 402 页〔四川省地名录丛书 136〕

古蔺县

008670044
古蔺县志
古蔺县志编纂委员会编 成都 四川科学技术出版社 1993 年 778 页

012049386
古蔺县志 1986—2002
四川省古蔺县县志编纂委员会编纂 成都 四川科学技术出版社 2008年 620页

008421486
四川省古蔺县地名录
古蔺县地名领导小组编 古蔺 古蔺县地名领导小组 1983年 490页〔四川省地名录丛书 133〕

德阳市

008736722
德阳市志
德阳市地方志编纂委员会编纂 成都 四川人民出版社 2003年 2册 2013页

011066952
德阳市志 军事志 初稿
德阳军分区军事志办公室编 德阳 德阳军分区军事志办公室 1996年 314页

007482408
德阳县志
四川省德阳县志编纂委员会编 成都 四川人民出版社 1994年 1010页

012970510
汶川特大地震德阳抗震救灾志
德阳市地方志办公室编纂 北京 中国文史出版社 2011年 545页

009336762
武警德阳市支队志
武警德阳市支队编史办公室编纂 成都 巴蜀书社 2001年 242页〔中国人民武装警察部队四川省总队史志系列丛书〕

008669998
德阳市军事志
四川省德阳军分区编 成都 四川辞书出版社 1999年 300页

012249799
德阳国土志 1996—2006
德阳国土志编纂委员会编 哈尔滨 哈尔滨工程大学出版社 2009年 189页

013179406
德阳三农图志
德阳三农图志编纂委员会编 成都 四川科学技术出版社 2011年 325页

008428866
德阳市建筑志
德阳市建设委员会编纂 成都 四川人民出版社 1997年 342页

010476400

德阳市烟草志

德阳市烟草专卖局(分公司)编纂 成都 四川人民出版社 2006年 365页〔四川县烟草志丛书〕

009817989

四川建设发展股份有限公司志 1985—2004

四川建设发展股份有限公司主编 德阳市地方志办公室协编 成都 四川科学技术出版社 2005年 322页

013403082

德阳工业志

德阳市经济和信息化委员会编纂 北京 中央民族大学出版社 2012年 538页

014028661

德阳市邮电志 1983—1998

德阳市邮电局编 1999年 536页

014028656

德阳财贸志 1983—2007

德阳市人民政府财贸(金融)办公室编 2010年 361页〔德阳市行业志丛书8〕

014028658

德阳市体育志 1995—2006

德阳市体育志编纂委员会编 2009年 164页

011067242

中国曲艺志 德阳市卷 资料卷

中国曲艺志德阳市编委会编 德阳 中国曲艺志德阳市编委会 1993年 275页

008634579

四川省德阳县地名录

德阳县地名领导小组编 德阳 德阳县地名领导小组 1985年 199页〔四川省地名录丛书 39〕

013726908

德阳卫生志 1983—2008

德阳卫生志编纂委员会编 成都 天地出版社 2012年 447页

旌阳区

012503888

德阳市市中区志 1985—1996

德阳市市中区志编纂委员会编 北京 方志出版社 2009年 1092页

009414566

德阳市旌阳区军事志 1911—2000

四川省德阳市旌阳区人民武装部编纂 成都 四川人民出版社 2004年 285页

广汉市

003324937
广汉县志
四川省广汉市广汉县志编纂委员会编纂 成都 四川人民出版社 1992年 701页

012173813
广汉市军事志
四川省广汉市人民武装部编 成都 西南财经大学出版社 2005年 295页

008992008
广华公司志 1984—1997
广华公司志编纂委员会编纂 广汉 广华公司 1998年

009232045
四川石油管理局钻采工艺研究所志
四川石油管理局钻采工艺研究所志编辑室编 成都 四川石油管理局钻采工艺研究所 2000年 349页

013190105
中国民航飞行学院志 1956—2000
中国民航飞行学院志编纂委员会编 四川 中国民航飞行学院 2003年 645页

013222036
广汉县商业志 1910—1980
四川省广汉商业局编 广汉 广汉商业局 1983年 137页

010021820
三星堆图志
四川省地方志编纂委员会编 成都 四川人民出版社 2005年 311页

008670057
四川省志 民俗志丛稿 广汉民俗
广汉民俗编写组 夏以溶总纂 成都 成都科技大学出版社 1993年 339页

008425839
四川省广汉县地名录
广汉县地名办公室编 广汉 广汉县地名办公室 1986年 215页〔四川省地名录丛书 30〕

什邡市

012613900
什邡市志 1984—2000
什邡市地方志编纂委员会编 北京 方志出版社 2009年 816页

007905683
什邡县志
什邡县县志编辑委员会编 成都 四川大学出版社 1988年 1册

013994199
新修什邡县志 人口志 初稿
四川省什邡县县志编辑部编 1982年

137 页〔新修什邡县志 第 5 卷〕

009231814
民主乡志
什邡市民主镇人民政府编 什邡 什邡市民主镇人民政府 2000 年 299 页

013342581
双盛镇志
双盛镇志编修委员会编 什邡 什邡报印务公司 2003 年 466 页

012175196
蓥华镇志
什邡市蓥华镇志编委会编 蓥华镇 什邡市蓥华镇人民政府 2002 年 412 页

013185779
什邡市政协志 八届卷
中国人民政治协商会议四川省什邡市委员会编 成都 四川美术出版社 2011 年 127 页

009867284
什邡工业供销总公司志 1978—1991
什邡工业供销总公司志编辑小组编辑 什邡 什邡工业供销总公司志编辑小组 1992 年 179 页

013342541
什邡城乡建设志
四川省什邡县建设委员会编 什邡 四川省什邡县建设委员会 1992 年 218 页

011312461
什邡卷烟厂志
什邡卷烟厂编纂 成都 四川人民出版社 2007 年 684 页〔四川县烟草志丛书〕

010475794
什邡运输集团公司志
曾新华总编审 什邡 什邡运输集团公司 1999 年 375 页

011319914
什邡县商业志
戴志国主编 什邡县商业局什邡县商业志编辑组编 什邡 什邡县商业局 1982 年 2 册 559 页

009388319
什邡县图书发行志 1888—1990
四川省什邡县新华书店编 四川 四川省什邡县新华书店 1996 年 178 页

008427170
四川省什邡县地名录
什邡县地名领导小组编 什邡 什邡县地名领导小组 1981 年 139 页〔四川省地名录丛书 22〕

绵竹市

007905714
绵竹县志
四川绵竹县志编纂委员会编纂 成都 四

川科学技术出版社 1992年 871页

011534039
绵竹县志 1985—1996
绵竹市地方志编纂委员会编纂 北京 中国文史出版社 2007年 633页

012832585
绵竹市政协志 1950—2002
中国人民政治协商会议四川省绵竹市委员会编 绵竹 中国人民政治协商会议四川省绵竹市委员会 2003年 426页

013990954
绵竹市人民检察志 1941—2006
绵竹市人民检察院编 绵竹 绵竹市人民检察院 2007年 406页

009472788
绵竹市军事志 1911—2003
四川省绵竹市人民武装部编 成都 四川人民出版社 2004年 302页

013508679
绵竹县城乡建设志
绵竹县城乡建设环境保护局编 绵竹 绵竹县城乡建设环境保护局 1985年 107页

008420948
绵竹县农业志
绵竹县农业局编 绵竹 绵竹县农业局 1985年 164页

008425848
四川省绵竹县地名录
绵竹县地名领导小组编 绵竹 绵竹县地名领导小组 1982年 207页〔四川省地名录丛书 50〕

012970512
汶川特大地震绵竹灾后重建图志
中共绵竹市委 绵竹市人民政府编 绵竹 绵竹市人民政府 2011年 225页

中江县

006210465
中江县志
四川省中江县志编纂委员会编纂 成都 四川人民出版社 1994年 831页

013776447
中江县志 1986—2006
中江县地方志编纂委员会编 北京 方志出版社 2012年 1056页

011501605
中江法院志
中江法院志编纂委员会编纂 中江 中江法院志编纂委员会 2001年 312页

009190516
中江县军事志 1986—2000
四川省中江县人民武装部编 成都 四川

辞书出版社 2003 年 212 页

012208642
中江县工商行政管理局志
中江县工商行政管理局编 中江 中江县工商行政管理局 1985 年 88 页

008672224
中江县工商行政管理局志 续集 1986—1995
四川省中江县工商行政管理局编 中江 四川省中江县工商行政管理局 1999 年 217 页

008424132
四川省中江县地名录
四川省中江县地名领导小组编 中江 四川省中江县地名领导小组 1986 年 367 页〔四川省地名录丛书 40〕

009232112
中江县农机志 1949—1999
中江县农业机械局编 中江 中江县农业机械局 2001 年 236 页

罗江县

013731920
汶川特大地震罗江抗震救灾志
罗江县地方志编纂委员会编纂 北京 方志出版社 2012 年 505 页

012969342
罗江县军事志
四川省罗江县人民武装部编 罗江 四川省罗江县人民武装部 2003 年 168 页

绵阳市

009336825
中共绵阳市志
中共绵阳市志编纂委员会编 成都 四川人民出版社 2002 年 546 页

008670981
绵阳(县级)市志
绵阳市地方志编纂办公室编 成都 四川辞书出版社 1999 年 748 页

011954710
绵阳市志 1840—2000
绵阳市志编纂委员会编 成都 四川人民出版社 2007 年 3 册 2294 页

008670968
绵阳市民族宗教志
四川省绵阳市民族宗教事务委员会编纂 成都 四川人民出版社 1998 年 591 页〔绵阳市志丛书 6〕

008429483
绵阳市社会科学志
杨子林主编 成都 四川人民出版社 1997年 404页〔绵阳市志丛书 53〕

013093127
绵阳市共产党志 征求意见稿
绵阳市共产党志编纂委员会编 绵阳 绵阳市共产党志编纂委员会 1999年 820页〔绵阳市志丛书 1〕

012175563
中共绵阳市委宣传工作志
中共绵阳市委宣传部编 成都 成都科技大学出版社 1999年 515页〔绵阳市志丛书 75〕

010201332
绵阳市纪检志
中共绵阳市纪律检查委员会编 绵阳 中共绵阳市纪律检查委员会 1995年 246页〔绵阳市志丛书 73〕

011067724
绵阳市工会志 1927—1985 征求意见稿二稿
绵阳市总工会编 绵阳 绵阳市总工会 1991年 206页

013066378
绵阳市妇联志
绵阳市妇女联合会编 绵阳 绵阳市妇女联合会 1999年 354页〔绵阳市志丛书 72〕

013000487
绵阳市人大志
绵阳市人大常委会编 成都 四川人民出版社 1998年 351页〔绵阳市志丛书 36〕

009231806
绵阳市政府志
绵阳市政府志编纂领导小组编纂 成都 四川人民出版社 2001年 595页〔绵阳市志丛书 67〕

010201368
绵阳市监察志
四川省绵阳市监察局编 绵阳 四川省绵阳市监察局 1997年 182页〔绵阳市志丛书 74〕

010201372
绵阳市人事志
绵阳市人事志编纂委员会编 绵阳 绵阳市人事志编纂委员会 1997年 690页〔绵阳市志丛书 36〕

007845521
绵阳市公安志
绵阳市公安局编 成都 四川辞书出版社 1995年 427页

008670951
绵阳市检察志

绵阳市人民检察院编纂 重庆 重庆出版社 1998年 298页

010201365
绵阳市审判志
四川省绵阳市中级人民法院编 绵阳 四川省绵阳市中级人民法院 1995年 341页〔绵阳市志丛书 57〕

008991723
武警绵阳市支队志
武警绵阳市支队编史办公室编纂 成都 巴蜀书社 2001年 324页〔中国人民武装警察部队四川省总队史志系列丛书〕

013958898
绵阳市技术监督志
绵阳市技术监督局编 1995年 231页〔绵阳市志丛书 61〕

013066379
绵阳市审计志
绵阳市审计局编辑组编 绵阳 绵阳市审计局 1996年 284页〔绵阳市志丛书 64〕

013337513
绵阳物资配套承包供应公司志 初稿
1993年 117页

008670980
绵阳市乡镇企业志
绵阳市乡镇企业管理局编 绵阳 绵阳市乡镇企业管理局 1996年 653页〔绵阳市志丛书 21〕

013337594
绵阳市城乡建设志 征求意见稿
绵阳市城乡建设委员会城乡建设志编纂委员会编 绵阳 绵阳市城乡建设委员会城乡建设志编纂委员会 1997年 940页

009387592
绵阳市城乡建设志
绵阳市城乡建设志编纂委员会编 成都 四川科学技术出版社 2001年 714页〔中华人民共和国地方志 四川省〕

008670934
绵阳市国土志
绵阳市国土局编纂 成都 四川科学技术出版社 1998年 538页

013337495
绵阳市粮食志 1911—1985
四川省绵阳市粮食局编 绵阳 绵阳市粮食局 1988年 216页〔绵阳(县级)市志丛书 9〕

010201378
绵阳市农业志 1949—1990
绵阳市农牧局编 绵阳 绵阳市农牧局 1996年 332页〔绵阳市志丛书 24〕

010476407
绵阳卷烟厂志
绵阳卷烟厂编纂 成都 四川人民出版社 2006年 393页〔四川省烟草志丛书〕

009554075
绵阳市电力工业志
涂国贵主编 成都 四川科学技术出版社 2002年 688页〔绵阳市志丛书 18〕

007845528
绵阳市电子工业志
绵阳市电子工业局编 成都 四川辞书出版社 1996年 390页〔绵阳市志丛书 10〕

009962439
绵阳市建筑志
绵阳市建委建筑志编纂委员会编 绵阳 绵阳市建委建筑志编纂委员会 2000年 391页〔中华人民共和国地方志 四川省〕

013601813
绵阳市煤炭工业志
绵阳市重工业局编 绵阳 绵阳市重工业局 2001年 238页〔绵阳市志丛书 15〕

012766249
绵阳市水利电力志
绵阳市水利电力局编 绵阳 绵阳市水利电力局 2001年 493页〔绵阳市志丛书 27〕

013066363
绵阳市第一纺织厂志 1966.10—1985.12
绵阳市第一纺织厂厂志编写组编 绵阳 绵阳市第一纺织厂厂志编写组 1986年 212页

013659631
绵阳市水利电力志 632—1985
绵阳市农机水电局编 绵阳 绵阳市农机水电局 1988年 298页〔绵阳市（县）志丛书 11〕

010280120
绵阳市烟草志
绵阳市烟草专卖局(分公司)编纂 成都 四川人民出版社 2006年 426页〔四川省烟草志丛书〕

013093135
绵阳市医药志
绵阳市医药管理局编 绵阳 绵阳市医药管理局 1996年 221页〔绵阳市志丛书 44〕

009231809
绵阳盐业志
四川省绵阳盐业分公司编纂 绵阳 四川省绵阳盐业分公司 1991年 267页

009414577

四川绵阳粮食机械厂厂志 1958—1987

四川绵阳粮食机械厂厂志编纂组编 绵阳 四川绵阳粮食机械厂厂志编纂组 1988年 128页

008670956

绵阳市交通志

绵阳市交通局编 成都 四川辞书出版社 1997年 486页

010201384

绵阳站站志 1953—1990

绵阳火车站编辑 绵阳 绵阳车站 1991年 309页

013224679

绵阳航务志

绵阳市交通局航务管理处 四川省绵阳市地方海事局编 绵阳 绵阳市交通局航务管理处 2008年 308页

010201305

绵阳交通稽征志

四川省绵阳市交通稽查征费处编 绵阳 四川省绵阳市交通稽查征费处 2004年 219页

013732016

通力公司志

绵阳市通力汽车运输有限公司编撰 绵阳 绵阳市通力汽车运输有限公司 2005年 2册

011805656

绵阳市旅游志

绵阳市旅游局编 绵阳 绵阳市旅游局 2001年 424页〔绵阳市志丛书 48〕

011327605

绵阳市邮电志

绵阳市邮电局编 绵阳 绵阳市邮电局 1991年 281页〔绵阳市志丛书 23〕

010201323

绵阳市供销合作志

绵阳市供销合作社联合社编 绵阳 供销合作社联合社 1994年 421页〔绵阳市志丛书 29〕

010201373

绵阳市粮油志

绵阳市粮食局编 绵阳 绵阳市粮食局 1993年 659页〔绵阳市志丛书 30〕

008670974

绵阳市物价志

绵阳市物价局编 绵阳 绵阳市物价局 1996年 784页〔绵阳市志丛书 62〕

011499424

绵阳市对外经济贸易志

绵阳市对外经济贸易委员会编 绵阳 绵阳市对外经济贸易委员会 1990年 435页〔绵阳市志丛书 31〕

008670930
绵阳市财政志
邹世权主编 绵阳市财政志编辑部编 成都 四川科学技术出版社 1999年 543页〔绵阳市志丛书〕

013337488
绵阳市财政志 1911—1985
绵阳市市中区财政局编 绵阳 绵阳市市中区财政局 1986年 397页〔绵阳(县级)市志丛书 4〕

008670972
绵阳市税务志
绵阳市税务局编 绵阳 绵阳市税务局 1994年 382页〔绵阳市志丛书 33〕

007845533
绵阳市金融志
绵阳市金融志办公室编纂 成都 四川辞书出版社 1993年 440页

009231805
绵阳市文化艺术志
绵阳市文化局编纂 成都 四川科学技术出版社 2000年 515页〔绵阳市志丛书 46〕

010201330
绵阳市广播电视志
绵阳市广播电视局编 绵阳 绵阳市广播电视局 1994年 152页〔绵阳市志丛书 47〕

009232140
绵阳图书发行志 1880—1985
四川省绵阳市新华书店编 绵阳 四川省绵阳市新华书店 1989年 200页

013337489
绵阳市档案志
绵阳市档案局编 绵阳 绵阳市档案局 1994年 289页

008670964
绵阳科技志
绵阳市科学技术志编纂委员会编 成都 四川人民出版社 1997年 350页

008421732
绵阳市教育志
绵阳市教育委员会编 绵阳 绵阳市教育委员会 1992年 486页

013342586
四川省绵阳外国语学校校志
绵阳外国语学校校志编委会编 绵阳 绵阳外国语学校 2011年 224页

011441053
绵阳卫生学校志 1958—1990
绵阳卫生学校校志编纂委员会编 绵阳 绵阳卫生学校校志编纂委员会 1992年 193页

010201317
绵阳市(县级)体育志

绵阳市体育运动委员会编 绵阳 绵阳市体育运动委员会 1987年 125页〔绵阳市志（县级）丛书 5〕

013337506
绵阳市体育志
绵阳市体育运动委员会编 绵阳 绵阳市体育运动委员会 1996年 467页〔绵阳市志丛书 29〕

011499419
绵阳市戏曲志
陈明星主编 陈永乐 唐永啸撰稿 绵阳市文化局绵阳市戏曲志编辑部编写 平武 四川省平武县印刷厂 1987年 177页

010201382
绵阳市曲艺志
绵阳市曲艺志编辑委员会编 绵阳 绵阳市文化局 1991年 208页

011805673
绵阳市冶金工业志
绵阳市重工业局编 绵阳 2001年 492页〔绵阳市志丛书 14〕

008424103
四川省绵阳市地名录
四川省绵阳市地名领导小组编 绵阳 四川省绵阳市地名领导小组 1986年 268页〔四川省地名录丛书 38〕

013337493
绵阳市建制沿革志
绵阳市地方志编纂委员会办公室编 绵阳 绵阳市地方志编纂委员会办公室 1989年 81页〔绵阳市志丛书 3〕

008430474
绵阳市自然地理志
李再纯 王文鹄编著 江瑞炯校订 绵阳市地方志编纂委员会办公室编 绵阳 绵阳市地方志编纂委员会办公室 1987年 131页〔绵阳（县级）市志丛书 8〕

008430343
绵阳市自然地理志
绵阳市自然地理志编辑部编 成都 四川辞书出版社 1997年 655页

013863675
四川省绵阳市第三人民医院院志
唐克新 钟伟 杨东主编 北京 大众文艺出版社 2007年 259页

009231807
四川省绵阳市中心医院志 1939—2000
四川省绵阳市中心医院编 绵阳 四川省绵阳市中心医院 2000年 508页

013774985
绵阳市卫生志 初稿
绵阳市卫生志编纂委员会办公室编 绵阳 绵阳市卫生志编纂委员会 1986

年 631 页

013337509

绵阳市卫生志

绵阳市市中区卫生局编 绵阳 本书编委会 1986 年 318 页〔绵阳(县级)市志丛书 6〕

009561672

绵阳市卫生志

绵阳市卫生局编 绵阳 绵阳市卫生局 1999 年 530 页〔绵阳市志丛书 43〕

012955187

绵阳市地方病防治志

绵阳市人民政府地方病防治领导小组办公室编 绵阳 绵阳市人民政府地方病防治领导小组办公室 2001 年 125 页〔绵阳市地方丛书 56〕

014047762

绵阳市土种志

四川省绵阳市农牧局编 1987 年 231 页

010201331

绵阳市环境保护志

绵阳市环境保护局编 绵阳 绵阳市环境保护局 1995 年 301 页〔绵阳市志丛书 55〕

010201386

绵阳市自然灾害志

绵阳市人民政府农村工作委员会 绵阳市人民政府抗灾救灾办公室编 绵阳 绵阳市人民政府 1998 年 264 页〔绵阳市志丛书 50〕

涪城区

011564551

涪城区志 1986—2002

绵阳市涪城区人民政府主办 涪城区志编纂委员会主编 成都 四川科学技术出版社 2007 年 591 页

013066366

绵阳市涪城区人民代表大会志 1993—2003

绵阳市涪城区人民代表大会志编纂委员会编 绵阳 绵阳市涪城区人民代表大会志编纂委员会 2005 年 468 页

013508678

绵阳市市中区人民代表大会志

绵阳市市中区人民代表大会志编纂领导小组编 绵阳 绵阳市市中区人大 1999 年 678 页

012873304

绵阳市涪城区人民政协志

中国人民政治协商会议四川省绵阳市涪城区委员会编 2001 年 432 页

013959468

汶川特大地震涪城抗震救灾志

汶川特大地震涪城抗震救灾志编纂委

员会编纂 北京 方志出版社 2013 年 564 页

013990951
绵阳市市中区检察志 续写修改本
绵阳市市中区人民检察院编 绵阳 绵阳市市中区人民检察院 1993 年 210 页〔绵阳市（县级）志丛书 17〕

013990953
绵阳市市中区司法志
杨宗金主编 绵阳市市中区司法局编 绵阳 绵阳市市中区司法局 1993 年 197 页〔绵阳市市中区（县级）志丛书 17〕

013933213
绵阳市税务志 1912—1985
绵阳市市中区税务局编 绵阳 绵阳市市中区税务局 1991 年 435 页〔绵阳市（县级）志丛书 10〕

011472968
涪城区农村合作金融志 1936—2005
绵阳市涪城区农村合作信用社编 绵阳 涪城区农村合作信用社 2006 年 385 页

013730284
绵阳市涪城区教育文化体育志 1990—2007
绵阳市涪城区教育文化体育志编纂委员会编 绵阳 绵阳市涪城区教育文化体育志编纂委员会 2011 年 377 页

游仙区

012614110
绵阳市游仙区志 1992—2005
绵阳市游仙区人民政府编 西安 太白文艺出版社 2009 年 675 页

013323126
玉河镇志
中共绵阳市游仙区玉河镇委员会 绵阳市游仙区玉河镇人民政府编 绵阳 绵阳市魏城彩印厂 2005 年 210 页

013343515
游仙区人口计划生育志
绵阳市游仙区计划生育局编 绵阳 绵阳市游仙区计划生育局 2004 年 191 页

012175203
游仙民政志 1993—2002
王荣忠主编 苏兴贵 王之明副主编 绵阳市游仙区民政局编 绵阳 绵阳市游仙区民政局 2002 年 303 页

013186047
游仙交通志
绵阳市游仙区交通局编 绵阳 游仙区交通局 2000 年 454 页

江油市

008470878
江油县志
江油市地方志编纂委员会编纂 成都 四川人民出版社 2000年 1354页

008992439
江油县工会志 1931—1988.6
江油市总工会会志编纂领导小组编 江油 江油市总工会会志编纂领导小组 1989年 169页〔四川省江油市地方志丛书 29〕

008992429
江油市公安志
江油市公安局编 江油 江油市公安局 1992年 381页〔江油市地方志丛书 33〕

008992424
江油市民政志
江油市民政局编 江油 江油市民政局 2000年 381页

008992433
江油市审判志 1840—1999
江油 江油市人民法院 2000年 325页

008992438
江油城乡建设志
刘让贵编纂 江油 江油市建设委员会 1998年 415页〔四川省江油县地方志丛书 34〕

008991486
四川石油管理局川西北矿区志
四川石油管理局川西北矿区志编辑室编纂 成都 巴蜀书社 1998年 497页

010686849
长城钢厂四分厂志 1965—1985
冶金工业部长城钢厂四分厂厂志编纂委员会办公室编 四川 冶金工业部长城钢厂 1988年 643页

011496838
长城钢厂运输部志 1965—1985
长城钢厂运输部编 江油 长城钢厂 200u年 377页

010291863
江油县水利电力志
江油市水利电力局编 江油 江油市水利电力局 1991年 382页〔四川省江油县地方志丛书 25〕

008992436
江油县邮电志
江油县邮电局编 江油 江油县邮电局 1990年 276页〔江油县地方志丛书 21〕

013092991
江油市广播电视志 1936—2008
江油市广播电视局编 江油 江油市广播

电视局 2009 年 366 页

009387583

江油图书发行志 1723—1990

四川省江油市新华书店编 江油 四川省江油市新华书店 1991 年 281 页〔四川省江油县地方志丛书 32〕

013926395

江油县教育志 1903—1988

江油市教育委员会教育志编纂室编 江油 江油市教育委员会教育志编纂室 1990 年 2 册 708 页〔四川省江油县地方志丛书 28〕

008414448

四川省江油县地名录

江油县地名领导小组编 江油 江油县地名领导小组 1988 年 384 页〔四川省地名录丛书 51〕

009336834

窦圌山志

肖定沛编著 成都 四川人民出版社 1991 年 182 页

012968085

江油市人民医院志

江油市人民医院志编纂领导小组编纂 江油 江油市人民医院志编纂领导小组 2007 年 576 页

三台县

007905706

三台县志

四川省三台县志编纂委员会编纂 成都 四川人民出版社 1992 年 979 页

013723651

三台县志 1988—2005

三台县志编纂委员会编 北京 方志出版社 2012 年 792 页

013461925

三台县总工会志 1927—1985

三台县总工会志编写小组编 三台 三台县总工会志编写小组 1988 年 151 页〔三台县地方志丛书 121〕

013461921

三台县政协志 1950—1990

中国人民政治协商会议四川省三台县委员会编 三台 中国人民政治协商会议四川省三台县委员会 1992 年 213 页〔三台县地方志丛书〕

013342495

三台县政协志 1991—2007

中国人民政治协商会议四川省三台县委员会编 三台 中国人民政治协商会议四川省三台县委员会 2007 年 155 页

007845514
三台县公安志
三台县公安局编 成都 四川辞书出版社 1995年 570页

009414520
三台县民政志
三台县民政志编写组编印 三台 三台县民政志编写组 1987年 252页〔三台县地方志丛书 127〕

008671832
三台县法院志
三台县法院志编纂领导小组编 三台 三台县法院志编纂领导小组 1999年 383页

013509257
三台县检察志 1937—1985
三台县检察志编写组编 三台 三台县检察志编写组 1987年 139页

008421970
三台县电力公司志 1986—1993
三台县电力公司志编写组编 成都 四川人民出版社 1995年 248页

013342454
三台县石油公司志
三台县石油公司志编写组编 三台 三台县石油公司志编写组 1987年 119页〔三台县地方志丛书 260〕

008430270
三台县水利电力志
三台县水利电力志编纂领导小组编纂 成都 四川人民出版社 1997年 386页

008671834
三台县永安电厂志
三台县永安电厂志编写组编 三台 三台县永安电厂 1987年 244页〔三台县地方志丛书 177〕

012877189
四川永安水利电力股份有限公司志 1994—2000
四川永安水利电力股份有限公司志编写组编 四川 四川永安水利电力股份有限公司志编写组 2002年 339页

013933338
三台县建设区供销合作志
三台县建设区供销合作志编写组编 三台 三台县建设区供销合作志编写组 1986年 142页

013755967
三台信合志
三台县农村信用合作联社编 三台 三台县农村信用合作联社 2011年 309页

013933339
三台县教育志
三台县教育局编制小组编 三台 三台县

教育局 1991 年 400 页〔三台县地方志丛书 185〕

013096307
三台师范校志 1945—1988
四川省三台师范学校编 三台 四川省三台师范学校 1990 年 153 页

008414457
四川省三台县地名录
三台县地名领导小组编 三台 三台县地名领导小组 1986 年 436 页〔四川省地名录丛书 48〕

009995318
三台县人民医院志
三台县人民医院志编纂领导小组编 三台 三台县人民医院志编纂领导小组 2002 年 250 页

盐亭县

007342646
盐亭县志
四川省盐亭县志编纂委员会编纂 成都 四川文艺出版社 1991 年 851 页

013732538
盐亭县公安志
盐亭县公安局编 盐亭 盐亭县公安局 1998 年 505 页

011444165
盐亭县农业志
盐亭县农业志编写组编 盐亭 盐亭县农业志编写组 1985 年 310 页〔盐亭县地方志丛书 1〕

013660328
四川省盐亭县交通志
盐亭县交通志编纂领导小组编 盐亭 盐亭县交通志编纂领导小组 1985 年 210 页

014052910
盐亭县教育志
盐亭县教育体育局编 盐亭 盐亭县进修校印刷厂 2003 年 452 页

008395139
四川省盐亭县地名录
盐亭县地名地名领导小组编 盐亭 盐亭县地名地名领导小组 1986 年 335 页〔四川省地名录丛书 46〕

008421758
盐亭县肿瘤防治志
四川省盐亭县志编纂委员会办公室 四川省盐亭县肿瘤防治研究所编 盐亭 盐亭县国营印刷厂 1987 年 215 页

安县

005696778
安县志

四川省安县志编纂委员会编纂 成都 巴蜀书社 1991年 838页

012540814
安县志 1986—2002
安县志续修编纂委员会编 成都 四川科学技术出版社 2009年 470页

012132429
安县军事志 1986—2005 送审稿
四川省安县人民武装部编 安县 四川省安县人民武装部 2008年 290页

013817875
安县水利电力志
四川省安县水电农机局编 安县 四川省安县水电农机局 1987年 229页〔四川省安县地方志丛书〕

008395133
四川省安县地名录
安县地名领导小组编 安县 安县地名领导小组 1986年 202页〔四川省地名录丛书 55〕

梓潼县

008391846
梓潼县志
四川省梓潼县地方志编纂委员会编 北京 方志出版社 1999年 1288页

013323317
梓潼县志 1994—2005
梓潼县县志编纂委员会编 成都 四川人民出版社 2011年 712页

010201406
中国共产党四川省梓潼县纪检志 1950—1992
中共梓潼县纪律检查委员会编 梓潼 中共梓潼县纪律检查委员会 1994年 186页

013965111
汶川特大地震梓潼抗震救灾志
汶川特大地震梓潼抗震救灾志编纂委员会编 北京 方志出版社 2013年 427页

012546806
梓潼县民政志 1861—1987
梓潼县民政志编纂办公室编 梓潼 梓潼县民政局 1990年 304页

009336830
梓潼县交通志
梓潼县交通局编 梓潼 梓潼县交通局 1999年 174页

012839363
梓潼县粮食志 1912—1987
梓潼县粮食局编 梓潼 梓潼县粮食局 1992年 306页

012839374

梓潼县税务志 1912—1990

梓潼县税务局编 梓潼 梓潼县税务局 1993 年 439 页〔四川省梓潼县地方志丛书 11〕

009336828

梓潼县文化志

梓潼县文化体育局编 梓潼 梓潼县文化体育局 2000 年 228 页〔梓潼县志丛书 21〕

011447212

梓潼县科技志

梓潼 梓潼县科学技术委员会 1988 年 209 页

011501630

梓潼县文物志 初稿

梓潼县文物管理所编 梓潼 梓潼县文物管理所 1984 年 166 页

008395135

四川省梓潼县地名录

梓潼县地名领导小组编 梓潼 梓潼县地名领导小组 1986 年 239 页〔四川省地名录丛书 45〕

014056742

梓潼县人民医院志

梓潼县人民医院志编纂领导小组编纂 成都 四川人民出版社 2003 年 412 页

012839370

梓潼县水利电力志

梓潼县水利电力局编 梓潼 梓潼县水利电力局 1994 年 230 页〔四川省梓潼县地方志丛书 7〕

平武县

007994515

平武县志

平武县县志编纂委员会编 成都 四川科学技术出版社 1997 年 1061 页

013730372

平武县人民代表大会志

平武县人民代表大会常务委员会编 沈阳 辽宁教育出版社 2012 年 368 页

013958927

平武县政协志

平武县政协编 平武 平武县政协 2002 年 397 页

013753749

平武县劳动志

平武县劳动局编 平武 平武县劳动局 1994 年 250 页

013958925

平武县交通志

曾维益执笔 平武县交通局编修 平武 平武县交通局 1997 年 396 页

013002375

平武县教育志 586—1990

平武县文教局编 平武 平武县文教局 1992年 369页

013936390

四川省平武县南坝中学校志 1958—2009

吕世国主编 哈尔滨 哈尔滨工程大学出版社 2011年 283页

008414171

四川省平武县地名录

平武县地名领导小组编 平武 平武县地名领导小组 1982年 295页〔四川省地名录丛书 43〕

012722024

平武县自然地理志

李再纯编著 江瑞炯校订 平武县人民政府编 平武 平武县人民政府 1993年 325页

北川羌族自治县

010141170

北川县志 初稿

北川县志编委办公室编 北川 北川县志编委办公室 1987年

008669343

北川县志

北川县志编纂委员会编纂 北京 方志出版社 1996年 808页

008865287

北川县志 多经志

北川县志多经志编写领导小组编 北川 北川县志多经志编写领导小组 1987年 82页

008865276

北川县志 交通志 1912—1985

四川省北川县交通志编写领导小组编 北川 四川省北川县交通志编写领导小组 1987年 79页

008865285

北川县志 粮油志 1912—1985

四川省北川县粮食局编 北川 四川省北川县粮食局 1986年 125页

008865264

北川县志 林业志

四川省北川县林业局编 北川 四川省北川县林业局 1989年 266页

008865273

北川县志 卫生医药志 1911—1985

北川县卫生医药志编写领导小组编 北川 北川县卫生医药志编写领导小组 1988年 109页

008865288

北川县志 物价志 1912—1985

四川省北川县物价局编 北川 四川省北

川县物价局 1987年 183页

008865315
北川县公安志
北川县公安局编 北川 北川县公安局 1996年 289页

012520467
北川"5·12"大地震抗震救灾纪实
王理效著 中共北川羌族自治县委党史研究室 北川羌族自治县地方志办公室编 北京 中共党史出版社 2009年 2册 1051页

009442619
北川县民政志 1912—2000
北川县民政局编 北川 北川县民政局 2002年 374页

008865265
北川县国土志
北川县国土局编 北川 北川县国土局 1998年 268页

008865281
北川县二轻工业志
姜定周主编 王慧副主编 北川县二轻工业局编 北川 北川县二轻工业局 1987年 75页

008865295
北川县擂鼓煤矿志 1958—1987
北川县地方志办公室编 北川 北川县地方志办公室 1988年 96页

008865270
北川县商业志 1912—1985
四川省北川县商业局编 北川 四川省北川县商业局 1987年 170页

008865267
北川县教育志 清末—1988
四川省北川县教育志编写领导小组编 北川 四川省北川县教育志编写领导小组 1991年 466页

008865317
陈家坝中学校志 1958—1994
陈家坝中学校志编委会编 北川 陈家坝中学校志编委会 1995年 173页

008395128
四川省北川县地名录
北川县地名领导小组编 北川 北川县地名领导小组 1987年 236页〔四川省地名录丛书 53〕

广元市

007908408
广元县志
广元市地方志编纂委员会编 成都 四川辞书出版社 1994 年 1034 页

008430424
柏林沟乡志
四川省广元市市中区柏林沟乡志编纂领导小组编 广元 广元市市中区柏林沟乡志编纂领导小组 1987 年 94 页

008430435
四川省广元县东坝乡志
四川省广元市市中区东坝办事处编纂 广元 四川省广元市市中区东坝办事处 1989 年 171 页

008672136
下西乡志
曾继达主编 广元 下西乡印刷厂 1985 年 198 页

008430448
广元县工会志
广元市总工会编 广元 广元市总工会 1990 年 217 页〔广元市地方志丛书 16〕

009336663
武警广元市支队志
武警广元市支队编史办公室编纂 成都 巴蜀书社 2001 年 367 页〔中国人民武装警察部队四川省总队史志系列丛书〕

009312683
广元市军事志 1912—2000
广元市军事志编纂委员会编 广元 广元市军事志编纂委员会 2002 年 277 页

008429594
广元县乡镇企业志
四川省广元市乡镇企业局编 广元 四川省广元市乡镇企业局 1988 年 114 页

013728689
广元市林业志
广元市林业局编 北京 中央民族大学出版社 2012 年 417 页

010476402
广元市烟草志
广元市烟草专卖局(分公司)编纂 成都 四川人民出版社 2006 年 367 页〔四川省烟草志丛书〕

013706361
四川广旺能源发展(集团)有限责任公司志 1962—1990
四川广旺能源发展(集团)有限责任公

司志编纂委员会编 广元 四川广旺能源发展(集团)有限责任公司志编纂委员会 2012年 541页

013706366

四川广旺能源发展(集团)有限责任公司志 1991—2012

四川广旺能源发展(集团)有限责任公司志编纂委员会编 广元 四川广旺能源发展(集团)有限责任公司志编纂委员会 2012年 576页

013989068

广元市交通志

广元市交通志编纂委员会编纂 广元 广元市交通志编纂委员会 2006年 386页

010113990

广元市粮油志 1985—2000

广元市粮食局编 广元 广元市粮食局 2004年 377页

008430443

广元县商业志

广元市商业局编 广元 广元市商业局 1989年 182页

009881528

广元市地税志

广元市地税志编纂委员会编 广元 广元市地方税务局 2005年 395页〔广元市地方志丛书〕

013129059

广元税务志

广元市税务志编纂委员会编纂 广元 广元市税务志编纂委员会 2000年 347页〔广元市地方志丛书〕

009817992

广元市金融志 1950—2004

广元市金融志编纂委员会编 成都 四川大学出版社 2005年 536页

011995672

广元文化志

广元市文化局 广元市新闻出版版权局编 广元 广元市文化局 2005年 2册

008420645

四川省广元书店志 1910—1985

广元市新华书店编 广元 广元市新华书店 1989年 127页〔广元市地方志丛书 15〕

009890314

广元市教育志

广元市教育志编纂委员会编纂 西安 西安地图出版社 2005年 934页

008428251

四川省广元县地名录

四川省广元县地名领导小组编 广元 四川省广元县地名领导小组 1988年 614页〔四川省地名录丛书 54〕

008670066
广元县城乡建设环保志
四川省广元市建设委员会编 广元 四川省广元市建设委员会 1988年 282页〔广元市地方志丛书 5〕

利州区

008422537
羊模区志
四川省广元市市中区羊模区志编写领导小组编 广元 广元市市中区羊模区志编写领导小组 1986年 271页〔广元市地方志丛书乡镇志 2〕

昭化区

013728693
广元市元坝区纪检监察志 1987.1—2007.12
中共广元市元坝区纪律检查委员会 广元市元坝区监察局编 元坝区 广元市元坝区监察局 2009年 244页〔广元市元坝区地方志丛书〕

朝天区

010779068
朝天区志 1986—2005
广元市朝天区地方志编纂委员会编 北京 方志出版社 2007年 749页

旺苍县

007793025
旺苍县志
四川省旺苍县志编纂委员会编纂 成都 四川人民出版社 1996年 803页〔中华人民共和国地方志丛书〕

011998489
旺苍县志 1986—2005
旺苍县地方志编纂委员会编纂 北京 中国民族摄影艺术出版社 2008年 939页

008421968
旺苍县志 矿产志
四川省旺苍县志编纂委员会编 旺苍 四川省旺苍县志编纂委员会 1988年 44页

013731955
旺苍县英萃镇志 1911—2008
旺苍县英萃镇志编纂委员会编 英萃镇 旺苍县英萃镇志编纂委员会 2012年 441页

013010683
旺苍县政协志 1950—2003
中国人民政治协商会议四川省旺苍县委员会编 旺苍 中国人民政治协商会议四川省旺苍县委员会 2003年 333页〔旺苍县地方丛书〕

014052334

旺苍县公安志 1730—2005

李良宝 吴长伟审定 杨永芳校印 旺苍 四川省旺苍县公安局 2006年 605页

012970499

旺苍县乡镇企业志 1978—2000

旺苍县乡镇企业局 旺苍县煤炭管理局编 旺苍 旺苍县乡镇企业局 旺苍县煤炭管理局 2003年 288页

012249934

东河印制公司五零五厂志

石家梅编 北京 中国金融出版社 1993年 390页〔中国印钞造币志丛书〕

009554067

旺苍县邮电志

四川省旺苍县邮电局编 旺苍 四川省旺苍县邮电局 1988年 225页

009995323

四川省旺苍县地名录

旺苍县地名领导小组编 旺苍 旺苍县地名领导小组 1988年 313页〔四川省地名录丛书 49〕

青川县

008487033

青川县志

青川县志编纂委员会编 成都 成都科技大学出版社 1992年 1049页

012266083

青川县志 安全生产监督管理志 1980—2005

青川县安全生产监督管理局编 青川县地方志编纂委员会办公室审 青川 青川县安全生产监督管理局 2005年 160页〔青川县地方志丛书 24〕

012266109

青川县志 扶贫开发志 1986—2002

青川县扶贫开发办公室编 青川县地方志编纂委员会办公室审 青川 青川县扶贫开发办公室 2007年 177页〔青川县地方志丛书 21〕

013144659

青川县志 劳动和社会保障志 1942—2002

青川县劳动和社会保障局编 青川县地方志编纂委员会办公室审 青川 青川县劳动和社会保障局 2006年 224页〔青川县地方志丛书 33〕

012266117

青川县志 青川县人民政府办公室志 1986—2002

青川县人民政府办公室编 青川县地方志编纂委员会办公室审 青川 青川县人民政府办公室 2005年 272页〔青川县地方志丛书 13〕

012266125

青川县志 人大志 1986—2002

青川县人大常委会办公室编 青川县地方志编纂委员会办公室审 青川 青川县人大常委会办公室 2006年 164页〔青川县地方志丛书 68〕

012266169
青川县志 人民法院志 1986—2004
青川县人民法院编 青川县地方志编纂委员会办公室审 青川 青川县人民法院 2005年 100页〔青川县地方志丛书 19〕

012266134
青川县志 人事志 1986—2002
青川县人事局编 青川县地方志编纂委员会办公室审 青川 青川县人事局 2007年 193页〔青川县地方志丛书 56〕

013822212
青川县志 沙州镇志 前201—2003
青川县沙州镇人民政府编 青川 青川县沙州镇人民政府 2006年〔青川县地方志丛书 34〕

012266136
青川县志 统计志 1986—2004
青川县统计局编 青川县地方志编纂委员会办公室审 青川 青川县统计局 2006年 156页〔青川县地方志丛书 39〕

012252341
青川县志 卫生志 1986—2002
青川县卫生局编 青川县地方志编纂委员会办公室审 青川 青川县卫生局 2006年 243页〔青川县地方志丛书 3〕

013731068
青川县志 文化旅游志 1926—2007
青川县文化体育局编 青川 青川县文化体育局 2009年 174页〔青川县地方志丛书 81〕

012266155
青川县志 物价志 1942—2003
青川县物价局编 青川县地方志编纂委员会办公室审 青川 青川县物价局 2007年 383页〔青川县地方志丛书 69〕

012266164
青川县志 县关心下一代工作委员会志 1992—2005
青川县关心下一代工作委员会编 青川县地方志编纂委员会办公室审 青川 青川县关心下一代委员会 2006年 183页〔青川县地方志丛书 46〕

012266174
青川县志 县人民医院志 1948—2004
青川县人民医院编 青川县地方志编纂委员会办公室审 青川 青川县人民医院 2005年 278页〔青川县地方志丛

书 30〕

012266191
青川县志 中共青川县委统战志 1935—2002
中共青川县委统战部编 青川县地方志编纂委员会办公室审 青川 中共青川县委统战部 2006 年 180 页〔青川县地方志丛书 22〕

009253958
青川县统计志
四川省青川县志编纂委员会编 青川 四川省青川县志编纂委员会 1988 年 71 页

009253953
青川县人口民族志 1942—1985
青川县人口民族志编写组编 青川 青川县志编纂委员会 1989 年 54 页

009253928
青川县人大志
四川省青川县县志编纂委员会编 青川 四川省青川县县志编纂委员会 1987 年 112 页

009253984
青川县人事志
四川省青川县县志编纂委员会编 青川 四川省青川县县志编纂委员会 1990 年 92 页

009253986
青川县公安志 1942—1985
青川县公安局公安志编写组编 青川 青川县公安局公安志编写组 1989 年 195 页

012832040
杭州市支援青川县灾后恢复重建指挥部志
杭州市支援青川县灾后恢复重建指挥部 杭州市人民政府地方志办公室 杭州市对口支援工作领导小组办公室编 杭州 杭州市支援青川县灾后恢复重建指挥部 2010 年 295 页

012956975
杭州市支援四川抗震救灾和青川灾后恢复重建志
杭州市支援青川县灾后恢复重建工作办公室 杭州市人民政府地方志办公室编 北京 北京方志出版社 2011 年 394 页

009253917
青川县政权志
四川省青川县志编纂委员会编 青川 四川省青川县志编纂委员会 1987 年 116 页

009253979
青川县法院志
四川省青川县人民法院编 青川 四川省青川县人民法院 1988 年 135 页

009253908
青川县检察院志
四川省青川县县志编纂委员会编 青川 四川省青川县县志编纂委员会 1989年 44页

009253944
青川县工商行政管理志
四川省青川县县志编纂委员会编 青川 四川省青川县县志编纂委员会 1989年 58页

009254010
青川县林业志
四川省青川县县志编纂委员会编 青川 四川省青川县县志编纂委员会 1993年 84页

012266061
青川县林业志 1986—2002
青川县林业局编 青川县地方志编纂委员会办公室审 青川 青川县林业局 2006年 301页〔青川县地方志丛书41〕

009253219
青川县畜牧志 1942—1985
四川省青川县县志编纂委员会编 青川 四川省青川县县志编纂委员会 1988年 98页

009253915
青川县农业志
四川省青川县县志编纂委员会编 青川 四川省青川县县志编纂委员会 1990年 114页

009253914
青川县二轻工业志 1954—1985
四川省青川县志编纂委员会编 青川 四川省青川县志编纂委员会 1987年 106页

008671786
青川县交通志
青川县交通局主编 青川 青川县交通局 1989年 158页〔青川县地方志丛书〕

009253976
青川县邮电志
四川省青川县志编纂委员会编 青川 四川省青川县志编纂委员会 1987年 124页

009253964
青川县供销合作志
四川省青川县志编纂委员会编 青川 四川省青川县志编纂委员会 1989年 169页

013822201
青川县粮油志 1986—2005
四川省青川县粮食局编 青川 青川县粮食局 2007年 356页〔青川县地方志丛书40〕

009253930

青川县商业志

四川省青川县县志编纂委员会编 青川 四川省青川县县志编纂委员会 1988 年 152 页

009253924

青川县土特产 灾害志

四川省青川县县志编纂委员会编 青川 四川省青川县县志编纂委员会 1986 年 40 页

009253902

青川县财政志

四川省青川县县志编纂委员会编 青川 四川省青川县县志编纂委员会 1989 年 87 页

009253920

青川县税务志

四川省青川县县志编纂委员会编 青川 四川省青川县县志编纂委员会 1987 年 88 页

009253968

青川县金融志

四川省青川县志编纂委员会编 青川 四川省青川县志编纂委员会 1989 年 140 页

009253905

青川县广播电视志

四川省青川县县志编纂委员会编 青川 四川省青川县县志编纂委员会 1988 年 90 页

009253973

青川县图书发行志 1950—1985

四川省青川县县志编纂委员会编 青川 四川省青川县县志编纂委员会 1989 年 54 页

009253970

青川县科协志

四川省青川县县志编纂委员会编 青川 四川省青川县县志编纂委员会 1990 年 65 页

009254008

青川县教育志

教育志编写组编 青川 教育志编写组 1989 年 259 页

011998319

四川省青川中学校校志 1943—2003

四川省青川中学校编 青川 青川中学校 2005 年 228 页〔青川县地方志丛书 7〕

009253932

青川县人物志

四川省青川县县志编纂委员会编 青川 四川省青川县县志编纂委员会 1987 年 129 页

009253946

青川县建置沿革志

四川省青川县县志编纂委员会编 青川 四川省青川县县志编纂委员会 1987年 58页

008395134

四川省青川县地名录

四川省青川县地名领导小组编 青川 四川省青川县地名领导小组 1989年 314页〔四川省地名录丛书 44〕

009253910

青川县自然地理志

四川省青川县县志编纂委员会编 青川 四川省青川县县志编纂委员会 1987年 69页

009254005

青川县卫生志

青川县卫生志编纂领导小组编 青川 青川县卫生志编纂领导小组 1988年 181页

009253858

青川县水电农机志

四川省青川县志编纂委员会编 青川 四川省青川县志编纂委员会 1990年 84页

剑阁县

007481998

剑阁县志

四川省剑阁县志编纂委员会编纂 成都 巴蜀书社 1991年 1072页

009387578

剑阁县教育工会志 1905—1995

剑阁县教育工会编 剑阁 剑阁县教育工会 1996年 216页

014032911

剑阁县政协志

中国人民政治协商会议四川省剑阁县委员会编 剑阁 中国人民政治协商会议四川省剑阁县委员会 1989年 142页

014032908

剑阁县民政志

剑阁县民政志编纂领导小组编 剑阁 剑阁县民政志编纂领导小组 1988年 245页

008670325

剑阁县建设志

剑阁县建设委员会编 剑阁 剑阁县建设委员会 1989年 258页

009414515

剑阁县广播电视志 1937—1985

剑阁县广播电视志编纂小组编 剑阁 剑

阁县广播局 1986 年 124 页

012139310
剑阁县广播电视志 1985—2006
剑阁县广播电视局编 剑阁 剑阁县广播局 2008 年 280 页〔剑阁县地方志丛书〕

012680230
剑阁县教育志 2000—2007
剑阁县教育志编纂委员会编 成都 四川人民出版社 2010 年 682 页

011325305
剑阁县文物志
剑阁县文物保护管理所编 剑阁 剑阁县文物保护管理所 1985 年 195 页

008414449
四川省剑阁县地名录
剑阁县地名领导小组编 剑阁 剑阁县地名领导小组 1986 年 490 页〔四川省地名录丛书 42〕

013684396
剑门关志
张述林 邓元煊 王珏纂 成都 巴蜀书社 1995 年 260 页

苍溪县

006350773
苍溪县志

四川省苍溪县志编纂委员会编 成都 四川人民出版社 1993 年 1074 页

012503670
苍溪县志 政协志 1950—2002
中国人民政治协商会议四川省苍溪县委员会编 苍溪 中国人民政治协商会议四川省苍溪县委员会 2002 年 511 页

008835912
苍溪县民政志
四川省苍溪县民政局编 苍溪 四川省苍溪县民政局 1987 年 2 册 396 页

008669935
苍溪县民政志
苍溪县民政局编 苍溪 苍溪县民政局 1990 年 164 页〔苍溪县地方志丛书 7〕

009408098
苍溪蚕丝志
李淑谦主编 成都 四川人民出版社 1996 年 308 页〔苍溪县地方志丛书 17〕

008427259
四川省苍溪县地名录
苍溪县地名领导小组编 苍溪 苍溪县地名领导小组 1982 年 391 页〔四川省地名录丛书 90〕

013771537
苍溪县城乡建设环境保护志
苍溪县城乡建设环境保护局编 苍溪 苍溪县装潢印刷厂 1992年 235页〔苍溪县地方志丛书 13〕

遂宁市

009232042
川中矿区志
四川石油管理局川中矿区志编辑室编 成都 巴蜀书社 2000年 697页

010730501
遂宁市志
遂宁市志编纂委员会编纂 北京 方志出版社 2006年 2册 2222页

007905712
遂宁县志
四川省遂宁市地方志编纂委员会编纂 成都 巴蜀书社 1993年 1083页

013822728
遂宁市河东新区志
遂宁市河东新区志编纂委员会办公室编 遂宁 遂宁市河东新区志编纂委员会办公室 2011年 236页〔四川省遂宁市地方志丛书 33〕

011328132
灵泉寺志 581—1992
灵泉寺志编纂委员会编 遂宁 灵泉寺志编纂委员会 1994年 314页〔四川省遂宁市地方志丛书〕

013131333
遂宁县总工会志 1922—1985
遂宁县总工会志编纂领导小组编 遂宁 遂宁县总工会志编纂领导小组 1988年 228页〔遂宁县地方志丛书 1〕

012956020
遂宁市人大志
四川省遂宁市人大常委会办公室编 遂宁 四川省遂宁市人大常委会办公室 2009年 371页

013131274
遂宁公安志 1900—2000
四川省遂宁市公安局遂宁公安志编纂委员会编纂 遂宁 四川省遂宁市公安局遂宁公安志编纂委员会 2002年 658页

009232056
遂宁市军转志
遂宁市军转志编纂委员会编 遂宁 1998年 268页

009336660

武警遂宁市支队志

武警遂宁市支队编史办公室编纂 成都 巴蜀书社 2001 年 271 页〔中国人民武装警察部队四川省总队史志系列丛书〕

008672064

遂宁市国土志

遂宁市国土局编 遂宁 遂宁市国土局 1997 年 374 页

012969718

遂宁市建设志

遂宁市规划和建设局编 遂宁 遂宁市规划和建设局 2006 年 565 页

009232002

四川飞虹轴瓦股份有限公司志 1966—1996

四川飞虹轴瓦股份有限公司志编辑纂委员会编 四川 四川飞虹轴瓦股份有限公司 1998 年 282 页〔遂宁地方志丛书〕

011066626

四川蓬莱盐化有限公司志 1987—2003

四川蓬莱盐化有限公司志办公室编纂 遂宁 四川蓬莱盐化有限公司志办公室 2005 年 548 页

013131272

遂宁纺织工业志 1840—2005

中国四川遂宁纺织协会编纂 遂宁 中国四川遂宁纺织协会 2006 年 462 页

013131278

遂宁轻化工业志

四川省遂宁轻化工业志行业管理办公室编纂 遂宁 遂宁市涪江印务有限公司 2004 年 321 页

013131314

遂宁市机器厂厂志 1951—1990

遂宁市机器厂厂志编写委员会编 遂宁 遂宁市机器厂厂志编写委员会 1991 年 199 页

010962492

遂宁市烟草志

遂宁市烟草专卖局(分公司)编纂 成都 四川人民出版社 2006 年 223 页〔四川省烟草志丛书〕

013131322

遂宁县电力公司志

遂宁县电力公司志编辑组编 遂宁 遂宁县电力公司志编辑组 1985 年 183 页〔遂宁县地方志丛书 24〕

013131327

遂宁县水利电力志

遂宁县水利电力志编纂办公室编 遂宁 遂宁县水利电力志编纂办公室 1985 年 229 页〔遂宁县地方志丛书 23〕

008672066
遂宁市交通志
遂宁市交通局编 遂宁 遂宁市交通局 1997年 343页

008672068
遂宁市邮电志 1903—1995
遂宁市邮电志编辑室编 遂宁 遂宁市邮电志编辑室 1996年 384页

013131282
遂宁市供销合作社志
遂宁市供销合作社联合社编纂 遂宁 遂宁市供销合作社联合社 2005年 257页

013002619
遂宁地方税务志 1908—2002
四川省遂宁市地税局遂宁地方税务志编纂委员会编纂 遂宁 四川省遂宁市地税局遂宁地方税务志编纂委员会 2004年 440页

013131302
遂宁市国家税务志 1840—2004
遂宁市国家税务局编纂 遂宁 遂宁市国家税务局 2006年 754页

009340897
遂宁市金融志
遂宁市金融志编纂办公室编纂 成都 四川人民出版社 2003年 365页

013936407
遂宁市文化艺术志
遂宁市文化局编纂 遂宁 遂宁市文化局 2011年 356页〔遂宁市地方志丛书32〕

013342594
遂宁广播电视志
四川遂宁市广播电视局编印 遂宁 四川遂宁市广播电视局 2006年 228页

009388381
遂宁图书发行志 1858—1987
四川省遂宁市新华书店编 遂宁 四川省遂宁市新华书店 1990年 261页

013959418
遂宁档案志 1935—2003
遂宁市档案局遂宁档案志编纂委员会编 遂宁 遂宁市档案局遂宁档案志编纂委员会 2005年 222页

013131317
高升街小学校志 1919—1994
李向富主编 遂宁 高升街小学 1994年 50页

012208233
四川省遂宁中学校志 785—2005
遂宁中学校志编纂委员会编纂 遂宁 遂宁中学校志编纂委员会 2005年 495页

013131269
遂宁二中志
四川省遂宁二中编 遂宁 四川省遂宁二中 2004 年 124 页

013321006
遂宁一中校志 1905—2005
四川省遂宁一中校志编纂委员会编 遂宁 四川省遂宁一中校志编纂委员会 2005 年 2 册

011500647
四川省遂宁师范学校志 1914—2004
四川省遂宁师范学校志编纂委员会编 遂宁 四川省遂宁师范学校 2004 年 287 页

013131266
四川省遂宁市音乐舞蹈志
翟昌权主编 遂宁市音乐家舞蹈家协会编印 遂宁 遂宁市音乐家舞蹈家协会 1999 年 340 页

008414443
四川省遂宁县地名录
四川省遂宁县地名领导小组编 遂宁 遂宁县地名领导小组 1985 年 325 页〔四川省地名录丛书 52〕

013404373
广德寺志
广德寺志编纂委员会编 遂宁 四川省遂宁市广德寺志编纂委员会 2010 年 701 页〔四川省遂宁市地方志丛书 36〕

010113987
广德寺志 618—1988
四川省遂宁市广德寺志编纂委员会编 遂宁 四川省遂宁市广德寺志编纂委员会 1988 年 382 页〔四川省遂宁市地方志丛书 138〕

蓬溪县

007809640
蓬溪县志
蓬溪县志编纂委员会编 成都 四川辞书出版社 1995 年 886 页

013705550
蓬溪县志 1986—2005
蓬溪县地方志编纂委员会编 北京 方志出版社 2012 年 1112 页

013002334
蓬溪县人口与计划生育志 1986—2005
周广华主编 蓬溪 蓬溪县人口和计划生育委员会 2008 年 308 页

013793477
蓬溪县人大志
蓬溪县人大志编纂领导小组编 蓬溪 蓬溪县人大志编纂领导小组 1999 年 380 页

011328573
蓬溪县政协志 1986—2002
中国人民政治协商会议四川省蓬溪县委员会编 蓬溪 中国人民政治协商会议四川省蓬溪县委员会 2005年 432页

008421980
蓬溪县交通志
四川省蓬溪县交通局编 蓬溪 四川省蓬溪县交通局 1987年 209页

012969402
蓬溪县交通志 1986—2005
蓬溪县交通局编 蓬溪 蓬溪县交通局 2007年 448页

013508833
蓬溪县邮电志
蓬溪县县志编纂委员会编 蓬溪 四川省蓬溪县邮电局 1993年 170页

012969406
蓬溪县粮食志 1998—2005
蓬溪县粮食局编 蓬溪 蓬溪县粮食局 2007年 511页

012969398
蓬溪县国家税务志 1984—2006
四川省蓬溪县国家税务局编 蓬溪 四川省蓬溪县国家税务局 2008年 369页

013002329
蓬溪县农村信用合作社志 1986—2006
蓬溪县农村信用合作联社编 蓬溪 蓬溪县农村信用合作社 2008年 308页

008428071
四川省蓬溪县地名录
四川省蓬溪县地名领导小组编印 蓬溪 四川省蓬溪县地名领导小组 1986年 330页〔四川省地名录丛书 41〕

012969410
蓬溪县卫生志 1986—2005
四川省蓬溪县卫生局编 蓬溪 蓬溪县卫生局 2007年 291页

013002332
蓬溪县农机志
蓬溪县农机志编纂工作领导小组编 蓬溪 蓬溪县农机志编纂工作领导小组 2006年 298页

射洪县

007905693
射洪县志
射洪县县志编纂委员会编 成都 四川大学出版社 1990年 1100页

012969575
射洪县人民代表大会志 1950—2007
射洪县人民代表大会志编纂委员会编 射洪 射洪县人民代表大会志编纂委

员会 2007年 279页

013131220
射洪县政协志 1986—2006
射洪县政协志编纂委员会编 射洪 射洪县政协志编纂委员会 2008年 284页

013731338
射洪县蚕丝志
四川省蚕丝公司射洪县公司编 射洪 四川省蚕丝公司射洪县公司 1988年 229页

013002473
射洪县林业志 1986—2005
射洪县林业局编 射洪 射洪县林业局 2008年 233页

008429565
射洪县棉业志
射洪县棉业志编辑组编 射洪 射洪县棉业志编辑组 1987年 198页

013959356
射洪县二轻工业志
射洪县二轻工业志编写组编 射洪 射洪县二轻工业志编写组 1988年 182页

013686240
四川宏源燃气股份有限公司志
四川宏源燃气股份有限公司志编纂委员会编纂 北京 方志出版社 2011年 307页

008835634
沱牌曲酒厂志
四川射洪沱牌曲酒厂编 射洪 沱牌曲酒厂 1992年 163页

013795388
射洪县供销合作志
四川省射洪县供销合作社联合社编 射洪 四川省射洪县供销合作社联合社 1986年 154页

014050253
射洪县商贸志
许进礼主编 射洪县商贸志编修委员会编 射洪 射洪县彩新印刷厂 1998年 407页

013959357
射洪县国家税务志 1986—2008
射洪县国家税务局编纂 射洪 射洪县国家税务局 2010年 491页

013959358
射洪信合志 1951—2009
射洪县农村信用合作联合社编 射洪 射洪县农村信用合作联合社 2010年 207页

013731340
射洪县文化体育志 1950—2007
射洪县文化体育局编 射洪 射洪县文化体育局 2010年 324页

008414195

四川省射洪县地名录

射洪县地名领导小组编 射洪 射洪县地名领导小组 1986 年 273 页〔四川省地名录丛书 47〕

大英县

013128827

大英县志

大英县志编纂委员会编 北京 方志出版社 2011 年 1186 页

008670075

河边镇志 1986—1999

大英县河边镇人民政府编 大英 大英县河边镇人民政府 2000 年 568 页〔大英县地方志丛书 3〕

010243917

蓬莱镇志 1986—2000

大英县蓬莱镇编辑组编纂 大英 大英县蓬莱镇人民政府 2002 年 502 页〔大英县地方志丛书 5〕

011500700

通仙乡志 1986—2003

中共通仙乡委员会 通仙乡人民政府编 通仙 通仙乡人民政府 2004 年 228 页〔大英县地方志系列丛书 15〕

010476164

象山镇志 1986—2000

代进主编 中共象山镇委员会 象山镇人民政府编 大英 象山镇人民政府 2005 年 248 页〔大英县地方志丛书 18〕

010778543

大英人口计生志

四川省大英县人口和计划生育委员会编 大英 四川省大英县人口和计划生育委员会 2006 年 223 页〔大英县地方志丛书〕

011431323

大英县人民代表大会志

大英县人大常委会办公室编 大英 大英县人大常委会办公室 2007 年 238 页〔大英县地方志丛书〕

011579705

大英县政府机关志

成都 自办发行 2007 年 1 册

010476512

大英县政协志

中国人民政治协商会议四川省大英县委员会编 大英 中国人民政治协商会议四川省大英县委员会 2006 年 128 页

011890528

大英人事志

四川省大英县公安局编 大英 四川省大英县公安局 2007 年 240 页〔大英县

地方志丛书〕

009995190
大英公安志
四川省大英县公安局编 大英 四川省大英县公安局 2004 年 230 页〔大英县地方志丛书〕

010476511
大英民政志
四川省大英县民政局编 大英 四川省大英县民政局 2006 年 220 页〔大英县地方志丛书〕

010244172
大英检察志 1906—2003
四川省大英县人民检察院编 大英 大英县人民检察院 2004 年 205 页

011579699
大英县发展计划志
四川省大英县发展和改革委员会编 大英 四川省大英县发展和改革委员会 2007 年 281 页

010779409
大英劳动和社会保障志
曾石主编 大英 大英劳动和社会保障志编纂组 2005 年 250 页

010238278
大英林业志
四川省大英县林业局编 大英 大英县林业局 2006 年 191 页〔大英县地方志丛书〕

010151029
大英农业志
四川省大英县农业局编 大英 大英县农业局 2005 年 313 页〔大英县地方志丛书〕

011431320
大英水利志
四川省大英县水利局编 大英 大英县水利局 2006 年 209 页

010151027
大英交通志
四川省大英县交通局编 大英 大英县交通局 2005 年 216 页〔大英县地方志丛书〕

010778531
大英供销合作社志
大英县供销合作社联合社编 大英 大英县供销合作社联合社 2006 年 232 页

010778545
大英粮食志
四川省大英县粮食局编 大英 大英县粮食局 2006 年 270 页〔大英县地方志丛书〕

009995185
大英财政志

四川省大英县财政局编 大英 四川省大英县财政局 2004年 180页〔大英县地方志丛书〕

011294808
大英税务志
四川省大英县国家税务局 四川省大英县地方税务局编 大英 四川省大英县地方税务局 2007年 255页〔大英县地方志丛书〕

012096535
大英信合志 四川信合
四川省大英县农村信用合作联社编 大英 大英县农村信用合作联社 2008年 304页

011294803
大英科协志
大英县科学技术协会编 大英 大英县科学技术协会 2007年 162页〔大英县地方志丛书〕

011066610
大英教育志
大英县教育局编 大英 大英县教育局 2005年 220页

010476144
大英规划·建设·城管·环保志
四川省大英县规划局 规划和建设局 城管局 环保局编 大英 四川省大英县规划局 2006年 444页〔大英县地方志丛书〕

011328432
大英风物志
刘安遇 胡传淮编著 成都 巴蜀书社 1993年 159页

011294804
大英旅游志
四川省大英县旅游局编 大英 四川省大英县旅游局 2006年 269页〔大英县地方志丛书〕

011579683
大英气象志
四川省大英县气象局编 大英 四川省大英县气象局 2007年 121页〔大英县地方志丛书 41〕

009995279
大英卫生志
四川省大英县卫生志卫生局编 大英 四川省大英县卫生志卫生局 2004年 317页

011294807
大英农机管理志
四川省大英县农业机械管理局编 大英 四川省大英县农业机械管理局 2007年 243页〔大英县地方志丛书〕

011294802
大英安全生产志

大英县安全生产监督管理局 大英县职业安全健康协会编 大英 大英县职业安全健康协会 2007年 391页

内江市

002923188
内江市志
内江市市中区编史修志办公室编 成都 巴蜀书社 1987年 835页〔四川地方志丛书〕

006877074
内江地区人口志
内江市计划生育委员会编 北京 中国人口出版社 1993年 171页〔内江地区地方志丛书 2〕

010117807
内江地区工运志
内江市总工会编 成都 四川大学出版社 1998年 243页〔内江地区地方志丛书 54〕

006074816
内江地区人事志
四川省内江市人事局编 成都 四川大学出版社 1993年 394页〔内江地区地方志丛书 37〕

008421816
内江地区公安志
四川省内江市公安局编 成都 四川大学出版社 1995年 203页〔内江地区地方志丛书 42〕

008671054
内江地区党派群团志
内江地区党派群团志编纂委员会编 成都 四川大学出版社 1998年 541页〔内江地区地方志丛书 57〕

008421838
内江地区审判志
四川省内江市中级人民法院编 成都 四川科学技术出版社 1995年 301页〔内江地区地方志丛书 45〕

009336664
武警内江市支队志
武警内江市支队编史办公室编纂 成都 巴蜀书社 2001年 232页〔中国人民武装警察部队四川省总队史志系列丛书〕

008421850
内江地区军事志
四川省内江军分区编 成都 四川辞书出版社 1993年 308页〔内江地区地方志丛书 40〕

008671070
内江地区经济总志
四川省内江市经济委员会 四川省内江市计划委员会编 成都 四川大学出版社 1996年 502页〔内江地区地方志丛书 1〕

011570117
内江市国土志 1840—1997
内江市国土局编 内江 内江市国土局 1998年 361页

008421824
内江地区工商行政管理志
四川省内江地区工商行政管理志编纂委员会编 成都 四川大学出版社 1995年 256页〔内江地区地方志丛书 34〕

009266254
内江地区劳动志
四川省内江市劳动局编 成都 四川大学出版社 1995年 170页〔内江地区地方志丛书 36〕

011570083
内江地区物资志
内江市物资局编 内江 内江市物资局 1992年 142页〔内江地区地方志丛书 23〕

011570093
内江地区乡镇企业志
四川省内江市乡镇企业管理局编 成都 四川大学出版社 1996年 276页〔内江地区地方志丛书 13〕

008416662
内江地区城乡建设志
内江市城乡建设环境保护委员会编 成都 四川辞书出版社 1996年 327页〔内江地区地方志丛书 3〕

011570115
内江市城市建设局局志
内江市城市建设局编 内江 内江市城乡建设环境保护委员会 1986年 217页

011570050
内江地区农业经济志
四川省内江市人民政府农业办公室编 成都 四川科技大学出版社 1995年 351页〔内江地区地方志丛书 6〕

007697832
内江地区二轻工业志
四川省内江市二轻工业局编 成都 巴蜀书社 1992年 182页〔内江地区地方志丛书 7〕

008421796
内江地区水利电力志
四川省内江市水利电力局编 成都 巴蜀书社 1990年 274页〔内江地区地方志丛书 11〕

010777221

内江地区烟草志

四川省内江市烟草专卖局编 成都 四川辞书出版社 1996 年 210 页〔内江地区地方志丛书 28〕

011570099

内江地区冶金建材工业志

内江市工业局编 内江 内江市工业局 1985 年 2 册 419 页〔内江地区地方志丛书 14〕

010576648

内江市烟草志

内江市烟草专卖局(分公司)编纂 成都 四川人民出版社 2006 年 423 页〔四川县烟草志丛书〕

008421988

四川省建材机械厂厂志 1966—1990

四川省建材机械厂厂志编写组编 四川 四川省建材机械厂厂志编写组 1992 年 161 页

009232033

四川石油管理局油气田建设工程公司志 1958—1990

四川石油管理局油气田建设工程公司史志办公室编 内江 四川石油管理局油气田建设工程公司史志办公室 1999 年 397 页

008423893

四川拖拉机厂志 1965—1985

四川拖拉机厂志编纂委员会编 简阳 四川拖拉机厂志编纂委员会 1987 年 263 页

008424341

内江地区交通志

康维礼等编著 四川省内江市交通局编 成都 四川人民出版社 1994 年 322 页〔内江地区地方志丛书 18〕

013319762

内江市公共交通有限责任公司志 1958—2008

内江市公共交通有限责任公司编 内江 内江市公共交通有限责任公司 2010 年 420 页

013863112

内江地区外事侨务旅游志

内江市人民政府外事办公室 内江市人民政府侨务办公室 内江市旅游局编 成都 巴蜀书社 1998 年 233 页

011570107

内江地区邮电志

四川省内江市邮电局编 成都 四川大学出版社 1994 年 225 页〔内江地区地方志丛书 19〕

007662469

内江地区粮食志

四川省内江市粮食局编 成都 巴蜀书社 1993年 281页〔内江地区地方志丛书 21〕

013793364
内江地区供销合作志
四川省内江市供销合作社联合社编 成都 巴蜀书社 1997年 336页〔内江地区地方志丛书 22〕

011570066
内江地区商业志
四川省内江地区商业志编纂委员会编纂 成都 四川人民出版社 1994年 288页〔内江地区地方志丛书 20〕

008421717
内江市商业局志
四川省内江市商业局编 内江 四川省内江市商业局 1986年 372页〔内江市机关志专辑〕

008991718
内江地区财政志 1912—1985
四川省内江市财政局编 成都 四川辞书出版社 2002年 252页〔内江地区地方志丛书 30〕

013898519
内江地区税务志
王宾编委主任 秦明远 李治根副主任 李刚等成员 李刚编纂 王宾 秦明远 李治根编审 成都 西南财经大学出版社 1997年 305页〔内江地区地方志丛书 31〕

012955226
内江市地方税务志 1994—2006
内江市地方税务志编纂委员会编纂 内江 内江市地方税务志编纂委员会 2007年 394页

008671061
内江地区金融志
内江地区金融志编纂委员会编 成都 四川大学出版社 1998年 278页〔内江地区地方志丛书 32〕

013705194
内江农行志
中国农业银行内江市分行 内江农行志编纂委员会编 内江 内江农行志编纂委员会 2002年 351页

009442649
内江地区保险志
中国人民保险公司内江市分公司编 成都 四川大学出版社 1994年 156页〔内江地区地方志丛书 39〕

013958892
内江地区文化志
内江地区文化局编 内江 内江地区文化局 1997年 263页〔内江地区地方志丛书 48〕

011570047
内江地区教育志
四川省内江市教育委员会编 成都 四川辞书出版社 1991年 458页〔内江地区地方志丛书 47〕

011570122
内江市教育志
四川省内江市教育局编 四川 四川省内江市教育局 1985年 556页〔内江市机关志教育专辑〕

013067249
四川省内江市第二中学(沱江中学)校志 1925—1995
内江 四川省内江市第二中学 1995年 273页

010009750
内江地区体育志
四川省内江市体育运动委员会编 成都 四川辞书出版社 1995年 340页〔内江地区地方志丛书 53〕

010060911
中国民族民间器乐曲集成 第20卷 内江市卷
内江市文化局中国民族民间器乐曲集成内江市卷编辑部 杨时川主编 成都 四川人民出版社 1992年 554页

010060936
中国民族民间舞蹈集成 四川卷 内江市资料卷
中国民族民间舞蹈集成四川卷内江市资料卷编辑部编 内江 1987年 237页

011570090
内江地区戏曲志
内江市文化局内江地区戏曲志编写组编 成都 巴蜀书社 1991年 464页

008428717
四川省内江地区内江市地名录
四川省内江地区内江市地名领导小组编 内江 四川省内江地区内江市地名领导小组 1983年 126页〔四川省地名录丛书 69〕

008421785
内江地区"81·7"洪灾志
内江地区抗洪救灾指挥部编 内江 内江新华印刷厂 1982年 146页

008421810
内江市洪灾志
内江市编史修志委员会编 内江 1982年 189页

011570053
内江地区气象志 终审稿
内江 内江市气象局 1996年 193页〔内江地区地方志丛书 63〕

011570079

内江地区卫生志

内江市卫生局编 成都 四川辞书出版社 1995年 264页〔内江地区地方志丛书 50〕

011570127

内江市卫生志

内江市卫生局编 内江 内江市卫生局 1985年 398页〔内江市机关志专辑〕

011570040

内江地区标准计量志

内江市技术监督局编 成都 四川大学出版社 1995年 147页

013601821

内江市环境保护志

四川省内江市环境保护局编 内江 内江新华印刷厂 1984年 247页〔内江市机关志专辑〕

市中区

013000533

内江市市中区财政志 1983—2007

内江市市中区财政局修志领导小组编著 内江 内江市市中区财政局修志领导小组 2009年 374页

东兴区

012505372

内江市东兴区志 1990—2003

内江市东兴区地方志编纂委员会编纂 北京 中国文史出版社 2009年 889页

008054991

内江县志

四川内江市东兴区志编纂委员会编纂 成都 巴蜀书社 1993年 1007页

008421765

内江县检察志

内江县人民检察院编 成都 巴蜀书社 1990年 198页

008421712

内江县军事志

内江县军事志编纂小组编纂 成都 巴蜀书社 1990年 167页

012969377

内江市东兴区国土志 1840—1997

内江市东兴区国土志编纂委员会编纂 内江 内江市东兴区国土志编纂委员会 1999年 239页

008671075

东兴区地方税务志

内江市东兴区地方税务局志编纂领导小组编 内江 内江市东兴区地方税务

局志编纂领导小组 1998 年 97 页

013925180

东兴信合志 1955—2008

内江市东兴区农村信用合作联社编 内江 内江市东兴区农村信用合作联社 2011 年 529 页

008671073

内江市东兴区财政志 1990—1996

张鑫甫编写组长 资阳 内江市东兴区财政志编写领导小组 1999 年 226 页

008421801

内江县教育志

内江县文教局教育志编写组编 内江 内江县文教局教育志编写组 1985 年 274 页

008425886

四川省内江县地名录

四川省内江县地名领导小组编 内江 四川省内江县地名领导小组 1983 年 260 页〔四川省地名录丛书 70〕

008422551

内江县洪灾志

内江县县志编纂委员会编 内江 1983 年 222 页

008421805

四川省内江县卫生志

内江县卫生志编辑组编 内江 内江县卫生志编辑组 1987 年 311 页

威远县

008143596

威远县志

四川省威远县志编纂委员会编纂 成都 巴蜀书社 1993 年 896 页

012638680

威远县志

威远县志编纂委员会编 北京 中国文史出版社 2010 年 719 页

011571167

严陵镇志

威远县严陵镇修志办公室编 严陵镇 威远县严陵镇修志办公室 1993 年 439 页

009232070

威远县党校志

中共威远县委党校编 威远 中共威远县委党校 1985 年 83 页

011570875

威远县公安志

威远县公安局编 威远 威远县公安局 1989 年 316 页

011570873

威远县城乡建设志

四川省威远县城乡建设局编 威远 四川

省威远县城乡建设局 1987年 241页

010010288
威远县房地产管理志
四川省威远县房地产管理局编纂 威远 四川省威远县房地产管理局 2003年 195页

008991698
四川石油管理局威远天然气化工厂志
威远天然气化工厂志编辑室编纂 成都 四川人民出版社 1994年 188页

008421978
威钢志 1929—1985
威钢志编纂委员会编辑室编 峨眉 国营峨眉县彩印厂 1987年 634页

009232080
威远煤矿志 1940—1990
威远煤矿志编纂委员会编 威远 威远煤矿志编纂委员会 1993年 454页

010117841
威远县水利志
四川省威远县水利电力局编 威远 四川省威远县水利电力局 1987年 174页

011570880
威远县交通志
威远县交通志编纂领导小组编 威远 威远县交通志编纂领导小组 1990年 130页

010010290
威远县交通志 1986—2003
四川省威远县交通局编纂 威远 四川省威远县交通局 2004年 178页

011570888
威远县粮食志 1912—1985
威远县粮食局编 威远 威远县粮食局 1990年 235页

012970502
威远县地方税务志 1994—2006
四川省威远县地方税务局编 威远 威远县地方税务局 2007年 203页

008428746
四川省威远县地名录
威远县地名领导小组编 威远 威远县地名领导小组 1986年 283页〔四川省地名录丛书 76〕

013010689
威远县人民医院志 1941—2008
威远县人民医院编纂 威远 威远县人民医院 2009年 229页

011570892
威远县卫生志
威远县卫生志编志小组编 威远 威远县卫生志编志小组 1989年 303页

009414489
长葫水库志

四川省长葫水库志编委会编 四川 四川省长葫水库志编委会 1987年 198页

资中县

008672228
资中县志
四川省资中县志编纂委员会编纂 成都 巴蜀书社 1997年 855页

008991695
四川石油管理局资中机械厂志 1967—1990
四川石油管理局资中机械厂志编纂委员会编 成都 四川人民出版社 1995年 206页

013940913
资中县教育志 1911—1985
四川省资中县文教局编 资中 四川省资中县文教局 1989年 304页

008428844
四川省资中县地名录
四川省资中县地名领导小组编 资中 四川省资中县地名领导小组 1991年 367页〔四川省地名录丛书 75〕

隆昌县

008486782
隆昌县志
四川省隆昌县志编纂委员会编纂 成都 巴蜀书社 1995年 842页

008670629
隆昌县国土志
四川省隆昌县国土局编 成都 巴蜀书社 1998年 228页

012766863
四川石油管理局井下作业处志 1964—1990
四川石油管理局井下作业处史志编纂委员会编纂 隆昌 四川石油管理局井下作业处 2005年 326页

008670633
隆昌县粮油志
四川省隆昌县粮食局编 隆昌 四川省隆昌县粮食局 1986年 214页〔隆昌县志系列丛书 第045号〕

013129970
四川省隆昌县书店志 1912—1985
隆昌县新华书店编 隆昌 隆昌县新华书店 1988年 135页

013628084
隆昌一中校志 1903—2003
隆昌一中校志编写组编 隆昌 隆昌一中校志编写组 2003年 232页

013936387
四川隆昌一中校志 1903—1988

隆昌一中校志编写组编 1987年 153页

008428086
四川省隆昌县地名录
隆昌县地名领导小组编 隆昌 隆昌县地名领导小组 1985年 213页〔四川省地名录丛书 74〕

乐山市

008734610
乐山市志
乐山市地方志编纂委员会编纂 成都 巴蜀书社 2001年 2册 2133页

013508544
乐山市志 1995—2006
乐山市地方志编纂委员会编纂 成都 电子科技大学出版社 2011年 2册

010242640
乐山市志 税务志
乐山市志编纂委员会编 乐山 乐山市志编纂委员会 1995年 152页

012968203
乐山市志
乐山市地方志编纂委员会办公室编 乐山 乐山市地方志编纂委员会办公室 2009年 220页

012968205
乐山市纪检监察志 1950—2006
中共乐山市纪委 乐山市监察局编 乐山 中共乐山市纪委 2008年 614页

013932238
乐山工会志
乐山市总工会编 乐山 乐山市总工会 2006年 374页

013774471
乐山市人事志 1734—2003
乐山市人事局编 乐山 乐山市人事局 2008年 456页

008428876
乐山市公安志
陶书民主编 乐山市公安局编 成都 四川大学出版社 1997年 252页

009818009
乐山市民政志
乐山市民政局编志领导小组编 乐山 乐山市民政局 1985年 371页

008670455
乐山市检察志

乐山市人民检察院编 乐山 乐山市人民检察院 1999 年 321 页

012968213

乐山市司法行政志 1981—2005

乐山市司法局编 乐山 乐山市司法局编 2008 年 372 页

009336767

武警乐山市支队志

武警乐山市支队编史办公室编纂 成都 巴蜀书社 2001 年 375 页〔中国人民武装警察部队四川省总队史志系列丛书〕

012968208

乐山市军事志 188—2005

乐山市军事志编纂委员会编 乐山 乐山市军事志编纂委员会 2006 年 669 页

009867168

乐山市国土志

乐山市国土局编 乐山 乐山市国土局 1998 年 1 册

012613324

乐山市劳动和社会保障志 1851—2004

乐山市劳动和社会保障志编纂委员会编 乐山 乐山市劳动和社会保障局 2007 年 540 页

012968198

乐山市城市管理志

乐山市城市管理行政执法局编 乐山 乐山市城市管理行政执法局 2008 年 339 页

012758767

德胜志 2002—2006

德胜志编纂委员会编 乐山 德胜志编纂委员会 2010 年 460 页

013129773

金川公司志 1969—2005

四川乐山金川水泥有限公司编 沐川 四川乐山金川水泥有限公司 2006 年 185 页

013730171

乐山市水利志

乐山市水利电力局 乐山市水利志编辑委员会编 乐山 乐山市水利志编辑委员会 2000 年 510 页

010686764

乐山市烟草志

乐山市烟草专卖局(分公司)编纂 成都 四川人民出版社 2006 年 362 页〔四川省烟草志丛书〕

012955009

乐山市印刷厂志 1951—1985

乐山市印刷厂编纂组编 乐山 乐山市印刷厂 1986 年 232 页

013774468
乐山市交通志
乐山市交通志编纂委员会编纂 乐山 乐山市交通志编纂委员会 2005 年 511 页

008670461
乐山市财政税务志 上篇 1911—1949
四川省乐山市财政税务局编 乐山 四川省乐山市财政税务局 1984 年 180 页

008670436
乐山金融志
乐山金融志编纂委员会编纂 成都 巴蜀书社 1999 年 386 页

012956928
中国工商银行乐山市分行志
中国工商银行乐山市分行志编辑委员会编纂 乐山 中国工商银行乐山市分行志编辑委员会 2006 年 283 页

008430403
乐山报业志
乐山日报社编 姚章雨主编 贾绍良 汤海秋编纂 李祖立图片编辑 成都 天地出版社 1997 年 350 页

013820585
乐山市广播电视志 1933—2006
乐山市广播电视局编纂 乐山 乐山市广播电视局 2008 年 438 页

011439927
乐山市体育志
乐山市体育局编 乐山 乐山市体育局编 2004 年 161 页

008428730
四川省乐山地区乐山市地名录
乐山地区乐山市地名领导小组编 乐山 乐山地区乐山市地名领导小组 1986 年 645 页〔四川省地名录丛书 56〕

008428728
四川省眉山县地名录
眉山县地名办公室编 眉山 眉山县地名办公室 1987 年 272 页〔四川省地名录丛书 58〕

011998094
青衣江志
四川省水利电力厅编 成都 四川省水利电力厅 1989 年 325 页

010250773
乐山地区地震志
四川省乐山地区地震办公室编 乐山 四川省乐山地区地震办公室 1985 年 191 页

012968200
乐山市地震志 1984—2003
乐山市防震减灾局编 乐山 乐山市防震减灾局 2008 年 247 页

012968218

乐山市中心血站志 1986—2006

乐山市中心血站志编纂委员会编纂 乐山 乐山市中心血站志编纂委员会 2007 年 298 页

008991724

武警乐山医院志

武警乐山医院编史办公室编纂 成都 巴蜀书社 2001 年 268 页〔中国人民武装警察部队四川省总队史志系列丛书〕

014047504

乐山市卫生志 2002

乐山市卫生志编纂委员会编纂 2004 年 513 页

市中区

009157200

乐山市市中区志

四川省乐山市市中区地方志编纂委员会编纂 成都 巴蜀书社 2003 年 1083 页

013704420

乐山市市中区志 1996—2008

乐山市市中区地方志编纂委员会编 北京 方志出版社 2012 年 815 页

013863671

四川省乐山市市中区政协志

肖作嘉主编 温治尧 陈德金副主编 乐山 乐山日报社印刷厂 1999 年 332 页

沙湾区

013374581

乐山市沙湾区志 1996—2006

乐山市沙湾区地方志编纂委员会编 北京 中央民族大学出版社 2011 年 409 页

008846546

沙湾区志

沙湾区志编纂委员会编 成都 四川人民出版社 2001 年 649 页

五通桥区

008636627

五通桥区志

四川省五通桥区志编纂委员会编纂 成都 巴蜀书社 1992 年 1024 页

013010698

五通桥区农村信用合作社志 1938—2004

四川省乐山市五通桥区农村信用合作联社编纂 五通桥区 五通桥区农村信用合作联社 2005 年 255 页

金口河区

008810811
金口河区志
乐山市金口河区地方志编纂委员会编 成都 巴蜀书社 1999 年 317 页

008414090
四川省金口河工农区地名录
金口河工农区地名领导小组编 金口河工农区 金口河工农区地名领导小组 1982 年 52 页 〔四川省地名录丛书 68〕

峨眉山市

002872141
峨眉县志
四川省峨眉县志编纂委员会编纂 成都 四川人民出版社 1991 年 796 页

012679295
峨眉山佛教志
峨眉山佛教志编纂委员会编纂 峨眉 峨眉山佛教志编纂委员会 2003 年 646 页

010962489
峨眉山市烟草志
峨眉山市烟草专卖局(分公司)编纂 成都 四川人民出版社 2006 年 206 页 〔四川省烟草志丛书〕

009387518
四川金顶集团股份有限公司峨眉水泥厂志 1965—1994
四川金顶集团股份有限公司峨眉水泥厂志编纂委员会编 峨眉山 峨眉水泥厂 1999 年 515 页

010242585
四川省五通桥盐厂厂志 1955—1990
四川峨眉山盐化工业集团股份有限公司编印 峨眉山 四川峨眉山盐化工业集团股份有限公司 1993 年 347 页

008421991
峨眉铁合金厂志 1964—1985
峨眉铁合金厂编 峨眉山 峨眉铁合金厂 1987 年 473 页

012831375
峨眉山市(县)财政志 1912—1990
峨眉山市(县)财政志编委会编 峨眉山 峨眉山市(县)财政志编委会 1997 年 384 页

010238582
峨眉县教育志 清末—1985
四川省峨眉县教育志编写组编 峨眉 四川省峨眉县教育志编写组 19uu 年 286 页

012951980
峨眉二中校志 1928—1985
四川省峨眉第二中学校志编写组编 峨

眉 四川省峨眉第二中学校志编写组
1985 年 282 页

011147205

中国民间文学集成 峨眉县资料集

峨眉县民间文学三套集成编委会编 峨眉 峨眉县民间文学三套集成编委会 1987 年 344 页

008428452

四川省峨眉县地名录

峨眉县地名领导小组编 峨眉 四川省峨眉县地名领导小组 1982 年 427 页〔四川省地名录丛书 59〕

013819356

峨眉县地震志

峨眉县科学技术委员会编 峨眉 峨眉县科学技术委员会 1985 年 42 页

011955506

四川省地质矿产局四〇三地质队志 1954—1986

19uu 年 289 页

013703256

峨眉县卫生志

四川省峨眉山市卫生局编印 峨嵋 四川省峨眉山市卫生局 1991 年 191 页

犍为县

004436158

犍为县志

四川省犍为县志编纂委员会编纂 成都 四川人民出版社 1991 年 836 页

009511346

犍为县志 1986—2000

四川省犍为县地方志编纂委员会编 成都 四川科学技术出版社 2004 年 787 页

008670096

犍为县大事记略

犍为县地方志办公室编辑 犍为 犍为县地方志办公室 1998 年 146 页

009799905

龙孔镇志 1911—2000

四川省犍为县龙孔镇人民政府编 龙孔镇 龙孔镇人民政府 2004 年 410 页

009231578

泉水镇志 1949—1999

犍为县泉水镇人民政府编纂 泉水镇 犍为县泉水镇人民政府 2000 年 236 页

008991980

石溪镇志 1949—2000

四川省犍为县石溪镇人民政府编 石溪镇 四川省犍为县石溪镇人民政府 2002 年 322 页

008991954
塘坝乡志 1950—2000
四川省犍为县塘坝乡人民政府编 犍为 四川省犍为县塘坝乡人民政府 2001年 155页

008991985
下渡乡志
四川省犍为县下渡乡人民政府编 下渡乡 2001年 162页

009231609
孝姑镇志 1950—1999
犍为县孝姑镇人民政府编纂 孝姑镇 犍为县孝姑镇人民政府 2001年 198页

008991938
新民镇志 1911—1999
四川省犍为县新民镇人民政府编 新民镇 四川省犍为县新民镇人民政府 1989年 229页

008672215
玉津镇志 1911—1999
犍为县玉津镇人民政府编纂 犍为 犍为县玉津镇人民政府 2000年 577页

012999203
犍为县人口和计划生育志 1986—2005
犍为县人口和计划生育志编纂领导小组编 犍为 犍为县人口和计划生育局 2007年 433页

012967953
[犍为县]纪检监察志 1951—1999
中共犍为县纪委 犍为县监察局编 犍为 中共犍为县监察局 2000年 144页

009231546
犍为县工会志 续编 1988—1999
犍为县总工会编纂 犍为 犍为县总工会 2000年 71页

008991927
犍为县人大志 1909—1998
四川省犍为县人大常委会办公室编纂 犍为 四川省犍为县人大常委会办公室 2000年 364页

009799350
犍为县政协志
中国人民政治协商会议四川省犍为县委员会编 犍为 中国人民政治协商会议四川省犍为县委员会 2004年 365页

008991851
犍为县信访志 1979—1999
四川省犍为县信访办编 犍为 四川省犍为县信访办 2001年 121页

009231556
犍为县检察志 续编 1986—1999
犍为县人民检察院编 犍为 犍为县人民检察院 2000年 102页

008991868
犍为县军事志 续编 1986—1999
犍为县人民武装部编 犍为 犍为县人民武装部 2000 年 105 页

008991854
犍为县工商管理志 1986—1999
四川省乐山工商行政管理局犍为分局编 犍为 四川省乐山工商行政管理局犍为分局 2001 年 152 页

008991855
犍为县乡镇企业志 1986—1999
四川省犍为县乡镇企业局编 犍为 四川省犍为县乡镇企业局 2001 年 157 页

009231672
犍为县自来水厂志 续编 1992—1999
犍为县自来水厂修志办公室编 犍为 犍为县自来水厂 2000 年 81 页

008991926
犍为县林业志 1986—2000
四川省犍为县林业局编 犍为 四川省犍为县林业局 2001 年 151 页

008991845
犍为县畜牧志 1987—1999
四川省犍为县畜牧局编 犍为 四川省犍为县畜牧局 2001 年 191 页

008991934
犍为县农业志 1992—2000
犍为县农业局编 犍为 犍为县农业局 2001 年 217 页

009337785
滴水岩煤矿志 1964—2000
滴水岩煤矿编志委员会编 四川 滴水岩煤矿编志委员会 2002 年 220 页

012967968
嘉阳集团(煤矿)志 1938—2005
嘉阳集团公司编辑委员会编 嘉阳集团公司 2008 年 462 页

012967969
犍为县建材工业志 1985—2002
犍为县建材总会编 犍为 犍为县建材总会 2004 年 256 页

008991928
犍为县煤业志 1408—1999
犍为县煤炭工业管理局编 犍为 犍为县煤炭工业管理局 2001 年 150 页

008991826
犍为县水利志 1986—1999
四川省犍为县水利电力局编 犍为 四川省犍为县水利电力局 2001 年 162 页

008991839
犍为县交通志 1986—2000
四川省犍为县交通局编纂 犍为 四川省犍为县交通局 2001 年 299 页

009336905
犍为县粮油志 1985—2000
犍为县粮食局编 犍为 犍为县粮食局 2003 年 338 页

009231547
犍为国税志 1986—1999
四川省犍为县国家税务局编 犍为 四川省犍为县国家税务局 2000 年 277 页

009336976
犍为县财政志 1986—2000
四川省犍为县财政局编 犍为 犍为县财政局 2002 年 276 页

008991861
犍为县地方税务志 1994—2000
犍为县地方税务局编 犍为 犍为县地方税务局 2001 年 134 页

008991884
犍为县农村信用合作社志 1938—1999
四川省犍为县农村信用合作社联合社编纂 犍为 犍为县农村信用合作社联合社 2000 年 310 页

014032886
犍为县农村信用合作社志 2000—2008
犍为县农村信用合作联合社编 犍为 犍为县农村信用合作联合社 2010 年 228 页

008991947
犍为县人寿保险志 1949—1999
中国人寿保险公司犍为县营业部编 犍为 中国人寿保险公司犍为县营业部 2000 年 152 页

008991835
犍为县文体旅游志 1986—2000
四川省犍为县文体旅游局编 犍为 四川省犍为县文体旅游局 2001 年 139 页

009106267
犍为报志 1991.12—2001.8
四川省犍为报社编 犍为 四川省犍为报社 2001 年 124 页

009231562
四川省犍为县教育志 1986—2000
犍为县教育志编写组编 犍为 犍为县教育局 2000 年 859 页

008991888
犍为县新城幼儿园志 1953—2000
四川省犍为县新城幼儿园编纂 犍为 四川省犍为县新城幼儿园 2001 年 135 页

008991982
大兴中心小学校志 1950—2000
四川省犍为县大兴中心小学编 犍为 四川省犍为县大兴中心小学 2001 年 139 页

009229943

犍为县敖家小学校志 1911—2000

敖家小学校志编写组编 敖家镇 敖家小学校志编写组 2000 年 193 页

008991945

犍为县榨鼓中心小学校志

犍为县榨鼓中心小学编志委员会编 榨鼓乡 榨鼓中心小学 2000 年 90 页

009231568

罗城镇中心小学志 1906—2000

四川省犍为县罗城镇中心小学编纂 犍为 罗城镇中心小学 2001 年 307 页

008991979

南门小学志 1939—2001

四川省犍为县南门小学编 玉津镇 四川省犍为县南门小学 2002 年 123 页

009336910

清溪镇中心小学志 1904—2000

四川省犍为县清溪镇中心小学编纂 犍为 犍为县清溪镇中心小学 2001 年 519 页

008991964

泉水中心小学校志 1913—1999

四川省犍为县泉水中心小学编 泉水镇 四川省犍为县泉水中心小学 2001 年 167 页

009231580

泉水中学校志 1969—1999

犍为县泉水中学编 犍为 泉水中学 2000 年 123 页

008992001

双溪中心小学校志 1950—2000

四川省犍为县双溪乡中心小学编 双溪乡 四川省犍为县双溪乡中心小学 2001 年 111 页

009337787

舞雩中心小学校志 1905—2000

四川省犍为县舞雩中心小学编 犍为 犍为县舞雩中心小学 2003 年 287 页

008991944

新民镇中心小学校志

四川省犍为县新民镇中心小学编 犍为 新民镇中心小学 2001 年 161 页

009106261

犍为第二中学校志 1958—2000

四川省犍为第二中学编纂 犍为 四川省犍为第二中学 2001 年 334 页

009231587

犍为县塘坝初级中学校志 2000

犍为县塘坝中学编志委员会编 犍为 塘坝中学 2000 年 78 页

008991950

罗城中学校志 1944—2000

四川省犍为县罗城中学编 犍为 罗城中学 2001年 302页

008991886
清溪初级中学校志 1969—2000
四川省犍为县清溪初级中学编 犍为 四川省犍为县清溪初级中学 2001年 189页

008991952
舞雩中学校志 1969—2000
四川省犍为县舞雩初级中学编 舞雩乡 四川省犍为县舞雩初级中学 2001年 209页

008991999
孝姑初级中学校志 2000
四川省犍为县孝姑初级中学编 孝姑 孝姑中学 2000年 163页

009106171
孝姑中学校志 1923—2000
犍为县孝姑中学编纂 孝姑区 孝姑中学 2001年 187页

008991942
新民初级中学校志 1970—2001
四川省犍为县新民初级中学编 新民镇 四川省犍为县新民初级中学 2001年 171页

012967976
犍为县教师进修学校志 1962—2002

四川省犍为县教师进修学校编 犍为 四川省犍为县教师进修学校 2003年 315页

008991864
犍为县国土志
犍为县国土局编 犍为 犍为县国土局 2001年 292页

008428094
四川省犍为县地名录
四川省犍为县地名领导小组编 犍为 四川省犍为县地名领导小组 1986年 276页〔四川省地名录丛书 57〕

008991877
犍为县人民医院志 1985—2000
四川省犍为县人民医院编 犍为 四川省犍为县人民医院 2001年 123页

009106223
犍为县中医院志 1949—1999
四川省犍为县中医院编纂 犍为 犍为县中医院 2000年 119页

008991881
清溪中心卫生院志 1986—1999
犍为县清溪中心卫生院编纂 犍为 犍为县清溪中心卫生院 2000年 102页

008991842
犍为县卫生局志 1985—1999
犍为县卫生局编纂 犍为 犍为县卫生局

2001年 185页

008991848
犍为县农机志 1986—2000
四川省犍为县农机局编 犍为 四川省犍为县农机局 2001年 103页

井研县

007377994
井研县志
四川省井研县志编纂委员会编纂 成都 四川人民出版社 1990年 813页

009554061
井研县志 1986—2000
四川省井研县地方志编纂委员会编纂 成都 四川人民出版社 2004年 654页

013861859
井研县统计志
井研县统计局编 1992年 432页

013792607
井研县军事志
中国人民解放军四川省井研县人民武装部编纂 犍为 犍为县世纪印刷有限公司 2003年 101页

011439873
井研县粮食志
井研 井研县粮食局 1985年 154页

010238914
井研县税务志
四川省井研县税务局编 井研 四川省井研县税务局 1986年 174页

013861855
井研县教育志
井研县教育志编写组编 乐山 乐山市市中区印刷厂 1993年 162页

008424046
四川省井研县地名录
四川省井研县地名领导小组编 井研 四川省井研县地名领导小组 1986年 179页〔四川省地名录丛书 63〕

夹江县

007342605
夹江县志
四川省夹江县编史修志委员会编纂 成都 四川人民出版社 1989年 765页

012541857
夹江县志
四川省夹江县地方志编纂委员会编纂 成都 电子科技大学出版社 2009年 773页

008670087
黄土村志
中共夹江县黄土村委员会 夹江县黄土村村民委员会编 夹江县地方志办公

室协编 黄土村 夹江县黄土村村民委员会 1996年 289页

009337614
夹江县华头乡志
谢长富主笔 夹江 夹江县华头乡人民政府 1988年 282页

009336993
夹江县马村乡志
夹江县马村乡人民政府编 夹江 夹江县马村乡人民政府 1990年 161页

008992449
夹江县公安志 1949—2000
李大超主编 夹江县公安局编 夹江 夹江县公安局 2001年 241页

012251172
夹江县军事志 前311—2005
夹江县军事志编纂领导小组编 夹江 夹江县军事志编纂领导小组 2006年 168页

008865357
夹江县国土志
夹江县国土志编纂委员会 夹江县国土局编 夹江 夹江县国土志编纂委员会 2000年 304页

009336984
夹江县水利电力志
四川省夹江县水利电力局编 夹江 夹江县水利电力局 1986年 84页

013512108
中国水利水电建设集团公司志 夹江水工机械厂卷 1966—2006
中国水利水电建设集团公司史志编辑委员会编 北京 中国电力出版社 2012年 352页

009336996
夹江县交通志
夹江县交通局编 夹江 夹江县交通局 1986年 182页

009336999
夹江邮电志 1904—1985
夹江县邮电局编 夹江 夹江县邮电局 1991年 180页

009337609
夹江县财政志
夹江县财政局编 夹江 夹江县财政局 1989年 168页

009337600
夹江县税务志
夹江县税务局编 夹江 夹江县税务局 1993年 289页

009336982
夹江县农村金融志 1936—1985
中国农业银行夹江县支行编 夹江 中国农业银行夹江县支行 1987年 310页

009337605
夹江县保险志
夹江 1988 年 107 页

009337603
夹江县教育志
夹江县教育局编纂 夹江 夹江县教育局 1989 年 86 页

008428380
四川省夹江县地名录
四川省夹江县地名领导小组编 夹江 四川省夹江县地名领导小组 1983 年 151 页〔四川省地名录丛书 61〕

009336991
夹江县卫生志
四川省夹江县卫生局编纂 夹江 四川省夹江县卫生局 1991 年 283 页

沐川县

008034110
沐川县志 第 1 卷
四川省沐川县地方志编纂委员会编纂 成都 巴蜀书社 1993 年 642 页

009009756
沐川县志 第 2 卷 1986—2000
四川省沐川县地方志编纂委员会编纂 成都 巴蜀书社 2002 年 720 页

008672213
永福镇志
沐川县永福镇永福镇志编纂领导小组编 永福镇 沐川县永福镇永福镇志编纂领导小组 1998 年 386 页

013130978
沐川县人口与计划生育志 1942—2005
四川省沐川县人口与计划生育局编 沐川 沐川县人口与计划生育局 2006 年 268 页

013130975
沐川县人大志
四川省沐川县人民代表大会常务委员会编 沐川 四川省沐川县人民代表大会常务委员会 2009 年 263 页

013958883
沐川县政协志 1942—2012
中国人民政治协商会议四川省沐川县委员会编 沐川 中国人民政治协商会议四川省沐川县委员会 2013 年 275 页

013130986
沐川县人事劳动和社会保障志 1950—2008
四川省沐川县人事劳动和社会保障局编 沐川 四川省沐川县人事劳动和社会保障局 2010 年 241 页

013958881
沐川县公安志
沐川县公安局编 沐川 沐川县公安局 2011年 252页

013130964
沐川县民政志 1941—2006
四川省沐川县民政局编 沐川 沐川县民政局 2008年 173页

013130047
沐川县法院志 1942—2009
四川省沐川县人民法院编 沐川 沐川县人民法院 2010年 206页

013130115
沐川县检察志 1942—2009
沐川县人民检察院编 沐川 沐川县人民检察院 2010年 251页

013131000
沐川县司法行政志 1942—2007
四川省沐川县司法局编 沐川 四川省沐川县司法局 2009年 265页

013130963
沐川县军事志 687—2005
沐川县军事志编纂领导小组编纂 沐川 沐川县军事志编纂领导小组 2006年 308页

013131011
沐川县文体志 1930—2006
四川省沐川县文体局编 沐川 四川省沐川县文体局 2009年 203页

013130056
沐川县工商志 1942—2006
四川省沐川县工商行政管理局编 沐川 四川省沐川县工商行政管理局 2007年 235页

013130012
沐川县城乡建设志
沐川县城乡建设志编纂委员会编 沐川 沐川县城乡建设志编纂委员会 2007年 325页

013131012
沐川县畜牧兽医志 1932—2006
四川省沐川县畜牧食品局编 沐川 四川省沐川县畜牧食品局 2007年 197页

013130971
沐川县农业志
沐川县农业志编纂委员会编 沐川 沐川县农业志编纂委员会 2006年 400页

013130125
沐川县交通志 1928—2005
四川省沐川县交通局编 沐川 沐川县交通局 2007年 240页

013130001
沐川县财政志 1930—2000
沐川县财政志编纂领导小组编 沐川 沐

川县财政志编纂领导小组 2001 年 418 页

013130038
沐川县地税志 1994—2008
四川省沐川县地方税务局编 沐川 沐川县地方税务局 2009 年 231 页

013130062
沐川县国税志 1935—2006
四川省沐川县国税局编 沐川 沐川县国税局 2008 年 221 页

013130968
沐川县农村信用合作联社志 1954—2008
沐川县农村信用合作联社编 沐川 农村信用合作联社 2009 年 283 页

013130962
沐川县教育志
沐川县教育志编纂委员会编 沐川 沐川县教育志编纂委员会 2002 年 423 页

013130961
沐川县教师进修学校志 1978—2010
沐川县教师进修学校编 沐川 沐川县教师进修学校 2011 年 227 页

011066943
沐川县国土志
沐川县国土局编 沐川 沐川县国土局 1997 年 194 页

013130102
沐川县国土志 1949—2009
四川省沐川县国土资源局编 沐川 沐川县国土资源局 2011 年 221 页

008414212
四川省沐川县地名录
四川省沐川县地名领导小组编 沐川 四川省沐川县地名领导小组 1985 年 224 页〔四川省地名录丛书 65〕

013131008
沐川县卫生志 1942—2006
四川省沐川县卫生局编 沐川 四川省沐川县卫生局 2008 年 199 页

013130992
沐川县水务志 1942—2009
四川省沐川县水务局编 沐川 四川省沐川县水务局 2010 年 241 页

峨边彝族自治县

008736603
峨边彝族自治县志
峨边彝族自治县志编纂委员会编 成都 四川辞书出版社 1994 年 708 页

011321144
峨边彝族自治县志 1988—2003
峨边彝族自治县地方志编纂委员会编 北京 方志出版社 2007 年 741 页

马边彝族自治县

008430329
马边彝族自治县志
马边彝族自治县地方志编纂委员会编 成都 成都科技大学出版社 1994 年 643 页

013821940
马边彝族自治县志 1994—2006
马边彝族自治县地方志编纂委员会编 北京 中央民族大学出版社 2013 年 381 页

013337477
马边政协志
马边政协志编纂委员会编 马边 马边政协志编纂委员会 2011 年 563 页

013131251
四川马边河电业股份有限公司债务重组志 2000—2008
川马电业债务重组志编纂领导小组编 四川 川马电业债务重组志编纂领导小组 2009 年 252 页

010061320
中国民间文学集成 马边彝族自治县资料卷
马边彝族自治县三套集成领导小组编 马边 马边彝族自治县三套集成领导小组 1988 年 281 页

008425354
四川省马边彝族自治县地名录
四川省马边彝族自治县地名领导小组编 马边 四川省马边彝族自治县地名领导小组 1987 年 184 页〔四川省地名录丛书 175〕

南充市

012924872
南充市志 1707—2003
南充市志编纂委员会编 北京 方志出版社 2010 年 3 册 2796 页

007480667
南充县志
四川省南充县志编纂委员会编纂 成都 四川人民出版社 1993 年 1056 页

012873320
南充市政协志
中国人民政治协商会议南充市委员会编 南充 中国人民政治协商会议南充市委员会 2009 年 539 页

011067667
南充县公安志
南充县公安局编 南充 南充县公安局

1992年 183页〔南充县地方志部门志丛书 30〕

009565775
南充市民政志
南充市民政志编纂委员会编纂 成都 四川科学技术出版社 2004年 490页

009442653
南充地区法院志
南充市中级人民法院编 南充 南充市中级人民法院 2002年 572页

009336771
武警南充市支队志
武警南充市支队编史办公室编纂 成都 巴蜀书社 2001年 324页〔中国人民武装警察部队四川省总队史志系列丛书〕

008421691
南充地区军事志
中国人民解放军四川省南充军分区编 重庆 重庆大学出版社 1992年 328页

008671365
南充地区国土志
南充地区国土管理局编纂 南充 南充地区国土管理局 1998年 348页

007057292
南充蚕丝志
南充蚕丝志编纂委员会编 北京 中国经济出版社 1991年 550页

013000640
南充市粮食志 1912—2003
南充市粮食局编纂 南充 南充市粮食局 2006年 398页

013753500
六合集团志 1912—2011
四川南充六合(集团)有限责任公司编 北京 光明日报出版社 2012年 162页

008421951
南充地区水利志
四川省南充地区水利电力局编 南充 四川省南充地区水利电力局 1991年 363页

010576650
南充市烟草志
南充市烟草专卖局(分公司)编纂 成都 四川人民出版社 2006年 345页〔四川省烟草志丛书〕

008421688
南充盐业志
南充盐业志编纂委员会编 成都 四川人民出版社 1991年 453页

008991481
四川石油管理局南充机械厂志

四川石油管理局南充机械厂志编辑室
　　编　成都　巴蜀书社　1998年　254页

008430348
四川石油管理局南充炼油厂志 1958
—1990
四川石油管理局南充炼油厂志编辑室
　　编　成都　四川人民出版社　1997年
　　421页

008424329
南充地区交通志
南充地区交通局编　成都　四川人民出版
　　社　1992年　425页

010778957
南充市交通志
南充市交通局编　成都　四川人民出版社
　　2007年　505页

013933234
南充县交通志
南充县交通志编纂领导小组编　1989年
　　351页〔南充县地方志部门志丛书
　　4〕

008430267
南充邮电志
四川省南充市邮电局编　成都　四川科学
　　技术出版社　1997年　249页

012174790
南充地方税务志

南充地方税务志编纂委员会编　南充　南
　　充地方税务志编纂委员会　2005年
　　537页

011997466
南充市国家税务志 1707—2003
南充市国家税务志编委会编　北京　中国
　　税务出版社　2008年　394页

008430320
南充金融志
南充金融志编辑室编　重庆　重庆大学出
　　版社　1994年　357页

008420723
南充农村信贷
南充地区金融志编纂委员会编　南充　南
　　充地区金融志办公室　1991年　368页
　　〔南充金融志资料丛书〕

013000622
南充地区文化艺术志
吴应学　谌洪润主编　南充地区文化局编
　　成都　四川人民出版社　1992年
　　1417页

013863059
南充日报社志
南充日报社编　成都　天地出版社　2002
　　年　494页

011311005
南充地区图书发行志

四川南充地区新华书店编著 重庆 重庆出版社 1993年 383页

013000633
南充市教育志 1986—2005
南充市教育志编纂领导小组编 南充 南充市教育志编纂领导小组 2007年 376页

011763097
南充地区专业剧团团志汇编
中国戏曲志四川卷编辑部 南充地区文化局编 南充 1990年 2册

008428816
四川省南充地区南充市地名录
四川省南充地区南充市地名领导小组编 南充 四川省南充地区南充市地名领导小组 1987年 101页〔四川省地名录丛书 86〕

008428807
四川省南充县地名录
四川省南充县地名领导小组编 南充 南充县地名录领导小组 1989年 456页〔四川省地名录丛书 87〕

013933233
南充市第五人民医院院志
南充市第五人民医院院志编委会编 2007年 308页

011805797
南充市中心医院院志
南充市中心医院院志编写组编撰 南充 南充市中心医院院志编写组 2007年 258页

009414591
四川省南充中心医院志 建院六十年纪
四川省南充中心医院院志编辑领导小组 何多龄主编 南充 四川省南充中心医院院志编辑领导小组 1996年 194页

顺庆区

012174792
南充市顺庆区志 1993—2005
南充市顺庆区志编纂委员会编 北京 方志出版社 2009年 682页

008416676
南充市志续编
四川省南充市顺庆区地方志编纂委员会编纂 成都 四川人民出版社 1997年 620页

012969385
南充市顺庆区军事志
南充市顺庆区军事志编纂委员会编 南充 南充市顺庆区军事志编纂委员会 2007年 494页

高坪区

013775001

南充市高坪区志 1993—2007

南充市高坪区志编纂委员会编 北京 方志出版社 2013年 744页

嘉陵区

013375806

南充市嘉陵区志 1993—2003

南充市嘉陵区志编纂委员会编 北京 方志出版社 2012年 601页

阆中市

007479137

阆中县志

四川省阆中市地方志编纂委员会编纂 成都 四川人民出版社 1993年 1137页

008670992

木兰乡志

中共阆中市木兰乡委员会 阆中市木兰乡人民政府编 木兰乡 木兰乡委员会 木兰乡人民政府 1997年 120页〔阆中市乡镇丛书〕

008672222

治平乡志

中共阆中市治平乡委员会 阆中市治平乡人民政府编著 阆中 治平乡委员会 治平乡人民政府 1998年 178页〔阆中市乡镇志丛书〕

013958726

阆中法院志

李全林主编 阆中法院志编写委员会编 阆中 阆中法院志编写委员会 2010年 344页

013774460

阆中县工商行政管理志

四川省阆中县工商行政管理局编 阆中 四川省国营阆中装潢印刷厂 1990年 684页

010117781

阆中建设志

阆中县建设委员会 阆中县县志办公室编 阆中 阆中县县志办公室 1988年 272页

008428446

四川省阆中县地名录

四川省阆中县地名领导小组编 阆中 四川省阆中县地名领导小组 1987年 349页〔四川省地名录丛书 89〕

008836262

阆中风景名胜

戚显宗主编 阆中市人民政府地方志办公室编 阆中 阆中市人民政府地方志办公室 1994年 57页

013933231
南充地区人民医院志 1937—1986
四川省南充地区人民医院志编辑领导小组编 南充 四川省南充地区人民医院志编辑领导小组 1987年 180页

南部县

007482039
南部县志
四川省南部县志编纂委员会编纂 成都 四川人民出版社 1994年 843页

012766298
南部县志 1991—2004
南部县志编纂委员会编 北京 方志出版社 2010年 813页

010777089
南部县政协志
南部县政协志编纂组编 南部 南部县政协志编纂组 1993年 233页

009818012
南部县民政志
南部县民政志局编 南部 南部县民政志 1990年 189页

011066602
南部县审计志
南部县审计局编 南部 南部县审计局 2006年 563页

009700378
南部县国土志
南部县国土局编 南部 南部县国土局 2000年 395页

008428197
四川省南部县地名录
四川省南部县地名领导小组编 南部 四川省南部县地名领导小组 1984年 384页〔四川省地名录丛书 88〕

营山县

002779779
营山县志
营山县志编纂委员会编 成都 四川辞书出版社 1989年 910页

010731670
营山县志 1986—2003
营山县志编纂委员会编 成都 成都时代出版社 2007年 878页

011066951
营山县国土志
营山县国土局编 营山 营山县国土局 1997年 372页

008422778
四川省营山县书店志 1948—1985
营山县新华书店编 营山 营山县新华书店 1987年 78页

008424068
四川省营山县地名录
四川省营山县地名领导小组编 营山 营山县地名领导小组 1985年 279页〔四川省地名录丛书92〕

011478572
太蓬山志
营山县地方志办公室编 北京 旅游教育出版社 2007年 214页

蓬安县

007482407
蓬安县志
蓬安县志编纂委员会编 成都 四川辞书出版社 1994年 803页

013461822
蓬安县人大志
蓬安县人大志编纂委员会编 蓬安 蓬安县人大志编纂委员会 2009年 239页

012208098
蓬安县政协志 1981—2005
中国人民政治协商会议四川省蓬安县委员会编 蓬安 中国人民政治协商会议四川省蓬安县委员会 2006年 540页

008414225
四川省蓬安县地名录
蓬安县地名领导小组编 蓬安 蓬安县地名领导小组 1985年 231页〔四川省地名录丛书93〕

仪陇县

007482433
仪陇县志
四川省仪陇县志编纂委员会编 成都 四川科学技术出版社 1994年 928页

011500789
仪陇县志
四川省仪陇县县志编纂委员会编著 成都 四川科学技术出版社 2007年 935页

011910327
中共仪陇县委志 1985—2002
中共仪陇县委办 中共仪陇县委党史研究室编 仪陇 中共仪陇县委办 2006年 249页

011910018
仪陇县人民政府志 1985—2002
仪陇县人民政府办公室编 仪陇 仪陇县人民政府办公室 2004年 657页

011910009
仪陇县军事志
仪陇县军事志编纂委员会编 仪陇 仪陇县军事志编纂委员会 2005年 296页

008424110

四川省仪陇县地名录

四川省仪陇县地名领导小组编 仪陇 四川省仪陇县地名领导小组 1982年 367页〔四川省地名录丛书 91〕

西充县

008053789

西充县志

四川省西充县志编纂委员会编 重庆 重庆出版社 1993年 992页

013939447

西充县志 1986—2005

西充县志编纂委员会编 北京 方志出版社 2013年 997页

012970541

西充县政协志 1981—2005

冯锐志主编 西充 中国人民政治协商会议四川省西充县委员会 2006年 227页

012970539

西充县财政志 1986—2005

赵文宝主编 西充县财政志编纂领导小组编 西充 西充县财政志编纂领导小组 2007年 276页

011325492

西充县农村金融志

中国农业银行四川省西充县支行编 西充 中国农业银行四川省西充县支行 1987年 115页〔四川省西充县地方志丛书 5〕

008414188

四川省西充县地名录

四川省西充县地名领导小组编 西充 四川省西充县地名领导小组 1986年 223页〔四川省地名录丛书 97〕

008672129

西充县人民医院志

赵文宝主编 成都 四川科学技术出版社 1999年 286页

013010721

西充县规划和建设志 1986—2005

赵文宝主编 西充县规划和建设志编纂领导小组编 西充 西充县规划和建设志编纂领导小组 2007年 324页

008422003

西充县城乡建设环境保护志

何金永主编 西充县城乡建设环境保护志编纂领导小组编 成都 西南财经大学出版社 1987年 206页〔四川省西充县地方志丛书 3〕

眉山市

013337481

眉山市国土资源志 1997—2010

眉山市国土资源局编 眉山 眉山市国土资源局 2012年 335页

012969345

眉山车辆厂志 1966—1995

眉山车辆厂志编审委员会编 北京 中国铁道出版社 1998年 418页

010686747

眉山市烟草志

眉山市烟草专卖局(分公司)编纂 成都 四川人民出版社 2006年 317页〔四川省烟草志丛书〕

010117799

眉山通信设备厂厂志 1965—1986

邮电部眉山通信设备厂厂志编辑委员会编 眉山 邮电部眉山通信设备厂厂志编辑委员会 1990年 291页

011997415

眉山地方税务志 1997.8—2007.6

眉山市地方税务局编 眉山 眉山市地方税务局 2007年 361页

013863027

眉山市人物志

眉山市人民政府主办 眉山市地方志办公室编纂 北京 方志出版社 2013年 463页

东坡区

007905728

眉山县志 第1卷

四川省眉山县志编纂委员会编纂 成都 四川人民出版社 1992年 1193页

009160252

眉山县志 第2卷 1988—2000

四川省眉山市东坡区人民政府主修 北京 方志出版社 2003年 902页

仁寿县

006074621

仁寿县志

四川省仁寿县志编纂委员会编纂 成都 四川人民出版社 1990年 681页

013863601

仁寿县林业志

四川省仁寿县林业局编 仁寿 四川省仁寿县林业局 1986年 217页

013991381

仁寿县供销合作社联合社志 1985—2002

仁寿县供销合作社联合社志编辑组编

仁寿 仁寿实达印务有限公司 2004年 231页

013991379
仁寿县供销合作社志
仁寿县供销合作社志编辑组编 仁寿 仁寿县印刷厂 1986年 258页

013901298
仁寿农行志 1986—2002
中国农业银行仁寿县支行行志编写组编 2004年 276页

014049959
仁寿县教育志 1986—2002
仁寿县教育志编写组编 仁寿 仁寿县书院印刷厂 2010年 484页

012969501
仁寿县教育志 清末—1985
四川省仁寿县教育志编写组编 仁寿 四川省仁寿县教育志编写组 1986年 303页

008414451
四川省仁寿县地名录
仁寿县地名领导小组编 仁寿 仁寿县地名领导小组 1982年 531页〔四川省地名录丛书 67〕

013096243
仁寿县人民医院志 1941—1985
仁寿县人民医院编 仁寿 仁寿县人民医院 1987年 218页

013863602
仁寿县中医院志
仁寿县中医院志编纂领导小组编 2005年 178页

013629494
仁寿县卫生志
仁寿县卫生志编辑组编纂 仁寿 四川省仁寿县印刷厂 1987年 409页

008913747
黑龙滩水库志
黑龙滩水库志编辑室编 成都 电子科技大学出版社 1989年 195页

彭山县

005701612
彭山县志
四川省彭山县志编纂委员会编纂 成都 巴蜀书社 1991年 736页

009082541
彭山县志 1986—2000
四川省彭山县地方志编纂委员会编纂 呼和浩特 远方出版社 2002年 675页

013752320
公义镇志
彭山县公义镇人民政府编 公义镇 彭山县公义镇人民政府 1998年 172页

008671634
彭山县青龙镇志
四川省彭山县青龙镇人民政府编纂 彭山 彭山县青龙镇政府 1996年 211页

008671631
彭山县国土志
彭山县国土局编 彭山 彭山县国土局 1999年 289页

010239037
彭山县税务志 1912.1—1985.12
四川省彭山县税务局编 彭山 四川省彭山县税务局 1986年 339页

013730322
彭山县青龙镇第一小学志
彭山县青龙镇第一小学编纂 彭山 彭山县彩印厂 1998年 144页

013002610
四川省彭山县第二中学校志 1929—2000
四川省彭山县第二中学编纂 彭山 四川省彭山县第二中学 2003年 332页

008428722
四川省彭山县地名录
彭山县地名领导小组编 彭山 彭山县地名领导小组 1982年 115页〔四川省地名录丛书 60〕

洪雅县

008471233
洪雅县志
洪雅县地方志编纂委员会编纂 成都 电子科技大学出版社 1997年 961页

011295973
洪雅县志 1993—2004
洪雅县地方志编纂委员会编纂 北京 方志出版社 2007年 1026页

008670081
洪雅林场志
赵崇儒主编 成都 四川人民出版社 1991年 204页

012814280
瓦屋山水电站建设志
朱建文 黄国清主编 北京 中国文史出版社 2010年 316页

009414512
洪雅县工业交通局志
洪雅县交通局史志办公室编 洪雅 洪雅县交通局史志办公室 1984年 279页

010238902
洪雅县财政志
洪雅县财政志编纂领导小组编 洪雅 洪雅县财政志编纂领导小组 1985年 87页

008414203

四川省洪雅县地名录

洪雅县地名领导小组编 洪雅 洪雅县地名领导小组 1986年 212页〔四川省地名录丛书 66〕

013820244

洪雅县地震志

洪雅县地震办公室编 洪雅 洪雅县地震办公室 1985年 48页

丹棱县

008470984

丹棱县志

四川省丹棱县志编纂委员会编纂 丹棱 丹棱印刷厂 2000年 976页

012898329

丹棱县志 1993—2006

丹棱县志编纂委员会编 北京 方志出版社 2011年 751页

008865323

丹棱县工商行政管理志 1903—1995

眉山工商行政管理局丹棱分局编 丹棱 眉山工商行政管理局丹棱分局 1999年 219页

008835463

丹棱县粮食志

四川省丹棱县粮食志编辑领导小组编 丹棱 四川省丹棱县粮食志编辑领导小组 1987年 249页

008835457

丹棱县供销合作社志

丹棱县供销合作社联合社编 丹棱 丹棱县供销合作社联合社 1991年 239页

008414219

四川省丹棱县地名录

四川省丹棱县地名领导小组编 丹棱 四川省丹棱县地名领导小组 1986年 107页〔四川省地名录丛书 64〕

青神县

008487041

青神县志

青神县县志编纂委员会编 成都 成都科技大学出版社 1996年 660页

013144663

青神县志 1991—2005

青神县志编纂委员会编 北京 方志出版社 2011年 727页

013933329

青神县教育志 清末—1987

四川省青神县教育志编写组编 青神 四川省青神县教育志编写组 1988年 96页

008423992

四川省青神县地名录

青神县地名领导小组编 青神 青神县地名领导小组 1982年 84页〔四川省地名录丛书 62〕

宜宾市

004436200
宜宾市志
宜宾市地方志办公室编 北京 新华出版社 1992年 825页

013189994
宜宾市志 1911—2000
宜宾市志编纂委员会编 北京 中华书局 2011年 3册 2452页

013604562
宜宾纪检监察志 1949—2007
中共宜宾市纪委 宜宾市监察局编 宜宾 中共宜宾市纪委 2008年 181页

012814473
宜宾市政府志 1895—2000
宜宾市政府志编纂委员会编 北京 方志出版社 2010年 493页

012767166
宜宾市政协志 续志 1989—1997
政协宜宾市委员会第十一届常委会编 宜宾 政协宜宾市委员会第十一届常委会 1997年 199页

013901056
宜宾市检察志
国建主编 宜宾 四川省宜宾市人民检察院 2007年 269页

009336760
武警宜宾市支队志
武警宜宾市支队编史办公室编纂 成都 巴蜀书社 2001年 503页〔中国人民武装警察部队四川省总队史志系列丛书〕

009867295
宜宾市国土志 1840—1996
宜宾市国土志编纂领导组编 宜宾 宜宾市国土志编纂领导组 1999年 353页

013379053
五粮液志
宜宾五粮液集团有限公司 宜宾五粮液股份有限公司五粮液志编委会编著 成都 四川科学技术出版社 2011年 425页

013901050
宜宾发电总厂志
宜宾发电总厂志编辑委员会编 宜宾 宜

宾发电总厂 1998年 274页

010576666
宜宾市烟草志
宜宾市烟草专卖局(分公司)编纂 成都 四川人民出版社 2006年 406页〔四川省烟草志丛书〕

012970674
宜宾市供销合作社志
宜宾市供销合作社志编纂委员会编纂 宜宾 宜宾市供销合作社志编纂委员会 2003年 397页

013939693
宜宾财政志 1912—2005
四川省宜宾市财政局编 宜宾 四川省宜宾市财政局 2009年 184页

013899461
宜宾市财政志 1951—1995
宜宾市财政志编辑组编 宜宾 宜宾市财政志编辑组 2000年 139页

013865524
宜宾市商业银行志 1984—2010
宜宾市商业银行志编纂委员会编 北京 方志出版社 2013年 498页

013604561
宜宾地区新闻志 1912—1994
聂际言 侯敏编著 1995年 351页

011066950
宜宾地区新华书店志 1950—1995
四川省宜宾地区新华书店编 宜宾 四川省宜宾地区新华书店 1997年 343页

009840283
宜宾教育志
宜宾市教育局编纂 重庆 西南师范大学出版社 2005年 421页

013901053
宜宾市二中校志 1911—2011
宜宾市二中校志编纂委员会编 宜宾 宜宾市第二中学 2011年 715页

011066739
宜宾市一中校志 1901—2001
宜宾市一中校志编辑室编 宜宾 宜宾市一中校志编辑室 2001年 889页

009414664
四川省宜宾师范校志 1939—1999
屈川 吴远楠主编 宜宾 宜宾师范学校 1999年 165页

011500798
宜宾地区文物简志
四川省宜宾地区文化局编 宜宾 四川省宜宾地区文化局 1982年 107页

012545587
宜宾城街区图志
宜宾城街区图志编 成都 四川科技出版

社 2009 年 1 册

008425301
四川省宜宾地区宜宾市地名录
四川省宜宾地区宜宾市地名领导小组编印 宜宾 四川省宜宾地区宜宾市地名领导小组 1983 年 119 页〔四川省地名录丛书 120〕

011324944
宜宾专区农业气候志
宜宾专区农林水利局编 宜宾 宜宾专区农林水利局 1959 年 33 页

翠屏区

009677898
翠屏区志 1986—2000
翠屏区志编纂委员会编 北京 方志出版社 2004 年 685 页

010293912
李庄镇志
宜宾市翠屏区李庄镇人民政府编 北京 方志出版社 2006 年 395 页

南溪区

005559212
南溪县志
四川省南溪县志编纂委员会编纂 成都 四川人民出版社 1992 年 809 页

008428660
四川省南溪县地名录
四川省南溪县地名领导小组编 南溪 四川省南溪县地名领导小组 1982 年 212 页〔四川省地名录丛书 123〕

宜宾县

007905717
宜宾县志
四川省宜宾县志编纂委员会编纂 成都 巴蜀书社 1991 年 775 页

012970691
宜宾县金融志
周大川主编 宜宾县金融志编纂小组编 成都 成都科技大学出版社 1993 年 339 页

013625729
安边中学校志
安边中学校志编纂委员会编 定边 安边中学校志编纂委员会 2008 年 242 页

008428655
四川省宜宾县地名录
宜宾县地名领导小组编 宜宾 宜宾县地名领导小组 1987 年 436 页〔四川省地名录丛书 122〕

江安县

008430260
江安县志
江安县志编纂委员会编纂 北京 方志出版社 1998年 916页

012251195
江安县志 1986—2000
江安县志编纂委员会编 北京 方志出版社 2009年 739页

009231723
江安县国土志
江安县国土局编 江安 江安县国土志编辑委员会 2000年 393页

013067246
四川省江安中学校志 1914—1994
四川省江安中学校志编写组 代光元等主笔 江安 四川省江安中学校志编写组 1994年 150页

008428265
四川省江安县地名录
江安县地名领导小组编 江安 江安县地名领导小组 1987年 174页〔四川省地名录丛书 125〕

长宁县

007595066
长宁县志
四川省长宁县志编纂委员会编纂 成都 巴蜀书社 1993年 928页

012048777
长宁县志
长宁县志编纂委员会编 北京 中国文史出版社 2008年 1029页

009867116
长宁县国土志
长宁县国土志编纂领导小组编 长宁 长宁县国土志编纂领导小组 1999年 268页

013140953
长宁县职高志 1979—2008
长宁县职高校志编辑部编 长宁 长宁县职高校志编辑部 2010年 135页

008395119
四川省长宁县地名录
长宁县地名领导小组编 长宁 长宁县地名领导小组 1987年 230页〔四川省地名录丛书 128〕

高县

008430287
高县志
高县志编纂委员会编纂 北京 方志出版社 1998年 799页

012718815
高县志 1991—2008
四川省高县志编纂委员会编 北京 方志出版社 2010年 724页

008428649
四川省高县地名录
高县地名领导小组编 高县 高县地名领导小组 1987年 250页〔四川省地名录丛书 126〕

珙县

007657699
珙县志
四川省珙县志编纂委员会编纂 成都 四川人民出版社 1995年 959页

012049356
珙县志 1986—2000
珙县志编纂委员会编 北京 方志出版社 2008年 799页

013002603
四川省珙县罗渡苗族乡志
珙县罗渡苗族乡志编纂委员会编纂 2006年 317页

009867152
珙县政协志
中国人民政治协商会议四川省珙县委员会编 珙县 中国人民政治协商会议四川省珙县委员会 1998年 231页

010061007
中国民间故事集成 珙县苗族民间故事集
珙县 四川省珙县民间文学集成办公室 1989年 445页

012831544
珙县僰人风物志
珙县僰人风物志编纂委员会编 北京 中国戏剧出版社 2010年 246页

008428260
四川省珙县地名录
珙县地名领导小组编 珙县 珙县地名领导小组 1987年 168页〔四川省地名录丛书 124〕

筠连县

008430253
筠连县志
筠连县县志编纂委员会编 成都 四川科学技术出版社 1998年 842页〔中华人民共和国地方志丛书〕

012719141

筠连县志 1986—2005

筠连县县志编纂委员会编 北京 方志出版社 2010年 845页

013752310

高坪苗族乡志

高坪苗族乡志编纂委员会编 北京 方志出版社 2012年 348页

009231728

筠连县政协志 1987.1—2000.12

筠连县县志编纂委员会编 筠连 县政协 2001年 131页〔筠连县地方志丛刊〕

008991735

筠连县非公有制经济志

王维安主编 成都 巴蜀书社 2001年 284页〔筠连县地方志丛书〕

013932192

筠连县苗族志 1911—2005

筠连县苗族志编纂委员会编 筠连 筠连县苗族志编纂委员会 2007年 429页

008395116

四川省筠连县地名录

筠连县地名领导小组编 筠连 筠连县地名领导小组 1987年 235页〔四川省地名录丛书 129〕

兴文县

012689856

兴文县志 1996—2005

兴文县志编纂委员会编 北京 方志出版社 2010年 826页

007809556

兴文县志 第1卷

兴文县志编纂委员会编 成都 四川辞书出版社 1994年 791页

008429498

兴文县志续编 第2卷 1986—1995

四川省兴文县志编纂委员会编纂 成都 四川人民出版社 1998年 729页

008672142

新坝乡志

宜宾市兴文县新坝乡人民政府编纂 成都 宜宾市兴文县新坝乡人民政府 2000年 306页

013010988

兴文县计划生育志

兴文县计划生育局编纂 兴文 兴文县计划生育局 2002年 261页

013011204

兴文县教育志 1985—2000

兴文县教育志编辑室编 兴文 兴文县教育局 2002年 363页

008414053

四川省兴文县地名录

四川省兴文县地名领导小组编 兴文 四川省兴文县地名领导小组 1986年 106页〔四川省地名录丛书 130〕

008672153

兴文县国土志

陈晓忠主编 兴文县国土局编 兴文 兴文县国土局 1998年 379页

屏山县

008487009

屏山县志

屏山县志编纂委员会编纂 成都 四川人民出版社 1998年 876页〔中华人民共和国地方志丛书〕

012266018

屏山县志 1986—2000

屏山县志编纂委员会编纂 北京 方志出版社 2009年 990页

007977418

龙华镇志

吴春龙主编 龙华镇人民政府编 上海 上海社会科学院出版社 1996年 511页〔中国名镇志〕

009867275

屏山县国土志 1911—1996

屏山县国土局编 屏山 屏山县国土局 1998年 388页

008427326

四川省屏山县地名录

屏山县地名领导小组编 屏山 屏山县地名领导小组 1984年 206页〔四川省地名录丛书 131〕

广安市

013752321

广安市志 1993—2005

广安市志编纂委员会编 北京 中央文献出版社 2012年 2册 1901页

013626443

广安市人民代表大会志 1993—2008

广安市人民代表大会志编纂委员会编 广安 广安市人民代表大会志编纂委员会 2010年 480页

012049403

广安市政协志

中国人民政治协商会议四川省广安市

委员会编 广安 中国人民政治协商会议四川省广安市委员会 2003 年 448 页

013369903

广安市民政志 1993—2005

广安市民政志编纂委员编 广安 广安市民政志编纂委员 2011 年 278 页

013772625

广安市司法行政志 1993—2005

广安市司法行政志编纂委员会编 南充 南充市高坪飞腾印制有限公司 2012 年 264 页

010962490

广安市烟草志

广安市烟草专卖局(分公司)编纂 成都 四川人民出版社 2006 年 319 页〔四川省烟草志丛书〕

013989062

广安市交通志 1993—2005

广安市交通志编纂委员会编 广安 广安市交通志编纂委员会 2011 年 360 页

013728661

广安中学志 1912—2012

广安中学志编纂委员会编 广安 广安中学志编纂委员会 2012 年 3 册

广安区

008036547

广安县志

四川省广安县志编纂委员会编纂 成都 四川人民出版社 1994 年 913 页

012998968

广安区工商行政管理志 1949—2006

四川省广安区工商行政管理局编 广安 四川省广安区工商行政管理局 2007 年 182 页

012967571

广安区城乡建设志 1986—2005

广安市广安区规划和建设局编 广安 广安市广安区规划和建设局 2007 年 347 页

008414187

四川省广安县地名录

广安县地名领导小组编 广安 广安县地名领导小组 1988 年 256 页〔四川省地名录丛书 95〕

华蓥市

008735662

华蓥市志

四川省华蓥市志编纂委员会编纂 成都 四川人民出版社 1995 年 837 页

009414655
溪口镇志
四川省华蓥市志总编室 华蓥市溪口镇人民政府编 华蓥 四川省华蓥市人民政府地方志办公室 1992年 241页

013145424
四川华蓥山广能(集团)有限责任公司志 1986—2005
四川华蓥山广能(集团)有限责任公司志编纂委员会编 华蓥 华蓥山广能(集团)有限责任公司志编纂委员会 2010年 593页

008414191
四川省华云工农区地名录
四川省华云工农区地名领导小组编 华云工农区 华云工农区地名领导小组 1982年 88页 〔四川省地名录丛书 98〕

岳池县

006350791
岳池县志 1911—1985
四川省岳池县志编纂委员会编纂 成都 电子科技大学出版社 1993年 679页

012052559
岳池县志 1986—2002
四川省岳池县志编纂委员会编纂 成都 天地出版社 2009年 718页

009388404
中国民主同盟岳池组织志 1946—1995
民盟岳池县委员会编 岳池 民盟岳池县委员会 1996年 157页

013776334
岳池县审计志 1986—2002
岳池县审计局编 岳池 岳池县审计局 2010年 123页

009232099
岳池民俗
岳池县地方志办公室编 岳池 2001年 437页 〔岳池地方志丛书〕

008414223
四川省岳池县地名录
岳池县地名领导小组办公室编 岳池 岳池县地名领导小组办公室 1987年 342页 〔四川省地名录丛书 94〕

武胜县

013096571
武胜县志 1986—2005
武胜县志编纂委员会编 北京 方志出版社 2011年 1376页

013865188
武胜民盟志 1946—2010
武胜民盟志编修领导小组编 2011年 169页 〔武胜县地方志丛书 30〕

013379065

武胜县畜牧志 1986—2005

武胜县畜牧食品局编 武胜 武胜县畜牧食品局 2010年 172页〔武胜县地方志丛书 16〕

013321158

武胜县工业志 1986—2005

武胜县经济和信息化局编 成都 成都力扬文化传播有限公司 2010年 79页〔武胜县地方志丛书 20〕

012837438

武胜县地方税务志 1994—2007

武胜县地方税务志编修领导小组编 2010年 196页〔武胜县地方志丛书 3〕

014052380

武胜县科学技术志 1986—2005

武胜县科学技术局编 武胜 武胜县科学技术局 2010年 194页〔武胜县地方志丛书 21〕

008395105

四川省武胜县地名录

武胜县地名领导小组编 武胜 武胜县地名领导小组 1985年 245页〔四川省地名录丛书 96〕

邻水县

006497385

邻水县志

四川省邻水县地方志编纂委员会编 成都 四川科学技术出版社 1991年 790页

012639785

邻水县志 1986—2005

邻水县地方志编纂委员会编 北京 中国文史出版社 2010年 975页

008671885

石滓乡志

邻水县石滓乡乡志编纂组编 邻水 邻水县石滓乡乡志编纂组 1983年 100页

012969631

四川邻水启明星电力有限公司志 1984.1—2005.12

四川邻水启明星电力有限公司编 四川 四川邻水启明星电力有限公司 2006年 266页

009231797

邻水县国税志 续编

邻水县国税局编写组编 邻水 邻水县国税局 199u年

013932467

邻水县农村信用合作志

邻水县农村信用合作联合社编 邻水 邻

水县农村信用合作联合社 2005 年 370 页

008430340
邻水县国土志
邻水县国土局编著 成都 四川科学技术出版社 1997 年 429 页

008428651
四川省邻水县地名录
邻水县地名领导小组编 邻水 邻水县地名领导小组 1985 年 253 页〔四川省地名录丛书 109〕

013000321
邻水县卫生志 1981—2008
邻水县卫生局卫生志编委会编 邻水 邻水县卫生局卫生志编委会 2009 年 407 页

达州市

012609501
达州市志 1911—2003
达州市志编纂委员会编 北京 方志出版社 2009 年 3 册

011804191
达县地区人口与计划生育志
达州市计划生育委员会办公室编纂 成都 四川人民出版社 2002 年 410 页

013955621
达州法院志
四川省达州市中级人民法院编 达州 达州市中级人民法院 2005 年 487 页

012898283
达州检察志
四川省达州市人民检察院编 达州 四川省达州市人民检察院 2011 年 594 页

008991722
武警达川地区支队志
武警达川地区支队志编委会编 成都 巴蜀书社 2001 年 310 页〔中国人民警察武装部队四川省总队史志系列丛书〕

013894446
达川市国土志
达川市国土志编纂领导小组办公室编 达川 达川市国土志编纂领导小组办公室 1998 年 225 页〔达川市地方志丛书 69〕

008421787
达县地区机械志 1950—1985
四川省达县地区机电工业局达县地区机械志编辑室编 达县 四川省达县地区机电工业局 1988 年 248 页〔巴渠

地方志丛书〕

010576557

达州市烟草志

达州市烟草专卖局(分公司)编纂 成都 四川人民出版社 2006年 298页〔四川省烟草志丛书〕

009783829

达竹矿务局志 1967—1990

达竹矿务局志编纂委员会编 四川 达竹矿务局志编纂委员会 1994年 367页

011325468

万福钢铁厂志 1940—1985

1987年 378页

009228151

达川市交通志

达川市交通志领导小组办公室编 达川 达川市交通局 1996年 187页

012967437

达川地区粮食志

达川地区粮食志编纂委员会编纂 达川 达川地区粮食志编纂委员会 2002年 342页

008669953

达县地区财政志

达县地区财政志编纂委员会编 达县 四川省达川地区财政局 1998年 415页

008220739

达县地区建设银行志

达县地区建设银行志编纂领导小组编 成都 四川辞书出版社 1998年 479页

009388413

达县地区保险志 1935—1990

中国人民保险公司达县地区中心支公司达县地区保险志编纂委员会编 达县 中国人民保险公司达县地区中心支公司达县地区保险志编纂委员会 1993年 229页〔达县地区地方志丛书 15〕

008430315

达县地区工商银行志

达县地区工商银行志编纂委员会编纂 成都 四川辞书出版社 1997年 491页

010253075

达县地区金融志

达县地区金融志编纂委员会编纂 成都 西南财经大学出版社 2004年 520页

013923956

达县地区农村金融志

达县地区农村金融志编纂领导小组编 重庆 重庆出版社 1994年 446页

014026682

达州市农村信用合作志 1952—2009

达州市农村信用合作志编纂委员会编
　成都　西南财经大学出版社　2012年
　502页

012995317
达县地区文化艺术志
四川省达州文化局编　达县　四川省达州
　文化局　2001年　554页

013221069
达州市高级中学校志 1903—2003
四川省达州市高级中学校编　达州　四川
　省达州市高级中学校　2003年　478页

013924011
达州市一中校志 1906—2006
达州市一中校志编委会编　达州　达州市
　一中校志编委会　2006年　661页

013955623
达县地区体育志
达州市体育局编印　2012年　288页

008414229
四川省达县地区达县市地名录
四川省达县地区达县市地名工作领导
　小组编　达县　四川省达县地区达县市
　地名工作领导小组　1985年　199页
　〔四川省地名录丛书 99〕

013128818
达州水利志 1949—2006
达州水利志编纂委员会编　达州　达州市
　水务局　2011年　610页

通川区

013010672
通川区政协志 1979—2008
中国人民政治协商会议四川省达州市
　通川区委员会编　达州　政协达州市通
　川区委员会　2009年　320页

011478668
通川公安志
通川公安志编纂领导小组办公室编　达
　州　通川公安志编纂领导小组办公室
　2006年　246页

011757538
达州市通川区军事志 1976—2005
达州市通川区人民武装部编纂　北京　解
　放军出版社　2007年　226页

达川区

007479127
达县市志
达县市地方志工作委员会编　成都　四川
　人民出版社　1994年　812页

008143646
达县志
四川省达县志编纂委员会编纂　成都　四
　川辞书出版社　1994年　1027页　〔中

华人民共和国地方志丛书〕

014026679

达县志 1986—2005

达县地方志编纂委员会编纂 北京 中国文史出版社 2013 年 752 页

013955622

达县民政志 1949—2008

达县民政志编纂委员会编纂 达县 达县民政志编纂委员会 2009 年 533 页〔达县地方志丛书〕

012831251

达县侨务志 1911—2007

达县外事侨务办公室 达县归侨侨眷联合会编纂 北京 中国华侨出版社 2009 年 202 页

011757525

达县军事志 1911—2005

达县人民武装部编纂 北京 解放军出版社 2007 年 409 页

009228154

达县市城乡建设志

达县市城乡建设志编写组编 达县 达县市建设委员会 1987 年 266 页〔达县市地方志丛书 1〕

013096412

四川省达县粮食学校志 1978.10—1989.9

四川省达县粮食学校志编纂小组编 达县 四川省达县粮食学校志编纂小组 1991 年 90 页

010244268

四川省达县中医学校志 1967—1985

四川省达县中医学校编写 达县 四川省达县中医学校 1990 年 98 页

008428468

四川省达县地名录

达县地名领导小组编 达县 达县地名领导小组 1986 年 478 页〔四川省地名录丛书 100〕

011431299

达县卫生志

达县卫生局卫生志编辑组编 达县 达县卫生局卫生志编辑组 1986 年 312 页〔四川省达县地方丛书 001〕

万源市

012174987

万源市志 1986—2005

四川省万源市地方志编纂委员会编纂 北京 中国文史出版社 2009 年 2 册 1508 页

007791190

万源县志

四川省万源县志编纂委员会编纂 成都 四川人民出版社 1996 年 1072 页

008838374

万源县石窝乡志

万源县石窝乡志编写组编 万源 万源县石窝乡志编写组 1984年 214页〔万源县地方志丛书 1〕

013072769

鹰背乡志 1913—2009

万源市鹰背乡人民政府编纂 万源 万源市鹰背乡人民政府 2010年 266页

013732606

永宁乡志 1912—2011

万源市永宁乡人民政府编 成都 四川师范大学电子出版社 2012年 256页

013072860

曾家乡志 1912—2009

万源市曾家乡人民政府编 成都 四川师范大学电子出版社 2011年 320页

011443960

万源市军事志 1911—2005

万源市人民武装部编纂 北京 解放军出版社 2007年 328页

013010682

万源市工商行政管理志 1987—2007

四川省万源市工商行政管理局编纂 万源 四川省万源市工商行政管理局 2009年 267页

008421922

万源县工业志

万源县经济委员会工业志编辑组编 万源 万源县经济委员会工业志编辑组 1985年 230页〔万源县地方志丛书 6〕

009232065

万源县财政志

万源县财政志编纂组编纂 成都 四川人民出版社 1996年 469页〔万源县地方志丛书 13〕

008421927

万源县广播电视志 1935—1987

万源县广播电视志编写组编 万源 万源县广播电视志编写组 1987年 137页

012662365

万源保卫战战史烈馆志 1986—2009

四川省万源县地方志编纂委员会编纂 成都 四川师范大学电子出版社 2010年 195页

013936440

万源县教育志 1902—1985

万源县教育志编写组编 万源 万源县教育志编写组 1986年 232页〔万源县地方志丛书 2〕

008421856

万源县文教示范幼儿园志

万源县文教示范幼儿园编 万源 万源县

文教示范幼儿园 1988 年 102 页〔万源县地方志丛书 16〕

008428837
四川省白沙工农区地名录
白沙工农区地名领导小组编 白沙工农区 白沙工农区地名领导小组 1985 年 64 页〔四川省地名录丛书 111〕

008428153
四川省万源县地名录
万源县地名领导小组编 万源 万源县地名领导小组 1984 年 339 页〔四川省地名录丛书 108〕

宣汉县

008053751
宣汉县志
四川省宣汉县志编纂委员会编纂 成都 西南财经大学出版社 1994 年 1069 页

013072731
宣汉县志 1986—2005
四川省宣汉县地方志编纂委员会编纂 北京 中国文史出版社 2011 年 918 页

012970640
宣汉县人大志
宣汉县人大志编纂委员会编 宣汉 宣汉县人大志编纂委员会 2003 年 395 页

013939615
宣汉县政协志
宣汉县政协志编审小组编 宣汉 宣汉县政协志编审小组 1997 年 230 页〔宣汉县地方志丛书 9〕

008427322
宣汉县民政志
四川省宣汉县民政局编 宣汉 四川省宣汉县民政局 1985 年 178 页〔宣汉县地方志丛书 39〕

011444135
宣汉县军事志 1911—2005
宣汉县人民武装部编纂 北京 解放军出版社 2007 年 435 页

008428018
宣汉县畜牧志
四川省宣汉县畜牧志编纂组编 宣汉 四川省宣汉县畜牧志编纂组 1988 年 308 页〔宣汉县地方志丛书 43〕

008428010
宣汉县水利电力志
宣汉县水利电力局修志办公室编 宣汉 宣汉县水利电力局修志办公室 1989 年 333 页〔宣汉县地方志丛书 25〕

008424160
宣汉县粮油志 1912—1988
四川省宣汉县粮食局编 宣汉 四川省宣汉县粮食局 1990 年 528 页〔宣汉县

地方志丛书 24〕

013961164
宣汉县大成镇老协志 1987—2009
宣汉县大成镇老协志编辑组编 宣汉 宣汉县大成镇老协志编辑组 2009 年 367 页

013939605
宣汉县曲艺志
宣汉县曲艺志编纂办公室编 宣汉 宣汉县印刷厂 1991 年 228 页〔宣汉县地方志丛书 60〕

008428179
四川省宣汉县地名录
宣汉县地名领导小组编 宣汉 宣汉县地名领导小组 1984 年 433 页〔四川省地名录丛书 105〕

009232092
宣汉县国土志
宣汉县国土局编 宣汉 宣汉县国土局 2001 年 412 页

开江县

007342613
开江县志
四川省开江县志编纂委员会编纂 成都 四川人民出版社 1989 年 790 页

010779089
开江县志 1986—2005
四川省开江县地方志编纂委员会编纂 北京 方志出版社 2006 年 944 页

011762415
开江县军事志 1911—2005
开江县人民武装部编纂 北京 解放军出版社 2007 年 262 页

013861871
开江中学志 1999—2000
四川省开江中学志编委会编 开江 四川省开江中学 2002 年 399 页

012832274
开江中学志 2001—2010
四川省开江中学志编委会编 开江 四川省开江中学志编委会 2010 年 417 页

010146960
开江中学志 建校 70 周年纪念 1920—1990
开江中学志编写组编 开江 开江中学 1991 年 579 页

008428324
四川省开江县地名录
四川省开江县地名领导小组编 开江 四川省开江县地名领导小组 1987 年 155 页〔四川省地名录丛书 103〕

大竹县

008810215
大竹县志
四川省大竹县志编纂委员会编 重庆 重庆出版社 1992 年 930 页

010576572
大竹县志 1986—2002
四川省大竹县志编纂委员会编 北京 方志出版社 2006 年 1006 页

013221076
大竹县政协志 1957—2006
中国人民政治协商会议四川省大竹县委员会编 大竹 中国人民政治协商会议四川省大竹县委员会 2006 年 480 页

011757612
大竹县军事志 1911—2005
大竹县人民武装部编纂 北京 解放军出版社 2007 年 316 页

009867123
大竹县国土志
大竹县国土局编著 大竹 大竹县国土局 2000 年 374 页

009414504
大竹中学志 1918—1998
大竹中学校志编写组编 大竹 大竹中学校志编写组 1998 年 592 页

011995464
大竹中学志 1998—2008
四川省大竹中学编 大竹 大竹中学 2008 年 648 页

008428236
四川省大竹县地名录
四川省大竹县地名领导小组编 大竹 四川省大竹县地名领导小组 1988 年 310 页〔四川省地名录丛书 106〕

渠县

007358346
渠县志
四川省渠县地方志编纂委员会编 成都 四川科学技术出版社 1991 年 1036 页

012814166
渠县志 1986—2005
四川省渠县地方志编纂委员会编 北京 中国文史出版社 2009 年 934 页

013958942
渠县政协志 1950—1987
中国人民政治协商会议四川省渠县委员会渠县政协志编辑室编 渠县 中国人民政治协商会议四川省渠县委员会渠县政协志编辑室 1988 年 393 页

012208124
渠县军事志 1911—2005

渠县人民武装部编纂 北京 解放军出版
　　社 2007年 273页

013731136
渠县天然气公司志 1986—2007
渠县天然气公司志编委会编 渠县 渠县
　　天然气公司志编委会 2009年 255页

008667796
中国铁道建筑总公司川东水泥厂志
川东水泥厂志编纂委员会编纂 成都 四
　　川人民出版社 1998年 345页

012969484
渠县财政局志 1986—2005
渠县财政局志编纂委员会编 渠县 渠县
　　财政局志编纂委员会 2007年 331页

012969490
渠县财政志
渠县财政局 渠县财政志编纂委员会编
　　渠县 渠县财政局 2003年 307页

012969497
渠县农村信用合作社志 1986—2005
渠县农村信用合作社志编纂领导小组
　　编 渠县 渠县农村信用合作社志编纂
　　领导小组 2007年 519页

013958944
渠县中学志 1917—1996
四川省渠县中学志编辑部编 渠县 四川
　　省渠县中学志编辑部 1997年 197页

013731135
渠县国土志 1911—1997
渠县国土局编 渠县 渠县国土局 2001
　　年 187页

008428190
四川省渠县地名录
四川省渠县地名领导小组编 渠县 四川
　　省渠县地名领导小组 1982年 359页
　　〔四川省地名录丛书 101〕

雅安市

008672192
雅安市志
四川省雅安市志编纂委员会编纂 成都
　　四川人民出版社 1996年 884页

009521037
雅安市志 续编 1986—2000
雅安市志编辑委员会编 成都 四川科学
　　技术出版社 2002年 706页

008421734

雅安地区概况

中共雅安地委政策研究室 雅安地区地方志办公室合编 雅安 四川省雅安地区印刷厂 1986年 330页

008672190

雅安市民政志

四川省雅安市民政局主编 雅安 四川省雅安市民政局 1986年 275页

009336780

武警雅安地区支队志

武警雅安地区支队编史办公室编纂 成都 巴蜀书社 2001年 360页〔中国人民武装警察部队四川省总队史志系列丛书〕

008835936

雅安地区林业志

四川省雅安地区林业局编 成都 四川科学技术出版社 1993年 346页〔雅安地区地方志丛书〕

008672185

雅安地区畜牧兽医志

蒲朝龙主编 张保元 张永芳副主编 成都 成都科技大学出版社 1999年 263页〔雅安地区地方志丛书 13〕

013776002

雅安市农业志

雅安市农业志编写组 程绪昂主编 雅安 四川省雅安市农业局 1986年 151页

008418417

雅安地区水利电力志

四川省雅安地区水利电力局编 成都 四川科学技术出版社 1996年 644页〔雅安地区地方志丛书〕

008835938

雅安地区盐业志

四川省盐业公司雅安分公司编纂 成都 四川省科学技术出版社 1995年 394页〔雅安地区地方志丛书〕

010576664

雅安市烟草志

雅安市烟草专卖局(分公司)编纂 成都 四川人民出版社 2006年 260页〔四川县烟草志丛书〕

008420621

雅安地区物价志

雅安地区物价志编辑委员会编 成都 四川人民出版社 1996年 388页〔雅安地区地方志丛书 1〕

008672167

雅安地区财政志

雅安地区地方志编纂委员会办公室审定 雅安 雅安地区财政志局 1999年 285页

008418439
雅安地区税务志
四川省雅安地区税务志编纂领导小组编 成都 四川科学技术出版社 1996年 215页〔雅安地区地方志丛书〕

012970649
雅安市国税志 1991—2001
四川省雅安市国家税务局编纂委员会编纂 雅安 四川省雅安市国家税务局编纂委员会 2003年 239页

008672177
雅安地区金融志
雅安地区金融志编辑委员会编 成都 四川科学技术出版社 1998年 510页〔雅安地区地方志丛书〕

008672172
雅安地区广播电视志
雅安地区广播电视局编 雅安 雅安地区广播电视局 1998年 307页〔雅安地区地方志丛书〕

008672180
雅安地区图书发行志 1880—1990
四川省雅安地区新华书店编 雅安 雅安地区新华书店 1998年 488页

012837546
雅安地区教育志
雅安地区教育委员会编 雅安 雅安地区教育委员会 1999年 457页〔雅安地区地方志丛书〕

011500775
雅安地区文物志
雅安地区文物志编委会编著 成都 巴蜀书社 1992年 222页

008425295
四川省雅安地区雅安县地名录
四川省雅安地区雅安县地名领导小组编 雅安 四川省雅安地区雅安县地名领导小组 1983年 208页〔四川省地名录丛书 78〕

009126081
雅安地区矿产志
四川省雅安地区地方志办公室 四川省雅安地区乡镇企业局编 成都 四川科学技术出版社 1995年 205页〔雅安地区地方志丛书〕

009313318
雅安地区自然地理志
曹宏主编 雅安地区地方志办公室编 雅安 成都飞机工业集团公司印刷厂 2000年 291页

雨城区

014052881
雅安市雨城区工商联志
雅安市雨城区工商业联合会编 2004年 271页

名山区

007482419
名山县志
名山县志编纂委员会编 成都 四川科学技术出版社 1992年 689页

010201388
名山县志 1986—2000
名山县地方志编纂委员会编 北京 方志出版社 2006年 658页

013220908
百丈镇志 1950—2005
百丈镇志编纂委员会编 百丈镇 百丈镇志编纂委员会 2011年 439页

009231829
城西镇志
四川省名山县城西镇志编纂委员会编 名山 四川省名山县城西镇志编纂委员会 2001年 273页

010245186
蒙阳镇志
四川省名山县蒙阳镇志编纂委员会编 名山 四川省名山县蒙阳镇志编纂委员会 2003年 290页

012542689
名山县政府志
名山县政府志编纂领导小组编 名山 名山县人民政府办公室 2009年 588页

012769669
中共名山县委志 1950—2005
中共名山县委志编纂委员会编 名山 中共名山县委志编纂委员会 2009年 668页

009867212
名山县国土志
名山县国土局编 名山 名山县国土局 1997年 440页

010577017
名山县工商行政管理志 1911—2002
名山县工商行政管理局编 名山 名山县工商行政管理局 2005年 420页

012969367
名山县农业志
名山县农业局编 名山 名山县农业局 2003年 251页

012969640
四川省名山县水利电力志
名山县水利电力局编 名山 名山县水利电力局 1986年 210页

012969368
名山县邮电志
名山县邮电局编辑出版 名山 名山县邮电局 1985年 94页

012969351
名山县财政志

名山县财政局编 名山 名山县财政局 2002年 185页

012969360
名山县农村信用联社志 1996—2005
名山县农村信用联社编 名山 名山县农村信用联社 2008年 173页

008425216
四川省名山县地名录
名山县地名领导小组编 名山 名山县地名领导小组 1985年 146页〔四川省地名录丛书 79〕

荥经县

008672212
荥经县志
四川省荥经县地方志编纂委员会编 重庆 西南师范大学出版社 1998年 742页

013324566
荥经县志 1986—2000
荥经县志编纂委员会编 北京 方志出版社 2011年 613页

009867298
荥经县国土志
荥经县国土局编 荥经 荥经县国土局 1999年 1册

013776029
荥经县人事劳动志 1950—2000
荥经县人事劳动和社会保障局编 成都 四川九宏印务有限公司 2007年 154页

010061289
中国民间文学集成 四川省 荥经县资料集
荥经县民间文学三套集成编委会编 荥经 四川省荥经县民间文学三套集成编委会 1986年 352页

008425279
四川省荥经县地名录
荥经县地名领导小组编 荥经 荥经县地名领导小组 1984年 111页〔四川省地名录丛书 80〕

汉源县

007480704
汉源县志
汉源县志编纂委员会编著 成都 四川科学技术出版社 1994年 1021页

012898477
汉源县农业局志
四川省汉源县农业局编 汉源 四川省汉源县农业局 1990年 289页

013626558
汉源县盐志

汉源县盐志编纂组编 汉源 四川省盐业公司汉源支公司 1986年 65页

009867158
汉源县体育志
汉源县体育运动委员会编 汉源 汉源县体育运动委员会 1986年 91页

石棉县

008470863
石棉县志
石棉县地方志编纂委员会编 成都 四川辞书出版社 1999年 807页

012684722
石棉县志 1986—2000
石棉县地方志编纂委员会编 北京 中国文史出版社 2010年 750页

011068520
石棉县志 建置政区
石棉 1992年 1册〔石棉县部门志丛书2〕

012967313
安顺彝族乡志
安顺彝族乡人民政府编著 石棉 石棉县安顺彝族乡人民政府 2005年 417页

012995276
擦罗彝族乡志
擦罗彝族乡人民政府编著 石棉 擦罗彝族乡人民政府 2005年 222页

010778982
栗子坪彝族乡志
栗子坪彝族乡人民政府主编 成都 四川民族出版社 2007年 314页

011068515
石棉县安顺彝族乡志
安顺乡 1989年 151页

013002507
石棉县草科藏族乡志 1952—2000
石棉县草科藏族乡人民政府编 石棉 石棉县草科藏族乡人民政府 2008年 262页

012969582
石棉县丰乐乡志 1952—2000
石棉县丰乐乡人民政府编 丰乐乡 石棉县丰乐乡人民政府 2007年 206页

012969598
石棉县先锋藏族乡志 1952—2000
石棉县先锋藏族乡人民政府编 石棉 石棉县先锋藏族乡人民政府 2007年 254页

012969606
石棉县蟹螺藏族乡志 1952—2000
石棉县蟹螺藏族乡人民政府编 石棉 石棉县蟹螺藏族乡人民政府 2007年 210页

012969614
石棉县新民藏族彝族乡志 1952—2000
石棉县新民藏族彝族乡人民政府编 石棉 石棉县新民藏族彝族乡人民政府 2007年 243页

013002515
石棉县宰羊乡志 1950—2006
石棉县宰羊乡人民政府编 宰羊乡 石棉县宰羊乡人民政府 2008年 267页

012970614
新棉镇志
新棉镇人民政府编著 石棉 新棉镇人民政府 2005年 244页

012969585
石棉县计划生育志 1986—2000
石棉县计划生育局编 石棉 石棉县计划生育局 2006年 206页

012969592
石棉县人民代表大会志 1986—2002
石棉县人大常委会办公室主编 石棉 石棉县人大常委会办公室 2007年 302页

012969596
石棉县人民政府志 1952—2000
石棉县人民政府办公室主编 石棉 石棉县人民政府办公室 2006年 350页

012970958
中共石棉县委志 1950—2000
中共石棉县委办公室主编 汉源 顺和印刷公司 2007年 382页

012969648
四川省石棉县政协志 1984—2006
石棉县政协办公室主编 石棉 石棉县政协办公室 2007年 254页

013775243
石棉县民政志 1986—2005
石棉县民政局编 汉源 汉源县顺和印刷有限责任公司 2011年 208页

013775922
汶川特大地震石棉县抗震救灾志
石棉县地方志编纂委员会编 北京 方志出版社 2012年 344页

008671856
石棉县国土志
石棉县国土局编 石棉 石棉县国土局 1998年 198页

009411679
石棉县林业志
石棉县林业志编纂委员会编 成都 四川辞书出版社 2004年 221页

013002511
石棉县畜牧志 1986—2000
石棉县畜牧局主编 石棉 石棉县畜牧局

2003年 229页

012969590
石棉县农业志 1952—2000
石棉县农业局编 石棉 石棉县农业局 2006年 408页

009414598
四川省石棉矿志
四川省石棉矿志编纂领导小组编 石棉 四川省石棉矿区 1990年 368页

013002503
石棉县财政志
石棉县财政局编 石棉 石棉县财政局 2006年 242页

008671861
石棉县税务志
石棉县税务志编纂委员会编 石棉 石棉县税务志编纂委员会 1995年 536页

012506184
石棉县税务志 续 1986—2000
石棉县税务志编纂委员会编 石棉 石棉县税务志编纂委员会 2004年 508页

008421982
石棉县金融志
四川省石棉县金融志编纂小组编 石棉 四川省石棉县金融志编纂小组 1992年 336页

014050266
石棉县农村信用合作社联合社社志 1954—2000
石棉县农村信用合作社联合社社志编纂领导小组编 石棉 石棉县青牛印刷厂 2004年 242页

011068517
石棉县文化志
石棉县文化志编纂小组编 石棉 石棉县文化志编纂小组 1991年 134页

012969587
石棉县教育志
石棉县教育局编 石棉 石棉县教育局 2007年 226页

008425257
四川省石棉县地名录
石棉县地名领导小组编 石棉 石棉县地名领导小组 1986年 86页〔四川省地名录丛书 82〕

013775244
石棉县卫生志 1985—2000
石棉县卫生局主编 汉源 汉源县顺和印刷公司 2007年 235页

天全县

008672072
天全县志
天全县志办公室编 成都 四川科学出版

社 1997年 793页

012662339
天全县志 1986—2005
天全县志编纂委员会编 成都 四川科学技术出版社 2010年 1022页

013342607
天全县政协志
政协天全县委员会编 天全 政协天全县委员会 2006年 151页

014052285
天全县教育志 1911—2005
天全县教育局编印 2007年 419页

008425222
四川省天全县地名录
四川省天全县地名领导小组编 天全 四川省天全县地名领导小组 1985年 133页〔四川省地名录丛书 83〕

芦山县

008637243
芦山县志
芦山县志编纂委员会编纂 北京 方志出版社 2000年 907页

014047669
芦山县公安志 1950—2007
芦山县公安局编纂 芦山 芦山县公安局 2008年 381页〔芦山县地方志丛书〕

008428089
四川省芦山县地名录
芦山县地名领导小组编 芦山 芦山县地名领导小组 1985年 120页〔四川省地名录丛书 84〕

宝兴县

008637242
宝兴县志
四川省宝兴县地方志编纂委员会编 北京 方志出版社 2000年 503页

013687123
宝兴县志 1986—2005
宝兴县地方志编纂委员会编 北京 方志出版社 2012年 700页

013899672
汶川特大地震宝兴抗震救灾志
汶川特大地震宝兴抗震救灾志编纂委员会编 北京 中央民族大学出版社 2013年 418页

009867111
宝兴县国土志
宝兴县国土志编纂工作领导小组编 宝兴 宝兴县国土局 1999年 198页

巴中市

007490456

巴中县志

四川省巴中县志编纂委员会编纂 成都 巴蜀书店 1994年 1188页

009002451

巴中县志 1986—1993

四川省巴中市地方志编纂委员会编纂 成都 四川人民出版社 2000年 610页

011756374

巴中地区志 公安志 1902—2000

四川省巴中市公安局编纂 巴中 巴中市公安局编 2004年 687页

010201263

巴中县组工志

中共巴中县委组织部编 巴中 县委组织部 1986年 180页

010201259

巴中县总工会志

巴中县总工会志领导小组编 巴中 巴中县总工会 1987年 262页

013922811

巴中市灾后恢复重建志

巴中市灾后恢复重建办公室编 巴中 巴中市灾后恢复重建办公室 2012年 233页〔巴中市地方志丛书〕

008669329

巴中县民政志

巴中县民政局编 巴中 巴中县民政局 1987年 200页

012967344

巴中市审计志

巴中市审计局编 熊朝山主编 巴中 巴中市审计局 2006年 155页〔巴中市地方志丛书〕

012967338

巴中市林业志 1910—2005

巴中市林业局编 巴中 巴中市林业局 2007年 335页〔巴中市地方志丛书〕

013702855

巴中市畜牧食品志 1912—2003

巴中市畜牧食品局编 北京 中央民族大学出版社 2012年 152页

010201403

巴中市电力公司志

巴中市电力公司志编纂委员会编 巴中 巴中市电力公司 2001年 411页

013859310
巴中市电业志 1951—2008.6
四川省电力公司巴中电业局编 成都 四川九宏印务有限公司 2008 年 436 页

010201249
巴中市烟草志
巴中市烟草志编纂领导小组编 1999 年 114 页

011570332
巴中市烟草志
巴中市烟草专卖局(分公司)编纂 成都 四川人民出版社 2006 年 335 页〔四川省烟草志丛书〕

010201258
巴中县盐业志
巴中盐业支公司编 巴中 巴中盐业支公司 1987 年 79 页

010201255
巴中县工业局志
巴中县工业局办公室编 巴中 巴中县工业局 1985 年 199 页

012967331
巴中地区交通志 1911—2000
巴中市交通局编 巴中 巴中市交通局 2007 年 291 页〔巴中市地方丛书〕

012950341
巴中市旅游志 1979—2006
巴中市旅游局编 巴中 巴中市旅游局 2011 年 195 页〔巴中市地方志丛书〕

012967327
巴中地区财政志
四川省巴中地区财政局编 巴中 巴中市财政局 2005 年 396 页〔巴中市地方志丛书〕

012753128
巴中市地方税务志 1912—2001.8
四川省巴中市地方税务局编 巴中 巴中市地方税务局 2004 年 336 页〔巴中市地方志丛书〕

013625849
巴中地区人民银行志 1950—2000
中国人民银行巴中市中心支行编纂 巴中 中国人民银行巴中市中心支行 2007 年 467 页

010201256
巴中县金融志
巴中县金融志办公室编 巴中 巴中县金融志办公室 1987 年 534 页

014026329
巴中市社会保险志 1986—2003
巴中市社会保险事业管理局编 巴中 巴中市康艺彩印中心 2006 年 350 页

010201262

巴中县文化志

巴中县文教局编 巴中 巴中县文教局 1991年 644页

010201246

巴中地区广播电视志 1936—2000

巴中市广播电视局编 巴中 巴中市广播电视局 2003年 284页〔巴中市地方志丛书〕

010201261

四川省巴中县书店志 1885—1985

四川省巴中县新华书店编 巴中 四川省巴中县新华书店 1989年 178页

010201400

巴中师范附属实验小学志 1932—1999

巴中师范附属实验小学志编纂委员会编 巴中 巴中师范附属实验小学 2001年 476页

009414585

四川省巴中中学志 1868—1998

四川省巴中中学志编纂小组编 四川 四川省巴中中学 1998年 744页

009867104

巴中市国土志

巴中市国土志编纂领导小组编纂 巴中市国土局编 巴中 巴中市国土局 1999年 260页

008428326

四川省巴中县地名录

四川省巴中县地名办公室编 巴中 四川省巴中县地名办公室 1984年 397页 〔四川省地名录丛书 104〕

013140874

巴中市环境保护志 1979—2006

巴中市环境保护局编 巴中 巴中市环境保护局 2009年 237页

巴州区

008836255

曾口区志

中共巴中市曾口工作委员会 巴中市人民政府曾口办事处编纂 巴中 中共巴中市曾口工作委员会 1998年 445页

014318079

巴中市巴州区志 1994—2005

巴中市巴州区地方志办公室编 北京 中国文史出版社 2013年

012995246

巴州区发展计划志 1910—2002

巴中市巴州区发展计划委员会编纂 巴中 巴中市巴州区发展计划委员会 2005年 256页

010201251

巴中县(市)林业志 1986—2000

巴州区林业局编 巴中 巴州区林业局

2003年 199页

012995237
巴中市巴州区国税志 1986—2003
巴中市巴州区国税志编纂领导小组编纂 巴中 巴中市巴州区国税志编纂领导小组 2004年 260页

013922814
巴州区农村合作金融志 1935—2002
巴州区农村信用社联合社编 巴中 巴州区农村信用社联合社 2004年 300页

012995242
巴中市巴州区教育志 1912—2003
巴中市巴州区教育志编纂委员会编纂 巴中 巴中市巴州区教育志编纂委员会 2004年 630页

通江县

008430397
通江县志
四川省通江县志编纂委员会编纂 成都 四川人民出版社 1998年 1028页〔中华人民共和国地方志丛书〕

012970493
通江县志 1986—2005
四川省通江县地方志编纂委员会编 北京 方志出版社 2011年 1039页

013686285
通江县铁溪区志要
杨波编著 通江 杨波 2009年 408页

013923891
草池乡志
草池乡志编纂领导小组编 通江 草池乡志编纂领导小组 1987年 149页〔通江县地方志丛书 9〕

013936431
通江县统战志
中共通江县委统战部编 通江 通江县慧源彩印中心 2001年 300页〔通江县地方志丛书 42〕

012969735
通江县人大志
通江县人大常委会办公室编 通江 通江县人大常委会办公室 2006年 202页

008672091
通江县公安志
通江县公安局编修 通江 通江县公安局 1997年 316页〔通江县地方志丛书 38〕

008672095
通江民政志
四川省通江县民政局主编 通江 通江县民政局 1987年 248页

013732019
通江县检察志
四川省通江县检察志编纂领导小组编纂 通江 四川省通江县检察志编纂领导小组 2006年 297页〔通江县地方志丛书〕

013940819
至诚监狱志 1962.5—2011.12
四川省至诚监狱编 成都 四川滨江印刷厂 2012年 474页

009414634
通江县工商行政管理志 1912—1986
通江工商行政管理志编写组编 通江 通江工商行政管理志编写组 1988年 105页〔通江县地方志丛书 11〕

009414640
通江县林业志
通江县志编委监修 通江县林业局编纂 昆明 云南大学出版社 1990年 384页〔通江县地方志 25〕

008428080
通江畜牧志 1912—1985
通江县畜牧志编纂组编 通江 通江县工农印刷厂 1988年 217页〔通江县地方志丛书 12〕

010117823
通江县水泥厂志
通江县水泥厂编 通江 通江县水泥厂 1991年 143页〔地方志丛书 32〕

008428863
通江县交通志
通江县交通局编纂 通江 通江县交通局 1998年 402页〔通江县地方志丛书 40〕

009414646
通江县商业志
通江县志编纂委员会监修 通江县商业局编 昆明 云南大学出版社 1990年 355页

011312463
通江县财政志
通江县财政局编 成都 四川人民出版社 2007年 352页〔通江县地方志丛书〕

013145559
通江县金融志
通江县志编纂委员会监修 通江县金融志领导小组编 昆明 云南大学出版社 1991年 392页〔通江县地方志丛书 17〕

010008978
通江县农村信用合作志
通江县农村信用合作社联合社编 成都 西南财经大学出版社 2006年 372页

013822792
通江县档案志 1932—1989
通江县档案志编纂领导小组编纂 通江 通江县工农印刷厂 1991年 101页〔通江县地方志丛书 10〕

013936428
通江县教育志
通江县教育文化体育局编 成都 四川师范大学电子出版社 2010年 517页

013936430
通江县实验小学志
通江县实验小学编修 成都 天地出版社 2005年 316页〔通江县第二轮地方志〕

013775729
通江县职业技术教育中心 四川省通江县实验中学志 1997—2009
通江县职业技术教育中心 四川省通江县实验中学志编纂委员会编辑 成都 四川师范大学电子出版社 2009年 417页

007414984
通江苏维埃志
中共通江县委党史工作委员会监修 郭际富等纂辑 成都 四川省社会科学院出版社 1988年 532页

008428248
四川省通江县地名录
通江县地名领导小组编 通江 通江县地名领导小组 1984年 412页〔四川省地名录丛书 110〕

008672092
通江县国土志
通江县国土局编修 通江 通江县国土局 1997年 369页〔通江县地方志丛书 39〕

012969744
通江县卫生志 1986—2005
中共通江县卫生局委员会 通江县卫生局编 通江 通江县卫生局 2007年 258页〔通江县地方志丛书 2〕

003496820
通江银耳志
通江县志编纂委员会监修 郭际富 曾星翔纂辑 成都 四川省社会科学院出版社 1986年 88页〔四川省地方资料丛书〕

012814274
通江银耳志
曾星翔主编 北京 方志出版社 2010年 332页

南江县

008036520
南江县志
南江县志编委会编 成都 成都出版社

1992年 904页

013319826
南江县志 1986—2000
四川省南江县地方志编纂委员会编 北京 中国文史出版社 2011年 906页

013863102
南江县人大常委会志 续1 1984.5—2003.2
南江县人民代表大会常务委员会编 南江 南江县人民代表大会常务委员会 2003年 446页

013863103
南江县人民政府志
四川省南江县人民政府编 成都 四川省自然资源研究所 1985年 544页

013863078
南江县民政志
南江县民政志编写小组 胡远慈总纂 1985年 150页

013753719
南江县文化志 1911—1985
南江县文化局编 南江 南江县文化局 1986年 246页

013898490
南江县直工委志 1953—2003
中共南江县直属机关工作委员会编 南江 中共南江县直属机关工作委员会 2003年 434页〔南江县地方志丛书〕

008428205
四川省南江县地名录
四川省南江县地名领导小组编 南江 四川省南江县地名领导小组 1983年 449页〔四川省地名录丛书 107〕

012955228
南江县卫生志
南江县卫生局编 南江 南江县卫生局 1984年 154页

平昌县

006696946
平昌县志
四川省平昌县地方志编纂委员会编纂 成都 四川科学技术出版社 1990年 804页

013898921
平昌县志 1986—2005
四川省平昌县地方志编纂委员会编 北京 方志出版社 2013年 814页

012970547
响滩镇志 1985—2005
平昌县响滩镇地方志编写小组编 巴中 平昌县响滩镇地方志编写小组 2006年 525页〔平昌县地方志系列丛书 35〕

013002355
平昌县人口和计划生育志 1728—2005
平昌县人口和计划生育委员会编 平昌 平昌县人口和计划生育委员会 2008 年 689 页〔平昌县地方志丛书 46〕

013002348
平昌县纪检监察志 1951—2005
中共平昌县纪委 平昌县监察局编 平昌 平昌县监察局 2006 年 568 页〔平昌县地方志丛书 38〕

013002345
平昌县工会志 1933—2008
平昌县总工会编 平昌 平昌县总工会 2009 年 412 页〔平昌县地方志丛书 53〕

014047857
平昌县人大志 1950—2005
平昌县人大常务委员会编 平昌 平昌县人大常务委员会 2006 年 1032 页〔平昌县地方志丛书 37〕

013933290
平昌县政协志 1981—2003
中国人民政治协商会议四川省平昌县委员会编 平昌 中国人民政治协商会议四川省平昌县委员会 2004 年 673 页

013002358
平昌县人事志 1946—2005
四川省平昌县人事局编 平昌 平昌县人事局 2006 年 468 页〔平昌县地方志丛书 36〕

013863146
平昌县公安志
平昌县公安志编纂领导小组编 平昌 平昌县印刷厂 1993 年 388 页〔平昌县地方志系列丛书 22〕

013002340
平昌县法院志
四川省平昌县人民法院编 平昌 四川省平昌县人民法院 2007 年 470 页〔平昌县地方志系列丛书 40〕

013002364
平昌县司法行政志
四川省平昌县司法局编 平昌 四川省平昌县司法局 2008 年 338 页〔平昌县地方志系列丛书 49〕

008671772
平昌县国土志
平昌县国土志编写组编 平昌 平昌县国土志编写组 1996 年 437 页〔平昌县地方志系列丛书 26〕

011763225
平昌县劳动和社会保障志
平昌县劳动和社会保障局编 平昌 平昌县劳动和社会保障局 2005 年 540 页〔平昌县地方志丛书 42〕

013933280
平昌县水利电力志
平昌县水利电力局编 达县 四川省达县新华印刷厂 1989年 244页〔平昌县地方志系列丛书 6〕

009867220
平昌县交通志
平昌县交通局编 成都 四川科学技术出版社 2003年 514页〔平昌县地方志丛书 30〕

013822146
平昌县财政志
平昌县财政志编写组编 平昌 平昌县财政志编写组 1989年 175页〔平昌县地方志系列丛书 32〕

011066586
平昌县信用合作志
平昌县农村信用合作社联合社编 成都 西南财经大学出版社 2007年 330页

013225526
平昌县老科协志 1987—2010
平昌县老科学技术工作者协会编 香港 香港金陵书社出版公司 2011年 209页〔平昌县地方志丛书 58〕

010201395
平昌县教育志
平昌县教育志编写组编 平昌 平昌县教育志编写组 1986年 411页〔平昌县地方志丛书 2〕

013933271
平昌县教育志 1986—2005
平昌县教育局编 2007年 500页〔平昌县地方志丛书 47〕

013933269
平昌县第二中学志 1982—2003
平昌县第二中学志编写小组编 2005年 716页

009414507
平昌中学志
平昌中学志编纂小组编 平昌 平昌中学 1992年 461页〔平昌县地方志系列丛书 20〕

008428209
四川省平昌县地名录
四川省平昌县地名领导小组编 平昌 四川省平昌县地名领导小组 1987年 330页〔四川省地名录丛书 102〕

012969417
平昌县水利志 1986—2005
平昌县水利局编 平昌 平昌县水利局 2007年 427页〔平昌县地方志丛书 39〕

资阳市

008053808

资阳县志

四川省资阳县志编纂委员会编纂 成都 巴蜀书社 1993 年 1011 页

013096419

四川省大堰劳教所志 1961—2007

四川省大堰劳动教养管理所 四川省资阳强制隔离戒毒所编 资阳 四川省大堰劳动教养管理所 四川省资阳强制隔离戒毒所 2011 年 275 页

008991774

资阳市房地产志

王洪林编著 成都 巴蜀书社 2000 年 300 页

010252859

四川石油管理局资阳钢管厂志

四川石油管理局资阳钢管厂志编辑室编 资阳 四川石油管理局资阳钢管厂志编辑室 2001 年 182 页

010576667

资阳市烟草志

资阳市烟草专卖局(分公司)编纂 成都 四川人民出版社 2006 年 325 页〔四川县烟草志丛书〕

010201420

资阳市交通志

王洪林主编 资阳市交通志编纂委员会编 资阳 资阳市文献学会 2000 年 393 页

011571595

资阳县粮食志 1911—1985

四川省资阳县粮食局编 资阳 资阳县粮食局 1988 年 328 页

011571584

四川省资阳县财政志 1912—1985

资阳市财政局编纂 资阳 资阳市财政局 1996 年 236 页

013965100

资阳中学志 1906—1991

资阳中学志编委会编 资阳 资阳中学 1991 年 463 页

008428723

四川省资阳县地名录

四川省资阳县地名领导小组编 资阳 四川省资阳县地名领导小组 1986 年 302 页〔四川省地名录丛书 71〕

雁江区

013902054

资阳市雁江区政协志 1981—2006

中国人民政治协商会议资阳市雁江区委员会编 资阳 中国人民政治协商会议资阳市雁江区委员会 2009年 325页

013012741

资阳市雁江区国家税务局志 1986—2005

资阳市雁江区国家税务局编 资阳 资阳市雁江区国家税务局 2009年 240页

简阳市

013224428

简阳市志 1986—2005

简阳市地方志编纂委员会编 成都 四川人民出版社 2011年 769页

011566089

简阳县城关区志

简阳县城关区志编辑组编 简阳 简阳县城关区志编辑组 1985年 410页

008430456

简阳县红塔区志

简阳县红塔区志领导小组编 红塔区 简阳县红塔区志领导小组 1989年 376页

009228497

简阳县贾家区志

贾家区志编写组编 简阳 贾家区志编写组 2000年 343页

008670103

简阳县三岔区志

三岔区志领导小组编 简阳 三岔区志领导小组 1986年 448页

008430415

简阳县石板区志 1919—1985

简阳县石板区志领导小组编 简阳 简阳县石板区志领导小组 1990年 352页

008670320

简阳县志

四川省简阳县志编纂委员会编纂 成都 巴蜀书社 1995年 869页

008430453

简阳县总工会志 1925—1982

简阳县总工会编 简阳 简阳县总工会 1984年 136页

013861796

简阳市政协志 1987.3—2005.12

简阳市政协志编辑部编 简阳 简阳市百美印务有限公司 2006年 345页

009818005

简阳县民政局志

简阳 简阳县民政局志编纂领导小组

1986年 428页

012967988

简阳市工商业联合会(商会)志 1903—2003

简阳市工商业联合会(商会)志编写小组编 简阳 简阳市工商业联合会 2003年 239页

012541884

简阳法院志 1986—2005

简阳法院志编纂委员会编纂 简阳 简阳市人民法院 2007年 585页

007987876

简阳市国土志

四川省简阳市国土局编纂 北京 中国大地出版社 1997年 259页

011310738

简阳县畜牧业志 1911—1985

四川省简阳县畜牧局主编 简阳 四川省简阳县畜牧局 1987年 267页

008423884

川压厂志 1966—1985

四川空气压缩机厂厂志编辑室编 简阳 四川空气压缩机厂 1987年 390页

008430463

简阳县红塔氮肥厂志 1976—1987

简阳县红塔氮肥厂志领导小组编 简阳 简阳县红塔氮肥厂 1990年 198页

010290976

简阳县水利电力志

简阳县水利电力局编 简阳 简阳县水利电力局 1988年 301页

012954909

简阳县医药志 1919—1985

简阳县医药管理局编 简阳 简阳县医药管理局 1991年 225页

009414674

中国铁路建筑总公司养马河桥梁厂志 1970—1995

养马河桥梁厂志编纂委员会编 成都 四川人民出版社 1999年 282页

013067240

四川省简阳县供销合作社志 1951—1982

四川省简阳县供销合作社联合社编 简阳 四川省简阳县供销合作社联合社 1986年 330页

010275856

简阳县商业志 1903—1982

简阳县商业志编辑组编 简阳 简阳县商业志编辑组 1986年 531页

013735984

中国农业银行简阳县支行志 1911—1985

农行志编纂小组编 简阳 农行志编纂小组 1986年 194页

010273748

简阳市高级职业中学校志

简阳市高级职业中学编 简阳 简阳市高级职业中学 1998 年 161 页

008428068

四川省简阳县地名录

四川省简阳县地名领导小组编 简阳 四川省简阳县地名领导小组 1985 年 370 页〔四川省地名录丛书 73〕

安岳县

007482434

安岳县志

四川省安岳县志编纂委员会编纂 成都 四川人民出版社 1993 年 955 页

012678347

安岳县志 1986—2005

安岳县地方志编纂委员会编纂 成都 成都市电子科技大学出版社 2011 年 993 页

013859305

安岳县总工会志 1986—2005

安岳县总工会编 安岳 安岳县总工会 2008 年 336 页

013402716

安岳县政协志 1957—2006

中国人民政治协商会议四川省安岳县委员会编 安岳 中国人民政治协商会议四川省安岳县委员会 2007 年 288 页

008669079

安岳县民政局志

安岳县民政局志编写小组编 安岳 安岳县民政局志编写小组 1986 年 408 页

012967321

安岳县农业局志

安岳县农业局编 安岳 安岳县农业局 1987 年 267 页

008669076

安岳县保险公司志

邓新 李久贵主编 安岳 中国人民保险公司安岳县支公司 1999 年 240 页

013859303

安岳县文化志

安岳县文化局编印 1990 年 165 页

009867099

安岳县教育志 1897—1985

安岳县教育志编写组编 安岳 安岳县教育志编写组 1987 年 418 页

011311833

安岳中学志

安岳中学校志编写组编 安岳 安岳中学校志编写组 2003 年 375 页

013756088

四川省安岳师范学校校志 1945—1995

安岳师范校志编写组编 四川 四川新洲印务有限公司 1995年 108页

008428462

四川省安岳县地名录

安岳县地名领导小组编 安岳 安岳县地名领导小组 1985年 533页〔四川省地名录丛书 77〕

乐至县

008486735

乐至县志

四川省乐至县志编纂委员会编纂 成都 四川人民出版社 1995年 823页

013375212

乐至县志 1986—2005

乐至县志编纂委员会编 北京 方志出版社 2011年 867页

012968219

大佛镇志 1950—2005

乐至县大佛镇编纂领导小组编纂 乐至 乐至县大佛镇编纂领导小组 2007年 719页

012811665

乐至县东山镇志 1949—2005

乐至县东山镇志编纂 乐至 乐至县东山镇志编纂委员会 2008年 395页

011997017

乐至县高寺镇志 1950—2005

乐至县高寺镇人民政府编 高寺镇 乐至县高寺镇人民政府 2006年 351页

011997046

乐至县回澜镇志 1986—2005

乐至县回澜镇人民政府编 乐至 乐至县回澜镇人民政府 2007年 443页

011997081

乐至县良安镇志 1986—2005

良安镇人民政府编 良安镇 良安镇人民政府 2005年 264页

011997160

乐至县蟠龙镇志

乐至县蟠龙镇人民政府编 蟠龙镇 乐至县蟠龙镇人民政府 2008年 357页

011997251

乐至县通旅镇志 1986—2005

乐至县通旅镇人民政府编 乐至 乐至县通旅镇人民政府 2008年 340页

011997267

乐至县中天镇志 1949.10—2005.12

中天镇人民政府编 乐至 中天镇人民政府 2007年 263页

011997322

凉水乡志

四川省乐至县凉水乡乡志编撰委员会

编制 凉水乡 凉水乡乡志编撰委员会 2006 年 251 页

011998311
四川省乐至县放生乡志 1950—2005
乐至县放生乡编纂委员会编制 放生乡 乐至县放生乡编纂委员会 2006 年 254 页

009854376
乐至县宗教志
乐至县人民政府民族宗教事务局编 乐至 民族宗教事务局 1999 年 270 页

011997229
乐至县人口和计划生育志 1986—2005
乐至县人口和计划生育局编 乐至 乐至县人口和计划生育局 2008 年 337 页

011997271
乐至县总工会志 1986—2005
乐至县总工会编纂 乐至 乐至县总工会 2007 年 204 页

012613327
乐至县统战志 1994—2005
乐至县统战志编纂委员会编 乐至 乐至县统战部 2008 年 227 页

011997102
乐至县民政志 1986—2005
乐至县民政局编 乐至 乐至县民政局 2007 年 310 页

011997065
乐至县检察志 1986—2005
四川省乐至县人民检察院编 乐至 四川省乐至县人民检察院 2007 年 266 页

011566459
乐至县经济志
乐至县计划委员会编 乐至 乐至县计划委员会 1990 年 224 页

012811654
乐至县发展和改革局志 1986—2005
乐至县发展和改革局编 乐至 乐至县发展和改革局 2008 年 387 页

011997031
乐至县国土志
乐至县国土资源局编 乐至 乐至县国土资源局 2007 年 277 页

011997241
乐至县审计志
乐至县审计局编 乐至 乐至县审计局 2006 年 123 页

011997231
乐至县人事志 1950—2005
乐至县人事局编 乐至 乐至县人事局 2007 年 380 页

011997131
乐至县农业机械志 1948—2005
乐至县农业机械管理局编 乐至 乐至县农业机械管理局 2006年 498页

011997141
乐至县农业志 1986—2005
乐至县农业局编 乐至 乐至县农业局 2006年 319页

010117796
乐至县水利电力志
乐至县水利电力志编辑组编 乐至 乐至县水利电力志编辑组 1989年 195页

011997071
乐至县交通志 1949—2005
乐至县交通局编 乐至 乐至县交通局 2006年 306页

011997085
乐至县粮食志 1986—2005
乐至县粮食局编 乐至 乐至县粮食局 2007年 303页

011997259
乐至县物价志 1986—2005
乐至县物价局编 乐至 乐至县物价局 2006年 416页

010777996
乐至县燃气志
乐至县燃气志评审委员会审编 乐至 四川省乐至燃气总公司 2002年 323页

011997238
乐至县商务志
四川省乐至县商务局编 乐至 四川省乐至县商务局 2007年 437页

012814228
四川省乐至县地方税务志 1994—2005
四川省乐至县地方税务局编 乐至 四川省乐至县地方税务局 2009年 216页

011566450
乐至县保险志
中国人民保险公司乐至县支公司编 乐至 中国人民保险公司乐至县支公司 1990年 92页

011997256
乐至县文化体育志 1985—2005
乐至县文化体育局编 乐至 乐至县文化体育局 2007年 100页

011566467
乐至县文化志
四川省乐至县文教局文化志编写小组编 乐至 四川省乐至县文教局 1988年 104页

011997075
乐至县教育志 1986—2005
乐至县教育局主编 乐至 乐至县教育局 2007年 280页

008425275
四川省汉源县地名录
四川省乐至县地名领导小组编 汉源 四川省汉源县地名领导小组 1982年 222页〔四川省地名录丛书 81〕

008428273
四川省乐至县地名录
四川省乐至县地名领导小组编 乐至 四川省乐至县地名领导小组 1982年 320页〔四川省地名录丛书 72〕

011997247
乐至县水利志 1986—2005
乐至县水利局编 乐至 乐至县水利局 2006年 264页

阿坝藏族羌族自治州

007657575
阿坝藏族羌族自治州志
四川省阿坝藏族羌族自治州地方志编纂委员会编 北京 民族出版社 1994年 3册 2984页

013687101
阿坝州志 1991—2005
阿坝藏族羌族自治州地方志编纂委员会编 成都 四川民族出版社 2010年 2册 1612页

013282403
阿坝州志 简志
四川省阿坝藏族羌族自治州地方志编纂委员会编 成都 巴蜀书社 2012年 601页

012545758
中共阿坝州委党校志
中共阿坝州委党校编 阿坝 中共阿坝州委党校 2009年 752页

010778960
阿坝州人大志
阿坝州人大志编纂委员会编纂 成都 四川民族出版社 2006年 364页

013776430
中共阿坝州委宣传部部志 1992.1—2011.7
中共阿坝州委宣传部部门志编纂委员会编 成都 成都现代印务有限公司 2011年 222页

009336666
武警阿坝州支队志
武警阿坝藏族羌族自治州支队编史办公室编纂 成都 巴蜀书社 2001年 490页〔中国人民武装警察部队四川省总队史志系列丛书〕

011469843
阿坝藏族羌族自治州军事志 前316—2005
四川省阿坝军分区编 成都 四川大学出版社 2007年 652页

009688510
阿坝州兵要地志
阿坝军分区司令部编 阿坝 阿坝军分区司令部 1989年 65页

013402703
阿坝林业志 1911—2005
阿坝林业志编纂委员会编 北京 中国文史出版社 2012年 626页

008669063
阿坝森工志
周耀伍主编 阿坝藏族羌族自治州林业企业管理局 阿坝森工志编纂委员会编 成都 四川美术出版社 1999年 747页

012950243
阿坝州观音桥林业局志
阿坝州观音桥林业局志编写委员会编 阿坝 阿坝州观音桥林业局志编写委员会 2003年 742页

010962487
阿坝州烟草志
阿坝藏族羌族自治州烟草专卖局(分公司)编纂 成都 四川人民出版社 2006年 377页〔四川县烟草志丛书〕

011908898
四川省阿坝州石油公司志
四川省阿坝州石油公司志编纂委员会编 阿坝 四川省阿坝州石油公司志编纂委员会 2001年 611页

008992059
阿坝藏族羌族自治州交通志
阿坝藏族羌族自治州交通局编 阿坝 阿坝藏族羌族自治州交通局 1992年 214页〔阿坝州部门志系列丛书 3〕

008992055
阿坝藏族羌族自治州财政志
阿坝藏族羌族自治州财政局编 阿坝 阿坝藏族羌族自治州财政局 1995年 318页〔阿坝州部门志丛书 9〕

014026301
阿坝藏族羌族自治州财政志 1991—2005
阿坝藏族羌族自治州财政局编 成都 成都宁强印务有限责任公司 2009年 205页

011995190
阿坝州地方税务志 1994—2004
阿坝州地方税务志编纂领导小组编纂 阿坝 阿坝州地方税务志编纂领导小组 2004年 259页

008992047
阿坝州金融志
阿坝藏族羌族自治州金融志编纂领导小组主编 阿坝 1993年 407页

007488617
阿坝藏族羌族自治州文化艺术志
阿坝州文化局编 成都 巴蜀书社 1992年 409页

013699145
阿坝藏族羌族自治州文化志 1990—2011
冯青龙 贺松 周巴主编 阿坝州文化志编纂委员会编 阿坝 阿坝州文化志编纂委员会 2012年 525页

009387412
阿坝州工业技工学校校志
阿坝州工业技工学校编制 阿坝 阿坝州工业技工学校 1991年 123页

009387422
阿坝州畜牧兽医学校校志 1975—1990
阿坝州畜牧兽医学校校志编委会编 阿坝 阿坝州畜牧兽医学校校志编委会 1991年 159页

009388345
四川省阿坝财贸学校校志 1975—1992
石岑编写 汶川 阿坝财贸学校 1992年 173页

008992054
阿坝藏族羌族自治州民族体育志
阿坝藏族羌族自治州体育运动委员会编 成都 巴蜀书社 1993年 317页

013817844
阿坝州电影志
阿坝州电影志编纂委员会编 阿坝 阿坝州电影志编纂委员会 2009年 351页

011794585
阿坝州志之红军长征在阿坝 1935.4—1936.8
中共阿坝州委党史研究室 阿坝州地方志办公室编 成都 四川大学出版社 2007年 342页

011294605
阿坝藏族羌族自治州藏文编译志
阿坝州藏文编译局编 兰州 甘肃民族出版社 2000年 387页

013092974
嘉绒藏族民俗志
李茂 李忠俊著 北京 中央民族大学出版社 2011年 496页

012503621
阿坝藏族羌族自治州防震减灾志
阿坝藏族羌族自治州防震减灾局编 成都 成都地图出版社 2009年 280页

011942164

阿坝州水文志

四川省阿坝州水文水资源勘测局编 成都 四川科技出版社 2007年 328页

008992049

阿坝州卫生志

阿坝藏族羌族自治州卫生局 阿坝藏族羌族自治州卫生志编纂领导小组编 北京 民族出版社 1995年 440页

马尔康县

008486813

马尔康县志

四川省马尔康县地方志编纂委员会编纂 成都 四川人民出版社 1995年 686页

008992025

马尔康县水利电力志

马尔康县农机水电局编 马尔康 马尔康县农机水电局 1994年 242页

008425411

四川省阿坝藏族自治州马尔康县地名录

四川省阿坝藏族自治州马尔康县地名领导小组编印 马尔康 四川省阿坝藏族自治州马尔康县地名领导小组 1982年 177页〔四川省地名录丛书 195〕

008992030

马尔康县农机志

马尔康县农机水电局编 马尔康 1994年 147页

汶川县

006924073

汶川县志

四川省阿坝藏族羌族自治州汶川县地方志编纂委员会编 北京 民族出版社 1992年 953页

013660386

汶川县志 1986—2000

汶川县史志编纂委员会编 成都 巴蜀书社 2007年 824页

008992102

汶川县威州镇志

何星俊主编 汶川 汶川县威州镇 1997年 288页

008992109

汶川县漩口镇镇志

汶川县漩口镇志办公室编 汶川 汶川县漩口镇志办公室 1993年 280页

009232085

汶川县人大志

汶川县人大常委会办公室 汶川县史志办编 汶川 汶川县史志办 2000年 409页

013179228
"5·12"汶川大地震抗震救灾十日志
2008.5.12—5.21
本书编委会编 北京 团结出版社 2008年 219页

012506226
四川省红十字会"5·12"抗震救灾图志
四川省红十字会编 成都 四川大学出版社 2009年 236页

013630064
四川省教育系统汶川特大地震抗震救灾志
四川省教育厅编 成都 四川教育出版社 2012年 298页

013863898
汶川特大地震电力行业抗震救灾图志
汶川特大地震电力行业抗震救灾志编纂委员会编 北京 方志出版社 2013年 467页

013863900
汶川特大地震电力行业抗震救灾志
汶川特大地震电力行业抗震救灾志编纂委员会编 北京 方志出版社 2013年 817页

013959469
汶川特大地震国务院扶贫办抗震救灾志
国务院扶贫开发领导小组办公室编 北京 中国工人出版社 2013年 252页

013863902
汶川特大地震抗震救灾志 武警部队志
中国人民武装警察部队政治部编史办公室编 北京 人民武警出版社 2010年 496页

013959474
汶川特大地震中央企业抗震救灾志
汶川特大地震中央企业抗震救灾志编纂委员会编 北京 石油工业出版社 2013年 490页

013630186
汶川县国土志
四川 1995年

008992117
汶川县金融志
汶川县金融志编纂领导小组编 阿坝 阿坝州印刷厂 1993年 154页

008992070
四川省阿坝工业学校校志
四川省阿坝工业学校 汶川县史志办公室编 汶川 四川省阿坝工业学校 1996年 143页

008414476
四川省阿坝藏族自治州汶川县地名录
汶川县地名领导小组编印 汶川 汶川县

地名领导小组 1982 年 159 页〔四川省地名录丛书 197〕

008992113

汶川县卫生志

汶川县卫生志编纂领导小组编 汶川 汶川县卫生局 1993 年 141 页

理县

007969452

理县志

理县志编纂委员会编纂 成都 四川民族出版社 1997 年 882 页

008992076

四川省理县粮油志

理县粮食局编 理县 四川省理县粮食局 1990 年 202 页〔理县地方志丛书 1〕

008414073

四川省阿坝藏族自治州理县地名录

理县地名领导小组编 理县 理县地名领导小组 1986 年 92 页〔四川省地名录丛书 196〕

008992093

四川省理县卫生志

理县卫生志编纂领导小组编 理县 理县卫生志编纂领导小组 1991 年 238 页

茂县

007755050

茂汶羌族自治县志

四川省阿坝藏族羌族自治州茂汶羌族自治县地方志编纂委员会编 成都 四川辞书出版社 1997 年 799 页

013375306

茂县乡镇简志

茂县乡镇简志编纂委员会编 北京 中央民族大学出版社 2012 年

012819795

茂县志 1988—2005

四川省茂县地方志编纂委员会编 北京 方志出版社 2010 年 908 页

013774644

茂县羌族歌舞团志 1980—2012

茂县羌族歌舞团志编纂委员会编 北京 中央民族大学出版社 2012 年 205 页

008414063

四川省阿坝藏族自治州茂汶羌族自治县地名录

茂汶羌族自治县地名领导小组编 茂汶 茂汶羌族自治县地名领导小组 1983 年 179 页〔四川省地名录丛书 198〕

008992143

茂县卫生志

茂县卫生志编写组编 茂县 1994 年

134 页

008992019
茂汶羌族自治县水利电力志
茂县农机水电局编 茂汶 茂县农机水电局 1991 年 191 页

松潘县

008671979
松潘县志
四川省阿坝藏族羌族自治州松潘县志编纂委员会编 北京 民族出版社 1999 年 1034 页

008992136
松潘县民族商业志
松潘县民族商业志编写小组编 松潘 松潘县商业局 1990 年 185 页〔松潘县地方志丛书〕

013936399
松潘县教育志
松潘县教育志编纂委员会编 松潘 松潘县教育志编纂委员会 2002 年 289 页

011500650
松潘中学校志
谢登云编写 松潘 松潘中学 1999 年 456 页

009388359
四川省威州师范学校校志

威师校志编委会编 威州 威师校志编委会 1990 年 391 页

008423967
四川省阿坝藏族自治州松潘县地名录
松潘县地名领导小组编 松潘 松潘县地名领导小组 1983 年 244 页〔四川省地名录丛书 200〕

008670084
黄龙风景名胜区志
松潘县黄龙风景名胜区管理局 松潘县县志办公室编 松潘 松潘县县志办公室 1999 年 119 页〔地方志丛书〕

九寨沟县

012982253
九寨沟县志 1986—2005
九寨沟县地方志编纂委员会编 北京 方志出版社 2011 年 885 页

008671449
南坪县志
南坪县地方志编纂委员会编 北京 民族出版社 1994 年 1084 页

013861864
九寨沟县政协志 1949—2010
政协九寨沟县委员会编 2011 年 385 页

009561662
九寨沟民俗文化村志

九寨沟民俗文化村志领导小组编 成都电子科技大学出版社 2004 年 348 页

012251336
九寨沟县社会风土志
九寨沟县地方志编纂委员会编 九寨沟 九寨沟县地方志办公室 2004 年 238 页

008423974
四川省阿坝藏族自治州南坪县地名录
南坪县地名领导小组编 南坪 南坪县地名领导小组 1983 年 143 页〔四川省地名录丛书 201〕

011310839
九寨沟志
张善云 黄天颚修纂 成都 四川民族出版社 1990 年 293 页

009387596
南坪县地震志
南坪县地震志编写组编 南坪 1987 年 164 页

金川县

008486662
金川县志
金川县地方志编纂委员会编 北京 民族出版社 1994 年 1021 页

013926401
金川县志 1989—2005
金川县地方志编纂委员会编 北京 方志出版社 2013 年 737 页

013989060
苟尔光村史志 640—2013
任德寿主编 北京 中央民族大学出版社 2013 年 324 页

009106205
金川县民政志
金川县民政局编 金川 金川县民政局 1991 年 296 页〔金川县地方志丛书 3〕

008992126
金川县林业志 雪梨志
金川县林业局编 金川 金川县林业局 1991 年 294 页〔金川县地方志丛书 2〕

008992134
金川县教育志
金川县文教局编 金川 金川县文教局 1991 年〔金川县地方志丛书 1〕

008414458
四川省阿坝藏族自治州金川县地名录
金川县地名领导小组编 金川 金川县地名领导小组 1985 年 205 页〔四川省地名录丛书 206〕

小金县

007807118
小金县志
四川省阿坝藏族羌族自治州小金县地方志编纂委员会编纂 成都 四川辞书出版社 1995 年 657 页

013939485
小金县志 1986—2005
小金县地方志编纂委员会编 北京 方志出版社 2013 年 660 页

009867293
小金县粮食局志
小金县粮食局编 小金 小金县粮食局 1988 年 183 页〔小金县志资料丛书 2〕

008395100
四川省阿坝藏族自治州小金县地名录
小金县地名领导小组编 小金 小金县地名领导小组 1985 年 177 页〔四川省地名录丛书 207〕

黑水县

007479109
黑水县志
四川省阿坝藏族羌族自治州黑水县地方志编纂委员会编 成都 民族出版社 1993 年 739 页

012967637
黑水县志 1989—2005
黑水县志编纂委员会编 北京 方志出版社 2010 年 952 页

008395131
四川省阿坝藏族自治州黑水县地名录
黑水县地名领导小组编 黑水 黑水县地名领导小组 1986 年 126 页〔四川省地名录丛书 199〕

壤塘县

008007369
壤塘县志
四川省阿坝藏族羌族自治州壤塘县地方志编纂委员会主编 北京 民族出版社 1997 年 758 页

008414466
四川省阿坝藏族自治州壤塘县地名录
壤塘县地名领导小组编 壤塘 壤塘县地名领导小组 1986 年 101 页〔四川省地名录丛书 205〕

阿坝县

008038797
阿坝县志
阿坝县地方志编纂委员会编 北京 民族出版社 1993 年 792 页

009106236
阿坝县民政志
阿坝县民政志编写领导小组编 阿坝 阿坝县志办公室 1993年 135页〔阿坝县志系列丛书 2〕

011570360
四川橡胶厂志 1970—1985
四川 四川橡胶厂 1990年 108页

010060930
中国民族民间舞蹈集成 四川卷 阿坝藏族羌族自治州资料卷
中国民族民间舞蹈集成阿坝藏族羌族自治州文化局集成编写组编 阿坝 中国民族民间舞蹈集成阿坝藏族羌族自治州文化局集成编写组 1987年 283页

008414088
四川省阿坝藏族自治州阿坝县地名录
阿坝县地名领导小组编 阿坝 阿坝县地名领导小组 1986年 157页〔四川省地名录丛书 204〕

若尔盖县

008671825
若尔盖县志
若尔盖县地方志编纂委员会编 北京 民族出版社 1996年 902页

013319922
若尔盖县志 1989—2005
若尔盖县地方志编纂委员会编 北京 九州出版社 2011年 720页

014050111
若尔盖县军事志 前316—2005
若尔盖县人民武装部编 2006年 387页

008992419
若尔盖县计划经济志
若尔盖县计划经济志编辑委员会编 成都 若尔盖县计划经济志编辑委员会 1995年 167页〔若尔盖县地方志丛书〕

013863606
若尔盖县林业志
宋尧勋 张荣亮编著 汶川 汶川县人民印刷厂 1993年 258页

008414482
四川省阿坝藏族自治州若尔盖县地名录
若尔盖县地名领导小组编 若尔盖 若尔盖县地名领导小组 1986年 153页〔四川省地名录丛书 202〕

红原县

008001442
红原县志
四川省红原县志编纂委员会编纂 成都

四川人民出版社 1996 年 756 页〔中华人民共和国地方志丛书〕

012967645
红原县志 1992—2005
红原县地方志编纂委员会编 北京 方志出版社 2011 年 592 页

012952118
红原县教育志
红原县教育志编纂委员会编 红原 红原县教育志编纂委员会 2002 年 394 页

008414480
四川省阿坝藏族自治州红原县地名录
红原县地名领导小组编 红原 红原县地名领导小组 1986 年 114 页〔四川省地名录丛书 203〕

甘孜藏族自治州

007975014
甘孜州志
甘孜州志编纂委员会编 成都 四川人民出版社 1997 年 3 册〔中华人民共和国地方志丛书〕

012811273
甘孜州志 1991—2005
甘孜藏族自治州地方志编纂委员会编 成都 四川人民出版社 2010 年 1040 页

013314435
甘孜州佛教协会志
甘孜藏族自治州佛教协会著 成都 巴蜀书社 2011 年 412 页

013860526
甘孜州人口志
甘孜藏族自治州人口和计划生育委员会编 成都 成都现代印务有限公司 2010 年 246 页

012998938
甘孜州人大志 1950—2010
甘孜州人大志编纂委员会编纂 成都 四川民族出版社 2011 年 373 页

009082543
甘孜藏族自治州政协志
邓俊康主编 成都 四川民族出版社 2002 年 277 页

013860523
甘孜藏族自治州法院志 1911—2005
甘孜州中级人民法院编纂 北京 经济日报出版社 2010 年 421 页

013925248

甘孜藏族自治州政府法制志 1984—2011

甘孜藏族自治州政府法制志编纂领导小组编 成都 成都鼎盛印刷厂 2012年 185页

009336759

武警甘孜州支队志

武警甘孜藏族自治州支队编史办公室编纂 成都 巴蜀书社 2001年 291页〔中国人民武装警察部队四川省总队史志系列丛书〕

012758811

甘孜藏族自治州工商行政管理志 1950—1993

甘孜藏族自治州工商行政管理志编纂领导小组编 甘孜 甘孜藏族自治州工商行政管理志编纂领导小组 1995年 239页

012758815

甘孜藏族自治州工商行政管理志 1994—2005

甘孜藏族自治州工商行政管理志编纂领导小组编 甘孜 甘孜藏族自治州工商行政管理志编纂领导小组 2007年 390页

013222030

甘孜藏族自治州劳动保障志 1949—2010

甘孜藏族自治州劳动保障志编纂委员会编 成都 四川人民出版社 2011年 320页

009840276

甘孜藏族自治州林业志

甘孜藏族自治州林业志编写组编 成都 四川辞书出版社 1994年 349页

011431436

甘孜藏族自治州畜牧志

甘孜州畜牧局主编 甘孜 甘孜州畜牧局 2002年 219页

010686752

甘孜州烟草志

甘孜州烟草专卖局(分公司)编纂 成都 四川人民出版社 2006年 283页〔四川省烟草志丛书〕

010201299

甘孜州邮电志

甘孜藏族自治州邮电局编 甘孜 甘孜藏族自治州邮电局 1998年 174页

013306871

甘孜藏族自治州物价志 1949—2005

甘孜藏族自治州物价志编纂领导小组编 甘孜 甘孜藏族自治州物价志编纂领导小组 2008年 408页

012658502

甘孜藏族自治州地方税务志 1994

—2005

甘孜藏族自治州税务志修志工作领导小组编纂 北京 方志出版社 2010年 347页

013772613

甘孜藏族自治州文化艺术志 1991—2005

甘孜藏族自治州文化艺术(续)编委会编 康定 甘孜藏族自治州文化局 2007年 173页

013506760

甘孜藏族自治州新闻志 1991—2005

甘孜日报社编 甘孜 甘孜日报社 2009年 220页

011497718

甘孜藏族自治州教育志

甘孜藏族自治州教育志编纂委员会编 成都 四川民族出版社 1996年 328页〔甘孜藏族自治州地方志丛书〕

012049321

甘孜藏族自治州教育志 1991—2005

甘孜藏族自治州教育志编委会编 成都 四川民族出版社 2009年 267页

012810609

甘孜藏族自治州藏戏志

甘孜藏族自治州文化局集成志办公室编 199u年 210页

008429604

甘孜藏族自治州民族志

康定民族师专编写组编纂 北京 当代中国出版社 1994年 387页

009387548

甘孜藏族自治州医药卫生志

甘孜藏族自治州卫生局主编 甘孜 四川省甘孜藏族自治州医药卫生志编纂委员会 1996年 439页

康定县

008036639

康定县志

四川省康定县志编纂委员会编纂 成都 四川辞书出版社 1995年 638页

008836258

康定县志

康定县地方志编纂委员会编纂 成都 巴蜀书社 2000年 521页

013064807

康定县炉城镇志 初稿

康定县县志编纂领导小组编 康定 康定县县志编纂领导小组 1990年 610页

013379027

四川省甘孜藏族自治州康定县军事志

四川省甘孜藏族自治州康定县军事志编纂委员会编 康定 四川省甘孜藏族自治州康定县军事志编纂委员会

2011年 198页

010201296
甘孜州康定电力公司志
甘孜州康定电力公司志编纂委员会编 成都 甘孜州康定电力公司志编纂委员会 1999年 507页

013144497
康定民族师专志
康定民族师专志编写组编 北京 方志出版社 2011年 464页

008425390
四川省甘孜藏族自治州康定县地名录
甘孜藏族自治州康定县地名领导小组编印 康定 甘孜藏族自治州康定县地名领导小组 1986年 298页

泸定县

009336974
泸定县志
泸定县县志编纂委员会编纂 成都 四川科学技术出版社 1999年 639页

012661548
泸定县志 1991—2005
泸定县县志编纂委员会编纂 北京 中国文史出版社 2010年 684页

008425422
四川省甘孜藏族自治州泸定县地名录
四川省泸定县地名领导小组编 泸定 四川省泸定县地名领导小组 1986年 126页〔四川省地名录丛书 178〕

丹巴县

008471108
丹巴县志
四川省甘孜藏族自治州丹巴县志编纂委员会编 北京 民族出版社 1996年 730页

012609573
丹巴县志 1989—2005
四川省丹巴县志编纂委员会编 成都 四川科学技术出版社 2009年 838页

008428123
四川省甘孜藏族自治州丹巴县地名录
四川省丹巴县地名领导小组编 丹巴 四川省丹巴县地名领导小组 1987年 152页〔四川省地名录丛书 187〕

九龙县

007672334
九龙县志 第1卷
四川省九龙县志编纂委员会编纂 成都 四川人民出版社 1997年 569页〔中华人民共和国地方志丛书〕

011497934
九龙县志 第2卷 续篇 1986—2000
四川省九龙县人民政府 九龙县志续篇编纂委员会 九龙县地方志办公室编著 成都 四川科学技术出版社 2007年 439页

012968128
九龙县民族志
九龙县档案县志局编 九龙 九龙县档案县志局 2006年 110页

008425397
四川省甘孜藏族自治州九龙县地名录
九龙县地名领导小组编 九龙 九龙县地名领导小组 1987年 133页〔四川省地名录丛书 179〕

雅江县

008637246
雅江县志
四川省甘孜藏族自治州雅江县志编纂委员会编 成都 巴蜀书社 2000年 775页

012141468
雅江县志 1991—2005
四川省甘孜藏族自治州雅江县志编纂委员会编 成都 四川美术出版社 2009年 695页

008425378
四川省甘孜藏族自治州雅江县地名录
雅江县地名领导小组编 雅江 雅江县地名领导小组 1987年 139页〔四川省地名录丛书 180〕

道孚县

008012900
道孚县志
道孚县志编纂委员会编 成都 四川人民出版社 1998年 632页

012264133
道孚县志 1991—2005
四川省道孚县地方志编纂委员会编 成都 四川美术出版社 2009年 713页〔中华人民共和国地方志丛书〕

008428113
四川省甘孜藏族自治州道孚县地名录
道孚县地名领导小组编 道孚 道孚县地名领导小组 1987年 158页〔四川省地名录丛书 188〕

炉霍县

008730532
炉霍县志
炉霍县志编纂委员会编纂 成都 四川人民出版社 2000年 459页

012819787
炉霍县志 1991—2005
炉霍县地方志编纂委员会编 北京 方志出版社 2010年 618页

011328624
炉霍县教育体育文化志
炉霍县教育体育局编 炉霍 炉霍县教育体育局 2006年 363页

008428330
四川省甘孜藏族自治州炉霍县地名录
炉霍县地名办公室编 炉霍 炉霍县地名办公室 1987年 119页〔四川省地名录丛书 190〕

甘孜县

008670029
甘孜县志
甘孜县志编纂委员会编纂 成都 四川科学技术出版社 1999年 473页

009016164
甘孜县志续编
四川省甘孜县志编纂委员会编纂 成都 四川人民出版社 2002年 523页〔中华人民共和国地方志丛书〕

008428131
四川省甘孜藏族自治州甘孜县地名录
甘孜县地名领导小组编 甘孜 甘孜县地名领导小组 1986年 145页〔四川省地名录丛书 191〕

新龙县

007378042
新龙县志
四川省甘孜藏族自治州新龙县志编纂委员会编 成都 四川人民出版社 1992年 425页

012723218
新龙县志 1988—2006
四川省甘孜藏族自治州新龙县志编纂委员会编 北京 方志出版社 2011年 779页

011294835
新龙县政协志
中国人民政治协商会议新龙县委员会编 新龙 中国人民政治协商会议新龙县委员会 2006年 197页

008864742
新龙支行行志
中国农业银行新龙县支行编 新龙 中国农业银行新龙县支行 1995年 176页

008428106
四川省甘孜藏族自治州新龙县地名录
新龙县地名办公室编 新龙 新龙县地名办公室 1987年 149页〔四川省地名录丛书 189〕

德格县

008669989
德格县志
四川省德格县志编纂委员会编纂 成都 四川人民出版社 1995年 597页

012872226
德格县志 1989—2005
四川省德格县地方志编纂委员会编 成都 四川科学技术出版社 2010年 556页

013282468
德格县寺院志
德格县寺院志编纂委员会 政协德格县委员会编 北京 民族出版社 2011年 2册

008428120
四川省甘孜藏族自治州德格县地名录
德格县地名领导小组编 德格 德格县地名领导小组 1987年 233页〔四川省地名录丛书 193〕

白玉县

008669331
白玉县志
四川省甘孜藏族自治州白玉县志编纂委员会编 成都 四川大学出版社 1996年 571页

012678979
白玉县志 1991—2005
四川省白玉县地方志编纂委员会编 北京 方志出版社 2010年 771页

008428711
四川省甘孜藏族自治州白玉县地名录
白玉县地名领导小组编 白玉 白玉县地名领导小组 1986年 147页〔四川省地名录丛书 186〕

石渠县

008614831
石渠县志
石渠县志编纂委员会编纂 成都 四川人民出版社 2000年 570页

009388336
石渠政协志 1950—1998
石渠县政协编 石渠 政协 1999年 301页

008428101
四川省甘孜藏族自治州石渠县地名录
石渠县地名领导小组编 石渠 石渠县地名领导小组 1986年 255页〔四川省地名录丛书 191〕

色达县

007975027
色达县志
四川省色达县志编纂委员会编纂 成都 四川人民出版社 1997年 580页〔中华人民共和国地方志丛书〕

012542824
色达县志 1991—2005
四川省色达县地方志编纂委员会编 成都 四川科学技术出版社 2009年 724页

008428116
四川省甘孜藏族自治州色达县地名录
色达县地名领导小组编 色达 色达县地名领导小组 1986年 216页〔四川省地名录丛书 192〕

理塘县

007672862
理塘县志
四川省理塘县志编纂委员会编纂 成都 四川人民出版社 1996年 593页〔中华人民共和国地方志丛书〕

012613330
理塘县志 续编 1991—2005
四川省理塘县地方志编纂委员会编 成都 四川科学技术出版社 2009年 576页

008425373
四川省甘孜藏族自治州理塘县地名录
四川省理塘县地名领导小组编 理塘 四川省理塘县地名领导小组 1987年 152页〔四川省地名录丛书 181〕

巴塘县

007905734
巴塘县志
四川省巴塘县志编纂委员会编纂 成都 四川民族出版社 1993年 565页

009002440
巴塘县志 续编
四川省巴塘县地方志编纂委员会编 北京 方志出版社 2001年 594页〔中华人民共和国地方志丛书〕

008428699
四川省甘孜藏族自治州巴塘县地名录
巴塘县地名领导小组编 巴塘 巴塘县地名领导小组 1986年 148页〔四川省地名录丛书 184〕

乡城县

008390694
乡城县志
乡城县志编纂委员会编 成都 四川大学

出版社 1997 年 420 页

012613277
乡城县志 1991—2005
乡城县地方志编纂委员会编纂 成都 四川民族出版社 2009 年 362 页

008425382
四川省甘孜藏族自治州乡城县地名录
乡城县地名领导小组编 乡城 乡城县地名领导小组 1987 年 93 页〔四川省地名录丛书 182〕

稻城县

007988925
稻城县志
四川省稻城县志编纂委员会编纂 成都 四川人民出版社 1997 年 383 页〔中华人民共和国地方志丛书〕

012540929
稻城县志 1991—2005
四川省稻城县志编纂委员会编 成都 四川科学技术出版社 2009 年 610 页

008425345
四川省甘孜藏族自治州稻城县地名录
稻城县地名领导小组编 稻城 稻城县地名领导小组 1986 年 126 页〔四川省地名录丛书 183〕

得荣县

008637253
得荣县志
得荣县地方志编纂委员会编纂 四川科技经济研究院承制 成都 四川大学出版社 2000 年 492 页〔中华人民共和国地方志丛书〕

012048845
得荣县志 1991—2005
四川省得荣县地方志编纂委员会编 成都 四川科学技术出版社 2009 年 687 页

008428702
四川省甘孜藏族自治州得荣县地名录
得荣县地名领导小组编 得荣 得荣县地名领导小组 1986 年 77 页〔四川省地名录丛书 185〕

凉山彝族自治州

009799362
凉山彝族自治州志 送审稿
凉山彝族自治州地方志编纂委员会编纂 凉山 凉山彝族自治州地方志编纂

委员会 1999 年 5 册

008992468

凉山彝族自治州志

凉山彝族自治州地方志编纂委员会编纂 北京 方志出版社 2002 年 3 册 3059 页

013064845

凉山彝族自治州志 1991—2006

凉山彝族自治州地方志编纂委员会编 北京 方志出版社 2011 年 2 册 1558 页

011567115

凉山彝族自治州人民代表大会志 送审稿

凉山彝族自治州人民代表大会常务委员会编 凉山 凉山彝族自治州人民代表大会常务委员会 1996 年 2 册

013508649

凉山彝族自治州公安志 1991—2006

凉山彝族自治州公安局编 凉山 凉山彝族自治州公安局 2010 年 530 页

013752791

凉山彝族自治州检察志 1939—1990

凉山州检察院编纂 凉山 凉山州检察院 1997 年 155 页〔凉山州地方志丛书〕

009336773

武警凉山州支队志

武警凉山彝族自治州支队编史办公室编纂 成都 巴蜀书社 2001 年 400 页〔中国人民武装警察部队四川省总队史志系列丛书〕

009799367

凉山州国土志

凉山州国土局编 凉山 凉山州国土局 1999 年 441 页

010251878

凉山彝族自治州工商行政管理志 1911—1990

凉山州工商行政管理局编 凉山 凉山州工商行政管理局 1993 年 163 页

010144741

凉山彝族自治州乡镇企业志 1976—1993

凉山彝族自治州乡镇企业志编委会编纂 凉山 凉山彝族自治州乡镇企业志编委会 1995 年 230 页〔凉山州方志丛书〕

011439940

凉山彝族自治州农业机械志

凉山州农业机械局编 凉山 凉山州农业机械局 1992 年 126 页

012955040

凉山彝族自治州林业管理局志

凉山彝族自治州林业管理局主编 凉山 凉山彝族自治州林业管理局 1994年 393页〔凉山州方志丛书〕

011566477
凉山彝族自治州林业志 送审稿
凉山州林业志编纂委员会编 凉山 凉山州林业志编委会 1999年 3册〔凉山州地方志丛书〕

012968237
凉山彝族自治州化学工业志
凉山彝族自治州轻化工业局编 凉山 凉山彝族自治州轻化工业局 1991年 161页

011328338
凉山彝族自治州建筑志
凉山彝族自治州建设委员会编 四川 四川新川彩印包装有限公司 1992年 115页〔凉山州地方志丛书〕

008430299
凉山彝族自治州轻纺工业志
凉山彝族自治州轻化工业局编 西昌 凉山彝族自治州轻化工业局 1993年 425页

010576647
凉山州烟草志
凉山州烟草专卖局(分公司)编纂 成都 四川人民出版社 2006年 616页〔四川省烟草志丛书〕

011566472
凉山彝族自治州交通志
凉山州交通志编纂委员会编 凉山 凉山州交通志编纂委员会 1992年 387页

009995311
凉山彝族自治州物价志
谢子明主编 凉山彝族自治州物价局编 凉山 凉山彝族自治州物价局 1996年 347页〔凉山州地方志丛书〕

010292666
凉山彝族自治州商贸志
何明华主编 凉山州财贸办公室编纂 成都 四川大学出版社 1995年 290页〔凉山方志丛书〕

009387588
凉山彝族自治州商业志 送审稿
凉山彝族自治州财贸办公室编纂 凉山 凉山彝族自治州财贸办公室 1994年 335页

008670513
凉山彝族自治州税务志
凉山州税务局税务志编纂领导小组编 成都 四川人民出版社 1994年 258页〔凉山彝族自治州地方志丛书〕

013628058
凉山州地方税务志 1950—2005
凉山州地方税务志编纂委员会编 凉山 凉山州地方税务志编纂委员会 2009

年 276页

008670508
凉山彝族自治州金融志
凉山彝族自治州金融志编纂委员会编 成都 四川人民出版社 1996年 235页〔凉山彝族自治州地方志丛书〕

011447127
中国人民建设银行凉山彝族自治州中心支行行志 初稿
凉山州建设银行行志办公室编 凉山 凉山州建设银行行志办公室 1988年 99页

010730283
中国农业银行凉山彝族自治州分行志
中国农业银行凉山彝族自治州分行编 凉山 中国农业银行凉山彝族自治州分行 2002年 221页

012208241
四川省彝文学校凉山州民族干部学校校志 1990—2006
四川省彝文学校凉山州民族干部学校校志编纂委员会编 凉山 四川省彝文学校凉山州民族干部学校校志编纂委员会 2008年 207页

008429586
凉山教育学院志 1978—1991
凉山教育学院志编委会编 凉山 凉山教育学院 1995年 133页〔凉山州地方志丛书〕

011445811
中国民间文学集成 凉山卷 谚语卷
马德清主编 凉山州集成编委会编 凉山州文联 1995年 197页

011440938
凉山州戏曲志
凉山州文化局戏曲志编委会编 凉山 凉山州文化局戏曲志编委会 1985年 1册

008670504
凉山彝族自治州第二人民医院院志 1952—1996
凉山彝族自治州第二人民医院院志编纂领导小组编 凉山 凉山彝族自治州第二人民医院院志编纂领导小组 1997年 183页〔凉山州地方志丛书〕

010730209
凉山州经济树木图志
谢开明 孙芝和 肖千文编著 成都 成都科技大学出版社 1998年 543页

西昌市

007674681
西昌市志
四川省西昌市志编纂委员会编纂 成都 四川人民出版社 1996年 1144页

〔中华人民共和国地方志丛书〕

012982257
西昌市志 1991—2005
西昌市地方志编纂委员会编 北京 方志出版社 2011年 874页

013939435
西昌市检察志 1911—1990
西昌市人民检察院编 西昌 西昌市人民检察院 1992年 166页〔西昌市地方志丛书〕

009337764
西昌市国土志
西昌市国土志编辑委员会编 西昌 西昌市国土志编辑委员会 2002年 444页

013706912
西昌市城乡建设志
西昌市城乡建设志编辑组编 西昌 西昌市城乡建设志编辑组 1992年 221页

008844071
四川西昌电力股份有限公司志 1940—1997
四川西昌电力股份有限公司编纂 北京 方志出版社 1999年 244页

010280116
西昌卷烟厂志
西昌卷烟厂编纂 成都 四川人民出版社 2006年 411页〔四川县烟草志丛书〕

013732374
西昌市二轻工业志
西昌市二轻局二轻工业志编写组编 西昌 西昌市二轻局二轻工业志编写组 1993年 307页

011444010
西昌市商业局志
西昌市商业局局志编修小组编 西昌 西昌市商业局 1992年 1册

011067683
四川省西昌市文化艺术志 1911—1990
西昌市文化局编 曾仲曲主编 西昌 西昌市文化局 1992年 330页〔西昌市地方志丛书 38〕

013732375
西昌市教育志 1903—1990
西昌市教育局编 西昌 西昌市教育局 1990年 307页〔西昌市部门志丛书 37〕

009799516
西昌一中校志
西昌一中编纂 西昌 西昌一中 2002年 253页

009336821
四川省彝文学校校志 汉彝合订本 1985—1995

四川省彝文学校校志编纂委员会编 西昌 四川省彝文学校 1995年 277页

008672122
西昌市人物录
张琼 张仁主编 成都 西昌市地方志办公室 1997年 326页

008428685
四川省凉山彝族自治州西昌县地名录
西昌县地名领导小组编 西昌 西昌县地名领导小组 1986年 174页〔四川省地名录丛书 158〕

盐源县

010144687
干海乡土志
李明祥主编 盐源 盐源县干海乡修志领导小组 1991年 275页

008428665
四川省凉山彝族自治州盐源县地名录
盐源县地名领导小组编 盐源 盐源县地名领导小组 1985年 209页〔四川省地名录丛书 160〕

德昌县

008669986
德昌县志
德昌县地方志编纂委员会编纂 成都 四川人民出版社 1998年 1127页

012882675
德昌县志 1991—2006
四川省德昌县地方志编纂委员会编 北京 方志出版社 2010年 720页

008428292
四川省凉山彝族自治州德昌县地名录
德昌县地名领导小组编 德昌 德昌县地名领导小组 1984年 173页〔四川省地名录丛书 161〕

会理县

008038786
会理县志
四川省会理县志编纂委员会编纂 成都 四川辞书出版社 1994年 878页〔中华人民共和国地方志丛书〕

013045656
会理县志 1986—2005
会理县志编纂委员会编 北京 方志出版社 2011年 984页

010144736
会理县乡镇企业志 1911—1985
会理县乡镇企业局编 会理 会理县乡镇企业局 1991年 112页

008428284
四川省凉山彝族自治州会理县地名录

会理县地名领导小组编 会理 会理县地名领导小组 1986 年 290 页〔四川省地名录丛书 162〕

会东县

007818019
会东县志
四川省会东县志编纂委员会编纂 成都 四川人民出版社 1996 年 888 页〔中华人民共和国地方志丛书〕

013792306
会东县志 1991—2006
四川省会东县志编纂委员会编 北京 方志出版社 2011 年 592 页

010146606
四川省会东县民政志 1912—1990
会东县民政局编 会东 会东县民政局 1993 年 232 页〔中华人民共和国地方志丛书〕

010144690
会东县第二建筑公司志 1979—1993
会东县第二建筑公司编 会东 会东县第二建筑公司 1994 年 108 页

011566045
会东县交通志 1952—1990
会东县交通志编纂领导小组编 会东 会东县交通志编纂领导小组 1994 年 138 页

011497811
会东县教育志 1903—1990
会东县文教局编 会东 会东县文教局 1993 年 220 页

宁南县

009231835
宁南县志
宁南县志编纂委员会编 成都 成都科技大学出版社 1994 年 630 页

012051754
宁南县志 1986—2005
宁南县地方志编纂委员会编 成都 四川大学出版社 2009 年 976 页

009232137
宁南县松新镇立新村志
立新村志编纂小组编纂 立新村 立新村志编纂小组 1999 年 164 页〔宁南县地方志丛书〕

009387600
宁南县税务志
四川省凉山彝族自治州宁南县税务局编 宁南 宁南县税务局 1987 年 271 页

008428334
四川省凉山彝族自治州宁南县地名录
宁南县地名领导小组编 宁南 宁南县地名领导小组 1984 年 131 页〔四川省

地名录丛书 164〕

普格县

006795853
普格县志
四川省普格县志编纂委员会编纂 成都 四川大学出版社 1992 年 584 页

013723622
普格县志 1986—2006
四川省普格县志编纂委员会编 北京 方志出版社 2012 年 615 页

011067793
普格县医药志
普格县医药分公司编 普格 普格县医药分公司 1989 年 200 页

008428076
四川省凉山彝族自治州普格县地名录
普格县地名领导小组编 普格 普格县地名领导小组 1983 年 154 页〔四川省地名录丛书 165〕

布拖县

010292046
布拖县志 送审稿
布拖县地方志编纂委员会编 布拖 布拖县地方志编纂委员会 1992 年 551 页

008471116
布拖县志
四川省布拖县志编纂委员会编 北京 中国建材工业出版社 1993 年 547 页

012263956
布拖县志 1986—2006
布拖县志编纂委员会编 成都 电子科技大学出版社 2009 年 821 页

011430389
布拖县林业志 送审稿
布拖县林业志编写组编 布拖 布拖县林业志编写组 1990 年 170 页

008428682
四川省凉山彝族自治州布拖县地名录
布拖县地名领导小组编 布拖 布拖县地名领导小组 1984 年 165 页〔四川省地名录丛书 166〕

金阳县

008670370
金阳县志
四川省金阳县地方志编纂委员会编 北京 北京方志出版社 2000 年 602 页

009116520
四川省凉山彝族自治州金阳县地名录
金阳县地名领导小组编 金阳 金阳县地名领导小组 1986 年 160 页〔四川省地名录丛书 167〕

昭觉县

008428851
昭觉县志
四川省昭觉县志编纂委员会编纂 成都 四川辞书出版社 1999年 664页〔中华人民共和国地方志丛书〕

013707195
昭觉县志 1991—2005
四川省昭觉县地方志编纂委员会编 北京 方志出版社 2012年 630页

008421480
四川省昭觉县交通志
昭觉县工业交通局编 昭觉 昭觉县工业交通局 1993年 107页

008428296
四川省凉山彝族自治州昭觉县地名录
昭觉县地名领导小组编 昭觉 昭觉县地名领导小组 1985年 246页〔四川省地名录丛书 168〕

喜德县

007482457
喜德县志
四川省喜德县志编纂委员会编 成都 电子科技大学出版社 1992年 518页

012877308
喜德县志 1986—2006
四川省喜德县地方志编纂委员会编纂 北京 中国文史出版社 2010年 980页

013936391
四川省喜德县农业志
喜德县农业局编 1987年 211页

011321349
四川省喜德县交通志
四川省喜德县交通局编 西昌 凉山州红旗印刷厂印制 1989年 101页

008428280
四川省凉山彝族自治州喜德县地名录
喜德县地名领导小组编 喜德 喜德县地名领导小组 1986年 175页

冕宁县

007595014
冕宁县志
冕宁县地方志编纂委员会编纂 成都 四川人民出版社 1994年 859页

012614131
冕宁县志 1990—2005
冕宁县地方志编纂委员会编纂 成都 西南交通大学出版社 2009年 607页

013723706

永善县志 1978—2005

永善县地方志编纂委员会编 昆明 云南人民出版社 2012年 738页〔中华人民共和国地方志丛书〕

010292267

冕宁县水利电力志 1912—1989

冕宁县水利电力局编 冕宁 冕宁县水利电力局 1993年 178页〔冕宁县地方志丛书 27〕

010146604

冕宁县税务志

冕宁县税志编写组编 冕宁 冕宁县税志编写组 1989年 299页

011441071

冕宁县建设银行行志

冕宁县建设银行行志编撰组编 冕宁 冕宁县建设银行 1992年 159页〔冕宁县县志丛书 11〕

013990956

冕宁中学校志

冕宁中学校编 成都 冕宁中学校 1996年 300页

008428673

四川省凉山彝族自治州冕宁县地名录

冕宁县地名领导小组编 冕宁 冕宁县地名领导小组 1986年 216页〔四川省地名录丛书 170〕

越西县

007479140

越西县志

越西县志编纂委员会编 成都 四川辞书出版社 1994年 734页

013464265

越西县志 1991—2005

四川省越西县地方志编纂委员会编 北京 中国文史出版社 2011年 886页

012663812

越西县军事志 1911—2005

中国人民解放军四川省越西县人民武装部军事志编纂委员会编纂 越西 中国人民解放军四川省越西县人民武装部军事志编纂委员会 2008年 289页

008428672

四川省凉山彝族自治州越西县地名录

越西县地名领导小组编 越西 越西县地名领导小组 1984年 195页〔四川省地名录丛书 171〕

甘洛县

008430220

甘洛县志

四川省甘洛县地方志编纂委员会编纂 成都 四川人民出版社 1996年 639

页〔中华人民共和国地方志丛书〕

012096713
甘洛县公安志 1986—2006
甘洛县公安局编 甘洛 甘洛县公安局 2006 年 186 页

008428667
四川省凉山彝族自治州甘洛县地名录
甘洛县地名领导小组编 甘洛 甘洛县地名领导小组 1986 年 147 页〔四川省地名录丛书 172〕

美姑县

008486817
美姑县志
四川省美姑县志编纂委员会编纂 成都 四川人民出版社 1997 年 856 页〔中华人民共和国地方志丛书〕

008835973
美姑县检察志 1956—1993
美姑县人民检察院编 美姑 美姑县人民检察院 1994 年 89 页〔美姑县地方志丛书〕

009867202
美姑县国土志
美姑县国土志编纂领导小组编 美姑 美姑县国土志编纂领导小组 2000 年 262 页

008421759
美姑县粮食志 1954—1990
美姑县粮食局编 美姑 美姑县粮食局 1992 年 184 页

008835995
美姑县林业志
美姑县林业局编 美姑 美姑县林业局 1994 年 224 页

014047744
美姑县教育志
卢万发主编 北京 中国文史出版社 2009 年 466 页

008423959
四川省凉山彝族自治州美姑县地名录
美姑县地名领导小组编 美姑 美姑县地名领导小组 1987 年 192 页〔四川省地名录丛书 173〕

008835976
美姑县卫生志
美姑县卫生局编 美姑 美姑县卫生局 1992 年 161 页

雷波县

008069150
雷波县志
雷波县志编纂委员会编 成都 四川人民出版社 1997 年 973 页〔中华人民共和国地方志丛书〕

008423984

四川省凉山彝族自治州雷波县地名录

雷波县地名领导小组编 雷波 雷波县地名领导小组 1986 年 191 页〔四川省地名录丛书 174〕

木里藏族自治县

008486865

木里藏族自治县志

木里藏族自治县志编纂委员会编纂 成都 四川人民出版社 1995 年 982 页〔中华人民共和国地方志丛书〕

013000521

木里藏族自治县志 1991—2006

木里藏族自治县地方志编纂委员会编纂 北京 中国文史出版社 2010 年 690 页

012766279

木里藏族自治县军事志

中国人民解放军四川省木里县军事志编纂委员会编纂 成都 西南交通大学出版社 2009 年 270 页

008430258

木里藏族自治县林业志

木里藏族自治县林业志编纂委员会编 成都 四川民族出版社 1995 年 308 页〔木里藏族自治县部门志丛书〕

008428693

四川省凉山彝族自治州木里藏族自治县地名录

木里藏族自治县地名领导小组编 木里 木里藏族自治县地名领导小组 1986 年 164 页〔四川省地名录丛书 159〕